解讀
呂思勉

楊照　策劃｜主編

三民書局

「展讀民國人文」總序

文／楊照

三民書局的「展讀民國人文」出版計畫特別著重「民國」作為清楚的時代標記，「民國」的前半場域是中國大陸，時間從一九一二年到一九四九年；「民國」還有後半，那是一九四九年之後搬遷到臺灣來所經歷的關鍵變化。

在大陸的前半與在臺灣的後半，共同的特色是快速的變化與動盪，時局混亂打破了所有的現成答案，以至於逼迫人人困思問題解決方案，同時卻也打開可以進行破壞性或建設性種種實驗設計的大空間。

因而「民國」是出人物的時代，尤其是出人文思想人物的時代。並不是因為那些人都吃了神藥大力丸，不是因為他們遺傳了天賦異稟，而是時代的動盪與糾結，逼出了他們的智慧與活力。他們沒有固定的位子，沒有往後看、往前看能夠有把握的軌道或方向，他們只能去找出、創造出自己的道路，往往是前人沒走過，甚至是前人認定絕對不可能走的道路。

作為「民國人物」的陳寅恪，可以自由地在歐美遊學，不顧念、不追求學位，立志要培養自己研究「西北史」的所有學術配備；然後回到中國，受到變化時局的衝激，竟然也就快速轉型，將學術重心移轉到中古史上，成為中古史的大家。而這只是陳寅恪生命中大約二、三十年間發生的事。

又例如胡適，他到上海進了學堂才開始學英文，沒多久就去了美國留學，在康乃爾念農學，才第一年，他就開始用英文寫日記，還用英文對美國人宣講、解釋「中國是什麼」。他很快放棄了農學，轉到哥倫比亞大學念哲學，沒等到完全辦好博士學位手續，就又回到中國，不到三十歲的年紀已成為北京大學最受歡迎的教授。那麼短的時間內，他的生命走出那麼多不同的風景。

這絕對不單純是陳寅恪、胡適了不起，而是他們活在「民國」，得到了如此了不起、能夠成為「人物」的機會。「民國」是考驗、是挑戰，現實的條件使得在這個動盪空間中生活的人，沒有辦法做長期計畫，沒有資源完成具體社會建設，卻也因此鼓舞、刺激了豐富的人文思想。那不是關在象牙塔裡的哲思，也不是閑靜漫步的沉穩產物，而是從再切身不過的存在困窘中逼擠出來的看法與論點。國家可能被瓜分，故鄉可能被強占，家庭可能徹底拆解，生活的最後據點明天可能就要消失……每一項都是真實的威脅，無從逃躲，非面對、非提出對自己、對群體的解釋不可。

我長期以來不斷呼籲：「民國」不該被遺忘，忽略「民國」我們就無從弄清楚臺灣歷史的來龍去脈；更重要的，拋棄「民國」也就拋棄了這由眾多人存在苦痛換來的豐富人文思想資源。

二〇二一年史家余英時先生去世後，我受「趨勢教育基金會」之邀，錄製了一系列共十五講的課程，完整講述余英時主要的史學論著；次年，又受北京「看理想」機構之託，製播了共九十集的

「溫情與敬意：錢穆學思總覽」節目，在過程中廣泛涉獵與錢穆、余英時同代的相關學者論著，產生了對於「民國人文學術」更深刻的珍視。在臺灣，三民書局是錢穆和余英時著作出版的關鍵交集機構，於是出於對時代與自身歷史背景負責的考量，對劉仲傑總經理提出了編選這套系列叢書的想法。很幸運地，我的構想獲得劉總經理的大力支持，配備了充分的編輯專業人才協助參與，得以在一年多的準備之後，到二〇二三年中實現為和讀者相見的精編選集。

「民國」的歷史狀況使得這段時期的思想，很明顯地以原創性與多樣性見長，相對地缺乏大規模系統建構的成就，因此最適合以選文的方式來呈現。系列中每一本選集基本上都是在通覽目前能找到的作者著作全集後編定的，盡量保留個別篇章的完整面貌，避免割裂斷章取義。體例上，每本選集前面附有長篇「導讀」，向讀者充分說明這位作者的時代意義，以及其思想、經歷的重點，減少閱讀隔閡，幫助大家得到更切身的體會。另外按照文章性質分若干輯，每輯之前備有「提要」，既提供文章出處背景，也連繫「導讀」內容，進一步刻畫作者的具體思想面貌。

「展讀民國人文」系列第一批共十本，提供了從一八六九年出生的章太炎，到一八八五年出生的熊十力，包括梁啟超、陳垣、呂思勉、歐陽竟無、王國維、蔣夢麟、馬一浮、張君勱等民國學術人文思想人物的作品精華，希望能讓讀者興發對這段歷史的好奇，如果得到足夠的支持，我們將會在未來擴大人物系列，期望能開創出一片「毋忘民國」的繁華勝景來。

解讀呂思勉

目次

第二輯　中國社會史——文字、社會、學術、文化

第三輯　讀史札記——書海縱橫

導讀

1

錢穆、陳寅恪、陳垣和呂思勉四人號稱「中國現代四大史家」或「民國四大史家」，四人各有極高成就，然而若以當前的影響力為標準，很明顯地，呂思勉居四家之首。

尤其在中國大陸，搜尋網路書店能夠找到超過百件以上的呂思勉著作，很多書籍都有超過一個版本，不只沒有絕版，而且顯然常銷、甚至暢銷。如此受當代讀者青睞的狀況，在其他三位史家身上都未曾出現。

呂思勉出生於一八八四年，一九五七年去世，去世時間是四人之中最早的，比陳寅恪早十二年，比陳垣早十四年，更比錢穆早了三十三年，但他非但沒有隨著時間被遺忘，他的著作比其他三人更有效地抗拒了時代變遷，一直到現在還能吸引新一代的讀者。

其中一個根本的原因，當然是他的著作產量驚人，而且其中有許多是創作之初就明確地以一般讀者為對象，並非史學專書專論，當然容易吸引更多更廣的注意。不過這個因素另有兩項相反作用的力量，並不必然就能保障作品長青。第一是針對大眾書寫，很自然會被看作「通俗作者」，相應很難取得學界尊重，更遑論被認可為「史家」、「大史家」，沒有堅實的專業地位，著作必定會被邊緣化，無法維持其知識上的主流地位。第二是為了特定時代的一般讀者而寫的書，迎合那個時代的流行價值觀，往往也就在時代變遷下迅速過時，無法成功過渡到新時代、新環境中存活。

因而我們應該特別注意到，呂思勉的歷史著作儘管為大眾讀者而寫，會有呼應現實流行的成分，卻始終保有其學術獨立性，絕不譁眾取寵。

一九三四年呂思勉出版了《復興高級中學教科書　本國史》上下兩冊，前面有長篇「例言」解釋此書來歷與編寫原則，其中提到了整整十年前他寫過《新學制高級中學教科書　本國史》，兩部歷史課本內容上大致相同，但將課文從文言文改成了白話文。此外：

此書的編纂，距離新學制高中教科書時，將近十年了。鄙人的意見，自亦不能全無改變。如漢族由來，鄙人昔日主張西來之說，今則對於此說亦不敢相信。又如伏羲氏，鄙人昔亦認為遊牧時代的君主，今則以為黃帝居河北，係遊牧之族；羲、農之族居河南，自漁獵徑進於耕稼，並未經過遊牧的階級。又如堯、舜、禹的禪讓，昔日認為絕無其事，今則對此的意見較為緩和。

此等處，一一都將舊說改正。……

這就是受時代影響所作的調整，十年前和十年後最大的差異，在於「疑古」的風氣由盛而衰，「疑古」背後是對於自身中國文化的強烈反感，因而否定中國文化本土性，否定「禪讓」的真實性，等到呂思勉寫白話新版時，取「疑古」而代之的新知識潮流，是「民族史學」，轉而從民族主義立場肯定中國文化價值，呂思勉也就隨而改變了部分的說法。

不過他的改變有一定的分際。兩冊中國史教科書出版大約一年後，有一篇評論文章，措辭皆為強烈地指摘：「呂先生著高中本國史，事實敘述方面，似乎純取客觀態度，對於進化觀念、現代觀念、民族觀念，都異常淡薄，離開事實所發出的議論，又過於『不落邊際』，不足以教學生激發民族思想。」

這篇作者署名為熊夢飛的文章，還具體以「鴉片戰爭」為例，說：

近代帝國主義者之侵略中國史，似乎應該教國人有些「沉痛」、「羞恥」、「警惕」、「奮發」才好。乃著者述外國人闖入中國第一次炮聲——鴉片戰爭，開宗明義是：「鴉片戰爭，是打破中國幾千年閉關獨立的迷夢的第一件大事。其禍雖若天外飛來，其實醞釀已久，不過到此始行爆發而已。」……結語是：「人必自侮而後人侮之，這真可使人悚然警懼了。然而仗此區區，何能就警醒中國人的迷夢呢？」如此一來……真叫人要懷疑到著者的『國籍問題』了。

熊夢飛依照當時高漲的民族主義而苛責呂思勉之處，正凸顯了呂思勉的立場，他始終抱持著接近「不哭不笑，只是理解」的態度來寫他的史著，那些當下讓人又哭又笑，甚至又叫又跳的理由隨時代而消失後，他的書籍還能在不同時代、不同氣氛下持續提供眾多讀者所需的中國歷史基本知識。

2

呂思勉曾經因為歷史觀點遇過更嚴重的風波，那是一九三五年三月，上海市國民黨黨部行文強令商務印書館修改他所寫的《白話本國史》；隨後《救國日報》在報端刊登廣告徵求這本《白話本國史》的出版本，接著《救國日報》發行人龔德柏竟然具狀向法院控告商務印書館和呂思勉觸犯外患罪與出版法。

犯事的書早在一九二三年出版，為什麼超過十年後才以內容賈禍呢？被指控的段落出現在〈南宋和金朝的和戰〉這一章，涉及呂思勉對於秦檜的評價。他說：「……和議開始了。和議在當時，本是件必不能免的事，然而主持和議的秦檜，卻因此而大負惡名，真冤枉極了。」

替秦檜喊冤，這是歷史上的大翻案，呂思勉當然不會憑空發出這樣的議論。他先提了史學上的權威先例：趙翼的《廿二史劄記》卷二十六的「和議」條，然後詳註了秦檜當時的作為：

當時議割三鎮的時候，集百官議延和殿，主張割讓的七十人，反對的三十六人；秦檜也在三十六人之內，金人要立張邦昌，秦檜時為臺長，與臺臣進狀爭之。後來金朝所派的留守王時雍，用兵迫脅百官，署立張邦昌的狀，秦檜抗不肯署，致為金人所執。二帝北徙，檜亦從行。後來金人把他賞給撻懶。七八二年，撻懶攻山陽（楚州），秦檜亦在軍中，與妻王氏，航海南歸。宋朝人就說是金人暗放他回來，以圖議和的。請問這時候，金人怕宋朝什麼？要講和，還怕宋朝不肯？何必要放個人回來，暗中圖謀。秦檜既是金朝的奸細，在北朝，還怕不能得富貴？跑回著風雨飄搖的宋朝做什麼？當時和戰之局，毫無保握，秦檜又焉知高宗要用他做宰相呢？我說秦檜一定要跑回來，正是他愛國之處；始終堅持和議，是他有識力，肯負責之處。能看得出撻懶這個人，可用手段對付，是他眼力過人之處。能解除韓、岳的兵柄，是他手段過人之處。

後面他還羅列了更詳細的史實，不過這一段當時最常被摘錄引用，很多讀到的人都覺得被冒犯了，何況呂思勉還多加了這麼一句：「後世的人，卻把他唾罵到如此，中國的學術界，真堪浩嘆了。」對他來說，認定史料所顯現的和一般通俗觀念有太大的差距，視之為學術界的失職，然而對很多學術界的人來說，聽起來像是呂思勉將所有推崇岳飛、斥責秦檜的人都罵為「可恥」了。

一九二三年在北洋政府統治時可以出版《白話本國史》，當時打倒權威的氣氛仍熾，推翻傳統思想仍然具備號召力，但十年之後，改由國民黨統治，又在「九一八事變」後，原本可以的就變成不行了。

如果考量呂思勉書中還有這麼一段關於歷史功用的討論，十年前十年後的遭遇處境差異，就更令人感慨了。他說：「古人濫得美名，或者枉受惡名，原不同咱們相干，不必要咱們替他平反；然而研究歷史，有一件最緊要的事情，便是根據著現代的事情，去推想古代事實的真相（根據著歷史上較為明白、近情的事情，去推想糊塗、荒誕的事情的真相）。……倘使承認了歷史上有一種異乎尋常的人物，譬如後世只有操、莽，在古代，卻有禪讓的堯、舜；現在滿眼是驕橫的軍閥，從前偏有公忠體國的韓、岳、張、劉。那就人的性質，無從捉摸；歷史上的事實，再無公例可求；歷史可以不必研究了。」

這段話近乎公開表白了，呂思勉排千年來之眾議，採取了反對岳飛的態度，是受了現實的影響。他從史料上看到的韓世忠、岳飛擁兵自重的行徑，和現實裡的軍閥如此相似，他無法接受、更難肯定現實軍閥作為，也就會特別凸顯歷史上岳飛跋扈、專擅的一面了。

他格外受不了要批判的軍閥容許了《白話本國史》出版流通，反而是取代了軍閥的民國政府不准這樣的寫法存在，豈不諷刺？也難怪有在《朝報》上寫稿的趙超構憤而大力為呂思勉辯護，反擊龔德柏，以至於興訟時，龔德柏將《朝報》和趙超構都列名在被告上。另外胡適也因此對注意到呂思勉，後來還一度想找他到北大教書。

這場官司以不起訴收場，而法官在判決書中所持主要理由，是今非昔比，考量呂思勉寫《白話本國史》時，尚未有「九一八事變」帶來的情勢，所以不可能是要以為秦檜翻案來主張對日本讓步送出國土，因此不構成所控的「外患罪」。不過判決書中還是強調：「呂思勉……不依據確定正史推崇岳飛等，乃稱根據《宋史・本紀》、《金史》、《文獻通考》、趙翼《廿二史札記》以褒秦檜而貶岳飛等，起持論固屬不當，毋怪人多指摘。」

到一九三三年十月，《白話本國史》有了「國難後第二版」，在「國難」氣氛下，呂思勉部分改寫了宋金和議的歷史表述，但他仍然沒有「依據確定正史推崇岳飛等」，而是只呈現雙方和議過程與結果，幾乎完全不提岳飛、也不提秦檜。

作為史家，呂思勉之所以突出，一部分也是因為他的書中向來不會只給乾巴巴的史實，會有許多如何認定史實的討論，更常有由歷史衍伸出的其他評論意見，可以刺激不同時代的讀者思考。

3

呂思勉著作極多，而且涵蓋的範圍甚廣，大部分的著作都來自他長期教書的習慣。

呂思勉是江蘇常州人，父親呂譽千將自己的書齋命名為「抱遺經室」，很明顯是有志於儒學的讀書人，一度還曾經擔任盛宣懷家塾師，一九〇三年，二十歲的呂思勉前往金陵參加鄉試，毋寧是自然的選擇。

然而他開始科考的時間太遲了，兩年之後清廷便正式廢科舉，作為最後一代的考生，他也依隨「廢科舉改學校」的大潮流，先是動念想要入震旦學院求學，但因為家中經濟狀況不許可，轉而在一九〇五年從溪山小學開始了他的教學生涯。

呂思勉先後任教於蘇州東吳大學、常州府中學堂、南通國文專修科、上海私立甲種商業學校、瀋陽高等師範學校、江蘇省立第二師範學校、上海滬江大學，一直到一九二六年進入上海光華大學，才總算終止了類似流浪教師的經歷，持續在同一所學校任教直到新中國成立後，一九五一年光華大學被併入華東師範大學，他改而擔任華東師範的歷史系教授。

呂思勉在光華大學的學生楊寬回憶，當年在學校呂思勉開課甚多，從中國社會史、中國民族史，到先秦學術概論、宋明理學，再到經子解題與說文解字等，涵蓋了通史、思想史、史料學、文字學等不同範疇。而最特別的是「凡講課都發有講義，講亦是準備學生自學和掌握系統知識的，堂上講課，只做重點闡釋，講自己研究的心得體會。他上課時常常帶著幾本古書上堂，不帶講義。講『說文解字』，往往舉其中一個字為例而大講特講，講『經子解題』常常舉出某書中的重要篇章大加闡明。」

很明顯的，呂思勉上課都先花費大量時間撰寫講義，因而也就很容易將已經寫就的講義出版成書。再加上他這些年間，先後曾經在上海中華書局和上海商務印書館擔任兼職編輯，和出版界有著直接關係。那是中國的「大啟蒙時代」，關於新知新學整個社會有著飢渴需求，出版業順隨著馬不停蹄推出種種書籍，幾乎每一個領域都迫切需要以新眼光新筆法整理解說的內容，國家就是個大學校，國民都是應該要經歷知識改造的對象，於是中學、大學的講義教材和大眾普及讀物互相貫通，性質上並無根本隔閡。

換另一個方向看，「廢科舉改學校」的改革，並沒有隨清廷覆滅而停止，在民國時期更為積極展開，從小學到大學，各地都設立了許多新學校，招收了眾多新學生，學校、學生需要大量教員，更需要有效的教材。

在快速變化的過渡時期，沒有足夠的條件與時間來培養眾多新式學校的教員，就必須依賴有課本、教學指導等書籍，提供學校、學生立即可以使用。於是呂思勉為了自己上課所寫的講義，很容易翻印成課本，他也成了出版社會特別爭取的課本作家，又刺激他在這些年間寫了更多更廣的各種教科書。

在上海光華大學期間，呂思勉經歷了一九三七年中日戰爭全面爆發，上海被日軍占領。他避居在租界區的「孤島」中，失去了正常的教職，有更多的時間，也為了維持生計，在幾年中將所有心力都投入在寫作上。

這段時期的生活，主要靠「開明書局」提供的預付版稅來支應。呂思勉先是寫了《中國通史》，進而整理原本為《中國通史》而準備的「長編」，改寫成斷代史，陸續出版《先秦史》、《秦漢史》、《兩晉南北朝史》等，於是他的史著不只更多而且更完整，同時具備了「通史」和「斷代史」兩種體例，簡繁互相呼應，各書都有提供了「全史」的架構，涵蓋廣泛領域，還放入了許多呂思勉的獨特研究發現，形成了一片驚人的史學勝景。

4

在「孤島時期」，呂思勉除了寫通史和斷代史之外，另外協助顧頡剛統理《齊魯學報》的論文稿件，以及編校《古史辨第七冊》。《古史辨第七冊》是代表民國「疑古」研究浪潮的這個系列出版品中最後一本，也是最為厚重的一本，呂思勉在書封上和童書業共同掛名編者。

呂思勉不能算是「疑古派」，不過他對於先秦古籍下過的認真考據工夫和「疑古」風潮中這批學者不相上下。他大體接受顧頡剛提出的「古史層壘造成說」，同意「三皇五帝」的名字、系譜是到戰國時才造作出來的。但他認為「三皇五帝」的傳說在此之前就存在了，大體的故事反映了先民的生活演變過程，因此不能單純認定是造假的。

年少時曾經受業於呂思勉，後來又在抗戰期間和呂思勉同時進行通史寫作的錢穆，在這方面和呂思勉的想法極為接近。錢穆在《國史大綱》第一編第一章中簡潔扼要地表述：

今求創建新的古史觀，則對近人極端之懷疑論，亦應稍加修正。從一方面看，古史若經後人層累地造成；惟據另一方面看，則古史實經後人層累地遺失而淘汰。（此說法最早由呂思勉提出）層累造成之偽古史固應破壞，層累遺失的真古史，尤待探索。此其一。各民族最先歷史無不從追記而來，故其中斷難脫離『傳說』與帶有『神話』之部分。若嚴格排斥傳說，則古史即無從說起。……此其二。且神話有起於傳說之後者，……不能因神話而抹殺傳說。……此其三。假造亦與傳說不同，如後起史書整段的記載與描寫，或可出於假造，以可成於一手也。如《尚書》之〈堯典〉、〈禹貢〉等。其散見各書之零文短語，則多係往古傳說，非出後世一人或一派所偽造。以其流傳普遍。如舜與禹其人等。此其四。

在呂思勉的著作中，有一本奇特的《大同釋義》，其內容也是來自光華大學授課講義，然而原本課程的名稱是「中國社會變遷史」，從課名到書名，這差距也太大了吧！

要了解這中間的轉折，我們需要先知道呂思勉的家鄉是「常州學派」的大本營，而「常州學派」正是清末雀起流行的「今文學派」重鎮。清末今文家最看重的經典是《公羊春秋》，放置在思想中心的則是「三世說」——大同世、小康世、據亂世。呂思勉年輕時深受這套思想影響，後來就將「三世說」和西方傳來的演化論，再加上自己對於古史的研究，摶和而成這個特別的說法。

「中國社會變遷史」所表明的，是還原古史，會看到社會由簡而繁的變化，也就是由素樸平等為分化的社會組織，逐漸朝向有了權力與財產分野的狀況，再由社群中尚能控制權力與財產分配的階段，變成更龐大、複雜組織中，秩序無法維繫以至於爭奪、衝突、乃至戰亂愈來愈普遍。

這就是大同、小康、據亂三世的歷史基礎，換句話說，從堯、舜到文、武、周公再到東周，中國古史中夾雜了許多傳說，聖王完美人格造就的太平盛世有很多不可信之處，然而這變化的軌跡本身，實際上準確地反映了初民社會的演化軌跡。只不過古史的大同絕不可能建立在後世所習慣的那種複雜層級化社會基礎上。

認真看待「三世說」幫助我們整理蒙上層層迷霧的史料，釐清中國的起源與發展，不過呂思勉另外還要從相反方向，以古史社會組織知識來維繫、伸張對於「大同」的信念。「大同」不是空想，不是離開人間現實的虛構謊言，而有歷史根據，於是我們可以透過對歷史的掌握來重建「大同」的原理，重拾追求、開創「大同」的熱情。

要從歷史上弄清楚社會的變遷源流，如此才能一來打破一些人認定社會就是這樣，不會改變的錯誤看法；二來打破另外一些人以為社會之為物，只能聽其遷流，不容以人力加以改造。呂思勉繼承了「今文學派」的精神，在這方面保持積極昂揚的態度，「大同，不但是孔子，亦是人人心中所想望的。孔子在兩千多年前，指示我們以這最高的模範，闡明而光大之，自事後死者之責。亦且大同、小康、亂世，三世相因；明其一，亦即能明其二；不明其二，亦終不能明其一的；所以舉一可以概三。我們所求明白者，為自大同時代，直至現在的情形；我們心所嚮慕，而蘄其實現者，則尤在大同時代。」

5

從一九三七年到一九四一年，呂思勉雖然謀生不易，但至少仍能在「孤島」中奮筆不輟，不過自太平洋戰爭爆發後，日軍攻入上海租界，連這樣的安全環境也不保了，呂思勉只好轉而回到家鄉常州。

常州早在一九三七年就淪陷了，城門口有日兵崗哨，進出必須對日兵脫帽鞠躬，呂思勉因此寧可不回鄉，他說：「我已年過半百，大半輩子過去了，決不向日本鬼子低頭！」因為這樣，常州老家房屋沒有人住，長期無法修繕，殘漏、剝蝕、傾倒，到後來甚至木料和磚瓦被盜一空，他也毫不顧惜。到了一九四二年八月，進出常州城門的人，可不再彎腰鞠躬，只有那些戴帽子的，要向日兵崗哨脫帽致敬，於是呂思勉就乾脆不戴帽，還發誓：「不到抗戰勝利，決不再戴帽子，光頭到底！」

處於日本統治下，呂思勉刻意寫了一篇〈武士的悲哀〉，全篇內容看起來是在考論中國的遊俠人物，然而用上了「武士」一詞，許多段落讀來也就有了豐富的弦外之音了。

例如他考論武士階級是從何產生的？「原來當封建時代，所謂諸侯、大夫，往往豢養著一班人，專以戰鬥為事。這班人既然受著人的豢養：其所以受人豢養，既是因戰鬥之故，自然養成一種好戰的性質，同時，他們確也有不避死亡、愛惜名譽、效忠於他的主人的美德。然而人總只是人，特殊的行為，總只是特殊的環境養成。有意歪曲的人們，把某種風氣，看成天賦的美德；因為說具有這種風氣的人，是個優越的種族，這只是夢囈。」

之後他以中國儒墨淵源討論遊俠，然而話鋒一轉，又轉出了這麼一段話：

……這正是今日所謂白相人和浪人。這等人，放縱了他，是於治安風紀，大有關礙的。所以當時的政治，不得不盡力加以懲治。……這一班人，迫得無可如何，乃多想向國外發展。……他們所以都想到外國去，不過貪圖帶了許多財帛去，而同來時並沒有報銷。又仗著國家的聲威，到外國去，可以訛詐、剝削。而且可以帶私貨，做生意，逃避關稅。口口聲聲看不起商人，自己所做的事，卻比商人更不要臉，所謂武士，如此而已。人，總只是人，這原怪不得他們。所以一個國家，一個民族，所可以自誇的，乃是文化的進步，不該用什麼種族優越等話，來自欺欺人。

通篇文章引用的是《宋書》、梁啟超《中國之武士道》、《史記》、《晉書》，沒有一詞一句提到日本，然而讀者讀到的卻是句句刺向侵略者、占領者，允為特殊時期的奇文！

不過雖然出於民族義憤如此諷罵日本武士，呂思勉並沒有失去從歷史上冷靜評估中國軍事情況的眼光，更沒有改變他對中國武人的憂心、不信任。在一篇題為〈論民族主義之真際〉的文章中，他提到了日本的「代耕」風俗。有人出征，他的土地不會荒棄，因為有鄰里代為耕種；征人的妻兒去買東西，商家會刻意降價；如果生病了，醫生就免費為之治療。因為這樣，日本人才能具有武勇精神，還能建立武德。

相對的，從歷史上延伸到身邊的現實，讓呂思勉感嘆中國民族最缺乏的就是武德。然而不能單獨看中國的問題，而要看見普遍的文明問題，印度之於西亞、希臘之於馬其頓、羅馬之於日耳曼，都是如此，文明必定失去相當程度的武勇。不過除了這普遍因素之外，中國又有自身的特別缺陷，那就是社會累積的「名實不符」，私人之利益與公眾相反處甚多。中國武人去打仗無法去除後顧之憂，因為社會公益不發達，價值觀上又助長了追求自我利益的正當性，於是戰場上不會一意拼鬥，心中總留著可以投降事敵的後路，那當然就是武德淪喪的根本肇因了。

6

《復興高級中學教科書　本國史》的「前言」中，有幾段精要地表述了呂思勉的史學特色。例如即使寫教科書，仍然不能離開考據，更重要地要註明如何考據而得，讓學生在閱讀過程中得以略知考據的方法。進一步來說，也就是不只在課本中羅列事實，還要在適當之處示範讓學生知道歷史中的事實是如何來的，要如何認定其為事實。

課本中觸及的考據當然不宜瑣碎，而要不瑣碎，最好的方式是呈現如何從幾項史實中去呈現重要概念，在這部分，他從顧炎武的《日知錄》和趙翼的《陔餘叢考》採擷了較多的例證。

同樣地，即使在課本中也不能完全沒有議論，尤其是「正確的理論，成為讀史地常識的，……宜為相當的輸入。」他特別舉了兩種狀況，作為可以將理論放入課本中的標準：第一，讀了某種史實，自然會感動憤發的，那麼在文中表白感動憤發之情，當然可以；第二，貫穿前後，指示史事的原因結果，及其變遷之所以然，那麼看似議論，實際是發揮疏通證明效果的，當然也可以。

綜觀呂思勉寫的課本內容，確實在增加考據與評論意見上卓然有成，和其他歷史教科書明顯地區隔出高下。以《復興高級中學教科書　本國史》中寫鴉片戰爭的部分為例，談鴉片戰爭當然要先談「鴉片」，然而在「鴉片是從唐代就由阿拉伯人輸入的。但只是作藥用。到了明代，菸草從南洋輸入，中國人開始吸食，其和以鴉片同熬的，則稱為鴉片菸，才成為嗜好品。」簡單介紹後，呂思勉在括號中展開了很長的史料鋪陳，解釋「罌粟」之名來源，證明由藥用到能成癮嗜好品的過程，引用了宋代《開寶本草》、唐．雍陶〈西歸出斜谷詩〉、清．王肱枕《蚓庵瑣語》、清．張岱《陶庵夢憶》、《雍正硃批諭旨》、乃至清．黃玉圃《臺海使槎錄》等書。

然後論及黃爵滋請求嚴禁的上疏後，呂思勉又以補註形式加了這麼一段話：「當時販菸一事，因其利太豐，恃以為活的人太多，所以法令之力，亦有時而窮。究竟能否用操切的手段，一時禁絕，實屬疑問。許乃濟之奏，主張仍用舊制，照藥材納稅，但只准以貨易貨，不得用銀購買，亦未始非漸禁的一策。總而言之，當時的問題，不在乎有法無法，法之嚴與不嚴，而實在乎其法之能行與否。當時主張激烈的人，對這一點，似乎都少顧及。」

補述內容，其實接近史論了，對史實擴充解釋，並提供更廣泛的人事、法律互動理解。顯然和一般只列出弛禁、嚴禁兩派主張的寫法，多了層次，提供讀者更多認識歷史的動機、興趣與深度。

呂思勉對於歷史教學既累積了長期經驗，更提出了一些不同的意見。在《復興高級中學教科書本國史》「例言」中，他特別提醒：寫歷史教科書，一定要順著時間從古寫到今，卻不意味著教學上也必定遵循這個次第。使用時其實不妨先從第四編、第五編教授起，因為近世、現代的事，和眼前的生活較為切身接近，學生容易了解，讀來學來也容易有興味，如此刺激引發學生的探求之心。另外，先有了後來史事的認識，再讀古代史，可以有所比較、有所補充。古史多半殘缺不全，又帶著神話、傳說等性質，單獨教古代史對老師和學生都是更高挑戰，尤其如果一開始就先教古代史，但尚未對學生打下歷史知識是什麼的根本基礎，更是難上加難。

7

一九三七年，呂思勉寫過一篇文章〈中學歷史教學實際問題〉，裡面有這麼一段話：「夫歷史者，說明全社會者也，惟全社會能說明全社會，故昔之偏舉一端，欲以涵蓋全史者，無有是處。而在今日，則歷史與社會兩學，實相附麗。歷史所以陳其數，社會所以明其義也。明乎此，則研治史學，若探驪而得珠；而教授史學之要義，亦不外乎是矣。」

呂思勉開始有著作問世後，很快就以打破朝代範界的眼光受到注意，用顧頡剛的話來說是：「誠之（呂思勉的字）先生一生治史，出入必挾『二十四史』一冊，今國中史學家固多，但於中國各代歷史做普遍之注意者僅有此人。」可以說他具備特殊的「通史」用心與掌握，因而他很早就開始寫通史的教科書，到了晚年更是按照時代先後，一一撰寫斷代史，貫串起來，就成了卷佚龐大、內容豐實的一大套中國通史了。

不過較少人理解的是，呂思勉歷史觀念中除了有縱向的「通」，另外還有橫向的「全」。他教中國通史，在給學生的考試命題中，就有一問：「治歷史者，何以不宜偏重政治？試言其故。」過於重視政治，正是「昔之偏舉一端」，相對地呂思勉追求在歷史中看見「全社會」，再舉一些當年他出過的考題，可以窺見「全社會」所包括的面向：

說生物進化與文化進化之異。

何謂家庭動物，何謂社群動物？人類於何者為近？

社會階層之分，始於年齡；古代視年齡之別，較其視兩性之別為重，其故安在？

現代婚姻為個人之事，古代則視為家族之事，其故何在？其利弊若何？習慣、法律對於離婚，往往加以禁阻，其故安在？其得失若何？

文化之進步，就係環境關係？亦係種族能力？

言語異同，有語音、語詞、語法三方面，中國不同，在何方面？欲救其弊，其辦法當如何？

佛教諸宗，何以為淨土流傳最廣？或謂宋儒，係以哲學中之唯物論辟唯心論，其說如何？

資本主義初興時，何以政治家恆思打倒之，以回復封建時代之秩序，資本主義社會中，地位之高低，多以貧富為標準，能言其略歟？……

從這些考題我們可以回頭推想呂思勉的歷史教學，要在講義與課堂中放入什麼樣的內容，才能期待學生能夠回答這樣的問題？更進一步，如果學生用這種方式學習到足可以回答這樣的問題，又能從歷史課中得到什麼樣的收穫？很明顯地，那不是一般關於固定歷史事實的背誦吸收而已，必然更聯繫到關於什麼是社會與社會變遷的認知。

呂思勉在一九三九年寫的一篇文章中明白地提出社會意識與社會觀察的重要性：「讀書與觀察現社會之事實，二者交互為用，而後者之力量實遠強於前者。我們對於學問的見解，大概觀察現社會所得，而後以書籍證明之。斷無於某項原理茫然不知，而能得知於書籍者也。」換句話說，形成知識的關鍵，在於帶有問題意識，依照問題意識整理書中得到的資料，如此才有見解可言。

在探索、呈現中國歷史上，呂思勉最大的貢獻，正在於提供了不一樣的問題意識，要在歷史中看出社會的全貌，藉由歷史來提供映照，分析他自己所處的複雜社會所需的概念工具。一九四〇年，呂思勉的《中國通史》上冊出版，開明書局出版，童書業寫了一篇評述文章，開頭就說：「研究歷史以社會科學為基礎，這是近人常說的一句話。但是真能實踐這句話，卻是極居少數。一般所謂『科學的史學家』，只是拿些公式來附會歷史，……，到最近期，才有一部真正以社會科學來研究歷史的著作產生，這部書是有劃時代的意義的……」

呂思勉之所以寫得出「劃時代意義」的新通史作品，正因為他的「社會科學」不是建立在特定理論上，而是從「全史」關懷中生長出來的。他討論讀史書順序的文章中主張有四種書最重要，應該先讀《資治通鑑》、《續通鑑》、《明通鑑》，大致了解各朝治亂興亡，接著則要讀《通典》、《文獻通考》和《通志》，而且特別標舉這三本書中的十二個門類：田賦、錢幣、戶口、職役、征榷、市糴、國用、學校、選舉、兵和刑，透過這些材料來掌握國家制度與社會民生。

再下來該讀的，是《方輿紀要》，讀的重點在於地理形勢，不必落入山川或都邑遺址細節，那就不會讀不下去了，基本上以省為單位，縣以下瀏覽過去即可。然後第四類書，則是「四史」，作為「正史」的精選取樣。呂思勉儘管給人曾經通讀所有「正史」、甚至不只一次的印象，但他卻明白反對以讀「正史」為治史的主要途徑。他特別警示：「正史材料大割裂，不易讀。所可貴者，材料多，較諸雜史等，又較可信也。然非略有門徑之人，實不能讀，強讀之意無益。」

這樣的程序安排，內中便含藏了呂思勉的述史的精神，不只是制度很重要，社會組織、風俗文化很重要，就連傳統記錄上的歷史事件，都應該弄清楚其更廣闊的背景。他分析韓信「背水一戰」之所以成功，原因是「驅市人而戰之」，軍隊是烏合之眾，不會真心服從命令，所以必須將他們置諸死地，逼他們在沒有退路的情況下為了自己的生命而奮戰，如此得勝。相對地，明朝名將戚繼光強調絕對不能「驅市人而戰之」，更反對行險僥倖，他苦心操練精兵來抵抗倭寇，那是因為韓信帶的部隊是徵調而來的，根本不可能訓練，戚繼光則可以在制度安排下，以專業方式長期屯駐教戰，如果看不到這中間的差別，不能說是在討論歷史。反過來說，歷史研究的專業責任，也正是去發掘並解釋更長遠、更廣泛的背景條件及其演變、差異。

呂思勉認真執行這樣的史學方法，他的學生張芝聯回憶：「我從呂先生那裡學到的不只是某一段中國歷史的具體知識，而是他的治學方法和觀點。他上課不帶講稿，往往先在黑板上寫幾段史料，然後加以解釋、分析、歸納，最後得出結論。他的視野廣闊，重視各方面的歷史現象——社會、經濟、文化、制度、思想，……可稱全方位史。」

可以說，在那個時代，呂思勉以一己之力，在中國歷史的領域中實踐了社會科學科際整合的試驗並得到了突破。

8

呂思勉是史學家，卻在許多地方反覆強調社會學的重要性。

各種學問，各有其所研究的物件，亦各有其用處。然皆只是一節之用。必須有一種能運用各種學問的學問。……運用各種學問的學問，在今日，唯社會學足以當了。因為各種學問，所研究的物件，都是社會的一枝一節。必須明於全體，才知道一枝一節，有何等關係，其重要至於何種程度，與他部分的關係如何？……故社會學在今日，實為各種社會科學之王。治各種社會科學的人，都不可以不知道。譬如法律，固然是現在所必要，然而社會的秩序，必須要靠強力維持，已經是社會的病態，懂得社會學的人，就會知道刑期無刑之意，專研法律學的人，就不免把法律的價值，看得太大了。

有意思的，這段話出現在一篇題為〈為什麼成人的指導不為青年所接受〉的文章裡。特別提社會學，在這個脈絡下，是當年五十七歲的呂思勉設身處地去提供中國青年思想的出路。

他主張：現代一切人與人關係的科學，都需明白了社會學，才能夠認識其原理，而批判其是非。

對於年輕人尤其重要的，是一份激切的改革、乃至革命之心。「成人」希望的是維持舊秩序，但青年卻嚮往新理想，當然聽不進「成人」的指導；但青年要追求理想的實現，仍然需要指導，能在哪裡找到？呂思勉的答案是：「社會學」。「唯有社會學，示人以革命的可能，且示人以革命的途徑。……社會學示人以無限改良的可能，達到太平郅治，使全世界中無一夫一婦不獲其所的大道，自能引起青年無限的熱心，而鼓勵其勇氣。」

有意思的是，呂思勉甚至認為社會學也是當代年輕人最需要的道德教育。革命離不開道德，革命的根本動機應該是民胞物與一視同仁的精神，那當然是道德性的。但他必然在現實中體會了革命熱潮帶來了對於舊道德的破壞，激發了社會上普遍的道德焦慮，以至於「成人」交相提出各種挽救道德的主張，但關鍵在於：年輕人聽得進去、能接受嗎？

呂思勉提出了一項關於「白話文運動」的特殊觀察。廢去古文，下一代都只讀白話文會帶來什麼效果？依照傳統文言與白話運用方式，呂思勉提醒廢棄文言在文學上不是難題，反而在道德倫理上會帶來難題。因為封建時代的道德古訓幾乎都是用文言記錄、傳達的，相對白話、俗語反映的是市井的生活態度。俗諺中充滿了利害之心，和道德的利他無私要求是決然相反的。

要啟發人的仁心，兩方面的條件缺一不可。一是顯示世界上需要被拯救的種種痛苦，需要被改革的種種亂象；二是顯示拯救與改革的方法。而社會學，或更廣義的社會科學如果能成為普遍的教育內容，就可以一併解決青年道德養成的問題。

依照這樣的論理，那麼呂思勉自己的專業中國歷史知識可以、應該從青年教育中取消了？不是的，這裡又牽涉到呂思勉對於中國文化基本性格的認知：中國人向來重視人與人的關係，而輕視人與物的關係。研究人與物的關係，也就是自然科學，可以採取細部專業分工的形式，完全不懂電學的人也可以點電燈、打電話，將知識與研究交付給專家。但人與人的關係無法這樣交給別人代為應付。父子、兄弟、夫婦、朋友的應對交際，不能請懂倫理學的人來代勞。

所以應該以社會學、社會科學的眼光，重新估定中國歷史流傳、累積的龐大人文材料的價值。呂思勉在題為〈五四運動的價值何在〉的文章中明白曉暢地說：

> 五四運動的價值何在？在於推翻舊來的權威，教人以一切重行估計。人本是有惰性的，凡事一經先入為主，就不肯再去想了。明明前人的方法，不足以解決今日的問題，甚或不能解決其當時的問題，然而前人既經這麼說了，後人就再不肯就事實去觀察、推求，而總以為要解決問題，最好是就用前人所說的方法。

他接下來舉了一個例子，那是儒家傳統思想中把人分為「治者」和「被治者」兩個階級，以理想中的士大夫擔任「治者」，視為治平天下唯一的方法。然而：

這條路明明是絕路。因為在生物學上，上智與下愚，同屬變態，變態總是少數。階級之治下的官吏，是非得中人以上不可的。從生物學上看，中人以上的數量，遠少於治者的數量。所以儒家的賢人政治，根本是一條絕路。……我曾把這一層道理，說給許多讀書人聽，他們亦無以反駁我，但仍承認儒家的賢人政治，是治國平天下的惟一方法，這個並非他們並此而想不通，不過有先入者為之主，就不肯再想了，此等不肯再想的文化，我名之為「無所用心的文化」……，是最要不得的。

顯然，呂思勉的教學與著作，正是以擺脫「無所用心的文化」，重估中國歷史內容的信念為基準而進行的。

9

要「有所用心」，表現在呂思勉的著作中，最主要的努力方向，是密切並多方關注現實事務，並不斷來回比對歷史與現實的異同。

呂思勉陸續寫過回顧評述中國三十年來、四十年來出版與報章雜誌發展的文章，充分顯現出他長期在歷史書籍之外的辛勤涉獵。更戲劇性的明證，出現在一九四五年八月日本無條件投降後，呂思勉幾乎進入一種狂熱寫時評狀態，暫時放下了歷史著述，接連發表了以下這些文章：

〈上海路名亟宜復舊議〉、〈實行憲政時期的政黨〉、〈中國的五年計畫〉、〈抗戰的總檢討和今後的方針〉、〈戰後中國經濟的出路〉、〈戰後中國之民食問題〉、〈對於時局的誤解〉、〈日本天皇的前途〉、〈怎樣將平均地權和改良農事同時解決〉、〈關於平賣的一個建議〉、〈清查戶口與清除匪患〉、〈到朝鮮去蒐書〉、〈日本人的短長〉、〈青年思想問題的根柢〉、〈因整理土地推論到住的問題〉、〈改良郵寄手續〉、〈論新聞自由與說服異己〉、〈論外蒙古問題〉、〈五都〉、〈中國的生命線與世界和平〉、〈日本降服了〉、〈如何培養和使用人才〉、〈淪陷區裡的民眾生活〉、〈抗戰何以能勝建國如何可成〉、〈治水的三階段〉、〈勝利年大事記〉……

所有這些文章都是在八月十五日之後撰寫，到一九四五年十二月底前發表。其中多篇都是長文，〈勝利年大事記〉一共分成三大篇，但只有發表第一篇，後續兩篇呂思勉顯然是出於一個見證歷史事件的史家責任，要在第一時間留下可信可資，以提供後來者論考的資料，因此孜孜矻矻快速寫下了好幾萬字。

呂思勉當然是大史家，但他不只是史家，最主要還有不斷思考歷史與現實比對解釋的自覺，倒過來看，也正因為他有著豐富史學以外的思考資源，才成就了他在史學上的過人高度。

第一輯

歷史學習法——爬梳史學脈絡

提要

呂思勉的特殊史家地位，建立在一生頻繁密切的研究與教學互動中，因而他的歷史思想始終保持在知識追求與現實啟發之間依違擺盪的彈性。

他的〈史學上的兩條大路〉最清楚表彰了這方面的思路，以及引申出來歷史知識內在的矛盾張力。史學有一部分是極為嚴格緊密的，傳承了有清一代最為發達的考據學，再加上西方傳入科學精神的影響，呂思勉特別強調彌補史料缺漏所需的探究、推理工夫，絲毫含混不得，必須盡可能精確。然而我們也不能忽略了史學的另一面，如果要對現實產生對照作用，那就非但不能認真嚴格，而是倒過來非寬鬆不可，嚴謹精確地要將歷史經驗運用在現實上，或要依憑來預測未來，那恐怕會釀造災禍吧！

由此推論，其實呂思勉一生產出的歷史寫作內容，是兩種性質的混同。第一種是在有限的資料中去重建事實，要盡可能嚴密，也因而其範圍不會太大，最主要以零散比較考證形式表現出來（見第三輯選文）。另一種則是從歷史中歸納出一些原則或規律，既凸顯特定時代的面貌，也具備跨越時代的普遍性。也就是在這層考慮上使得呂思勉相當重視「社會學」或「社會科學」，對他來說，那是一種提煉歷史經驗的方法，經過「社會學」、「社會科學」的篩選得到的原則、規律，而不是歷史事件、歷史事實本身，才能有效提供現實上的鑑照。

雖然文章中呂思勉區分性地描述為兩條不同道路，不過在他自己的著作中，尤其是他的通史書籍裡，兩種模式總是綜合交錯，示人以細節事實，獲得事實的研究方法，同時顯現寬鬆人文思考後的歷史普遍意義。

歷史的運用與誤用，是那個時代的重要問題。譏諷批評傳統中國歷史為「斷爛朝報」容易，要徹底拋棄過去歷史卻明明不可能，要阻止大家運用歷史也不可能。呂思勉親歷了袁世凱稱帝過程，取消民國恢復帝制當然牽涉到倒退時間的變化，也就以種種歷史先例充作正當性基礎，對一個學歷史的人，真是太荒唐也太諷刺了。

呂思勉的〈歷史研究法〉有意識追隨梁啟超的努力，加入了新世局的新挑戰，如果能和梁啟超同名的著作對讀，大家更能深切體會民國時期和史學有關的憂患困惑，如何深深攫抓了讀書人的注意。呂思勉多次仔細交代自己接觸歷史、投入史學的經歷，那除了是個人傳記資料外，也是民國大時代的珍貴縮影記錄。

從我學習歷史的經過說到現在的學習方法

一、少時得益於父母師友

《堡壘》的編者，囑我撰文字一篇，略述自己學習歷史的經過，以資今日青年的借鑑。我的史學，本無足道；加以現在治史的方法，和從前不同，即使把我學習的經過都說出來，亦未必於現在的青年有益。所以我將此題分為兩橛，先略述我學習的經過，再略談現在學習的方法。

我和史學發生關係，還遠在八歲的時候。我自能讀書頗早，這一年，先母程夫人始取《綱鑑正史約編》，為我講解。先母無暇時，先姊頌宜（諱永萱）亦曾為我講解過。約講至楚漢之際，我說：我自己會看了。於是日讀數頁。約讀至唐初，而從同邑魏少泉（景徵）先生讀書。先生命我點讀《綱鑑易知錄》，《約編》就沒有再看下去。《易知錄》是點讀完畢的。十四歲，值戊戌變法之年，此時我已能作應舉文字。八股既廢，先師族兄少木（諱景端）命我點讀《通鑑輯覽》，約半年而畢。當中日戰時，我已讀過徐繼畬的《瀛環志略》，並翻閱過魏默深[1]的《海國圖志》，該兩書中均無德意志之名，所以竟不知德國之所在，由今思之，真覺得可笑了。是年，始得鄒沅帆的《五洲列國圖》，讀日本岡本監輔的《萬國史記》，蔡爾康所譯《泰西新史攬要》，及王韜[2]的《普法戰紀》；黃公度的《日本國志》則讀而未完，是為我略知世界史之始。明年，出應小試，僥幸入學。先考譽千府君對我說：你以後要多讀些書，不該兢兢於文字之末了。我於是又讀《通鑑》、畢沅的《續通鑑》和陳克家的《明紀》，此時我讀書最勤，讀此三書時，一日能盡十四卷，當時茫無所知，不過讀過一遍而已。曾以此質諸先輩，先輩說：「初讀書時，總是如此，讀書是要自己讀出門徑來的，你讀過兩三千卷書，自然自己覺得有把握，有門徑。初讀書時，你須記得《曾文正公家書》裡的話：『讀書如略地，但求其速，勿求其精』。」我謹受其教，讀書不求甚解，亦不求其記得，不過讀過就算而已。十七歲，始與表兄管達如（聯第）相見，達如為吾邑名宿謝鍾英先生之弟子，因此得交先生之子利恆（觀），間接得聞先生之緒論。先生以考證著名，尤長於地理，然我間接得先生之益的，卻不在其考證，而在其論事之深刻。我後來讀史，頗能將當世之事，與歷史上之事實互勘，而不為表面的記載所囿，其根基實植於此時。至於後來，則讀章太炎、嚴幾道[3]兩先生的譯著，受其啟發亦非淺。當世之所以稱

1 魏源（一七九四—一八五七），字默深，為晚清思想家。
2 王韜（一八二八—一八九七），為清代思想家，近代中國首位至牛津大學演講的學者。
3 嚴復（一八五四—一九二一），字幾道，為中國近代思想家、翻譯家，其翻譯著作影響近代深遠。

嚴先生者為譯述，稱章先生為經學、為小學，為文學，以吾觀之，均不若其議論能力求核實之可貴。

蘇常一帶讀書人家，本有一教子弟讀書之法，繫於其初能讀書時，使其閱《四庫全書書目提要》一過，使其知天下（當時之所謂天下）共有學問若干種？每種的源流派別如何？重要的書，共有幾部？實不啻於讀書之前，使其泛覽一部學術史，於治學頗有裨益。此項功夫，我在十六七歲時亦做過，經史子三部都讀完，惟集部僅讀一半。我的學問，所以不至十分固陋，於此亦頗有關係。（此項工夫，現在的學生，亦仍可做，隨意瀏覽，一暑假中可畢。）

十七歲這一年，又始識同邑丁桂徵（同紹）先生。先生之妻為予母之從姊。先生為經學名家，於小學尤精熟，問以一字，隨手檢出《說文》和《說文》以後的字書，比我們查字典還要快。是時吾鄉有一個龍城書院，分課經籍、輿地、天算、詞章。我有一天，做了一篇講經學上的考據文字，拿去請教先生，先生指出我對於經學許多外行之處，因為我略講經學門徑，每勸我讀《說文》及注疏。我聽了先生的話，乃把《段注說文》閱讀一過，又把《十三經注疏》亦閱讀一過，後來治古史略知運用材料之法，植基於此。

二、我學習歷史的經過

我少時所得於父母師友的，略如上述，然只在方法方面；至於學問宗旨，則反以受漠不相識的康南海先生的影響為最深，而梁任公先生次之。這大約是性情相近之故罷！我的感情是強烈的，而我的見解亦尚通達，所以於兩先生的議論，最為投契。我的希望，是世界大同，而我亦確信世界大同之可致，這種見解，實植根於髫年[4]讀康先生的著作時，至今未變。至於論事，則極服膺梁先生，而康先生的上書記，（康先生上書，共有七次：第一至第四書合刻一本，第五第七，各刻一本，惟第六書未曾刊行。）我亦受其影響甚深。當時的風氣，是沒有現在分門別類的科學的，一切政治上社會上的問題，讀書的人都該曉得一個大概，這即是當時的所謂「經濟之學」。我的性質亦是喜歡走這一路的，時時翻閱《經世文編》一類的書，苦於掌故源流不甚明白。十八歲，我的姨丈管凌雲（諱元善）先生，即達如君之父，和湯蟄仙（壽潛）先生同事，得其書《三通考輯要》，勸我閱讀。我讀過一兩卷，大喜，因又求得《通考》原本，和《輯要》對讀，以《輯要》為未足，乃捨《輯要》而讀原本。後來又把《通典》和《通考》對讀，並讀過《通志》的二十略。此於我的史學，亦極有關係。人家都說我治史喜歡講考據，其實我是喜歡講政治和社會各問題的，不過現在各種社會科學，都極精深，我都是外行，不敢亂談，所以只好講講考據罷了。

年二十一歲，同邑屠敬山（寄）先生在讀書閱報社講元史，我亦曾往聽，先生為元史專家，考據極精細，我後來好談民族問題，導源於此。

我讀正史，始於十五歲時，初取《史記》，照歸、方評點[5]，用五色筆照錄一次，後又向丁桂徵先

4 即童年。

生借得前後《漢書》評本，照錄一過。《三國志》則未得評本，僅自己點讀一過，都是當作文章讀的，於史學無甚裨益。我此時併讀《古文辭類纂》和王先謙的《續古文辭類纂》，對於其圈點，相契甚深。我於古文，雖未致力，然亦略知門徑，其根基實植於十五歲、十六歲兩年讀此數書時。所以我覺得要治古典主義文學的人，對於前人良好的圈點，是相需頗殷的。古文評本頗多，然十之八九，大率俗陋，都是從前做八股文字的眼光，天分平常的人，一入其中，即終身不能自拔。如得良好的圈點，用心研究，自可把此等俗見，袪除淨盡，這是枝節，現且不談。四史讀過之後，我又讀《晉書》、《南史》、《北史》、《新唐書》、《新五代史》，亦如其讀正續《通鑑》及《明紀》然，僅過目一次而已。聽屠先生講後，始讀《遼》、《金》、《元史》，並將其餘諸史補讀。第一次讀遍，係在二十三歲時，正史是最零碎的，匆匆讀過，並不能有所得，後來用到時，又不能不重讀。人家說我正史讀過遍數很多，其實不然，我於四史，《史記》、《漢書》、《三國志》讀得最多，都曾讀過四遍，《後漢書》、《新唐書》、《遼史》、《金史》、《元史》三遍，其餘都只兩遍而已。

我治史的好講考據，受《日知錄》、《廿二史札記》兩部書，和梁任公先生在雜志中發表的論文，影響最深。章太炎先生的文字，於我亦有相當影響，親炙而受其益的，則為丁桂徵、屠敬山兩先生。考據並不甚難，當你相當的看過前人之作，而自己讀史又要去推求某一事件的真相時，只要你肯下

5 此處所提之歸評點，乃指明代文學家歸有光針對《史記》所撰述的《歸評史記》一書；方評點為清代文學家方苞所撰《史記評語》，專評點《史記》詞章。

功夫去搜集材料，材料搜集齊全時，排比起來，自然可得一結論。但是對於群書的源流和體例，須有常識。又什麼事件，其中是有問題的，值得考據，需要考據，則是由於你的眼光而決定的。眼光一半由於天資，一半亦由於學力。涉獵的書多了，自然讀一種書時，容易覺得有問題，所以講學問，根基總要相當的廣闊，而考據成績的好壞，並不在於考據的本身。最要不得的，是現在學校中普通做論文的方法，隨意找一個題目，甚而至於是人家所出的題目。自己對於這個題目，本無興趣，自亦不知其意義，材料究在何處，亦茫然不知，於是乎請教先生，而先生亦或是一知半解的，好的還會舉出幾部書名來，差的則不過以類書或近人的著作塞責而已。（以類書為線索，原未始不可，若徑據類書撰述，就是笑話了。）不該不備，既無特見，亦無體例，聚集鈔撮，不過做一次高等的鈔胥工作。做出來的論文，既不成其為一物，而做過一次，於研究方法，亦毫無所得，小之則浪費筆墨，大之則誤以為所謂學問，所謂著述，就是如此而已，則其貽害之巨，有不忍言者已。此亦是枝節，擱過不談。（此等弊病，非但中國如此，即外國亦然。抗戰前上海《大公報》載有周太玄先生的通信，曾極言之。）

三、社會科學是史學的根基

我學習歷史的經過，大略如此，現在的人，自無從再走這一條路。史學是說明社會之所以然的，即說明現在的社會，為什麼成為這個樣子。對於現在社會的成因，既然明白，據以猜測未來，自然可有幾分用處了。社會的方面很多，從事於觀察的，便是各種社會科學。前人的記載，只是一大堆材料。我們必先知觀察之法，然後對於其事，乃覺有意義，所以各種社會科學，實在是史學的根基，尤其是社會學。因為社會是整個的，所以分為各種社會科學，不過因一人的能力有限，分從各方面觀察，並非其事各不相干，所以不可不有一個綜合的觀察。綜合的觀察，就是社會學了。我嘗覺得中學以下的講授歷史，並無多大用處。歷史的可貴，並不在於其記得許多事實，而在其能據此事實，以說明社會進化的真相，非中學學生所能；若其結論係由教師授與，則與非授歷史何異？所以我頗主張中等學校以下的歷史，改授社會學，而以歷史為注腳，到大學以上，再行講授歷史。此意在戰前，曾在《江蘇教育》上發表過，未能引起人們的注意。然我總覺得略知社會學的匡廓，該在治史之先。至於各種社會科學，雖非整個的，不足以攬其全，亦不可以忽視。為什麼呢？大凡一個讀書的人，對於現社會，總是覺得不滿足的，尤其是社會科學家，他必先對於現狀，覺得不滿，然後要求改革；要求改革，然後要想法子；要想法子，然後要研究學問。若其對於現狀，本不知其為好為壞，因而沒有改革的思想，又或明知其不好，而只想在現狀之下，求個苟安，或者撈摸些好處，因而沒有改革的志願；那還講做學問幹什麼？所以對於現狀的不滿，乃是治學問者，尤其是治社會科學者真正的動機。此等願望，誠然是社會進步的根源；然欲遂行改革，非徒有熱情，便可濟事，必須有適當的手段；而這個適當的手段，就是從社會科學裡來的。社會的體段太大了，不像一件簡單的物事，顯豁呈露地擺在我們面前，其中深曲隱蔽之處很多，非經現代的科學家，用科學方法，仔細搜羅，我們根本還不知道有這回事，即使覺得有某項問題，亦不會知其癥結之所在。因而我們想出來的對治的方法，總像斯賓塞[6]在《群學肄言》[7]裡所說的：「看見一個銅盤，正面凹了，就想在其反面凸出處打擊一下，自以為對證發藥，而不知其結果只有更壞。」發行一種貨幣，沒有人肯使用，就想用武力壓迫，就是這種見解最淺顯的一個例子。其餘類此之事還很多，不勝枚舉，而亦不必枚舉。然則沒有科學上的常識，讀了歷史上一大堆事實的記載，又有何意義呢？不又像我從前讀書，只是讀過一遍，毫無心得了嗎？所以治史而能以社會科學為根柢，至少可以比我少花兩三年功夫，而早得一些門徑。這是現在治史學的第一要義，不可目為迂腐而忽之。

對於社會科學，既有門徑，即可進而讀史，第一步，宜就近人所著的書，揀幾種略讀，除本國史外，世界各國的歷史，亦須有一個相當的認識；因為現代的歷史，真正是世界史了，任何一國的事實，都不能撇開他國而說明。既然要以彼國之事，來說明此國之事，則對於彼國既往之情形，亦非知道大概不可。況且人類社會的狀態，總是大同小異的；其異乃由於環境之殊，此如夏葛而冬裘，正因其事實之異，而彌見其原理之同。治社會科學者最怕的是嚴幾道所說的「國拘」，視自己社會的風俗制度為天經地義，以為只得如此，至少以為如此最好。此正是現在治各種學問的人所應當打破

6 Herbert Spencer (1820–1903)，為社會達爾文主義之父。

7 此為嚴復於光緒年間依《荀子》：「人之貴於禽獸者，以其能群也」命名，現譯為《社會學研究》。

的成見，而廣知各國的歷史，則正是所以打破此等成見的，何況各國的歷史，還可以互相比較呢？

四、職業青年的治學環境

專治外國史，現在的中國，似乎還無此環境。如欲精治中國史，則單讀近人的著述，還嫌不夠，因為近人的著述，還很少能使人完全滿意的，況且讀史原宜多覓原料。不過學問的觀點，隨時而異，昔人所欲知的，未必是今人所欲知，今人所欲知的，自亦未必是昔人所欲知。因此，昔人著述中所提出的，或於我們為無益，而我們所欲知的，昔人或又未嘗提及。居於今日而言歷史，其嚴格的意義，自當用現代的眼光，供給人以現代的知識，否則雖卷帙浩繁，亦只可稱為史料而已。中國人每喜以史籍之豐富自誇，其實以今日之眼光衡之，亦只可稱為史料豐富。史料豐富，自然能給專門的史學家以用武之地，若用來當歷史讀，未免有些不經濟，而且覺得不適合。但是現在還只有此等書，那也叫沒法，我們初讀的時候，就不得不多費些工夫。於此，昔人所謂「門徑是自己讀出來的」，「讀書之初，不求精詳，只求捷速」，「讀書如略地，非如攻城」等等說法，仍有相當的價值。閱讀之初，仍宜以編年史為首務，就《通鑑》一類的書中，任擇一種，用走馬看花之法，匆匆閱讀一過。此但所以求知各時代的大勢，不必過求精細。做這一步工夫時，最好於歷史地理，能夠知道一個大概，這一門學問，現在亦尚無適當之書，可取《方輿紀要》[8]，讀其全書的總論和各省各府的總論。讀時須取一種歷史地圖翻看。這一步工夫既做過，宜取《三通考》，讀其田賦、錢幣、戶口、職役、征榷、市糴、土貢、國用、選舉、學校、職官、兵、刑十三門。歷史的根柢是社會，單知道攻戰相殺的事，是不夠的，即政治制度，亦係表面的設施。政令的起源（即何以有此政令）及其結果（即其行與不行，行之而為好為壞），其原因總還在於社會，非瞭解社會情形，對於一切史事，可說都不能真實瞭解的。從前的史籍，對於社會情形的記述，大覺闕乏。雖然我們今日，仍可從各方面去搜剔出來，然而這是專門研究的事，在研究之初，不能不略知大概。這在舊時的史籍中，惟有敘述典章制度時，透露得最多。所以這一步工夫，於治史亦殊切要。此兩步工夫都已做過，自己必已有些把握，其餘一切史書，可以隨意擇讀了。正史材料，太覺零碎，非已有主見的人，讀之實不易得益，所以不必早讀。但在既有把握之後讀之，則其中可資取材之處正多。正史之所以流傳至今，始終被認為正史者，即由其所包者廣，他書不能代替之故。但我們之於史事，總只能注意若干門，必不能無所不包。讀正史時，若能就我們所願研究的事情，留意採取，其餘則只當走馬看花，隨讀隨放過，自不慮其茫無津涯了。

考據的方法，前文業經略說，此中惟古史最難。因為和經子都有關涉，須略知古書門徑，此須別為專篇乃能詳論，非此處所能具陳。

8 全名為《讀史方輿紀要》，乃清代顧祖禹（一六三一—一六九二）所撰述的歷史地理學著作，又與梅文鼎《曆算全書》、李清《南北史合抄》合譽為三大奇書。

學問的門徑，所能指出的，不過是第一步。過此以往，就各有各的宗旨，各有各的路徑了。我是一個專門讀書的人，讀書的工夫，或者比一般人多些，然因未得門徑，繞掉的圈兒，亦屬不少。現在講門徑的書多了，又有各種新興的科學為輔助，較諸從前，自可事半功倍。況且學問在空間，不在紙上，讀書是要知道宇宙間的現象，就是書上所說的事情；而書上所說的事情，也要把他轉化成眼前所見的事情。如此，則書本的記載，和閱歷所得，合同而化，才是真正的學問。昔人所謂「世事洞明皆學問，人情練達即文章」，其中確有至理。知此理，則閱歷所及，隨處可與所治的學問相發明，正不必競競於故紙堆中討生活了。所以職業青年治學的環境，未必較專門讀書的青年為壞，此義尤今日所不可不知。

（原刊《中美日報》「堡壘」副刊第一六〇至一六三期自學講座，
一九四一年三月十六日至十九日）

史學上的兩條大路

現在講起新史學來，總有一個不能忘掉，而亦不該忘掉的人，那便是梁任公先生。梁先生的史學，用嚴格的科學眼光看起來，或者未能絲絲入扣。從考據上講起來，既不能如現代專家的精微，又不能如從前專講考據的人的謹嚴，他所發表的作品，在一時雖受人歡迎，到將來算起總帳來，其說法能否被人接受還是有問題。但他那種大刀闊斧，替史學界開闢新路徑的精神，總是不容抹煞。現在行輩較前的史學家，在其入手之初，大多數是受他的影響的，尤其是他對於政治制度，社會情形，知道的很多；他每提出一問題，總能注意其前因後果，及其和現在的關係，和專考據一件事情，而不知其在全部歷史中的關係的，大不相同；所以其影響學術界者極大。還記得前清光緒末年，他辦《新民叢報》時，本來是主張革命的，在《新民叢報》第十八期以前，宗旨頗為激烈。到第十九期，刊載出一封康有為的信來，亟言革命之事，易發難收，不可不慎。從此以後，他的宗旨，也就漸漸的變了，而成為君主立憲派，和辦《民報》的胡漢民等人，辯論得很為激烈，這是當時政見不同的問題，在今日，自不必再去論其誰是誰非。但我還記得他的一句話，他引俗話的「相見好，同住難」以言當時革命黨的內部，不能無問題。照他們那種急功近利的見解，徑行直遂的手段，一定要招致危險的。果然，自辛亥以來，問題起於革命黨內部的極多，影響於大局的亦極大，老實說：二十年來的內爭，所喪失的人力物力何限？所招致的外患又何限？直到今日，還有因私人的恩怨，而不恤倒行逆施的人。他當日所顧慮的，有一部分，就竟和預言無異了。到宣統初年，他改辦《國風報》了。我在他的發刊詞裡，也還記得一句話。他說：「照我們中國歷史上的情形看起來，每到九州擾攘，蜩螗沸羹之際，而非常之才出焉。所以前途決無所慮。」果然，最近三年來，我們遇見曠古未有的危難，亦自有曠古未有的英雄出來，領導我們奮鬥。他的希望，又和預言一般的應驗了。然則一切事情，都給已往規定了，只要知道歷史，就能夠預測未來嗎？然而當西力東侵之時，我們所以應付他的，又何嘗不本於歷史上的智識？其結果又是如何呢？

歷史是這樣的：你要拘泥著他，說將來的事情，一定和已往的一樣，我們可以抄襲老文章來應付新環境，那一定要上當的。因為社會是刻刻在變動的，並不和自然現象一般，翻來覆去的專走老路。從前的人，認一治一亂為循環，只是把自然界的現象誤推之於人事。（中國人循環的觀念，其根源是從《易經》上來的，《易經》上此項思想，其根源乃從觀察寒暑晝夜等而得，根本是自然界的法則，並不是人事的公例，此正不獨《易經》為然。古今中外的哲學，誤將自然界的法則，硬推之於人事的很多，此等籠統虛緲的觀念，看似根據堅強，實多牽強誤謬。將來社會科學進步，必須要純粹從社會現象上歸納出原理原則來，將此等籠統玄妙的觀念，一掃而空之然後可。從社會現象上歸納出來的原理原則，固然仍可和自然現象的原理原則相通，然兩者各有其獨立的立場，而後會通之以建立更高的原理則可。若於社會現象，實無徹底的研究，而姑借用自然現象的原理原則則不可。此意，好學深思之士，必能知之。）你要是把他抹煞了，一切眼前的問題，即本於一個人的見解，即所謂私智者來應付，那又是要上當的。因為社會雖不是一成不變，而其進化，又有一定的途徑，一定的速率，並不是奔軼絕塵，像氣球般隨風飄蕩，可以落到不知那兒去的。所謂突變，原非不可知之事，把一壺水放在火爐之上，或者窗戶之外，其溫度之漸升漸降，固然可以預知，即其化汽結冰，又何嘗不可預知呢？

然則世事之不可預知，或雖自謂能知，而其所知者悉係誤謬，實由我們對於已往的事，知道得太少，新發展是沒有不根據於舊狀況的。假使我們對於已往的事情，而能夠悉知悉見，那麼，我們對於將來的事情，自亦可以十知八九，斷不會像現在一般，茫無所知，手忙腳亂了。但是社會的體段太大了，對於已往的事，悉知悉見，幾乎是不可能；即求大體明白，亦和我們現在的程度，相差很遠。假定地球上之有人類，是五十萬年，我們所有的歷史，遠的亦不過五千年左右，而其中的強半，還是缺佚、錯誤，不可依據的。這好像一個人，已經一百歲了，我們所知道的，只是他一年來的事，而還不完全、確實，我們如何能瞭解這一個人呢？現在史學家工作之難，就是為此。人類已往的事情缺佚錯誤的，那是由於人類從前文化程度的低下，不知道把該記錄的事情記錄下來之故，現在史學家的工作，就是要把從前所失去的事情，都補足，所弄錯的事情，都改正。這是何等艱巨的工作？現在史學家的工作，簡言之，是求以往時代的再現。任何一個時代，我們現在對於它的情形，已茫無所知了，我們卻要用種種方法鉤考出這一個時代的社會組織如何，自然環境如何，特殊事件如何，使這一個時代，大略再現於眼前。完全的再現，自然是不可能，可是總要因此而推求出一個社會進化的公例來，以適用之於他處。如此，所積者多，互相補足，互相矯正，社會進化的途徑，就漸漸明白了，這才是用客觀的方法，從人類社會的本身，鉤求出來的進化的原理原則，和從前的人，貿然把自然界的原理原則等，硬推之於人事界的不同。於是有收集材料的人；有根據他種科學從事解釋的人；有匯集眾人研究所得，觀其會通的人；萬緒千端，隨在都可以自見，承學之士，正可各就其性之所近而致力；而其中大概可分為通史和專門史兩門。專門史是注重於搜羅某種材料的，通史是注重於觀其會通的。專門之中又有專門，通之上又有通，其層累曲折，難以一言盡，而其性質則不外乎此，這是史學上的一條大路。

史學的意義，在科學的立場上講，固然是很為嚴格的；從應用一方面講，其意義都又極其廣泛。我們現在，再說什麼以史事為前車之鑑，以古人的行事為法戒，怕略知史學的人，都會笑我們見解的陳腐。可是嚴格地依科學方法研究歷史的人少，和歷史有接觸的人多，我們不能禁止不治史學的人和歷史接觸，我們就希望其從歷史上得到些益處。一種學問，可以裨益於人之處，是很廣泛的，所謂開卷有益。仁者見仁，智者見智，其方面原不能限定。在《三國志．呂蒙傳注》裡，曾有這樣一段記載：「初權（孫權）謂蒙及蔣欽曰：『卿今併當塗掌事，宜學問以自開益。』蒙曰：『在軍中常苦多務，恐不容復讀書。』權曰：『孤豈欲卿治經為博士邪？但當令涉獵見往事耳。卿言多務，孰若孤？孤少時歷《詩》、《書》、《禮記》、《左傳》、《國語》，惟不讀《易》。至統事以來，省三史、諸家兵書，自以為大有所益。如卿二人，意性朗悟，學必得之，寧當不為乎？宜急讀《孫子》、《六韜》、《左傳》、《國語》及三史。孔子言終日不食，終夜不寢以思，無益，不如學也。光武當兵馬之務，手不釋卷；孟德亦自謂老而好學；卿何獨不勉勖邪？』蒙始就學，篤志不倦。其所覽見，舊儒不勝。後魯肅上代周瑜，過蒙言議，常嘆受屈。肅拊蒙背曰：『吾謂大弟但知武略耳，至於今者，學識英博，非復吳下阿蒙。』權常嘆曰：『人長而進益，如呂蒙、蔣欽，蓋不可及也。』」不論在什麼時代，學問之家，總有其所當循的門徑，當守的途轍，此即所謂治學方法，在昔人，不過不如現在科學昌明時代之謹嚴細密而已。必不是隨意領略，就可以算做正確的，所謂開卷有益者，則全異乎此，不過因此觸悟而已。其所心得，給正式治學問的人聽了，或者竟是一場笑話。然而斷不能說他們未曾因此而得益，此學問之道所以廣大。一個人要想做一番事業，總不免有些艱難困苦。這種艱難困苦，來自社會一方面的，比之來自自然方面的，要加出幾倍。因為一種是有一定的規律，可以預料的，一種卻不能，然而人能瞭解此種道理的很少。他們看見社會現象的規律，不如自然現象的簡單死板，不因此而悟到其更難應付，卻以為既然活動，總好商量，存著一種希冀僥幸的心理，其意志便不堅強，思慮便不精密。又人事是容易激動人的感情的，和自然現象無恩無怨的不同。感情一經激動，步伐就更形凌亂，手段就更不適當了。初出茅廬的人，氣吞江海，一受挫折，就頹然不能自振，多半由此。欲救此弊，惟有增加閱歷，從事鍛煉，然人生不過數十寒暑，又所遭的境遇，各有不同，玉汝於成的機會，能夠遇到的人，是很少的。不得已，惟有求之於書籍，見前人所遭的危難，百倍於我，所遭遇的事情的離奇變幻，亦百倍於我，然後知人事之難於應付，乃是當然之理，不期其易，自然不覺其難，本視為當然，自然無所怨怒，意志就自然堅強，思慮就自然精密了。固然，書本上的話，和事實總還隔著一層；真正的經歷、鍛煉，總還要從事實上來，然而當其入手之初，得以此打定一個底子，總和空無所有的，大不相同。而在經歷鍛煉之中，得史籍以互相證明，亦愈覺其親切而有味，古來建立事功的人，得力於此的，實在不少，這雖非純正的學術的立場，亦不能說不是史學上的一條大路。

這兩條路，一條是對治學的人說的，一條是對治事的人說的。人總不外乎走這兩條路，而史學都是能給你以益處的。讀史本是一件有趣味的事情，我們當入手之初，正不必預存成見，盡可隨意氾濫，到將來，你自然會因性之所近，而走上兩條路中的一條的。

（原署名田力，原刊《正言報》「史地」副刊第十三號，一九四一年三月六日）

歷史研究法

一、為什麼要研究歷史

歷史到底是怎樣一種學問？研究了它，有什麼用處？

提出這一個問題，我知道多數人都能不待思索而回答道：歷史是前車之鑑。什麼叫作前車之鑑呢？那就是：從前的人所做的事情，成功的，大家認為好的，我們可奉以為法，照著他做；失敗的，大家認為壞的，我們當引以為戒，不照著他做。姑無論成功失敗，不盡由於做法的好壞；眾人所謂好壞，不足為準；即置二者於弗論，世事亦安有真相同的？執著相同的方法，去應付不同的事情，那有不失敗之理？在社會變遷較緩慢之世，前後的事情，相類似的成分較多，執陳方以醫新病，貽誤尚淺，到社會情形變化劇烈時，就更難說了。近代世界大通，開出一個從古未有的新局面，我們所以應付之者，幾於著著失敗，其根源就在於此。所以憤激的人說道：歷史是足以誤事的。因為不讀歷史，倒還面對著事實，一件新事情來，要去考察它的真相，以定應付的方針；一有了歷史知識，先入為主，就會借重已往的經驗，來應付現在的事情，而不再去考察其真相；即使去考察，亦易為成見所蔽，而不能見其真相了。如咸豐十年，僧格林沁被英、法兵打敗了，薛福成[1]的文集裡，有一篇文章記載其事，深致惋惜之意。他說：「咸豐八年，業經把英、法兵打敗了，這一次如能再打一個勝仗，則他們相去數千里，遠隔重洋，不易再來第三次，時局就可望轉機了。」近代世界交通的情形，是否英、法再戰敗一次，即不易三來？當日清朝腐敗的情形，是否再戰勝一次，時局即可望轉機？我們在今日看起來，可謂洞若觀火，而在當日，號稱開通的薛福成竟不能知，這也無怪其然。當日英、法的情形，自非薛氏所能洞悉，然使薛氏而毫無歷史知識，倒也不會作英、法再敗即不易三來的推測。有了歷史知識，照歷史上的成例推測，相去數千里，遠隔重洋，而要興兵至於三次、四次，確是不容易的，無怪薛氏要作此推測了。據此看來，歷史知識足以誤事之言，並不能說它不對。然而沒有歷史知識，亦未嘗不誤事。當袁世凱想做皇帝時，先由籌安會諸人列名發出通電，說要從學理上研究中國的國體問題，到底君主民主，孰為適宜？當時大家看見這個通電就說：「袁世凱想做皇帝了。」我卻不以為然。我說：這其中必然別有緣故，深曲隱蔽，不可輕於推測。為什麼呢？我以為生於現今世界，而還想做皇帝，還想推戴人家做皇帝，除非目不識丁，全不知天南地北

1 薛福成（一八三八—一八九四），為清代外交官，曾出使英、法、義、比四國大臣，相關論著有《籌洋芻議》、《出使英法義比四國日記》。

的人，不至於此，以此推測袁世凱和籌安會諸人，未免太淺薄了，所以我有此見解。然而後來，事情一層層披露出來，竟爾不過如此，這不是一件奇事嗎？此無他，還是缺乏歷史知識而已。據這件事情看來，歷史知識是不會誤事的，所以誤事，還是苦於歷史知識的不足。這話怎樣講呢？須知道世界上是沒有全無歷史知識的人的。我們和人家談話，總聽得他說從前如何如何，這就是歷史知識。所謂歷史，原不過是積從前如何如何而成，所以此等人和專門的史學家，其知識之相去，亦不過程度之差而已。袁世凱和籌安會中人想做皇帝，想推戴人家做皇帝時，亦何嘗沒有他們的歷史知識？在中國歷史上，皇帝是如此做成的；推戴人家做皇帝，是如此而成功的，豈能說是沒有？以當時的情形而論，反對的人，自然不會沒有的，然而據歷史上的成例推測，豈不可期其軟化？即有少數人不肯軟化，又豈不可望其削平？這個，據著他們僅有的、一偏的歷史知識推測，自亦可以作此斷案，自不免於希冀僥倖。倘使他們再多讀一些近代的外國歷史；倘使他們的心思再能用得深一點，知道歷史上的事情前後不符的甚多，未可輕易地執著前事以推斷後事，他們自然不至於有此失著了。所以說：誤事的不是歷史知識，只是歷史知識的不足。

歷史上成功的，大家所認為好的事情，既不能模仿；據歷史上的成例，以推斷事情，又易陷於錯誤；而沒有歷史知識，又要誤事，然則如何是好呢？須知道：應付事情，最緊要的，是要注意於學與術之別。學是所以求知道事物的真相的，術則是應付事物的方法。淺薄的人往往說：我能夠應付就得了，事物的真相，管它幹嘛？殊不知你知道了事物的真相，應付的方法自然會生出來，只有淺薄的應付方法，則終必窮於應付而後已。淺近些說：我們要做一張桌子、一張椅子，這自然是有成法可循的，然而木料之類，有時而不湊手，怎樣辦呢？倘使你只會按照一定的樣子做，就要束手無策了。如你明於原理，那就可以隨時變化。桌面上是要安放東西的，所以要是個平面，只要是平面，其形狀是正方的、長方的、正圓的、橢圓的，甚而至於都不是的，卻不是頂緊要的條件。普通的桌、椅，總是四隻腳，那是求其安放得牢，然則只要安放得牢，三隻腳也未嘗不可以；倘使只有一根粗的木材，能夠撐定在中間，也未嘗不可以，又何必定要四隻腳呢？這是舉其兩端為例，其餘可以類推。做桌、椅是最呆板的事，尚且如此，何況較活動的事？何況所應付的是人而不是物呢？然則事物的真相，如何能夠知道呢？那史學家有一句名言道：「現在不能說明現在。」為什麼現在不能說明現在呢？那是由於一切事物，有其「然」，必有其「所以然」，不知其所以然，是不會瞭解其然的性質的。我們要用一個人，為什麼要打聽他的出身？為什麼要打聽他的經歷？豈不以一個人的性格、才能等等，就是他的出身、經歷等等造成的。我們試再反躬自省：我為什麼成為這樣子的我，豈不和我所生長的家庭、我所肄業的學校、我所交往的朋友、我所從事的職業，都有很大的關係？倘使我生在別的家庭裡，在別的學校裡肄業，我所交往的朋友，換過一班人，我所從事的職業，也換成別一種，我豈能成為現在的我？我們再放眼縱觀：我們所認得的人，為什麼成為他現在這個樣子？讀書的人多少有些迂腐氣，做官的人多少有些官僚氣，生意人多少有些市儈氣，白相人多少有些流氓氣，這是為什麼？他們是生來如此的嗎？然則中國的社會，為什麼和歐洲不同？歐洲的社會，為什麼和日本不同？甚而至於英國和美國不同；日本和朝鮮不同；就中國的社會，南北風氣亦不能盡同，其故安在？就可以深長思了。尋常人對於一切事物，大都不甚深求，所以覺得不成問題。其實略加思考，任何事物，所以如此，莫不有很深遠的原因在內；深求其故，無不可以追溯至於極遠之世的。固然，我們對於一切事物，總不能真正尋根究柢，然而多知道一些，畢竟要好一些，然則歷史怎好不研究呢？

有人說：你的話是對了。可是已往的事情多著呢，我們如何能盡記，亦且如何能盡知？這話不錯。一天的新聞紙所載，奚啻社會上所發生的事情的幾萬萬萬分之一；歷史的所載，又奚啻新聞紙的幾萬萬萬分之一，我們能知道什麼？歷史又何從談起呢？且慢，我們現在是怎樣的一個人？你在社會上，占如何一種位置？人家如何應付你？你沒有不明白的。我們所以能夠明白這些，豈不由於已往的記憶？然而我們已往的事，我們亦何嘗能盡記？然則我要明白我之所以為我，正不必把已往的事情全記牢，只要記得其「足以使我成為現在的我的事情」就夠了。在人如此，社會亦何獨不然？又何至於要把已往的事情全記呢？然而問題就在這裡了。

二、歷史的歷史

任何一件事，非追溯其已往，不能明白其現在；任何一件事，求其原因，都可以追溯到極遠，而又不必把已往的事情全記。這種說法，看似微妙，其實是容易明白的。問題就在：對於已往的事情，要把其使現在成為現在的，挑選出來，而我們現在所挑選的是否得當呢？這話就很難說了。須知歷史，亦只是在一定的環境中，自然發生、成長之物，並不是自始即照著理想做的；更不是人類自始就有什麼高遠的理想。說到此，則我們不能不一一考究所謂歷史的歷史了。

用普通人的眼光看起來，歷史的起源是很遠的，所以一開卷，就是些荒誕不經、渺茫難考的話。其實歷史比起人類的年齡來，是很小的。人類的年齡，假定為五十萬年，則歷史的年齡，大約不過其百分之一；而且比較可靠的，還至少要打一個對折。我們對於已往的知識，自不甘以此為限。所以在沒有歷史的時代，也要想法子把它補作起來。因此，有所謂歷史時代和先史時代。所謂歷史時代，是當時的人，有意把他當時或以前的事，記載下來，傳給後人，而其所傳者，至今還有存留的。所謂先史時代，則這種遺留之物，已無所有，所有的一切，都是後人補作出來的。歷史的流傳，原不以語言和文字為限，然由語言或文字流傳的，究居其極大部分。語言和文字，從廣義上說起來，原即一物，文字不過是語言的擴大而已，然語言非借文字，不能傳諸久遠。所以從大體上說，亦可以說：歷史時代，大略和有文字的時代相當；先史時代，則屬於未有文字的時代。

歷史時代所流傳下來的，是些什麼東西呢？據我們所見到的，可以分為下列幾種：㈠國家所設立的記事之官，即所謂史官所記的。其中又分為：⑴記事之史。其書之存於現在者為《春秋》。⑵記言之史。其書之存於現在者為《尚書》。（此係就整部的體例言，若記事、記言之史，零碎材料存於古書之中的，則不可勝舉。又《春秋》為記事之史，《尚書》為記言之史，亦係就其大體言之，其中亦自有不能劃一之處，如〈禹貢〉即並非記言之體。總之，古書編纂錯亂，體例總不能盡純，不可十分拘泥。）(3)古代的法、令、章程之類。其書之存於現在者為《禮》。（小的為一事的儀式，如《儀禮》所記是；大的則可以關涉國家行政機關的組織及法令的全般，古人亦稱為禮，如《周禮》是。後世之《唐六典》，即係仿《周禮》而作的；明、清《會典》，又係仿《唐六典》而作的。）(4)貴族的世系，古稱為帝系、世本，簡稱為系、世，但世本亦是它的通名。（所以《世本》這部書，內容亦兼記帝王的統系。系、世的記載，據《周禮》係小史之職。）(5)古人自記其功勛，或記其先世功勛之作，即所謂金石刻。（金屬的壽命，尤較石為悠久，故古器物存於後世的，以金為尤多。）(二)私人所傳述的故事，或偉大人物的言行。以其起於口耳相傳，故其後雖筆之於書，而仍稱為語。（傳述一件故事或一個人的言行的，都謂之語。前者如武王克商之事，《禮記・樂記》稱為牧野之語是；後者如《國語》，是分國編纂的語。《論語》，論同倫，類也，此書乃孔子及孔門弟子的言行，被分類編纂的。《史記》的列傳，其原本實稱為語，所以在他篇中述及，尚稱之為語，如稱〈淮陰侯列傳〉曰〈淮陰侯語〉是。）大抵士大夫所傳述的，其所關涉之事較大，其說亦較近情理；農夫野老所傳述的，則正相反。但要考見當時社會的情況，以及較古的情況，反宜於後者求之，一入士大夫口中，就被其以「言不雅馴」四字刪去了。（四字見《史記・五帝本紀贊》。）中國的神話，頗覺貧乏，其原因即由於此。（中國的神話，惟《山海經》及《楚辭》的〈離騷〉、〈天問〉等篇，包含較多。其見於緯書的，看似豐富，然多出後人偽造，至少曾經過改造，不甚可信。）

歷史的緣起，從心理方面說來，可以說：㈠屬於理智方面。因為人類有求知的欲望，所以⑴屬於無可解釋之事，亦要給它一個解釋，神話的起源即如此。⑵要記錄已往之事，以做將來辦事的根據或參考，國家設立史官的根源，就在於此。⑶要記錄已往的事，以作後人的法戒，其說已如第一章所述。[2]㈡屬於情感方面。不論什麼人，都有一個戀舊而不忍忘記之感情，所以要把自己的經歷，或他人的事情，是他認為有意義的，傳述下來，留給後人。有這兩種動機，歷史就誕生出來了。但是古人對於主客觀的分別，不甚清楚。所以㈠其所流傳，真正的事實，和自己的意思，往往混合不分，甚至全篇的話，都是以意構造的，和現在的小說一般，而亦用記事的形式，流傳下來，此即所謂寓言，最易使事實淆混。（古代所謂小說，乃謂其出於街談巷語，而不出於士大夫，說見《漢書・藝文志》。事實出於虛構，如後世之小說者，古人謂之寓言。後世的小說，情節雖經理想化，事實或有根據，然其人名、地名等，則必非真實，故不易與事實相混。古代之寓言，則正相反。情節出於虛構，而人、地名則多用真者，如《莊子・盜跖篇》，欲寓其「秀才遇著兵，有理講不成」的理想，乃揑造一孔子欲說服盜跖，反為所大罵，幾至遇禍之事，即其一例。）㈡更古的人，則連生物和無生物、人和動植物的區別，都弄不清楚了，所以又有所謂神話。㈢就是述及制度，也是如此的，孰為當時實有的制度？孰為傳述者的理想？二者並不分開。（記制度者，以儒家之書為最多。儒學分今、古文兩派，今文言制度者，以《禮記》的〈王制〉篇為總匯，古文以《周禮》為大宗，皆係如此。諸子書言制度者，以《管子》為最多，

2 第一章為本文「一、為什麼要研究歷史」。

亦係如此。）所以古代的史實特別模糊。這種性質，大概秦、漢之際，是一個界限。在漢朝初年以前，歷史所傳的，如趙高指鹿為馬之事，如流俗所謂鴻門宴的故事，（見《史記・秦本紀》及〈項羽本紀〉。）都是說得天花亂墜，極有趣味，而細想一想，就知道其萬無此理的。其可信的程度，決不會超出後世的《三國演義》之上。秦、漢之際，尚且如此，前乎此者，就更不必說了。所以所謂古史，實當別為一科，專門研究。（因為研究的人，各有專長，而古史的研究，有需於特別技術者尤多。至某書或某書的某部分，是否當屬於古史的範圍，則當以其是否具有此種性質而定，不能執時代為斷。）從漢朝統一天下以後，文化發達，傳述者的程度驟然提高，可靠的材料，流傳下來的亦多，（前乎此者，採取不足信的材料，亦不能為其人咎。因為歷史是不能造作的，斷不能以自己推想所信的，作為史實。流傳下來的，只有這樣的材料，自只能照其原樣，傳給後人。而採取它的人，原並不以為可信，所以既採取之，而又加以辨正者亦甚多。）歷史便煥然改觀了。

史學的發達，不能不為物力所限。古代作書的材料，簡牘笨重，縑帛價貴，而書寫又煩難，於是乎㈠著作難，㈡材料之搜輯亦不易。所以能成立一部鉅著的，非依靠國家，得其助力不可。司馬談、遷父子世為史官，即其一例。但自隋以前，作史的人，雖借國家的助力，而其事則仍係私人的事業。雖然有時候編成某一朝的歷史，係出於國家的命令，亦都就有志於此，或業已從事於此者而命令之，國家不過給以某種助力而已。時代愈後，則㈠材料愈多，㈡所關涉的範圍亦愈廣，從分量和門類兩方面而論，都非一人之力所克勝，唐時遂開集眾纂修之例，此後就沿為故事了。（可參看

《史通》的〈古今正史〉、〈史官建置〉兩篇。其唐以後的事，拙撰的《史通評》，可以參見商務印書館本。）向來論史學的人，多數偏袒私家著述，而賤視集眾修纂，這亦是一偏之見，其實二者是各有所長的。（如《晉書》係集眾所修，其紀、傳的凌亂和瑣屑，誠不能為諱，然志卻是好的，即由聚集各專家，各用其所長之故。）況且一人獨著，事實上已陷於不可能，那也不必去追慕它了。

著述的人，都要靠國家的助力，其事自然和政治接近了，因書寫材料之笨重和昂貴，以致書寫艱難，流傳不易的情形，自造紙術成功而一小變，至印刷術發明而一大變。然而從事於作史的，都是所謂士大夫，士大夫是以政治為職業的，所以歷史注重政治的情形，始終無甚變動。政治方面的現象，昔人所重視的有兩種：㈠隨時發生的事情，如某年月日太子生，某年月日舊君死、新君立，某年月日某外國入寇之類，這是無從預知的。㈡則政治上預定一個辦法，以處理某種事務，此即所謂政治制度。其能行與否，誠未可知；行之而能歷多久，亦未可知。然既定為制度，總是期其行之永久，至少亦是期其行之於某一時期之中的。這兩種政治現象，馬端臨的《文獻通考．總序》中，各給了它一個名目，稱前者為理亂興亡，後者為典章經制。歷代的史籍，實以此二者為記載的中心。所謂正史，它的體裁大體上有紀、傳、表、志四種，（《史記》尚有世家一體，乃係記載未統一前的列國的，後世已無其物，故諸史皆不用，歐陽修《新五代史》襲用其名，實屬無謂；《晉書》有載記一體，源於《東觀漢記》，《東觀漢記》用以記開國時的群雄，《晉書》則用以記割據諸國，然亦可以不必別立名目，故他書亦總稱為列傳。）本紀、列傳是所以記前一類的事實的，志是所以記後一類的事實的，表則二者皆可用。因其體例，於此兩種事實，能夠包括無遺，所以歷代功令，定為正史。但紀、傳之意雖在於記事，而以人為單位，於事實未免割裂，不便觀覽，（此不能為司馬遷咎，因古代的紀、傳，事實多不相關涉；其相關涉的，材料性質亦各有不同，不能合併也。但後世襲用之，則使史事割裂。）所以又有取別種體裁的書，與之並行。其記前一類事實，而以時間為條理系統的，謂之編年；挑選若干大事，逐事詳其始末的，謂之紀事本末。記後一類事實的，有的通貫列代，如《通典》和《文獻通考》是；有的專詳一代，如《兩漢會要》是。其隨意記載，並無一定的範圍，或並無條理系統的，則稱為雜史。（又有稗史、野史等名。其體例與正史同，而未列為正史的，清《四庫書目》稱為別史。）專以人為主，而記其事蹟的，則稱為傳記。（包括年譜等。傳記有專記一人的，亦有並列多人的，後者如《高僧傳》、《耆獻類徵》等都是。）從前的歷史，所取編纂的方式，重要的大抵不外乎此。此外，地理應當獨立為一科。舊時書目，亦入史部之中，乃因㈠從前的地理偏於考古，論其性質，大部分係讀史地理，不能獨立為一科；㈡又舊時書籍，以經、史、子、集為四大部，地理不能歸入經、子、集，勢不得不附於史部之中。目錄學的歸入史部，亦可說是出於後一個理由。此外如詔令奏議、職官等門，則只可說是未經編纂的歷史材料而已。時令亦列入史部，最為無理，即以舊時的分部論，亦應列入子部天文家之中。史評一門，內容分為㈠考證、評論史事，㈡論作史之法。二者同用一名，亦為未妥。有史時代的史材，大致如此。

先史時代的史材，則不是求之於書，而是取之於物的。其物，從性質上言之，可分為三類，即：

㈠人類的遺骸。㈡古物。此門包括極廣，不論食物、衣服、用具、建築物、道路及天產品等都屬之。能得實物固佳，如不能得，則得圖畫、模型，亦較但用文字說明者為親切明白。惜乎從前繪畫之技不甚精，輾轉傳抄或翻刻，更易失其原樣；仿製之物，亦多以牟利為動機（如古錢便是），不盡可信而已。書籍，自其又一方面觀之，亦為實物，如宋版、元槧，可觀其紙墨、字體，而知當時製造及印刷的技術是。他種實物，更不待論，如鐘鼎，一方面可觀其銘刻，又一方面，即可觀其冶鑄的技術，其重要實有過於根據其文字以考史事。中國從前科學不發達，不甚知道實物的價值，屬於古物，偏重其有文字者，以致作偽者亦以此為務。（如殷墟甲骨文，據中央研究院歷史語言研究所報告，偽造者確有其人，且有姓名及每偽造一片的價格。）今後實不可不翻然改圖。㈢為法、俗。法、俗二字，乃歷史上四裔傳中所用的。這兩個字實在用得很好。法係指某一社會中有強行之力的事情，俗則大家自然能率循不越之事，所以這兩個字，可以包括法、令和風俗、習慣；而衣、食、住、行等物質生活，在古代，亦皆包括於俗之中；所以這兩個字的範圍很廣，幾於能包括一個社會的一切情形。⑴法、俗的變遷，有的很遲，所以古代的法、俗，還存於現在，這固不啻目擊的歷史。⑵又其變遷，大抵有一定的途徑，所以業經變遷之後，考察現在的情形，仍可推想已往的情形。⑶社會進化的階段，亦往往相類。所以觀察這一群人現在的情形，可以推測別一種人前代的情形。社會學之所以有裨於史學，其根源實在於此。此種材料，有的即在地面上，有的則須掘地以求之。大概時代愈遠，則其有待於發掘者愈多。歷史的年代，是能追溯得愈遠愈好，所以鋤頭考古學和史學大有關係。

三、史學進化的幾個階段

不論那一種學問，都是逐漸進步的，史學將來的進步未知如何，這或者連它所要走的方向，亦非現在所能預知。若回顧既往，則其進步，有歷歷可指的。我現在把它分做幾個階段，這可以看出史學發達的情形，而史學研究的方法，亦即因此而可知。

中國史學的進化，大略可以分做四個階段：

第一個階段，可以把司馬談、遷父子做代表。他父子倆才有意網羅一切史材，做成一部當時的世界通史。（所謂世界，總係以當時的人所知道的為界限，在近世世界大通以前，西洋人的所謂世界，亦係如此。所以《史記》實在是當時的世界史，而不是本國史。不但《史記》，即中國歷代的正史，稱為其時的世界史，亦無不可，因為它已經把它這時代所知道的外國，一概包括在內了。）在他以前，固非沒有知道看重歷史的人，所以有許多材料，流傳下來，還有一部無名氏所作的《世本》[3]，史學家稱它為《史記》的前身。（《世本》亦有本紀，有世家，有傳；又有譜，即表的前身；有〈居篇〉，記帝王都邑；有〈作篇〉記一切事物創作之源，為書之所本。所以洪飴孫作《史表》，把它列在諸史之前。）然總還是

---

3 又作《世》或《世系》。《世本》共十五篇，為古史官所撰，主要記載內容為上古帝王、諸侯及卿大夫家族世系傳承的史籍，《史記》曾引用及參考書中內容，於南宋時散佚。

片段的、部分的保存而已，重視歷史的觀念，總還覺得未臻於圓滿，到他父子倆，就大不相同了。所以他父子倆，可說是前此重視史學的思想的結晶，亦可說是後世編纂歷史的事業的開山。這種精神，這種事業，可以說是承先啟後。後來許多史學家的著作，都是從此基礎之上發展出來的。

第二，自司馬遷以後，史學界有許多名家，不過覺得史料要保存、要編纂，以詒後人而已，編纂的方法如何，加以研究的很少。到唐朝的劉知幾，才於此加以檢討。據《唐書》的〈劉知幾傳〉，和他同時，懷抱相類的思想的，有好幾個人，可見這是史學上進化自然的趨勢，劉知幾只是一個代表。他著了一部《史通》，對於古今的史籍加以批評。他先把史籍分成正史和非正史兩種，評論其可稱為正史的，共有幾家；其體裁適用於後世的，共有幾種。（見《史通》之〈六家〉、〈二體〉、〈雜述〉三篇。〈六家〉係劉知幾認為正史的；〈二體〉則六家之中，劉氏謂其可行於後世的，所以其〈古今正史篇〉所述，亦以此二體為限；〈雜述〉則其所認為非正史的。）對於材料的去取，以及編製的方法，文辭的應當如何，都一一加以研究，實為作史方法的一個大檢討。

第三，劉知幾的《史通》，不過遵守前人的範圍，對其作法加以研究而已。所謂範圍，就是何種材料，當為史家之所取，何種材料可以置諸不問，劉知幾和他以前的人，意見實無大異同，即可說他史學上根本的意見，和他以前的人，亦無大異同。到宋朝的鄭樵，便又不同了。他反對斷代史而主張通史，已經是史法上的一個大變。這還可說是《史記》的體例本來如此，而鄭樵從而恢復之。其尤為重要的，則他覺得前人所搜集者，不足於用，而要於其外另增門類。他在《通志》的〈總序〉

中，表示這種意見，而其所作的二十略，門類和內容亦確有出於前人之外的，（據〈總序〉自述：〈氏族〉、〈六書〉、〈七音〉、〈天文〉、〈地理〉、〈都邑〉、〈謚〉、〈器服〉、〈樂〉、〈藝文〉、〈校讎〉、〈圖譜〉、〈金石〉、〈災祥〉、〈昆蟲草木〉十五略，都出自胸臆，不襲漢、唐諸儒，此就內容而言。若以門類而論，則〈六書〉、〈七音〉、〈校讎〉、〈圖譜〉、〈金石〉、〈昆蟲草木〉，乃全為鄭氏所新立。）這可說是史學上的一個大變革了。

第四，以從前的人所搜輯的範圍為太狹，而要擴充於其外；這種見解，從史學知識當求其完全、廣博而論，是無人能加以反對的，但是僅此門類，史料日日堆積，業已不勝其煩，不可遍覽了，何況再要擴充於其外呢？如此，豈不將使歷史成為不可觀覽之物嗎？然而要遏止這個趨勢，把材料加以刪除，卻又不可。這事如何是好呢？於此，中國的大史學家章學誠出來，乃想得一個適當處置之法。他把史材和作成的史籍分為兩物。儲蓄史材，務求其詳備；而作史則要提要鉤玄，使學者可讀。因史料的詳備，史家著述才有確實的根據，和前此僅據殘缺的材料的不同。亦惟史材完備保存，讀者對於作者之書有所不足，乃可以根據史材而重作。（一人的見解，總不能包括無遺，所以每一種歷史，本該有若干人的著作並行。）其大體完善，而或有錯誤、闕略之處，亦可根據史材，加以訂補。因其如此，所以作史者可以放大膽，實行其提要鉤玄，而不必有所顧慮。從前並史料和作成的史籍為一談，一部書修成後，其所根據的材料，即多歸於散佚。（此亦係為物力所限，今後印刷術發達，紙墨價格低廉，此等狀況可望漸變。）作史的人覺其可惜，未免過而存之，往往弄得首尾衡決，不成體例；而過求謹嚴，多所刊落，確亦未免可惜。知章氏之說，就可以免於此弊了。章氏此種見解，實可謂為史學上一大發明。其他精闢的議論還多，然其價值，都在這一發明之下。

第五，史材務求詳備，作史則要提要鉤玄。這在現今的史學家，立說亦不過如此。然則章學誠的意見，和現在的史學家有何區別呢？的確，章學誠的意見，和現在的史學家是無甚異同的。他的意見，和現代的史學家只差得一步。倘使再進一步，就和現在的史學家相同了。但這一步，在章學誠是無法再進的。這是為什麼呢？那是由於現代的史學家，有別種科學做他的助力，而章學誠時代則無有。現代史學的進步，可說所受的都是別種科學之賜。史學所要明白的，是社會的一個總相，而這個總相，非各方面都明白，不會明白的。要求各方面都明白，則非各種科學發達不可。所以現在史學的發達，實得力於各種專門史的競出。各種專門史日益進步，而普通史乃亦隨之而進步。專門史嚴格論起來，是要歸入各該科學範圍之內，而不能算入史學範圍內的。所以說史學的發達，是受各種科學之賜。然則各種專門史發達達於極點，普通史不要給它分割完了嗎？不。說明社會上的各種現象，是一件事；合各種現象，以說明社會的總相，又是一件事，兩者是不可偏廢的。社會是整個的，雖可分科研究，卻不能說各科研究所得的結果之和，就是社會的總相。社會的總相，是專研究一科的人所不能明白的。倘使強作說明，必至於魯莽滅裂而後已。所以各種科學發達，各種專門史日出不窮，普通史即嚴格的完全屬於史學範圍內的歷史，只有相得而益彰，決不至於無立足之地。史材要求詳備，作史則要提要鉤玄，是了，然史材要求詳備，不過是求作史根據的確實；而各項史材，非有專門家加以一番研究，為之說明，是不能信為確實的。詳備固然是確實的一個條件，然非即可該確實之全，所以非有各種科學以資輔助，史學根據的確實，亦即其基礎的堅固，總還嫌其美中不足；而其所謂提要鉤玄的方法，亦不會有一客觀的標準，倘使各率其意而為之，又不免要聚訟紛紜，莫衷一是了。所以章學誠高尚的理想，必須靠現代科學的輔助，才能夠達到。所以說：他和現代的新史學，只差了一步，而這一步，卻不是他所能達到的。這不是他思力的不足，而是他所處的時代如此。如以思力而論，章氏在古今中外的史學界中，也可算得第一流了。

思想的進步，是因乎時代的。第一階段，只覺得史料散佚得可惜，所以其所注意的在搜輯、編纂。第二階段，漸漸感覺到搜輯、編纂如何才算適當的問題，所以其所注重的在史法。第三階段，則因知識的進步，感覺到史學範圍的太狹，而要求擴充，這可說是反映著學術思想的進步。第四階段，因史籍堆積甚多，再圖擴充，不免要使本身膨脹破裂，而割棄則又不可而起，雖未說及分科，然一人的才情和精力、時間，既不能兼容並包；而各個門類，以及每一門類中的各種材料，又都不容割愛，則勢非提倡分科不可。所以史學若從章學誠的據點上，再行發展下去，亦必提倡分科研究，各種專門史亦必漸次興起。不過現在既和外國的學術思想接觸，自不妨借它的助力罷了。所以學問的進化，自有一個必然的趨勢，而現在所謂新史學，即作為我們自己發展出來的一個階段，亦無不可。

史學和文學，係屬兩事。文學係空想的，主於感情；史學係事實的，主於理智。所以在人類思想未甚進步，主客觀的分別不甚嚴密的時代，史學和文學的關係，總是很密切的，到客觀觀念漸次明瞭時，情形就不同了。天下的人，有文學趣味的多，而懂得科學方法的少，所以雖然滿口客觀客觀，其實讀起記事一類的書來，是歡迎主觀的敘述的。喜歡讀稗史而不喜歡讀正史；在正史中，則喜歡四史等而不喜歡宋以後的歷史，和其看現在的報紙，喜歡小報而不喜歡大報，正是同一理由。殊不知四史等的敘述，全以主觀為主，時代愈後，則客觀的成分愈多，作者只敘述事實的外形，而其內容如何，則一任讀者的推測，不再把自己的意思夾雜進去了，這亦是史學的一個進步。

四、舊時歷史的弊病何在

從前的歷史，不適於現代人之用，這句話是人人會說的，然則從前的歷史，其弊病果安在呢？提出這一個問題來，我們所回答的第一句話，便是偏重於政治。「一部二十四史，只是帝王的家譜」這一類的話，在今日幾乎成為口頭禪了。這些話，或者言之太過，然而偏重政治的弊病，是百口莫能為諱的。且如衣、食、住、行，是人生最切要的事，讀某一時期的歷史，必須對於這種生活情形，知道一個大概，這是無待於言的了。我們讀舊日的歷史，所知道的卻是些什麼呢？我也承認，讀舊日的歷史，於這一類的情形，並非全無所得。然而讀各正史中的輿服志，所知者，皇帝和官員所穿的衣服，所坐的車輛而已，平民的衣著，及其所用的交通工具，卻並沒有記載。我們讀《齊書》的本紀，知道齊明帝很有儉德。當時大官所進的御膳，有一種喚作裹蒸，明帝把他畫為十字形，分成四片，說：「我吃不了這些，其餘的可以留充晚膳。」胡三省《通鑑注》說，在他這時候，還有裹蒸這種食物，是把糖和糯米、松子、胡桃仁，合著香藥做成的，把竹皮包裹起來蒸熟。只有兩個指頭大，用不著畫成四片。（見齊明帝建武三年。）裹蒸的大小，無關緊要，可以不必去管它。看它所用的材料和做法，大約就是現在嘉、湖細點中胡桃糕的前身，吾鄉呼為玉帶糕，正是用糖和糯米粉、松子、胡桃仁製成的，不過沒有香藥而已。（因近代香藥輸入，不如宋、元時代的多而美。）南北朝時，還沒有蔗糖，就是宋、元之間，蔗糖也遠不如今日之盛，胡三省所說的裹蒸，用何種糖不可知，齊明帝所吃的裹蒸，則所用的一定是米、麥糖，米、麥糖所製的點心，不甚宜於冷食，所以大官於日食時進之，等於現在席面上的點心；後來改用蔗糖，就變成現在的胡桃糕，作為閒食之用了。又據《南史．后妃傳》：齊武帝永明九年，詔太廟四時祭薦其先人所喜食之物。其中薦給宣皇帝的，有起麵餅一種。胡三省《通鑑注》說：「起麵餅，今北人能為之。其餅浮軟，以卷肉噉之，亦謂之卷餅。」這似乎就是現在山東薄餅的前身。胡氏又引程大昌的話，說起麵餅係「入教麵中，令鬆鬆然也。教，俗書作酵」。然則在宋、元間，南人食麵，尚不能發酵。麵飯不發酵則不鬆美，我們觀此，頗可知古代北方雖多產麥，而北人仍以稻米為貴，近代則不但北人喜食麵，即南人嗜麵的亦漸多的原因。這兩件事，我們自謂讀史鉤稽，頗有所得，然亦只是一鱗一爪而已。南北朝時，裹蒸究竟是較普遍的食品，還是帝王貴人所專享？發酵之法，究竟發明於何時？如何普及於南方？我們都茫無所知。然則我們讀史，雖可借零碎材料，鉤稽出一些史實來，然畢竟知之不詳。這就不能不追恨當時的史家所記太偏於政治，以致別種情形只能因政治而附見了。我們雖能知道秦代的阿房宮、漢代的建章宮宏大壯麗的情形，因而略知當時的建築技術，然究不能知秦、漢時代普通的民居如何，其弊亦正在此。所以說舊史偏重政治的弊病，是百口莫能為諱的。

偏重政治的弊病，果何從而起呢？這有一個很深遠的原因在內。人類的作事，是有惰性的，沒有什麼新刺激，就只會模模糊糊，一切都照舊做去。古代國家，不過現在一縣大，所謂國君，僅等於現在的縣令，大夫略如鄉、鎮長，士則保、甲長之類而已，他們又都是本地人，所行的政治，自然能有影響及於社會。到後世，就遠不是這一回事了。君門萬里，出必警蹕清道，君和民終身沒有見過一面。（康有為的《歐洲十一國游記》說：人們凡事，都易循其名而不察其實，如聽見外國有國王，便想像他是和中國的皇帝一樣。其實，我在比國，看見它的國王從宮中步行出來，人民見他，都起立致敬，他也含笑點頭答禮，比中國州縣官的尊嚴，還相差得很多。）平民於宮中之事，固毫無所知；生長深宮之君，於民間習俗亦一無所曉。所謂禮、樂等化民之具，在古代，是行之於共見共聞之地的。（如古代的鄉射禮，意思便近於現在地方上的運動會。）在後世，則只是君和大臣，在禁衛森嚴的地方，關著門去行，平民永遠不曾看見，試問有何影響能及於社會？現在罵政治不好的人，總說他是紙上文章，實際沒有這回事。試問，以現在行政機關的疏闊，官吏和人民的隔絕，欲求其不成為紙上文章，如何可得？所以在古代，確有一個時期，政治是社會上的重要現象；社會上的大事，確可以政治上的大事為其代表；後世則久已不是這麼一回事了。而人們的見解，總還沿襲著舊時，把後世的政治，看得和小國寡民的時代一樣。譬如現在，我們看報，看人家往來的信札，往往敘述社會現象之後，總有「未知當局者何以善其後也」一類的話，其實考其內容，其事都絕非政治所能為力的。然而這種見解，並不是不讀書沒有見識的人才如此，即號為讀書明理的人亦往往如此；其中少數傑出的能重視現實的人，雖明知其不然，然亦為舊觀念所牽率，見之不能晶瑩，於是古代歷史偏重政治，後世亦就相沿不變了。這是社會科學上一個深切的弊病，現在議論起來，雖似乎大家能知其弊，到實際應用，又往往陰蹈之而不自知，怕一時很不容易徹底除去。

既然偏重政治，則偏重戰事和過度崇拜英雄之弊，必相因而起。因為戰事總是使政治發生顯著的變化的，而在政治上、軍事上能得到成功的人，亦總易被眾人認為英雄之故。不錯，戰事確是能使社會起重大的變化的。然而要明白一件事，總得能知其原因結果，然後可謂之真明白。舊史所記的戰事，往往只是戰事而已，於其原因如何，結果如何，都茫無所及。（便是對於戰事勝敗的原因、結果，亦往往說不出來。）此等記載，試問知之竟何所用？「英雄造時勢，時勢造英雄」，這兩句話到現在，還有視為難於論定的。其實所謂英雄，不過善於利用時勢而已。一個社會，到危急存亡的時候，能否有英雄出來，全看這社會的情形如何，如能否造就英雄？有英雄，能否大家崇拜他，聽他的指揮，把反對他的人壓伏下去？這些，都是英雄能否出現的條件，而決不是有無這樣的人出生與否的問題，這是明白無疑的事。英雄造時勢一語，如何能與時勢造英雄並列呢？過分偏重軍事，則易把和平時代跳過了，如講生物學的人，只知道突變，而不知道漸變，這個能算懂得生物學嗎？

過分崇拜英雄，則易於發生「利人濟物非吾事，自有周公孔聖人」和「嘯吟風月天容我，整頓乾坤世有人」的思想。大家覺得只要有一個英雄出來，就一切問題都解決了，而忘卻自己應負的責任。其肯負一些責任的，又容易模仿不適宜於時代的人物，甚而至於妄自尊大，陷於誇大狂的樣子。

還有，借歷史以激勵愛國家、愛民族之心，用之太過亦有弊。不錯，愛國家、愛民族，是確有其理的；而借歷史以激勵愛國家、愛民族之心，亦確是一個很好的辦法。然而天下事總有一個適當的限度，超過這限度，就不是真理，而是出於矯揉造作的了，其事就不免有弊。這在歐洲十九世紀後半期各國的歷史，都不免有此弊，而德國為尤甚。亞洲新興的日本，此弊亦頗甚。中國人偏狹之見，較之德、日等國，可謂相差甚遠，然亦不能絕無。中國人之有此弊，是起於宋以後的。民族主義，原因受異族的壓迫而起，中國自宋以後，受異族的壓迫漸次深了，所以民族主義亦漸次勃興，這固是題中應有之義。然感情與理性，須相輔而行，偏重感情，抹殺理性，就糟了。如中國宋以後盲目的排外之論，是很足以僨事的。近代和西洋人交涉的初期，即頗受其弊。而日本人在明治的初年，亦幾受其弊，幸而尊王攘夷之論，一轉而為變法維新，否則日本在此時，可以激成很大的慘禍的，雖然不至於亡國。朝鮮國比日本小，而其受宋學末流的影響卻深，就竟爾暫時釀成亡國的慘禍了。大抵民族主義誤用的弊病有兩種：㈠是把本族看得過高，如德、日兩國，即犯此弊。㈡則把異族看得太低，如中國人總說蠻夷不知禮義，甚至比之於犬羊便是。這兩者之弊，都由昧於事實的真相而起。昧於事實的真相，惟有求明事實的真相可以救之。所以由矯揉造作的歷史所致之弊，惟有用真正的歷史，可以做它對症的藥。

還有，借歷史以維持道德的觀念，也是有流弊的。這又可分為兩種：其一，借歷史以維持社會的正義，如朱子編《通鑑綱目》，借書法以示褒貶。（書法是借一種記事的筆法，以表示對於其事的褒貶的。如某人罷官，罷得不得當的，則書曰罷某官某；如其人咎有應得的，則削去官名，但書某罷；如無好無壞的，則書某官某罷。）後人又為之發明，對於歷史上的人物、事蹟，一一加以批評是。其二，則借此激勵讀史者的修為，如昔人編纂名臣和名儒的言行錄等，即出於此動機。此二者，驟看亦似無甚弊病。然凡事都貴求真，㈠歷史上的記載，先是不確實的；㈡即使確實，而一件事情，關係極為複雜，亦斷非但據其表面所能論定；而此等史事的批評家，往往僅據往史表面上的記錄，其結果，多不免於迂腐或膚淺，就不徒無益於求真，而反足為求真之累了。

還有一事，在西洋受病頗深，中國卻無其弊，那便是借歷史以維護宗教。在西洋，所謂中世時代，歷史幾乎做了宗教的工具。是宗教事件則詳，非宗教事件則略，而其所評論，亦多數是用的宗教家的眼光。這不但舊教，即新教亦未嘗不如此，而且兩教都利用歷史，以為攻擊的武器。中國亦未嘗沒有教，中國人所作的歷史，如佛家所記的釋迦本行、高僧事跡之類，然大家都只當它宗教中的書籍看，不把它當作歷史，所以不受其害。還有一種，竟無好好的歷史，而歷史事蹟，都依附宗教書籍以傳之國，如印度等，那其受病之深，更不言而喻了。

還有，存著一種以史事為法戒，即所謂前車之鑑的見解，亦足使史學深受其弊的，其說已見第一章。

五、現代史學家的宗旨

往史之弊既如此，所以救其弊者，又將如何？

不論什麼事情，總是發生在一定的環境之內的，如其不知道它的環境，這件事就全無意義了。現在試舉一個例。從前漢朝時候，有一個名將，喚作韓信。他有一次和敵人打仗，把自己的兵排在水邊上，背對著水，這就是所謂背水陣，是犯兵家之忌的，因為沒有退路了。後來竟打了勝仗。人家問他，他說：這亦在兵法上，不過你們不留意罷了。兵法上不是有一句置之死地而後生嗎？我所用的兵，不是訓練慣統帶慣的，乃是臨時聚集來的烏合之眾，這和走到市集上，把許多趕集的人聚攏來，使之作戰一樣，不是置之死地，人人要想自己救命，誰肯出力死戰呢？這是一件事。明朝時候，又有一個名將，喚作戚繼光。他練兵最認真。著有一部書，喚作《練兵實紀》，對於練兵的法子，說得很詳盡。清朝的曾國藩，本來是個書生，不懂得練兵的，他初出來練鄉勇，就靠這一部書做藍本，訂定一切規則。可見戚繼光這部書，對於練兵的方法說述的詳盡，也可見得他對於練兵的認真了。相傳當他檢閱時，適逢大雨，他的兵都能植立雨中，一步也不移動，可見他訓練之效。他所以南征北討，所向有功，絕非偶然了。這又是一件事。兩件事恰恰相反。在看重戰術的人，一定說韓信的將才在戚繼光之上，能不擇兵卒而用之，在注重訓練的人，則又要說韓信的戰勝只是僥倖；其實都不其然。韓信生在漢初，承戰國時代之後。戰國時代，本來是舉國皆兵的，所以在秦、漢之世，賈人、贅婿、閭左，（這亦是當時所謂謫發、謫戍。謫是譴謫的意思，發有罪的人出去作戰，謂之謫發；出去戍守，謂之謫戍。賈人、贅婿，都不能算有罪，然漢時亦在七科謫之列，那不過因當時重農賤商，贅婿大概是沒有田產的，發他們出去當兵，免得擾累農民罷了。閭左，謂一條街巷的左半段。這是要發一條街巷裡居民的一半去當兵，而古者地道尊右，把右邊算上首，所以發其左半的人出去，秦時曾有此事。）發出去都可充兵。韓信所用的兵，雖說沒有經他訓練過，然戰爭的教育，是本來受過的，對於戰鬥的技藝，人人嫻習，所以只要置之死地，就能夠人自為戰。戚繼光時代，則中國統一已久，人民全不知兵，對於戰鬥的技藝，一無所知，若不加以訓練，置之活地，尚不能與敵人作戰，何況置之死地呢？若使之背水為陣，非斃於敵人鋒鏑之下，就要被驅入水了。所以韓信和戚繼光的事，看似相反，而實則相成，若非知其環境，就無從瞭解其真相了。況且事實原因環境而生，若不知其環境，對於事實的性質，必也茫無所知，更何論瞭解其經過。然則對於史事，安可不知其環境呢？

然而我們現在，對於任何史事，總不能十分明白其環境，這是什麼理由？這自然是由於記載的缺乏了。記載為什麼會缺乏呢？難道向來史家，對於不知環境則不能明白其事件的真相的道理，都不知道嗎？不，須知「常事不書」，為秉筆者的公例。我們現在雖追恨古人，敘述一事件時，不把他的環境說述清楚，以致我們不能瞭解，然使我們執筆為之，恐亦不免此弊；即使力求避免，其與古人，亦不過程度之差而已；將來讀書的人，還不免要追怨著我們。這是因為著書的人，總得假定若干事實為讀者所已知，而不必加以敘述，如其不然，就要千頭萬緒，無從下筆了。你天天記日記嗎？一個朋友，忽而今天來看你；你今天忽而想到去做一件不在預算範圍內的事情；這自然要記出來的。學校中的課程，個個星期是一樣；吃飯、睡覺，天天是一樣；那就決無逐日記載之理，至多每學期開學之初，把課程表抄一份在日記裡，以後每逢變動時，再加以記載；初記日記時，把吃飯和睡覺的時刻，記下一筆，以後則逢一頓宴會，一夜失眠等事，再加以記載罷了。這就是所謂常事不書，是秉筆者不得不然的。然而社會的變遷雖然看不見，卻無一息不在進行之中。雖其進行無一息之停，卻又「正明目而視之，不可得而見，傾耳而聽之，不可得而聞」，正和太陽影子的移動，沒人看得見一樣。然而隔著一個時間再去看，就移動了許多了。社會的變遷，亦是如此，必須隔若干年代，然後看得出。然而人壽太短，所以除非生於劇變時代的人，總不覺得它有多大的變動。尋常人所覺得的變動，總是聽見父輩、祖父輩，甚或是曾、高祖父輩的人所說的，這種說述的人，尚或出於傳聞而不是親見，如此，在感情上，自然不甚親切；而且這些零碎的事實，不能通其前後而觀之，則亦不過是一個一個小小的變動而已，並不覺得如何驚心動魄，把它記載下來的人，自然少了。隔了較長遠的時代，再把今昔的社會一加比較，固然也覺得它有很大的不同，然而變遷的時代，業已相離很遠，無從知其因變遷生出來的影響，自更無人注意及之了。所以社會的變遷，我們所知道的，怕不過百之一二，對於任何時代的情形，我們都是茫然，自然對於任何事件的環境，我們都不明白了。

不知環境，對於任何事情，總是不能明白的，以致對於任何時代，亦都不能明白，這卻如何是好呢？所以現在的史學家最重要的事情，就是「再造已往」。何謂再造已往呢？那就是已往的時代，雖然已往了，我們卻要綜合各方面，使其時代的情形，大略復見於眼前。史事有「特殊事實」和「一般狀況」之分。對於特殊事實，普通的見解，總以為時代愈接近的人，則知之愈真切，其實不然。這許多事情，往往要隔了一個相當的時期，然後漸明；再隔了一個較長的時期，然後大白的。因為許多事情，都有其內幕，而其內幕，在當時總是祕密的。局中人固不肯宣泄，更不能宣泄；局外人既不能宣泄，亦或不肯宣泄；必隔了一個時期，其材料才得出現。而且局中人無論矣，即局外人，亦免不了利害和感情上的關係，其見解總不能平允，見解既不能平允，自然所述不能真實，亦必隔了一個時期，此等關係漸成過去，其所傳的材料方能真確。又有許多事情，其內幕是永不宣泄的，所謂如何如何，只是後人據其外形，參以原因、結果，推測而得，這亦非待至事後各方面的材料大略出現之後，無從推測。這種便利，都是當時的人，或其時代較為接近的人所沒有的。所以特殊事實，看似當時的人最為明白；時間愈接近的人則愈明白，其實適得其反。我們來談唐、宋、元、明時代的特殊事實，必有一部分非其時之人所知；將來的人談現在的歷史，亦必有一部分非我們所能及。至於一般狀況則不然，現在的上海，物質生活是怎樣？人情風俗是怎樣？將來的人，無論是怎樣一個專家，對於現在的上海，無論研究得如何精密，其瞭解的深切，總還不如現在久居上海的一個無甚知識的人。固然，他或有種種知識，為現在的老上海所不及的，然這只是多知道了若干零碎的事實，對於現在整個上海的性質的瞭解，決出於現在所謂老上海者之下。若使現在的上海，發生了一件特殊的事情，使將來的專家，和現在的老上海，同來猜想其原因，逆料其結果，將來專家的所言，絕不如現在老上海之近理。所以以當時的人，瞭解當時的事，只是苦於事實的真相不能盡知，如其知之，則其瞭解之程度，必出於異時人之上。這就是再造已往之所以要緊。

已往者已往矣，何法使之再現？難道能用奇祕的攝影術，使古事再見；奇祕的收音機，使古語可聞嗎？照尋常人想來，除非用現代的有聲電影，可以把現代的情形，留起若干來，給後人知道，已往的事，是絕然無法的了，其實不然。所謂一般狀況，乃是綜合各種事情而推想出來的，並不是指某一個人或某一件事。若專指一人一事，那又是特殊事實了。我們現在，有許多前人所遺留下來的重大的特殊事件，尚且不能瞭解其時的社會，何況但保存一二瑣屑的事情呢？若說我們保存得多，則豈能把現代的情形，一一保存下來？還不過和前人一樣，假定若干事物為後人所能知，則置諸不論不議之列，其為我們所逆料，以為將來之人將不能知之事，則保存一二罷了。此與前人之所為，亦何以異？至多以五十步笑百步而已。所以要以現代人之所為，省卻將來的人搜輯、推測之勞，決無其事。而史家的能力，就是在於搜輯、推測的。倘使能搜輯、推測，前代的情形雖然已成過去，仍有使之再現到某程度的可能。我們現在所苦的，乃是這種材料之少，而無從據之以資推測，然此種材料雖少，我們所用的搜輯的工夫，怕比他更少。況且我們於現存材料之外，還有發現新材料的可能。

所以現代史學上的格言，是「求狀況非求事實」。這不是不重事實，狀況原是靠事實然後明白的，所以異於昔人的，只是所求者為「足以使某時代某地方一般狀況可借以明白的事實」，而不是無意義的事實而已。所以有許多事情，昔人視為重要，我們現在看起來，倒是無關重要，而可以刪除的。有許多事情，昔人視為不重要，不加記載，不過因他事而附見的，我們現在看來，倒是極關重要的，要注意加以搜輯，上章所述的裹蒸和起麵餅，[4]似乎就是一個例子。所以求狀況的格言，是「重常人，重常事」，常人、常事是風化，特殊的人所做的特殊的事是山崩。不知道風化，決不能知道山崩的所以然，如其知道了風化，則山崩只是當然的結果。

搜輯特殊事實，以求明瞭一般狀況，這是很難有刻板的方法可說的。大致說起來，亦不外乎所知者博，則所測者確，所以搜輯是最緊要的事。所搜輯的材料，大致說起來，亦可分為物質狀況和社會狀況二者。譬如古代的地理和現在不同，就是自然狀況有異，（譬如古代的長江比現在闊，所以南北戰爭，長江為天險的性質較後世為甚。）住宅、道路等亦然。又如考校某時代的學術思想如何，便可推測其時的士大夫，對於某種政治上的事件，懷抱何種感想？若再博考其時平民社會的情形，則又可推測其時的老百姓，對國事的態度如何？既知道士大夫和老百姓對待國事的態度，就可解釋其時政治上某種事件，當局者何以要取某種措置的理由，並可評論其得失。這是舉一端為例，其餘可以類推。「折戟沉沙鐵未銷，自將磨洗認前朝」，知道古今兵器之不同，則其戰術的不同，亦只是當

4 本文「四、舊時歷史的弊病何在」。

然的結果，如風化之於山崩而已。

六、作史的方法

作史，似乎是研究歷史的人所談不到的，然而現在的歷史，正在要重作之中，惟其知道作史的方法，才能知道研究的方法，所以作史的方法，也不可以不一談。

歷史該怎樣作法呢？那在理論上是無疑義的。第一，當先搜集材料。第二，當就所搜集得的材料，加以考訂，使其正確。然後第三，可以著手編纂。

史事的搜輯、訂正，是永無窮期的。外行的人，往往以為「歷史的材料，是一成不變的。至多㈠有新發現的事實，加一些進去；㈡舊材料不完全、不正確的，被發現了，則加以補充，加以訂正，如此而已。這兩者都不能多，所以歷史的材料，從大體上可以說是固定的，無甚變動」。這種見解，其實是錯誤的。歷史上的年代如此之長，事實如此之多，即使我們所搜輯的範圍，和從前人一樣，亦不易有完備之日。何況研究的範圍，是時時變動的，無論你方法如何謹嚴，如何自許為客觀，入於研究範圍之內的，總是反映著其時代所需要。一物有多少相，是沒有一定的，有多少人看，就有多少相，（因為沒有兩個看，能占同一的空間與時間。）看的人沒有了，就相也沒有了。哲學家說：「世界上沒有兩件相同的東西，因為至少它所占的時間或空間是兩樣。」然則以不同地域、不同時代的人，看起歷史上的事件來，其觀點如何會相同？觀點不同，其所見者，亦自然不同；所覺得要補充，要刪除的，自亦隨之而異了。所以史學一日不息，搜輯之功亦即一日而不息。這話或者說得太玄妙些，然即使淺而言之，現代各種科學勃興，我們從前不甚注意，不甚瞭解的事實，現在知其重要的何限？豈能摒諸研究範圍之外？然則史學的範圍，安得而不擴充？範圍擴充，搜輯的工作，安能不隨之而增加呢？科學的進步永無止境，史家搜輯的工作，自亦隨之而無窮了。至於訂正，則從前人的記載錯誤的，見解不正確的，淺而言之，即隨處可見。此等或可說：終有訂正至正確的一日，而有的或竟無法可想了，則訂正亦似有窮期。其實亦不然。真正客觀的事實，是世界上所沒有的。真正客觀的事實，只是一個一個絕不相聯屬之感覺，和做影戲所用的片子一般，不把它聯屬起來，試問有何意義？豈復成為事實？所謂事實，總是合許多小情節而成，而其所謂小情節，又是合許多更小的情節而成，如是遞推，至於最小，仍是如此。其能成為事實，總是我們用主觀的意見，把它聯屬起來的。如此，世界上安有真客觀的事實？既非客觀，安得云無變動？這話或者又說得太玄妙些，然而一件事實的真相，不但限於其外形，總得推見其內部，這總是人人可以承認的。如此，則因社會狀況的不同，人心的觀念即隨之而變，觀念既變，看得事情的真相，亦就不同了。（譬如在從前尊信士大夫階級的時代，看歷史上的黨爭，或以為一方面確係君子，一方面實屬小人；或以為兩方面都係君子，出於誤會。到現在，知道了階級的性質，就知道無論那一方，不會全是君子，其中真為國家、社會起見的，總不過是極少數人了。）史事的訂正，又安有窮期呢？搜輯永無窮期，訂正永無窮期，歷史的當改作，即已永無窮期，何況歷史不是搜輯、考訂了便算了事的，還要編纂成功，給大家看，而看的人的需要，又是隨時不同的，然則歷史安得不永遠在重作之中呢？

以上所說的都是原理，以下且談些具體的方法。

搜輯的對象，當分為書本和非書本二者。非書本之物，即：㈠人類的遺骸，㈡古物，㈢法俗，已如第二節所述。此當隨時搜輯，其最重要的來源，為㈠考古學上的發現，及㈡各種新調查。這二者，在現在的中國，材料還不多，我們只能盡其所有，充分的加以利用。書本上的材料，則可謂汗牛充棟。一個人的研究，總有一個範圍，（如劃定時間、地域，或擇取某一事件等。）在範圍內的材料，自然有一個限度。但這種材料，很難斷定某一部書內沒有，於是每研究一個題目，就非把所有的書看遍，或看其十之七八不可，此豈人力所能及。從來著書的人，無論如何勤苦，怕也沒人敢說材料的搜輯，業已一無遺漏，或者十得八九的。然而考證上的事情，往往多一條證據，少一條證據，（如發現不足信的材料，抽去一條。）事相即為之大變，材料的搜輯不能完全，總是史學家一個遺憾。然則如之何呢？絕對的理論上的完備，自然是不可能的，然亦總得盡我們之力，做到大體上沒有遺憾的地步。如此說來，則我覺得史料匯編，在今日實為當務之急。所謂史料匯編，便是把每一個題目，（無論其為時間別、地域別，或擇取某事件。）遍覽群書，把其中有關係的，都抄錄下來，注明篇名卷數或頁數，及所據的版本。（不同的刻本，須互相校勘，見於類書或他書所徵引者亦然，所以又涉及校讎問題。）此自非一二人之力所能及，當集群力，以大規模的組織行之。此即昔人編纂類書之法。

中國歷代，多有大類書的編纂。（從魏朝的《皇覽》，到清朝的《圖書集成》。）這能替研究學問的人，把他所需要的材料，匯集在一處，省卻他自行搜輯之勞，所省下來的工夫，就可用之於研究上了，其用意實為最善，惜乎其所編纂的，都不甚佳而已。（因為私人之力不及，而官修之書，又每不盡善。）在現代，實在各種學問，都當以此法行之，而史家相需為尤急。（論整理國故的人，總說舊學術要算一筆總帳，編類書亦是算總帳最好的法子。）編纂史料匯編，當用前人作史抄的方法。所謂史抄，是把從前人的著作，依著我所定的條理系統，抄集下來的。不改動原文，但遇兩書材料相同的，則去其重複，然亦仍須注明。（如《史記》與《漢書》，《宋》、《齊》、《梁》、《陳》、《魏》、《周》、《隋書》與《南》、《北史》是。有一字的異同，亦須注明，無之則但注某書某篇同。）有須刪節處，亦須注明刪節。總使人家看起來，和看原書一樣。為什麼必要用這種體例呢？那是因為讀史總要據原始材料的；而且有許多地方，史事的真相，就是據字句推勘而得；所以字句一有變動，又要生出一番校勘之勞，這個殊犯不著，所以要一概照抄，如有意見，則另注於下。善用這種體例的，亦可以成為著作，如馬驌的《繹史》，便是一個例子。（羅泌的《路史》，材料實較《繹史》為豐富而可貴，如用《繹史》的體例作成，當更可貴。）此種書籍，能合群力為大規模的編纂固佳，即私人亦未嘗不可為。那便是：㈠擇定一個題目，罄畢生之力而為之，盡其所能，做到什麼地步是什麼地步，其未竟之緒，則留待後人賡續。㈡或者選定若干部書，把它分門別類的抄撮起來，抄得幾部是幾部。這種辦法，對於一個題目，固然極不完全，然使各種書籍都有人抄，而所定的門類，又大致相等，（如能劃一，自然更好，但恐不易辦到，即亦不必勉強。）則合而觀之，亦不啻一完備的史料匯編了。駁我的人要說道：「彰明較著，一望而知為與某題目有關係的材料，固然可以集眾或由有志的人匯抄。然而史學的進步，總是從眾所不能見，即置之眼前，亦不能知其有何關係的材料中得來的，此豈非專家所能著手？」這話固然不錯。然此乃無可如何之事。匯抄之作，原只能省眾所共見的材料的搜輯，然把這種工夫，替研究者省下來，所得業已不少。外國學者著書，往往有延聘助手代其搜輯材料的，就是為此。何況專家新發明、新訂正的史料，我們亦可分類抄撮呢？

考訂史事的方法，外形上記載的同異，是容易見得的，只要搜輯得完備，校勘得精細。但現在所當致力的，殊不限於此。大抵原始的史料，總是從見聞而來的，傳聞的不足信，人人能言之，其實親見者亦何嘗可信？人的觀察本來容易錯誤的。即使不誤，而所見的事情稍縱即逝，到記載的時候，總是根據記憶寫出來的，而記憶的易誤，又是顯而易見的。況且所看見的，總是許多斷片，其能成為一件事情，總是以意聯屬起來的，這已經摻入很大的主觀的成分。何況還有沒看見或忘掉的地方，不免以意補綴呢？這種錯誤，是無論何人不能免掉的，如其要免掉，那就世界上沒有史事了。這還是得之於見的，其得之於聞的，則傳述者又把這些錯誤一一加入。傳述多一次，則其錯誤增加一次。事情經過多次傳述，就無意間把不近情理的情節刪除或改動，而把有趣味的情節擴大起來。看似愈傳述愈詳盡，愈精彩，實則其不可信的成分愈多。這還是無意的，還有有意的作偽。那便是：㈠偽造假的事實。㈡抹殺真的事實，如清朝人的燒毀書籍，改作實錄，就是其例子。這是有所為而為之的。還有㈢無所為而出於遊戲性質的。如東晉晚出的偽《古文尚書》，到底是何人所造，至今很難論定。程魚門《晚書訂疑》說它是遊戲的擬作，其說亦頗近情理，此說如確，就是一個很好的例子了。古今來的偽書，亦可說是汗牛充棟。辨偽之法，近人論者頗多，此書為篇幅所限，不再詳述。以上所述，實在還都是粗淺的，若論其精微的，則憑你一意求真，還是不能免於不確實，雖然你已小心到十二分。因為人的心理，總有一個方向，總不能接受和這方向相反的事情。所以又有許多真確而有價值的事情，為你所視而不見，聽而不聞了。心理上這種細微的偏見，是沒有徹底免除的可能的；就要洗伐到相當的程度，也很不容易。讀《文史通義》的〈史德篇〉可見。史事的不足信如此，無怪史學家說「歷史只是大家同意的故事」了。史學家為求真起見，在這上面，就得費掉很大的工夫。

史料的真偽，鑑別、考訂得覺其大體可信了，然後我們可進而批評史事。歷史上任何事件，把現在的眼光看起來，總覺得其不甚可信。明明是個大公無私的人，反說得他詐偽陰險，（如往史之於王安石。）明明是件深曲隱蔽之事，說來反覺得其淺顯易明，這些真是隨處可見。而只知其外表，不知其內容的，更不知凡幾。讀史者於此，往往模模糊糊，不加注意；或則人云亦云；其偶有所見的，又或痛詆古人的錯誤，其實此亦不然。一件事，所能看見的，總只是外形，其內容如何，總得由觀察者據著外形去推測。我們該盡我們考證之所能，推測之所至，盡量地把史事的真相闡發出來。不過推測總只是推測，不能徑認為事實而已。在這一點上，昔人著述的體例，未盡善處很多，實有改良的必要。

歷史不但因時代而不同，其所懸擬的讀者，亦各不同。各種不同的讀者，而只供給他一種書，是不很適宜的。（如《資治通鑑》，本意係供君主閱覽；以供平民閱覽，實不盡適宜。）就供給一種人看的歷史，也應有幾種同時並行，以資參證；而作史者亦得各抒所見；這是於史學大有裨益的。其好壞，最好任人評論。從前功令，定某種書為正經正史，使人把它的價值，看得特別高，這種辦法頗不適宜。我們當祛除成見，平等相看，其信否的程度如何，一以我們按照嚴格的史學方法所評定者為斷。

七、研究歷史的方法

歷史的性質，及其發展的經過和現在的觀點，已經大略明白了，那我們就可以進而談歷史的研究方法了。

現在要想研究歷史，其第一個條件，就是對於各種科學，先得要有一個常識。治史學的人，往往以為社會科學是緊要的，自然科學則不甚重要，實亦不然。有許多道理，社會科學和自然科學是相通的。如演變的觀念，若不知道生物學，就不能知道得真確。又如治歷史，要追溯到先史時代，則史家對於地質學，豈能茫無所知？這是舉兩端為例，其餘可以類推。所以治史學的人，對於現代的科學，都不能不略知大概。否則用力雖深，也和一二百年前的人無以異了，安足稱為現代的學問家？固然，各種社會科學，如政治學、法律學、經濟學、人生哲學等，和史學的關係更為密切。然只能謂治史學者，對於此等學科，更須有超出常識以外的知識，而不能說此外諸學科，可以並常識而不具。現在再把治史學的人所宜特別加意的幾種學科，略說其關係如下：

治史學第一要留意的，就是社會學了。歷史是研究整個社會的變遷的，任何一種事件，用別種眼光去解釋，都只能得其一方面，惟社會學才可謂能攬其全。而且社會的變遷發展，是有一定的程序的，其現象似乎不同，其原理則無以異。明白了社會進化的法則，然後對於每一事件，都能知其在進化的長途中所具有的意義；對於今後進化的途徑，自然也可以預測幾分。如蠻族的風俗，昔人觀之，多以為毫無價值，不加研究。用社會學的眼光看起來，則知道何種社會有何種需要，各種文化的價值，都是平等的，野蠻民族的文化，其為重要，正和文明民族一樣。而且從野蠻時代看到文明時代，更可知道其變遷之所以然。所以我曾說：近代的西人，足跡所至既廣，他們又能尊重科學，為好奇心所驅迫，對於各種蠻族的風俗，都能盡量加以研究，這個對於史學的裨益，實非淺鮮。因為它在無意中，替我們把歷史的年代延長了，（現代蠻族的情形，和我們古代的情形相像，看了它，就可追想我們古代的情形了，所以說是歷史年代的延長。）就是使我們的知識加幾倍的廣博。這亦是舉一端為例，其餘可以類推。

把歷史的年代延得更長的，就是考古學了。史學家說：「假定人類的出生，有二十四萬年，我們把一日設譬，則每小時要代表二萬年，每一分鐘要代表三百三十三年，最古的文化，在十一點四十分時候才出現；希臘文化，離現在只有七分鐘；蒸汽機的發明，則只有半分鐘而已。所以通常所謂古人，覺得他和我們相離很遠的，其實只是同時代的人。」這種說法，所假定的人類出生的時期，為時頗短，若取普通的說法，很有加長一倍的可能，那我們歷史上的文化，更淺短得不足道了。然即此假定，亦已足以破除普通人的成見了。

自然科學中，對於歷史關係最密切的，自然是地理學。這因為人類無一息之間，能不受自然的影響，而地理學是一切自然條件的總括。這種道理，在現今是人人知道的，無待再說。但在歷史上，地理形勢不必和現在相同，把現在的地理情形，去解釋史事，就要陷於誤謬了。所以治史學者，對於歷史地理，不能不有相當的知識。其中最重要的，就是要知道各時代地面上的情形和現在不同的，因以推知其時的地理及於其時人類的影響和現在的不同。（錢君賓四曾對我說，有意做這樣一部書，這是極緊要極好的事情，然此事恐不易成。）不可如從前人但偏於兵事上的研究。

治史學的人，雖不是要做文學家，然對於文學，亦不可不有相當的瞭解。其中㈠是訓詁。這在治古史，是人人知其重要的，然實並不限於此。各時代有各時代的語言，又有其時的專門名詞，如魏、晉、南北朝史中之寧馨、是處、若為，《宋史》中的推排、手實、稱提等都是。（寧馨猶言這個。是處猶言處處。若為即如何的轉音。推排是查軋的意思。手實是按一定的條件，自行填注。稱提乃紙幣跌價，收回一部分，以提高其價格之意。）這些實該各有其專門的辭典。㈡文法，亦是如此。這個在古代，讀俞樾的《古書疑義舉例》可知，後世亦可以此推之。㈢普通的文學程度，尤其要緊。必能達到普通的程度，然後讀書能夠確實瞭解，不至於隔膜、誤會。況且在古代，史學和文學關係較深，必能略知文學的風味，然後對於作史者的意旨能夠領略。晚出《古文尚書》的辨偽，可謂近代學術界上的一大公案。最初懷疑的朱子，就是從文學上悟入的。他說：《今文尚書》多數佶屈聱牙，《古文尚書》則無不平順易解，如何伏生專忘掉其易解，而記得其難解的呢？清朝的閻若璩[5]，可說是第一個用客觀方法辨《古文尚書》之偽的人，到他出來之後，《古文尚書》之為偽作，就無復辯解的餘地了，而他所著的《古文尚書疏證》中有一條，據〈胤征〉篇的「每歲孟春」句，說古書中無用每字的，因此斷定其為魏、晉後人的偽作。宋朝的王應麟，輯魯、齊、韓三家《詩》，只輯得一薄本，清朝的陳喬樅所輯得的，卻比他加出十倍。陳喬樅的時代，後於王應麟有好幾百年，只有王應麟時代有的書，陳喬樅時代沒有，不會有陳喬樅時代有的書，王應麟時代沒有的，巧婦難為無米之炊，陳喬樅有何異術，而能所得的十倍於王應麟呢？那是由於古書有一種義例，為陳喬樅所知，而王應麟所不知。原來自西漢的今文經學以前，學術的傳授，都是所謂專門之學，要謹守師法的。（這所謂專門之學，與現在所謂專門之學，意義不同，非以學問的性質分，而以其派別分。）所以師徒數代相傳，所說的話，都是一樣。我們㈠固可因歷史上說明甲係治某種學問，而因甲所說的話，以輯得某種學

5 閻若璩（一六三六—一七〇四），字百詩，為清代經學家，梁啟超譽其為「近三百年學術解放之第一功臣」。

問的佚文，㈡並可以因乙所說的話和甲相同，而知道乙亦係治某種學問。如是再推之於丙、丁等等，其所得的，自非王應麟所能及了。然則甲、乙、丙、丁等所說的話的相同，並不是各有所見，而所見者相同，還只是甲一個人所說的話。我們治古史，搜羅證據，並不能因某一種說法主張者多，就以為同意者多，證據堅強，這亦是通知古書義例，有益於史學的一個證據。

講學問固不宜預設成見，然亦有種重要的觀念，在治此學以前，不可不先知道的，否則就茫無把握了。這種重要的觀念，原只是入手時的一個依傍，並沒叫你終身死守著他，一句不許背叛。現在就史學上的重要觀念，我所認為讀史之先，應該預先知道的，略說幾條如下：

其中第一緊要的，是要知道史事是進化的，打破昔人循環之見。有生命之物，所以異於無生物；人所以特異於他種生物，就在進化這一點上。固然，世界上無物不在進化之中，但他種物事，其進化較遲，在一定的時期中，假定它是不變的，或者尚無大害。人類的進化，則是最快的，每一變動，必然較從前有進步，（有時看係退步，然實係進步所走的曲線。）這種現象，實在隨處可見。然人類往往為成見所蔽，對於這種真理不能瞭解。尤其在中國，循環的觀念入人甚深。古人這種觀念，大概係由觀察晝夜、寒暑等自然現象而得，因為此等現象，對於人生，尤其是農、牧民族，相關最切。這其中固亦含有一部分的真理，然把它適用於人類社會就差了。粒食的民族，幾曾見其復返於飲血茹毛？黑格爾[6]的哲學，徒逞玄想，根腳並不確實，而且不免偏狹之見，有何足取？然終不能不推為

6 Georg Wilhelm Friedrich Hegel (1770–1831)，是德國唯心論哲學的重要人物，也是現代西方哲學的奠基者

歷史哲學的大家，而且能為馬克思的先導，就是因為他對於歷史是進化的的見解，發揮得透徹呀！

第二，馬克思以經濟為社會的基礎之說，不可以不知道。社會是整個的，任何現象，必與其餘一切現象都有關係，這話看似玄妙，其實是容易明白的，佛家所說的「帝網重重」，就是此理。（帝字是自然的意思，帝網重重，猶言每一現象，在自然法中，總受其餘一切現象的束縛，佛家又以一室中同時有許多燈光，光光相入設譬，亦是此意。）然關係必有親疏，（親疏，就是直接、間接。）影響亦分大小。地球上受星光之熱亦不少，豈能把星光的重要，看作和太陽光相等？把一切有關係的事，都看得其關係相等，就茫然無所瞭解，等於不知事物相互的關係了。如此，則以物質為基礎，以經濟現象為社會最重要的條件，而把他種現象，看作依附於其上的上層建築，對於史事的瞭解，實在是有很大的幫助的。但能平心觀察，其理自明。

第三，近代西洋科學和物質文明的發達，對於史事是大有影響的。人類最親切的環境，使人感覺其苦樂最甚的，實在是社會環境，這固然是事實，然而物質環境既然是社會組織的基礎，則其有所變動，影響之大，自更不容否認。在基礎無甚變動時，上層建築亦陳陳相因，人生其間的，不覺得環境有何變動，因亦認為環境不能使之變動，於是「世界是不變的」、「即有變動，亦是循環的」、「一切道理，古人都已發現了」、「世界永遠不過如此，無法使之大進步，因而沒有徹底改良的希望」，這種見解，就要相因而至，牢不可破了。科學發達了，物質文明進步了，就給這種觀念以一個

之一，其思想影響當代哲學流派，如存在主義、馬克思的歷史唯物主義等。

大打擊。惟物質文明發達，而人類制馭自然之力始強，人才覺得環境可以改變；且可用人類的力量使之改變，人類因限於物質所受的種種苦痛，才覺得其有解除的可能。惟物質文明發達，而社會的組織亦隨之而大變，人才覺得社會的組織亦是可變的，且亦可以用人類的力量使之改變的。又因物質文明進步所招致的社會變遷，使一部分人大感其痛苦，人才覺得社會實有加以改革的必要。惟物質文明發達，才能大變交通的情形，合全球為一家，使種種文化不同的人類合同而化。惟科學發達，人才不為淺短的應用主義所限，而知道為學問而學問的可貴，而為學問而學問的結果，則能有更精深的造詣，使人類的知識增加，而制馭事物之力，亦更因之而加強。人類的觀念，畢竟是隨著事物而變的。少所見多所怪的人，總以為西洋和東洋有多大的差異，聞見較廣的人，就不然了，試將數十年以前的人對於外國的見解，和現在人的見解，加以比較便知。然不知歷史的人，總還以為這小小的差異，自古即然，知道歷史的人，見解就又不同了。西洋現在風俗異於中國的，實從工業革命而來，如其富於組織力，如其溺於個人的成功都是。前乎此，其根本的觀念，原是無大異同的。所以近代西洋科學及物質文明的發達，實在是通於全世界劃時期的一個大變。

第四，崇古觀念的由來及其利弊，亦不可不加以研究的。人人都說：中國人崇古之念太深，幾以為中國人獨有之弊，其實不然。西洋人進化的觀念，亦不過自近世以來。前乎此，其視邃古為黃金時代，其謂一切真理皆為古人所已發現，亦與中國同。而且不但歐洲，世界上任何民族，幾乎都有一個邃古為黃金時代的傳說，這是什麼理由呢？崇古的弊病，是很容易見得的。民國三十四年之後，只會有三十五年，決不會有三十三年，然而三十四年的人，是只會知道三十三年以前，決不會知道三十五年以後的。所以世界刻刻在發展出新局面來，而人之所以應付之者，總只是一個舊辦法。我們所以永遠趕不上時代，而多少總有些落伍，就是為此。這固然是無可如何的事，然使我們沒有深厚的崇古觀念，不要一切都以古人的是非為標準；不要一切都向從前想，以致養成薄今愛古的感情，致理智為其所蔽，總要好得許多。然而人卻通有這種弊病。這是什麼理由呢？難道崇古是人類的天性嗎？不，決不。人類的所以崇古，是有一個很深遠的原因的。人類最親切的環境是社會環境，使人直接感覺其苦樂，前文業經說過了。在邃古之世，人類的社會組織是良好的，此時的社會環境亦極良好。後來因要求制馭自然的力量加強，不得不合併諸小社會而成為大社會，而當其合併之際，沒有能好好的隨時加以組織，於是人類制馭自然之力逐步加強，而其社會組織，亦逐步變壞，人生其間的，所感覺的苦痛，亦就逐步加深了。人類社會良好的組織，可以說自原始的公產社會破壞以來，迄未恢復。而其從前曾經良好的一種甜蜜的回憶，亦久而久之未曾忘掉。於是大家都覺得邃古之世，是一個黃金時代，雖然其對於邃古的情形並不清楚，這便是崇古主義的由來。是萬人所共欲之事，終必有實現的一日的，雖然現在還受著阻礙。明乎此，則知今日正處於大變動的時代之中，但其所謂變動，必以更高的形式而出現，而非如復古主義者之所想像，這便是進化的道理。

以上所述，自然不免挂一漏萬，然而最重要的觀念，似亦略具於此了。社會科學，直至今日，實在本身並沒有發現什麼法則。一切重要觀念，多是從自然科學中借貸而來的。（並非說全沒有，但只是零碎的描寫，沒有能構成條理系統。）前敘循環等觀念，根本是從觀察無生物得來的無論矣，近代借徑於生物學等，似乎比古人進步了，然亦仍有其不適用之處。無論其為動物，為人，其個體總係有機體，而社會則係超機體，有機體的條例，亦是不能適用於超機體的。如人不能恆動不息，所以一動之後，必繼之以一靜；社會則可以這一部分休息，那一部分換班工作，所以一個機關可以永不停滯，這便是一個例。所謂社會科學，非從感情上希望其能夠如何，更非從道德上規定其應當如何，而是把社會的本身，作為研究的對象，發現其本身是如何、可以如何的問題。這便是第一章所說的學，而指導其應該如何，則只是第一章中所說的術。術是要從學生出來的，而我們自古至今，對於社會的學，實在沒真明白過，所以其所謂術，也從來不能得當。一般對於社會的議論，非希望其能夠如何，則斥責其不當如何，熱情坌涌，而其目的都不能達到，如說食之不能獲飽，試問竟有何益？社會學家說得好：「社會上一切事都是合理的，只是我們沒有懂得它的理。」這話深堪反省。努力研究社會，從其本身發現種種法則，實在是目前一件最為緊要的事，而這件事和史學極有關係，而且非取資於史學，是無從達其目的的，這便是史學的最大任務。

人的性質，有專門家和通才之分。在史學上，前者宜為專門史家，後者宜為普通史家。人固宜善用其所長，然亦不可不自救其所短。專門家每缺於普遍的知識，所發出來的議論，往往會荒謬可笑。這是因為一種現象的影響，只能達到一定的限度，而專門家把它看得超過其限度之故。普通史家自無此弊。然普通史的任務，在於綜合各方面，看出一時代一地域中的真相，其所綜合的，基礎必極確實而後可，如專門的知識太乏，又不免有基礎不確實的危險。所以治史學者，雖宜就其性之所長而努力，又宜時時留意矯正自己的所短，這亦不可不知。

讀歷史的利益何在呢？讀了歷史，才會有革命思想。這話怎樣講呢？那就是讀了歷史，才知道人類社會有進化的道理。從前的人，誤以為讀了歷史，才知道既往，才可為將來辦事的準則，於是把歷史來作為守舊的護符，這是誤用了歷史的。若真知道歷史，便知道世界上無一事不在變遷進化之中，雖有大力莫之能阻了。所以歷史是維新的證佐，不是守舊的護符。惟知道歷史，才知道應走的路，才知道自己所處的地位，所當盡的責任。

有人說：「歷史上的因果關係，是很複雜的，怕非普通人所能明白，而普通的人對於歷史，也不會感覺興味。」這話亦不盡然。今日史事的所以難明，有些實在由於因果關係的誤認。譬如政治久已不是社會的原動力了，有些人卻偏要說國家的治亂興亡，全由於政府中幾個人措置的得失。這種似是而非的話，如何能使人瞭解？如其是真實的「現代機械的發明，到底足以使人的生活變更否？」、「機械發明之後，經濟組織能否不隨之而起變化？」、「資本主義，能否不發達而為帝國主義？」、「這種重大的變化，對於人類的苦樂如何？」、「現在的社會，能不革命否？」這些看似複雜，而逐層推勘，其實是容易明白的，何至於不能瞭解？都是和生活極有關係，極切近的事情，何至於沒有興味？

第二輯

中國社會史——文字、社會、學術、文化

提要

本輯所選的文章中，兩篇的標題很接近，一篇是〈中國文字變遷考〉，另一篇是〈中國社會變遷史〉，共同的關鍵詞是「變遷」。有意思的是第二篇還在「變遷」後面又加了「史」字。歷史要研究、呈現什麼？不就是變化過程嗎，讓人們知道早前的狀況如何變成了後來的狀況？

不見得。讓我們回到呂思勉習史的環境，傳統歷史敘述並沒有那麼重視變化。歷史毋寧是選定一個時間點，羅列那個點上的人物與事件，時間點到時間點間的差異往往被忽視了。甚至最極端情況下，各個時間點被視為基本同樣的本質，只需要看不同的人做了不同的事，不會去思考追究背後更廣泛的因素作用。

這是一種靜態的歷史觀，在民國時期被打破了。發生最大破壞效果的，是從西方傳入的演化理論，當時挾著「優勝劣敗」公式震撼了中國讀書界。一時之間，大家都關注演化，也就開始刻意去關注變化的情形，關切動態衝擊了原本的靜態顯現模式。

不過關注演化是一回事，能梳理變遷是另一回事，尤其真正能從中國傳統不重視變化的繁雜史料中扎扎實實訴說變遷，那是需要大才能大工夫才能做得到。呂思勉以「變遷」為題寫的兩篇論文都是大文章，其「大」不完全基於篇幅長度，更在於文章涵蓋的史料範圍，以及提出的整理觀點。

呂思勉談文字，當然有傳統「小學」的根底，但他的觀點比章太炎更現代，有破有立，挑戰、推翻了許多古老文字來歷的神話傳說，嚴謹推斷文字合理的演變進程。在「立」的方面，釐清了秦漢歷史背景下的「古文」，相當程度上重新溯源解釋「金文」、「古文」分野，等於是客觀地解除了自己從常州學派那裡承襲而來的「今文派」學術偏見。他還兼而論及書法，將各體文字寫型態、寫法分析清楚前後順序與彼此關係。

「社會變遷」比「文字變遷」更難處理。文字還有明確的指涉對象，社會卻是新鮮輸入的範疇，研究者自己必須先定義社會到底是什麼。呂思勉的社會主要指向人與人的組織方式，特別是形成並維持秩序的制度安排，他將演化論的說法和「大同」歷史觀重疊在一起，從一個角度刻畫中國古史由素樸和平朝複雜衝突的變化，從另一個角度則試圖證明「大同說」並非單純出自想像，有其歷史現實基礎。

中國文字變遷考

一、論文字變遷之理

文字遷變，其途甚多。今音、古音，截然不同，此音之變也；今義、古義，釐然各別，此義之變也。至於同一字也，而其構造不同，（如奇字之无，篆文之橆，構造絕不相蒙是。）或筆畫體勢有異，（如篆取圓筆，隸取方筆；又如今人作正書，筆畫或圓或方，結體或長或扁，初無一定；而作刻板書之宋體字者，則筆畫無不平直，結構率皆正方是。）此則形體之變。音義皆無跡可見，今音既出，古音遂亡；今義既行，古義旋晦。不知文字之學者，每執今音、今義，謂古音、古義即係如此。夫且不知古今音義之異，自無從知其有變遷矣。惟字形則有跡可徵，稍一搜考，今古之異，即可立見。此世之言文字變遷者，所以不數音義，而專舉字形之變以當之也。

一事之成與變，皆有其所以然之故。其成也，大抵因眾所共須，無形之中，合力創造，積累而成；其變也，則出於事勢之遷流，雖有大力，莫之能遏。夫其變也，如日之西，如水之東，無一息之停，而人莫之覺，及其久而回顧焉，則判然若二物矣。（王國維《史籀篇疏證・序》云：「不知自其變者觀之，則文字殆無往而不變。故有一卷之書而前後異文；一人之作而器蓋殊字。自其不變者而觀之，則文字之形與勢，皆以漸變。凡既有文字之國，未有能以一人之力創造一體者。許君謂史籀大篆與古文或異，則固有不異者；且所謂異者，亦由後人觀之；在作書時，亦只用當世通行之字，有所取舍，而無所謂創作及增省也。」「所謂異者，由後人觀之」一語，最為通論。至謂「既有文字之國，未有能以一人之力，創造一體者」，則尚有所未盡。即無文字之國，亦未有能以一人之力，創造一體者。契丹字之因漢文，滿洲字之因藏文，皆實有所承，非真創作也。）固非有一人焉，能憑空創造；亦非有一人焉，能獨力改革也。顧知識簡陋之世，其論積累而成，逐漸而變之事，亦必以歸諸一人。一部《世本・作篇》，皆可作如是觀。倉頡造書，程邈立隸，皆是物矣。（倉頡作書，說出《世本》；顧《世本》之不足信，昔人久已言之。《詩・何人斯正義》：「《世本》云：暴辛公作塤，蘇成公作篪。譙周《古史考》云：古有塤篪，尚矣。周幽王時，暴辛公善塤，蘇成公善篪，記者因以為作，謬矣。《世本》之謬，信如周言。」夫此特其有可考者耳，其他無可考者，何一非此類邪？）

欲考文字變遷之理，必合形、音、義三者觀之。一字也，博考其古今構造之不同，音、義之各異；以及舊字之廢、新字之增者；（此中包含兩事：一、有所增、無所廢者，此言語逐漸增加，文字之所以孳乳浸多也。一、有所增、即有所廢者，此則同一義也，古今人謂之之音不同、因而表其音之形亦異，可謂形音皆變，而義未變。）及因筆畫形狀之不同，積久而成為兩體者，（如篆、隸、行、草之變遷是。）乃得謂之該備。專論形體，未足盡文字變遷之理也。顧謬說不去，則真理不明。向之論文字變遷者，既皆執形體一端當之，而又有種種附會繆誤之說；不能廓而清之，真相固無從而見。茲篇所論，亦但見舊時文字創造變遷之說，有所未當耳。至於自立條例，足以說明文字變遷之理，則固有所未能也。

二、論文字之始

欲論文字之變遷，必先及文字之創造；顧文字之創造，不可說也。豈惟文字，凡事皆然。許慎[1]《說文解字．序》曰：「黃帝之史倉頡，見鳥獸蹏迒之跡，知分理之可相別異也，初造書契。」夫其鑿言倉頡造書非；其言分理之可相別異，為文字之原則是也。然則必欲鑿言文字之所自始，亦曰與人之知分理之可相別異，同時並起耳。夫人之知分理之可相別異，孰能鑿指其所自始乎？顧習俗相沿，既皆以文字為有一創造之人，固不得不即其說而一考之。

言中國文字原起者，莫古於《易》。《易．繫辭傳》曰：「上古結繩而治，後世聖人易之以書契，百官以治，萬民以察，蓋取諸〈夬〉。」此但渾言後世聖人，而未嘗鑿指為何人者也。《漢書．藝文

1 許慎（約五十八－一四七），為東漢經學家，被譽為「字聖」，其撰著《說文解字》為中國首部字典。

志》全祖此說。（《漢志》曰：「《易》曰：『上古結繩以治，後世聖人易之以書契，百官以治，萬品以察，蓋取諸〈夬〉。』、『夬，揚於王庭』，言宜揚於王者朝廷，其用最大也。」、「揚於王庭」，《易・夬》卦辭。）

其以為倉頡造書者，說亦出自先秦：《荀子・解蔽篇》：「故好書者眾矣，而倉頡獨傳者，壹也。」《韓非子・五蠹篇》：「倉頡之作書也，自環者謂之私，背私者謂之公。」《呂氏春秋・君守篇》：「倉頡作書。」是也。

以倉頡為黃帝史，說出《說文解字・序》。〈序〉曰：「古者庖犧氏之王天下也，仰則觀象於天，俯則觀法於地，觀鳥獸之文，與地之宜，近取諸身，遠取諸物，於是始作《易》八卦，以垂憲象。及神農氏，結繩為治，而統其事。庶業其繁，飾偽萌生。黃帝之史倉頡，見鳥獸蹏迒之跡，知分理之可相別異也，初造書契。百工以乂，萬品以察。蓋取諸〈夬〉。夬「揚於王廷，言王者宣教明化於王者朝廷，君子所以施祿及下，居德則忌也」。此說亦出《易・繫辭傳》，特連引伏犧、神農，又鑿言造字者為倉頡，與《漢志》異。（《莊子・胠篋篇》：「昔者容成氏[2]、大庭氏[3]、伯皇氏[4]、中央氏、栗陸氏、驪畜氏、軒轅氏、赫胥氏[5]、尊盧氏、祝融氏、伏羲氏、神農氏，常是時也，民結繩而用之。」此以結

---

2 相傳為黃帝時大臣，創造曆法。後有道家附會為仙人，為黃帝、老子之師。

3 關於大庭氏有兩種說法，一說大庭氏即炎帝別號；另一說則認為大庭氏為伯皇氏之前帝王。

4 亦作柏黃、栢篁，為傳說中的上古帝王。

5 傳說中的上古帝王，又稱華胥氏、赫蘇氏，另有一說為炎帝。

繩在神農時之說所由來也。〈盜跖篇〉曰：「神農之世，臥則居居，起則于于。民知其母，不知其父。與麋鹿共處。耕而食，織而衣，無有相害之心，此至德之隆也。然而黃帝不能致德，與蚩尤戰於涿鹿之野，流血百里。」《商君書・畫策篇》曰：「神農之世，男耕而食，婦織而衣，刑政不用而治，甲兵不起而王。神農既歿，以彊勝弱，以眾暴寡，故黃帝內行刀鋸，外用甲兵。」《戰國策・趙策》曰：「宓羲、神農教而不誅；黃帝、堯、舜誅而不怒。」《春秋繁露・堯舜不擅移湯武不專殺篇》曰：「今足下以湯、武為不義，然則足下之所謂義者，何世之王也。」「則答之以神農」。蓋舊說相傳，以炎、黃之際為世運之一大變，故謂易結繩以造字，亦在此時，亦推理為說耳，非真有史實為據也。）

《尚書》偽〈孔安國傳序〉[6]特創異說，以伏犧為造字之人。其說曰：「古者伏犧氏之王天下也，始畫八卦，造書契，以代結繩之政，由是文籍生焉。伏犧、神農、黃帝之書，謂之三墳，言大道也。少昊、顓頊、高辛、唐、虞之書，謂之五典，言常道也。」與諸家說皆不同。

伏犧造字之說，前無所承。或謂實出許〈序〉；顧許意特以見「庶業其繁」，其來有漸，伏犧垂憲，僅資畫卦，其治較結繩更簡耳，非以作八卦為造書契張本也。然《偽孔》之說，亦有由來。彼其意蓋欲以《三墳》、《五典》[7]為三皇、五帝之書，又欲以伏犧、神農、黃帝為三皇，少昊、顓頊、高辛、唐、虞為五帝。其說實遠本賈、鄭，特賈、鄭雖以《三墳》、《五典》為三皇、五帝之書，而

6 孔安國（約西元前一五六—前七十四）為孔子十二世孫、漢武帝時大儒。

7 為傳說中上古時期的書籍。

未鑿言三皇時有文字，雖於五帝之中增一少昊，而未去三皇中之燧人[8]，升五帝中之黃帝耳。《左氏．昭公十二年》：「是能讀《三墳》、《五典》、八索、九丘。」杜《注》但云：「皆古書名。」《疏》引《偽孔序》外，又曰：「《周禮》外史掌三皇、五帝之書。鄭玄云：楚靈王所謂《三墳》、《五典》是也。賈逵云：《三墳》，三皇之書；（《文選．閒居賦注》引多「墳大也」三字。）《五典》，五帝之典；八索，八王之法；（《選注》作「素王之法」。）九丘，九州亡國之戒。（《選注》無「九州」二字，蓋奪。）延篤言：張平子說，三墳，三禮，禮為大防。《爾雅》曰：墳，大防也。《書》曰：誰能典朕三禮。三禮，天、地、人之禮也。五典，五帝之常道也。八索，《周禮》八議之刑。索，空，空設之。九丘，《周禮》之九刑。丘，空也，亦空設之。馬融說：三墳，三氣，陰陽始生，天、地、人之氣也。五典，五行也。八索，八卦。九丘，九州之數也。」據此，《偽孔序》說八索、九丘同馬融；（《偽孔序》曰：「八卦之說，謂之八索，求其義也。九州之志，謂之九丘。丘，聚也。言九州所有，土地所生，風氣所宜，皆聚此書也。」）其說三墳、五典，則同賈逵。（延篤說五典亦同，而說三墳則異。）《周官疏》云：「延叔堅、馬季長等所說不同，惟孔安國《尚書．序》解三墳、五典與鄭同」，是《偽孔》三墳、五典之說，實本賈、鄭也。三皇之說，《尚書大傳》、《含文嘉》、（《風俗通》引。）《甄耀度》（宋均注《援神契》引之，見《曲禮正義》。）皆以為燧人、伏羲、神農，《白虎通》亦同。惟又列或說，以為伏羲、神農、祝融。《元命苞》、《運斗樞》則以為伏羲、女媧、神農。（《元命苞》

8 傳說中教人鑽木取火的古代帝王。

見《文選・東都賦注》引。《運斗樞》則鄭玄注《中候敕省圖》引之，見《曲禮正義》。）按司馬貞〈補三皇本紀〉[9]言：「共工氏與祝融戰，頭觸不周山崩，天柱折，地維缺。女媧乃鍊五色石以補天，斷鼇足以立四極」云云。上言祝融，下言女媧，則祝融、女媧一人。《白虎通》或說，與《元命苞》、《運斗樞》同。其五帝，則《大戴記》、《世本》、《史記》皆以為黃帝、顓頊、帝嚳、唐堯、虞舜，蓋今文家之說如此。（緯書多用今文說。）鄭玄注《中候敕省圖》引《運斗樞》，其三皇之說，亦同今文，而五帝加一金天氏，遂成六帝。按《後漢書．賈逵傳》，逵奏《左氏》大義長於《二傳》者曰：「五經家皆言顓頊代黃帝，而堯不得為火德。《左氏》以為少昊代黃帝，即圖讖所謂帝宣也。如令堯不得為火，則漢不得為赤。」此為古文家於黃帝、顓頊之間，增一少昊之由。然「實六人而為五」，於理殊不可通。雖《曲禮正義》曲為之說曰：「以其俱合五帝座星。」亦終不免牽強。至《偽孔》說出，乃去三皇中之燧人，而升一黃帝，以足其數。於是黃帝、顓頊之間，雖增一少昊，而五帝仍為五人矣，此實其說之彌縫而益工者也。然《周官疏》云：「文字起於黃帝。今云三皇之書者，以有文字之後，仰錄三皇時事。」則賈、鄭雖以三墳、五典為三皇、五帝之書，猶未言三皇時有文字；而伏犧造字之說，實出《偽孔》矣。

伏犧造字之說，鑿空附會如此，故後人多不之信；而信文字始於黃帝時，倉頡為黃帝史官之說。

---

9 司馬貞（六七九—七三二），字子正，為唐代歷史學家，編撰《史記索隱》一書。由於司馬遷《史記》以五帝作開篇，然司馬貞認為以三皇為始方符合君臣之道，故補作〈三皇本紀〉一篇。

然夷考其實，則其鑿空附會，亦與伏犧造字之說同。夫漢儒所以主文字始於黃帝時者，以緯書云「三皇無文」，而黃帝為五帝之首耳。（《周官．保氏疏》：「按《孝經緯．援神契》，三皇無文，則五帝以下始有文字，故說者多以倉頡為黃帝史，而造文字起在黃帝。」）既以文字為始於黃帝，因以黃帝釋《易》之後世聖人，（《周易集解》：「虞翻曰：後世聖人，謂黃帝、堯、舜也。」孔《疏》於「黃帝、堯、舜垂衣裳而天下治」下亦曰：「自此已下，凡有九事，皆黃帝、堯、舜取《易》卦以制象。連云堯、舜者，謂此九事，黃帝制其初，堯、舜成其末。皇甫謐《帝王世紀》載此九事，亦皆為黃帝之功。」）併以倉頡為黃帝史官。皆以意言之，非有所據也。《周官．外史疏》引《孝經緯》云：「三皇無文，五帝畫象，三王肉刑。」《公羊．襄公二十九年》《解詁》引《孝經說》云：「孔子曰：三皇設言民不違，五帝畫象世順機，三王肉刑揆漸加，應世黠巧姦偽多。」皆指文法而言，非謂文字。漢儒據此，謂文字始於五帝，殊為附會。因此釋《易》之「後世聖人」為黃帝，則尤為武斷矣。《書序疏》駁之曰：「《繫辭》先歷說伏犧、神農蓋取，下乃云黃帝、堯、舜垂衣裳而天下治，蓋取諸乾坤，是黃帝、堯、舜之事也。又舟楫取渙，服牛取隨，重門取豫，臼杵取小過，弧矢取睽，此五者時無所繫，在黃帝、堯、舜時以否，皆可以通也。至於宮室、葬與書契，皆先言上古。古者，乃言後世聖人易之，則別起事之端，不指黃帝、堯、舜時。」其說允矣。（《義疏》強申《偽序》不足論，然其言自有平允處，不得抹殺也。）《序疏》云：「班固、馬融、鄭玄、王肅諸儒，皆以為文籍初自五帝。」又云：「司馬遷、班固、韋誕、宋衷、傅玄皆云：倉頡黃帝之史官。」一似主其說者甚多，且其說甚舊。

然《路史》辨之曰：「《管氏》、《韓子》、《國語》、《史記》，俱無史官之說。《世本》云：『史皇、倉頡同階』，又云『沮誦、倉頡作書』，亦未嘗言為史官也。及韋誕[10]、傅玄[11]、皇甫謐[12]等，遽以為黃帝史官，蓋肇繆於宋衷。衷之《世本注》云：倉頡、沮誦，黃帝史官。抑不知衷何所據而云？末代儒流，更望望交引，以為《世本》之言。《世本》曷嘗有是哉？」則以倉頡為黃帝史官，特東漢後人附會之說，西漢固無是矣。今據《路史》所引：《春秋演孔圖》及《春秋元命苞》敘帝王之相云：「倉頡四目，是謂併明。」與顓帝、帝佶、堯、舜、禹、湯、文、武並舉。《河圖玉版》云：「倉頡為帝，南巡狩，登陽虛之山，臨於玄扈、洛汭之水，靈龜負書，丹甲青文以授。」《河圖說徵》云：「倉帝起，天雨粟，青雲扶日。」亦見《洛書說河》。《春秋河圖．揆命篇》云：「倉、羲、農、黃，三陽翊天德聖明。」皆不以為人臣。緯候之作，偽起哀、平，猶且如是，則知黃帝史官之說，其出甚晚。先漢人著述，如《淮南子．本經訓》云：「昔者倉頡作書，而天雨粟，鬼夜哭。」與《河圖說徵》同。〈修務訓〉云：「史皇產而能書。」亦見《隨巢子》，（見《路史》及《北堂書鈔》七。）皆無史官

---

10 韋誕（一七九－二五三），字仲將，為三國曹魏書法家，師從張伯英（張芝，東漢人，創今草），兼學邯鄲淳之法，擅長各種書體，以草書為最。

11 傅玄（二一七－二七八），字休奕，為魏晉時期文學家，曾於曹魏時參與《魏書》的編纂。

12 皇甫謐（二一五－二八二），字士安，幼名靜，自號玄晏先生，西晉時期學者、醫學家。其年少游蕩不好學，為叔母之言所感，乃勤學不怠，遂博通百家之言。

之說也。熹平六年所立倉頡碑云：「天生德於大聖，四目重光，為百王作憲。」尚與《演孔圖》、《元命苞》同。《書序疏》云：「崔瑗[13]、曹植[14]、蔡邕[15]、索靖[16]皆云：古之王也。徐整云：在神農、黃帝之間。譙周云：在炎帝之世。衛氏云：當在庖犧、倉帝之世。慎到云：在庖犧之前。張揖云：倉頡為帝王，生於禪通之紀。」則東漢、魏、晉人沿襲舊說者尚多。知許〈序〉所詆俗儒鄙夫，見《倉頡篇》而以為古帝作者，其說亦有由來也。然則文字始於黃帝時，倉頡為黃帝史官之說，亦一伏犧造字之說而已矣。

然則倉頡為古帝王之說，其可信歟？曰：實不足信也。緯候之說，多涉荒怪，何足置信？試觀《荀》、《韓》、《呂覽》，皆不言倉頡為何如人，亦不言為何時人可知也。且觀荀子之說，則造書者不獨一倉頡，固已明矣。

然則如《易傳》之渾言後世聖人者，其最得乎？曰：《易傳》非說造字也。李鼎祚《周易集解》引《九家易》曰：「古者無文字。其有約誓之事，事大大其繩，事小小其繩，（此語古書多引之，惟

---

13 崔瑗（七十八－一四三），字子玉，為東漢書法家、文學家，因善書法而有「草賢」之美譽。

14 曹植（一九二－二三二），字子建，三國曹魏時期的著名詩人和文學家，成語的「才高八斗」、「七步成詩」等詞之來源，與父兄二人（曹操、曹丕）並稱三曹。

15 蔡邕（音ㄩㄥ）（一三二－一九二），字伯喈，東漢時期名臣、文學家、書法家，才女蔡琰之父。

16 索靖（二三九－三〇三），字幼安，為西晉將領、書法家，尤善章草。

《易・繫辭疏》作「事大大結其繩，事小小結其繩」，最完全。其他蓋略辭也。）結之多少，隨物眾寡，各執以相考，亦足以相治也。夬者，決也。取百官以書治職，萬民以契明其事。」明為既有書契，乃從而用之，而非造為書契。《墨子・公孟篇》：「是數人之齒而以為富。」俞氏樾《諸子平議》曰：「齒者，契之齒也。古者刻竹木以記數，其刻處如齒，故謂之齒。《易林》所謂符左、契右，相與合齒是也。」《列子・說符篇》：「宋人有遊於道，得人遺契者，歸而藏之，密數其齒，曰：吾富可待矣。此正數人之齒以為富者。」觀此，知契之初興，止有刻齒而無文字。《書序疏》曰：「言書契者，鄭云：書之於木，刻其側為契，各持其一，後以相考合。」乃後來之事也。《周官・小宰》：「以官府之八成經邦治」，「四曰聽稱責以傅別」，「六曰聽取予以書契，七曰聽賣買以質劑。」鄭司農曰：「傅別，謂券書也。傅，傅著約束於文書；別，別為兩，兩家各得一也。」「書契，符書也。質劑，謂市中平價，今時月平是也。」康成曰：「傅別，謂為大手書於一札，中字別之。書契，謂出予受入之凡要。凡簿書之最目，獄訟之要辭，皆曰契。」「質劑，謂兩書一札，同而別之，長曰質，短曰劑。傅別、質劑，皆今之券書也，事異，異其名耳。」後鄭所謂質劑，殆即先鄭所謂傅別；而其所謂傅別，則先鄭所謂符書。蓋漢時券書，有此二者，而兩家各據為說。《地官・質人》曰：「凡賣儥者質劑焉，大市以質，小市以劑。」質劑明人民所為，非月平，後鄭之說殆是。而其說傅別、質劑為券書，不及書契，尤為精審。《管子・輕重甲篇》：桓公欲賞死事之後，問於管子。管子教以：「朝功臣世家，遷封食邑。及積餘藏羨跱蓄之家曰：子大夫有五穀菽粟者，勿敢左右，請以平賈取之子。與之定其券契之齒，釜鏂之數，不得為侈弇焉。困窮之民，聞而糴之。釜鏂無止，遠通不推。國粟之粟，坐長而四十倍。君出四十倍之粟，以振孤寡，牧貧病，視獨老，窮而無子者，靡得相鬻而養之，勿使赴於溝澮之中。若此，則士爭前戰為顏行，不偷而為用。輿死扶傷，死者過半。此何故也？士非好戰而輕死，輕重之分使然也。」此文有難解處，其大意自可知。蓋謂官定糴粟之價，及其出糶之數，而士乃如其價以糴之。觀此，知契為官民相與之約，非如傅別、質劑，徒人民之所為，故鄭言券書不之及。質人職云「掌稽市之書契，同其度量，壹其淳制」，固皆公家之事。士師職云「凡以財獄訟者，正之傅別、約劑」。約劑蓋即質劑，亦不及書契也。鄭注〈質人〉云：「書契，取予市物之券也。其券之象，書兩札，刻其側。」此蓋公家所用。書而刻其側，蓋後來之事，其初則但刻為齒耳。古書、契皆分言，後契多用書，說者乃昧其為兩物，如《路史》引《帝王世紀》云「黃帝史官倉頡，取象鳥跡，始作文字，記其言動，象而藏之，名曰書契」是也，謬矣。《後書．烏桓傳》：大人「有所召呼，刻木為信」。《遼史．儀衛志》：「自大賀氏，八部用兵，則合契而動，不過刻木為牉合，太祖受命，易以金魚。」此亦古所謂契，皆無文字也。

然則字為誰造，竟不可知乎？曰：不可知也。文字者，藉符號以達意，此盡人之所能，固不待誰為之，亦不得云誰為之也。斯理也，先民有言之者矣。《書序疏》云：「《陰陽書》稱天老對黃帝云：鳳皇首文曰德，背文曰義，翼文曰順，膺文曰仁，腹文曰信。又《易．繫辭》云：河出圖，洛出書，聖人則之，是文字與天地並興焉。」張懷瓘《書斷》曰：「萬事皆始自微漸，至於昭著。道之昭興，自然玄應，前聖、後聖，合矩同規。雖千萬年，至理斯會，必然而出，豈在考其甲之與乙邪？道家相傳，則有天皇、地皇、人皇之書，各數百言，其文猶在。象如符印，而不傳其音指。且戎狄異音各邈，會於文字，其指不殊。禽獸之情，悉應若是。觀其趣向，不遠於人。則知凡庶之流，有如草木、鳥獸之類，或蘊文章。又霹靂之下，乃時有字；或錫貺之瑞，往往銘題，以古書考之，皆可識也。又豈學之於人乎？又詳釋典，或沙劫以前，或他方怪俗，云為事況，與即意無殊。是知天之妙道，施於萬類一也，但感有淺深耳，豈必在乎羲、軒、周、孔將釋、老之教乎？」《陰陽書》等自不足據，道家所傳天皇、地皇、人皇之字，尤必為偽造無疑。然此二說，論文字出於自然，為人心之所同，非必聖哲乃能創造，則於理極合，理不誤而所引證之事不足據。「霹靂之下，乃時有字；錫貺之瑞，往往銘題，考以古書皆可識」者，非無知之物，能與人造之字相符；乃人造之字，不得不有取於自然之文耳。夫自然之文，則所謂分理之可相別異者也。故文字之興，必欲鑿言之，則只可云與圖畫同科。古者書籍通稱為志。「孔子曰：大道之行也，與三代之英，丘未之逮也，而有志焉。」（《禮記・禮運》，鄭《注》：「志，謂識古文。」）《莊子》曰「《春秋》經世，先王之志」是也。「志」、「識」二字古通，「識」、「幟」實為一字。〈檀弓〉：「孔子之喪，公西赤為志焉。」「子張之喪，公明儀為志焉。」《注》皆曰：「志為章幟。」（《史記・叔孫通傳》「張旗志」，《集解》徐廣曰：「一作幟」，《漢書》同，師古亦曰：「志與幟同。」）《左・宣十二年》「百官象物而動」。《疏》曰：「百官尊卑不同，所建各有其物，象其所建之物而行動。」夫幟各有所畫之物以為識，此一姓之興，所以必「殊徽號」也。(《大傳》：「立權度量，考文章，改正朔，易服色，殊徽號，異器械，別衣服，此其所得與民變革者也。」《注》：「徽號，旌旗之名也。」)刻石記識，理亦同此。《書序疏》云：依《易緯．通卦驗》，燧人在伏羲前。表計寘其刻曰：蒼牙通靈昌之成，孔演命，明道經。鄭玄《注》云：刻，謂刻石而記識之。又《韓詩外傳》[17]稱：古封太山、禪梁甫者萬餘人，仲尼觀焉，不能盡識。又《管子》書稱管仲對齊桓公曰：「古之封太山者七十二家，夷吾所識，十二而已。」夫此七十二家者，孰能辨其所刻者為文字，抑即旗幟所畫之物乎？然則文字圖畫之興，皆不外取象自然之文以為識，二者孰能別其先後？然見物而知象其形；與雖欲象其形，而知少簡略之，僅存其意，固當略有早晚，則以圖畫為兄、文字為弟可也。

三、文字變遷舊說

論中國文字之變遷者，莫早於《漢書．藝文志》。《說文解字．序》與《漢志》大同小異，而其說尤詳。今以許〈序〉為本，加以辨證焉。許〈序〉曰：「倉頡之初作書，蓋依類象形，故謂之文。其後形聲相益，即謂之字。文者，物象之本。(六字段玉裁《注》依《左．宣十五年》《正義》補，按此

17 又稱《詩外傳》，為漢代韓嬰所著。當時治《詩經》有魯地申培公(又作魯詩)、齊地轅固生(又作齊詩)兩系之說，而韓嬰之說則在燕、趙兩地流行，其據《詩經》分別著《內傳》、《外傳》二書。

語《書序疏》亦引之，段氏補之是也。）字者，言孳乳而浸多也。箸于竹帛謂之書，書者，如也。以迄五帝、三王之世，改易殊體，封於泰山者七十有二代，靡有同焉。《周禮》：八歲入小學，保氏教國子，先以六書。一曰指事，指事者，視而可識，察而見意，上、下是也。二曰象形，象形者，畫成其物，隨體詰詘，日、月是也。三曰形聲，形聲者，以事為名，取譬相成，江、河是也。四曰會意，會意者，比類合誼，以見指撝，武、信是也。五曰轉注，轉注者，建類一首，同意相受，考、老是也。六曰假借，假借者，本無其字，依聲託事，令、長是也。及宣王太史籀，箸大篆十五篇，與古文或異。至孔子書六經，左丘明述《春秋傳》，皆以古文，厥意可得而說。其後諸侯力政，不統于王，惡禮樂之害己，而皆去其典籍。分為七國，田疇異畝，車塗異軌，律令異法，衣冠異制，言語異聲，文字異形。秦始皇帝初兼天下，丞相李斯乃奏同之，罷其不與秦文合者。斯作《倉頡篇》，中車府令趙高作《爰歷篇》，大史令胡母敬[18]作《博學篇》，皆取《史籀》大篆，或頗省改，所謂小篆者也。是時秦燒滅經書，滌除舊典，大發隸卒，興役戍，官獄職務繁，初有隸書，以趣約易，而古文由此絕矣。自爾秦書有八體：一曰大篆，二曰小篆，三曰刻符，四曰蟲書，五曰摹印，六曰署書，七曰殳書，八曰隸書。漢興有草書。《尉律》：學僮十七已上始試，諷籀書九千字，乃得為吏。又以八體試之。郡移大史并課，最者以為尚書史。書或不正，輒舉劾之。今雖有《尉律》不課，小學不

18 生卒年不詳。又作胡毋敬，姓胡毋，為秦朝始皇期間之太史令，作《博學篇》七章，文字多採《史籀篇》，然結構略異，後世稱之為「秦篆」，即小篆。

修，莫達其說久矣。孝宣皇帝時，召通《倉頡》讀者，張敞從受之。涼州刺史杜業、沛人爰禮、講學大夫秦近，亦能言之。孝平皇帝時，徵禮等百餘人，令說文字未央廷中。以禮為小學元士。黃門侍郎揚雄採以作《訓纂篇》：凡《倉頡》已下十四篇，凡五千三百四十字。群書所載，略存之矣。及亡新居攝，使大司空甄豐等校文書之部。自以為應制作，頗改定古文。時有六書：一曰古文，孔子壁中書也。二曰奇字，即古文而異者也。三曰篆書，即小篆，秦始皇帝使下杜人程邈所作也。四曰左書，即秦隸書。五曰繆篆，所以摹印也。六曰鳥蟲書，所以書幡信也。壁中書者，魯恭王壞孔子宅，而得《禮》、《記》、《尚書》、《春秋》、《論語》、《孝經》。又北平侯張蒼獻《春秋左氏傳》。郡國亦往往於山川得鼎彝，其銘即前代之古文，皆自相似。雖叵復見遠流，其詳可得略而說也。而世人大共非訾，以為好奇者也。故詭更正文，鄉壁虛造，不可知之書，變亂常行，以燿於世。諸生競逐，說字解經誼。稱秦之隸書為倉頡時書，云：父子相傳，何得改易？乃猥曰：馬頭人為長，人持十為斗，蟲者屈中也。廷尉說律，至以字斷法，苛人受錢，苛之字，止句也。若此者甚眾。皆不合孔氏古文，謬於史籀。俗儒啚夫，翫其所習，蔽所希聞；不見通學，未嘗睹字例之條。怪舊埶而善野言，以其所知為祕妙，究洞聖人之微恉。又見《倉頡篇》中幼子承詔，因曰：古帝之所作也，其辭有神僊之術焉。其迷誤不諭，豈不悖哉？《書》曰：『予欲觀古人之象，言必遵修舊文而不穿鑿。』孔子曰：『吾猶及史之闕文，今亡矣夫！』蓋非其不知而不問。人用己私，是非無正。巧說衺辭，使天下學者疑。蓋文字者，經埶之本，王政之始；前人所以垂後，後人所以識古。故曰：本立而道生，知天下之至嘖而不可亂也。今敘篆文，合以古籀。博採通人，至于小大，信而有證。稽譔其說，將以理群類，解謬誤，曉學者，達神恉。分別部居，不相雜廁，萬物咸睹，靡不兼載。厥誼不昭，爰明以諭。其偁《易》孟氏、《書》孔氏、《詩》毛氏、《禮周官》、《春秋左氏》、《論語》、《孝經》，皆古文也。」云云。許氏之說如此。據其說，則自皇古以迄後漢，中國文字，變遷凡七：始有文字以後，形聲相益，孳乳浸多；而五帝、三王之世，又有改易，（凡此許統謂之古文。）一也。《史籀》著大篆十五篇，與古文或異，二也。六國之世，言語異聲，文字異形，三也。秦有天下，李斯奏同之，罷其不與秦文合者，又頗省改大篆，以為小篆，四也。因官獄職務之繁，初有隸書，以趨約易，五也。漢興而有草書，六也。《史籀》大篆，雖與古文或異，然孔子書六經，左丘明述《春秋傳》，皆以古文，則古文初未嘗廢，至秦而絕，賴有壁中書及張蒼所獻《左氏傳》，乃得復見，至王莽好古，而其所謂六書中乃復有古文、奇字，七也。其中可疑之處甚多，今一一辨之。

四、論古文籀篆

封於泰山者七十二代，說見《管子》及《韓詩外傳》，已見前。（《路史》引《河圖真紀鉤》亦曰：「王者封泰山，禪梁父，易姓奉度，繼典崇功者，七十有二君。」）管仲所識十二家：曰無懷氏、曰虙犧、曰神農、曰炎帝、曰黃帝、曰顓頊、曰帝俈、曰堯、曰舜、曰禹、曰湯、曰周成王。然則七十二代，多在五帝三王之前。倉頡為黃帝史官，黃帝乃特五帝之首耳。許以此語系「五帝三王之世，改易殊體」之下，一似此七十二代，皆在五帝三王之世者，未免滋疑。蓋古人文字，往往鈔撮眾說而成，（許所謂稽譔其說。）非必自作。此說與前黃帝之史倉頡云云，蓋各為一說。前說以倉頡為黃帝史，此說自謂倉頡遠在無懷、伏羲之前，說本不可相通，而許並存之，故不免矛盾也。然許書為後人竄亂極多，即〈序〉亦非故物。（觀下文自見。）《魏書．江式傳》，式上表請修古今文字，其語多本許〈序〉。此處作「迄於三代，厥體頗異，雖依類取制，未能悉殊倉氏矣」，語意與「以迄五帝三王之世，改易殊體」相反，則許〈序〉此處，或遭後人改竄邪。然「孳乳浸多，改易殊體」八字，說文字變遷之理，固確不可易。斯語也，姑存而勿論可也。

六書之說，為許氏全書經緯，此蓋許氏所謂「字例之條」者也。然六書實非古說，《周官》之六書、亦未必許氏所言之六書，別詳拙撰《字例略說》，今亦姑措勿論。

許氏謂《史籀》大篆與古文或異；又謂《倉頡》、《博學》、《爰歷》三篇，皆取《史籀》大篆，或頗省改。夫「或異」者，不盡異之辭；（小徐本作「與古文或同或異」，〈江式傳〉同，疑大徐本奪二字。）「或頗省改」者，不皆省改之謂，則謂古文、大小篆，截然不同，原非許意。然許既以大小篆並列為秦書八體之二，又謂古文絕於秦時，則亦謂三者自有其不可混者在也。然謂《史籀》有意改變字體，上異古文；而李斯等又改變字體，不同《史籀》，恐亦子虛烏有之談也。

今試先就字數及字體論之。按《史籀》以後、《說文》以前之字書，《漢志》備列其名，則有漢閭里書師合《倉頡》、《爰歷》、《博學》所成之《倉頡篇》；有司馬相如之《凡將篇》；有史游之《急就篇》；有李長之《元尚篇》；有揚雄之《訓纂篇》；有班固之《十三章》。《漢志》云：「閭里書師合《倉頡》、《爰歷》、《博學》三篇，斷六十四字以為一章，凡五十五章，併為《倉頡篇》。」是《倉頡》、《爰歷》、《博學》三書，合三千三百字也。（且有複字。）又云：《凡將篇》「無複字，《急就篇》、《元尚篇》「皆《倉頡》中正字」，「《凡將》則頗有出矣」，《訓纂篇》「順續《倉頡》，又易《倉頡》中重複之字，凡八十九章；臣復續揚雄作十三章，凡一百二章，無複字」。是雄所作《訓纂》凡三十四章，二千四十字。合五十五章，三千三百字，正八十九章、五千三百四十字。與許氏所謂「凡《倉頡》以下十四篇，凡五千三百四十字」者，字數相合。惟許未列舉書名；且《倉頡》、《爰歷》、《博學》、《凡將》、《急就》、《元尚》、《訓纂》，共止七書，而又析之為十四，未知何故耳。（按未舉書目，而言都凡，所謂凡者，知其何指？此亦許〈序〉奪誤之一證也。）許書則九千三百十三文。蓋五千三百四十字之外，他採者又三千有十三字。（以上本段氏說。）字數之以漸而增如此，則因許〈序〉「諷籀書九千字」句，誤謂籀文字有九千者固非。然今籀文見於《說文》者，只二百二十餘字，謂其數止如此，亦決不可通。故段氏謂許所列小篆，不云古文作某、籀文作某者，古籀皆同小篆也。王國維《史籀篇疏證．序》曰：「《史篇》文字，就其見於許書者觀之，固有與殷、周間古文同者。然其作法，大抵左右均一，稍涉繁複，象形象事之意少，而規旋矩折之意多。推其體勢，實上承《石鼓文》，下啟秦刻石，與篆文極近。考戰國時秦之文字，如傳世秦大良造鞅銅量，乃孝公十六年作，其文字全同篆文。《詛楚文》摹本，文字亦多同篆文。而𥡴、殹、奓、𠟭、𢡱五字，則同籀文。則李斯以前，秦之文字，謂之用篆文可也，謂之用籀文亦可也。」此尤足證籀篆字體，不能分立矣。

更就字書體例言之。段氏云：「漢初蓋《倉頡》、《爰歷》、《博學》為《三倉》。（班於《倉頡》一篇自注云上七章，則《爰歷》為中，《博學》為下，可知也。）自揚雄作《訓纂》以後，班固作《十三章》；和帝永元中，郎中賈魴又作《滂喜篇》。梁庾元威云：《倉頡》五十五章為上卷，揚雄作《訓纂》記《滂喜》為中卷，賈升郎更續記《彥均》為下卷，人稱為《三倉》。江式亦云是為《三倉》。（揚雄《訓纂》，終於「滂熹」二字，賈魴用此二字為篇目，而終於「彥均」二字。故庾氏云揚記《滂喜》，賈記《彥均》；《隋志》則云揚作《訓纂》，賈作《滂喜》，其實一也。）自《倉頡》至《彥均》，章皆六十字，凡十五句，句皆四言；《凡將》七言；《急就》前多三言，後多七言；惟《元尚》無考耳。」（以上皆段說。又《倉頡》三篇，皆四字為句，二句一韻，近世敦煌所出隸書殘簡，足以證之。見姬覺彌《重輯倉頡篇・敘錄》。）蓋古之字書，《說文》、《玉篇》等說字形者為一類；《急就》與南北朝之《千字文》等便諷誦者又為一類。（羅迦陵《重輯倉頡篇・序》。）以字形分別部居，實始於許。《籀篇》在字書中最古，其體例不應與後來之《三倉》等有殊。故羅振玉[19]《殷商貞卜文字考》謂「予意《史籀》十五篇，亦由《倉頡》、《爰歷》、《凡將》、《急就》等，取當世用字，編纂章句，以

19 羅振玉（一八六六—一九四〇），號雪堂、商遺先生，晚清時期金石學家，對保護留存殷墟甲骨文及敦煌文書古籍有重大貢獻，被譽為「甲骨四堂」之一。

便誦習，實非書體之異名」。王國維則更疑史籀非人名。其說曰：「籀、讀二字，同音同義。又古者讀書皆史事。昔人作字書者，其首句蓋云大史籀書，以目下文，後人因取句中史籀二字名其篇；大史籀書，猶言大史讀書。劉、班諸氏不審，乃以史籀為著此書之人，其官為大史，其生當宣王之世。不知大史籀書，乃周世之成語；以首句名篇，又古書之通例。然則《史籀》一書，殆秦人作之以教學童。」「《倉頡》文字既取諸史篇，文體亦當仿之。」云云。按《漢志》明言《史籀篇》為周時史官教學童之書，王氏鑿空疑為秦人所作，似非。然謂《籀篇》為書名、非字體，《史籀》亦書名、非人名，則其說允矣。《漢志》可以為證也。《漢志》曰：「古者八歲入小學，故《周官》保氏掌養國子，教之六書，謂象形、象事、象意、象聲、轉注、假借，造字之本也。漢興，蕭何草律，亦著其法。曰：太史試學童，能諷書九千字以上，乃得為史。又以六體試之，課最者以為尚書、御史史書令史。吏民上書，字或不正，輒舉劾。（案許〈序〉此處，亦有奪文。江式〈表〉云：「吏民上書，省字不正，輒舉劾焉。」許〈序〉無「吏民上書」四字，則義不可通。）六體者：古文、奇字、篆書、隸書、繆篆、蟲書，皆所以通知古今文字，摹印章，書幡信也。古制，書必同文，不知則闕，問諸故老。至於衰世，是非無正，人用其私。故孔子曰：吾猶及史之闕文也，今亡矣夫！蓋傷其寖不正。《史籀篇》者，周時史官教學童書也，與孔氏壁中古文異體。《倉頡》七章者，秦丞相李斯所作也；《爰歷》六章者，車府令趙高所作也；《博學》七章者，太史令胡母敬所作也。文字多取《史籀篇》，而篆體復頗異，所謂秦篆者也。是時始造隸書矣，起於官獄多事，苟趣省易，施之於徒隸也。」「謂象形、象事、象意、象聲、轉注、假借，造字之本也」十八字，「與孔氏壁中古文異體」九字，蓋皆後人竄入。此節文意，一線相承，「教之六書」之六書，「又以六體試之」之六體，事蓋相類，故云：「亦著其法。」夾入「謂象形」云云十八字，則六書、六體，絕不相蒙，不可云亦矣。（以六書為造字之本，其說實不可通，故許〈序〉尚無此說。又事、意、聲皆不可云象，竄此十八字者，於小學蓋實無所知；然後人認為班書原文，於「造字之本也」五字，亦不敢疑，而說文字遂又添一重繆轕矣，詳見《字例略說》。）「皆所以通知古今文字」，指古文、奇字、篆書、隸書；「摹印章」指繆篆；「書幡信」指蟲書，所以總結上文。下文「古制書必同文」至「蓋傷其霈不正」，說古文、奇字。「《史籀篇》者，周時史官教學童書也」，及「《倉頡》七章者」，至「所謂秦篆者也」，釋篆書；「是時始造隸書矣」以下釋隸書。夾入「與孔氏壁中古文異體」一語，前無所承，後亦不及，成何文體？又《史籀》十五篇下自注「周宣王大史作《大篆》十五篇」十一字，恐亦後人竄入。下文但言為周時史官教學童書，此處何由知其作者？此處已言其作者，下文何須再言？（王氏謂《籀篇》本以首句名篇，漢人誤以為著書之人。所疑如確，則其致誤之由，正以其為周時史官教學童書故也。此亦可見王氏以《史籀篇》為秦人所作之誤。）下文但稱李斯等所作為秦篆，《漢志》亦無八體之名，此處何由忽出大篆二字？十五篇之數，正文已有，注中何待複舉哉？漢律皆沿自秦，（見《晉書・刑法志》。）漢之六體，蓋亦承秦之舊。即王莽之六體，實亦沿襲漢制。莽之所以異於漢者，則自以為應運制作，頗改定古文耳。然則安有秦書八體之名？而古文、奇字，當秦時亦何嘗絕哉？（參看後論科斗文字處。）

許氏謂七國之時，「諸侯力政，不統於王。惡禮樂之害己，而皆去其典籍」，以致「言語異聲，文字異形」，其說亦不足信。夫惡禮樂之害己而去其籍者，以其害己故也。田疇異畝，車塗異軌，以其或有利於戎事，或則便於土宜，如《左氏》載鞌之戰，晉人欲使齊之封內盡東其畝，國子駁以「惟吾子戎車是利，無顧土宜」是也。律令異法，衣冠異制，則所謂「脩其教不易其俗，齊其政不易其宜」，此併不得指為不統於王之證。至於言語、文字，則我以是喻諸人，人亦以是喻諸我；我以是喻諸人，固求人之能共喻；人以是喻諸我，我亦惟求其易喻。今世界各國，言語、文字，異聲、異形，不能相喻者，皆出於事之無可如何，而豈有矯同立異，自求隔閡者耶？言語、文字為社會公器，其成其毀，各有其所以然之故，既非一手足之烈所能創制，亦非一二人之力所能變更；七國之君，有何神力，能使之異聲、異形耶？許氏之言，蓋因秦兼天下後，李斯奏罷六國之文不與秦合者，又信古文與秦篆不同，遂附會而為此說。殊不知當時文字之紛繁，實因文明日啟，用字日多，舊有之字不給於用，不得不別造新字；而新造之字，則彼此各不相謀之故。初非因諸侯有意立異，捨舊謀新也。春秋、戰國時，聲明文物之國，溯其始，大抵漢族所分封。故其文字、語言，咸同一本，故《中庸》謂：「今天下書同文。」其逐漸變遷睽隔，不過聲讀之異；及新造之字，彼此不同。《周官》外史，掌達書名；大行人九歲屬瞽史喻書名，即求泯此睽隔。然言語文字之遷變，出於自然，初非人力所能止遏。《周官》固學者虛擬之書，未必見諸施行。即能行焉，其異亦終不可泯，此七國之世言語異聲、文字異形之所自來也。然其流雖異，其原則同，故其所謂異聲者，亦不過如今日方言之殊，所謂異形者，亦不過如今日以閩、粵、蘇白著書，間有異於官話之字耳。《倉頡》、《爰歷》、《博學》三篇，不過三千三百字，而許書三倍之，（王氏謂許書所多皆六藝中字，非是，見下。）其中所收列國因異聲之言語所造異形之文字蓋多矣。今觀許書文字，大抵同一條理，能通六書之例，即無不可通。所不可解者，反在許氏所斤斤自詡之奇字耳。聲讀之殊，莫如楚、夏。故《荀子》謂「居夏語夏，居楚語楚」。《孟子》謂「一齊人傅之，眾楚人咻之，雖日撻而求其齊也，不可得矣」，又詆許行為「南蠻鴃舌之人」。（子元之伐鄭也，鄭人楚言而出。項羽夜聞漢軍四面皆楚歌，驚曰：「漢皆已得楚乎？是何楚人之多也？」古代楚、夏言語不同之證，不可枚舉。）然《說文》牛部：「𤘽，黃牛虎文，讀若塗。」王氏筠謂《左氏》楚人謂虎於菟，〈釋草〉蒤虎杖，皆與𤘽同音。又口部：「咷，楚謂兒泣不止曰噭咷。」亦與《易》「先號咷而後笑」同。《左氏》：吳人獲衛侯，衛侯歸，效夷言。必其言語本無大異，乃能暫聞而即效之。《穀梁》：「吳謂善伊，謂稻緩。」《說文》：「沛國謂稻曰稬。」《釋文》引李登《聲類》，以秔為不黏稻，江東呼為稬，此即今日之糯字也。然則當時所謂言語異聲，亦不過如《方言》之所載，而新造之字隨之。此豈諸侯統於王，不力政，遂能無此異哉？《論語》：「子曰：吾猶及史之闕文也，有馬者借人乘之，今亡已夫！」班、許二氏皆引之，說以「人用其私，是非無正」，其解最確。包氏曰：「古之良史，於書字有疑，則闕之以待知者；有馬不能調良，則借人乘習之。」二句固一意也。《梁書・曹景宗傳》：「景宗為人，自恃尚氣，每作書，字有不解，不以問人，皆以意造。」可見此等事後世尚有。蓋前此用字少，所用之字，皆古所已有，故不知可問諸人；此時用字多，所需者皆前此所無，問諸人亦無益，故不得不別造。如今循舊體撰作文字，有所不習，可問諸老師宿儒；譯外國語而無相當之詞，則老師宿儒，亦不知也。孔子猶及史之闕文，而歎後之無有，可見春秋戰國，乃造新字最盛之時矣。此時所造，自然各率其俗，不復顧其統一；新造之字，遂至彼此不能相知。（即不造字而假借為之，自他國之人視之，亦將以為異聲、異形矣。）即舊有之字，亦或因歷年久遠，形體漸變，音讀不同，遂至本同也而亦與異等。（即形音皆同，而義訓漸變，不知者視之，亦將以為異。）此則異聲、異形之原，而非如許氏所說也。

然則秦兼天下，李斯奏同文字，罷六國之文不與秦合者，不過廢六國新造之字耳。若夫前此之字，為秦與六國所同承用者，必無廢之之理。（若謂歷時既久而自廢，則與秦無涉。）大篆與古文，既不過「或異」；小篆於大篆，又不過「或頗省改」，篆、隸之殊，則筆畫之形狀耳。數種文字，仍係一種文字。秦人所用文字與六藝等文字，仍係一貫相承。（故不信古文者，「稱秦之隸書為倉頡時書，云：父子相傳，何得改易」也。）即「燒滅經書，滌除舊典」，古文安得由此而絕哉？吾知之矣，許氏之說，蓋全因其信漢世所謂古文者係出於壁中書等而起也。許〈序〉云：「及孔子書六經，左丘明作《春秋傳》，皆以古文。」此語根據，蓋在下文「壁中書者，魯恭王壞孔子宅，而得《禮》、《記》、《尚書》、《春秋》、《論語》、《孝經》，又北平侯張蒼獻《春秋左氏傳》」二語。許〈序〉又云：「又郡國往往於山川得鼎彝，其銘即前代之古文，皆自相似。」按後世所得鼎彝之類甚多，其文實與《說文解字》所載不合。(《殷商貞卜文字考》曰：「今以許書所載古籀，證以古金文字，合者殆寡。」) 古物固多偽造，決不能盡為偽物。且作偽者必求其於古有徵，《說文解字》為載古文最古之書，作偽者安得不求合之以自重邪？故許〈序〉此語，後人頗多疑之者。吳氏大澂《說文古籀補．敘》曰：「有古器習見之形體，不載於《說文》。」許書古籀，「以古器銘文偏旁證之，多不相類。全書屢引秦刻石，而不引某鐘、某鼎之文。然則郡國所出鼎彝，許氏實未之見」。陳氏介淇〈序〉亦謂：《說文》中古文，「多不似今之古鐘鼎；亦不說某為某鐘、某鼎字，必嚮搨以前，古器字無氈墨傳布，許君未能足徵。」王國維〈說文所謂古文說〉曰：「吳說是也。拓墨之法，始於南北朝之拓《石經》，浸假而用以拓秦刻石。至拓彝器文字，趙宋以前，未之前聞。」(王氏誤以陳說為吳說。) 愚按許氏言鼎彝之銘，與古文相似，而不言有所取，則此語第以證孔壁書及張蒼所獻《左氏傳》確為古文，本不謂《說文解字》中，有得自鼎彝之文字。嚴氏可均曰：「《汗簡》引《說文》此語，無『其銘』二字」，又「皆下空白，蓋舊本爛闕，二徐肊補自相似」三字；又江〈表〉多取許〈序〉，而此處作「形體與孔氏相類，即前代之古文矣。」則此語為許〈序〉原文與否，尚未可知。王氏謂全書古文，皆出壁中書及張蒼所獻《左氏傳》，據許〈序〉推之，其說固當。然則漢人所稱得古文經者，事之信否，即許〈序〉所述文字源流信否之徵也。

孔壁得書一役，許〈序〉而外，見於《漢書．藝文志》、〈楚元王傳〉、〈景十三王傳〉。〈藝文志〉所著錄者，有《尚書古文經》四十六卷、《禮古經》五十六卷、《春秋古經》十二篇、《論語》古二十一篇、《孝經．古孔氏》一篇。除《春秋經》不言所自來外，於《書》則云：「《古文尚書》者，出孔子壁中。武帝末，魯共王壞孔子宅，欲以廣其宮，而得《古文尚書》及《禮》、《記》、《論語》、《孝經》，凡數十篇，皆古字也。共王往入其宅，聞鼓琴瑟鐘磬之音，於是懼，乃止不壞。孔安國者，孔子後也。悉得其書，以考二十九篇，得多十六篇。安國獻之，遭巫蠱事，未列於學官。劉向以中古文校歐陽、大小夏侯三家經文，〈酒誥〉脫簡一，〈召誥〉脫簡二。率簡二十五字者，脫亦二十五字；簡二十二字者，脫亦二十二字。文字異者七百有餘，脫字數十。」於《禮》則云：「《禮古經》者，出於魯淹中，及孔氏學七十篇，（劉敞云：當作十七。）文相似，多三十九篇，及《明堂陰陽》、《王史氏記》。」於《論語》，自注云：「出孔子壁中，兩〈子張〉。」於《孝經》云：「二十二章。」（師古曰：「劉向云：古文字也。〈庶人章〉分為二也，〈曾子敢問章〉為三，又多一章，凡二十二章。」）又云：「漢興，長孫氏博士江翁、少府后倉、諫大夫翼奉、安昌侯張禹傳之，各自名家，經文皆同。惟孔氏壁中古文為異。」「父母生之，續莫大焉，及親生之膝下，諸家說不安處，古文字讀皆異。」（此可見造古文經者，因諸家說不安而改之。）〈楚元王傳〉：「歆因移書太常博士責讓之，曰：及魯共王壞孔子宅，欲以為宮，而得古文於壞壁之中，《逸禮》有三十九，《書》十六篇。天漢之後，孔安國獻之。遭巫蠱倉卒之難，未及施行。及《春秋左氏》，丘明所修。皆古文舊書。多者二十餘通，藏於祕府，伏而未發。孝成皇帝閔學殘文缺，稍離其真，乃陳發祕藏，校理舊文，得此三事。以考學官所傳，經或脫簡，傳或間編。」〈景十三王傳〉云：「恭王初好治宮室，壞孔子舊宅，以廣其宮。聞鐘磬琴瑟之聲，遂不敢復壞，於其壁中得古文經傳。」除〈景十三王傳〉渾言古文經傳外，《志》所謂「劉向以中古文校三家經文，〈酒誥〉脫簡一，〈召誥〉脫簡二」者，即歆所云「以考學官所傳，經或脫簡」。《禮古經》多三十九篇，數與劉歆所言《逸禮》合，則淹中、孔壁非二事。歆不及《論語》、《孝經》者，以僅欲立《逸禮》、《古文尚書》故。然則班《志》之「《古文尚書》及《禮》、《記》、《論語》、《孝經》」，許〈序〉之「《禮》、《記》、《尚書》、《春秋》、《論語》、《孝經》」，禮、記二字，皆當分讀。（或本皆重禮字，今奪。古書重字奪者最多。）《禮》指三十九篇，《記》指《明堂陰陽》、《王史氏記》。班《志》、《傳》及許〈序〉三說相較，許多一《春秋經》也。（班《志》箸錄《春秋古經》十二篇，《左氏傳》三十卷，皆不言其所自來。又《易》無古經，而亦云「劉向以中古文《易經》校施、孟、梁丘經」，蓋承上「及秦燔書，而《易》為卜筮之事，傳者不絕」言，謂中祕自有此經也。劉歆移太常博士，「及《春秋左氏》，丘明所修」，意亦不承上魯恭王得古文言，是《春秋古經》及《左氏傳》，劉、班並不謂得自孔壁也。）按述得古經事者，班、許而外，又有《論衡》之〈正說〉、〈案書〉二篇。〈正說篇〉云：「孝景帝時，魯共王壞孔子教授堂以為殿，得百篇《尚書》於牆壁中。武帝使使者取視，莫能讀者。遂祕於中，外不得見。」〈案書篇〉云：「《春秋左氏傳》者，蓋出孔子壁中。孝武皇帝時，魯共王壞孔子教授堂以為宮，得佚《春秋》三十篇，《左氏傳》也。」其說又與班、許牴牾。夫漢代果得古文經，自為一大事，安得互相違異如此？即曰：傳聞之訛，事所或有。古書記事，如此者多，小小乖迕，不足深較。然其闕漏，仍有斷難彌縫者。崔氏適曰：「〈五宗世家〉：魯共王用孝景前二年立，二十六年卒。景帝在位十六年，則共王卒於武帝即位之十一年，即元光五年。武帝在位五十四年，則末年安得有共王？〈孔子世家〉但曰：安國為今皇帝博士，遷臨淮太守，蚤卒。《漢書．倪寬傳》，寬詣博士受業，受業孔安國。補廷尉史，廷尉張湯薦之。〈百官表〉：湯遷廷尉，在元朔三年。是安國為博士，在元朔三年以前。使其年甫踰二十，至巫蠱禍作，已過五十，是時尚在，安得云蚤卒？荀悅《漢紀》云：安國家獻之。此家字亦知安國之年不及巫蠱禍作而增。然安國有子卬，何不曰孔卬獻之，而於安國下增家字，彌縫之跡甚彰。」（《史記探源》卷一。）今觀〈景十三王傳〉，先敘魯共王事處，絕不及得古文一語。既歷敘其後嗣，乃補出「王初好治宮室」云云，不獨如此大事，簡略言之為不合理，且上文已云好治宮室矣，何不接敘得古文事，而必於後文補敘乎？則此數語為後人竄入，亦無疑義。〈景十三王傳〉既不足信，則得古文經事見於《漢書》者，惟《藝文志》及〈楚元王傳〉兩處。移讓太常博士，乃劉歆之言；《志》亦本諸歆之《七略》者也。不獨此也，即以破壞孔壁論，事亦不近情理。《史記．孔子世家》：「孔子葬魯城北泗上。弟子及魯人往從冢而家者，百有餘室，因命曰孔里。魯世世相傳，以歲時奉祠孔子冢；而諸儒亦講禮、鄉飲、大射於孔子冢。孔子冢大一頃。故所居堂弟子內，後世因廟藏孔子衣冠琴車書，至於漢，二百餘年不絕。高皇帝過魯，以大牢祠焉。諸侯、卿、相至，常先謁然後從政。」史公自言「適魯觀仲尼廟堂車服禮器，諸生以時習禮其家」。此外漢人之言，及文學者，必稱鄒、魯。鄒、魯所以為文學之鄉，以其近聖人居故也。聲靈赫濯如此，共王雖荒淫，安敢遽壞其宅？孔子宅果見壞，安得他處無一語及之乎？然則孔壁得書一事，殆子虛烏有之談也。至於《左氏》，劉歆、班固，皆不言其所自來；《論衡》謂出孔壁，顯係影響之談。許〈序〉謂獻自張蒼，考《史記．張丞相列傳》不言其事，似因其「好書無所不觀」而託之。〈太史公自敘〉曰：「左丘失明，厥有《國語》。」其〈報任安書〉亦云。（下文又曰：「左丘明無目。」宋祁曰：「越本無明字。」王氏念孫曰：「越本是也，景祐本及《文選》皆無明字。」見《讀書雜志》。《論語》：「子曰：巧言、令色、足恭，左丘明恥之，丘亦恥之，匿怨而友其人，左丘明恥之，丘亦恥之。」崔氏適曰：「《集解》錄孔安國注，則此章亦出《古論語》。」見《春秋復始》卷一。）則本有左丘而無左丘明，有《國語》而無《春秋左氏傳》。（《國語》與《左氏春秋》係一書，而非《春秋》之傳，見下。）〈楚元王傳〉曰：「初，《左氏傳》多古字古言，學者傳訓詁而已。及歆治《左氏》，引傳文以解經，轉相發明，由是章句義理備焉。」此語實歆作偽顯證。何者？傳本解經，何待歆引？曰歆引以解，則傳之本不解經明矣。然則所謂《左氏傳》者，恐《春秋》實無此傳；而其得自何所，更不必論也。（孔壁得書事，可參看拙撰《燕石札記》「孔壁」條，較此為詳。）

然則漢時之所謂古文經者，果何從而來哉？曰：皆通知古字之人所造也。蓋吾國之有文字舊矣！自皇古以至秦、漢，猶之自秦、漢以至今日也。今試一繙閱字書，自秦、漢至今日，字之廢而不用者幾何？夫自皇古以至秦、漢，則亦若是矣。然自秦、漢至今日，書籍之傳者既多，又有字書以蒐輯之，故字之廢而不用者，仍有可考。自皇古至秦、漢，則又異是，故歷時雖多，而廢而不用之字，為人所識者甚少，此即今《說文》中所載之古文、奇字也。（縱有遺漏，亦必不多。）一種學術之初興，必以為己；而既為顯學，則終必至於為人。《漢書·藝文志》言：「古之學者耕且養，三年而通一藝。承其大體，玩經文而已。是故用日少而畜德多，三十而五經立也。後世經、傳既已乖離，博學者又不思多聞闕疑之義，而務碎義逃難，便辭巧說，破壞形體。說五字之文，至於二三萬言。後進彌以馳逐。故幼童而守一藝，白首而後能言。安其所習，毀所不見，終以自蔽，此學者之大患也。」問其何以至此，亦曰：求自異以徼名而已。立說以求異於人甚難，而改竄文字則甚易，此古文經所自起。適會其時，王莽、劉歆，志在變法，與謂斷自寸衷，毋寧謂原於古昔。儒為當時顯學，託之自尤足自重。此古文學之所由盛也。說既盛行，則傅會之辭，悉成史實矣。夫何以知史籀有作，或異古文？以孔子書六經，左丘明作《春秋傳》，所用之字，與《籀篇》不同故也。何以知古文至秦而絕？以孔子書六經，左丘明述《春秋傳》，所用之字，秦時不行故也。何以知孔子書六經，左丘明述《春秋傳》皆以古文？以得壁中書及張蒼所獻《左氏傳》故也。然則許〈序〉所述史籀而後文字變遷，悉係根據古經追溯而得。後人謂許氏於字之變遷甚明，而不知許氏亦受人之欺；彼方自謂根據古經，得通古字，而不知當時所謂古經者，正據古字偽造也。

故漢時所謂古文學者，究其極，實不過一小學家之業。現《志》述小學始末曰：「元始中，徵天下通小學者以百數，各令記字於庭中，揚雄取其有用者以作《訓纂篇》。」又曰：「《倉頡》多古字，俗師失其讀。宣帝時，徵齊人能正讀者。張敞從受之。傳至外孫之子杜林，為作訓故。」與許

〈序〉所述，小異大同。〈孝平紀〉：「元始五年，徵天下通知逸經、古記、天文、曆算、鍾律、小學、史篇、方術、本草，及以五經、《論語》、《孝經》、《爾雅》教授者，在所為駕一封軺傳，遣詣京師，至者數千人。」〈王莽傳〉：「元始四年，徵天下通一藝，教授十一人以上，及有《逸禮》、古書、《毛詩》、《周官》、《爾雅》、天文、圖讖、鍾律、月令、兵法、史篇文字、通知其意者，皆詣公車。網羅天下異能之士，至者前後千數，皆令記說廷中，將令正乖繆，壹異說云。」此與《志》所謂徵通小學者以百數，許〈序〉所謂徵禮等百餘人者，皆係一事。許所稱爰禮，僅《說文》平字下一引其說，他無可考。秦近，或云：「即桓譚《新論》秦近君，能說〈堯典〉篇目兩字之誼至十餘萬言，但說『曰若稽古』三萬言者。《後漢書》云：信都秦恭延君守小夏侯說，增師法至百萬言。延君、近君是一人。」未知信否。而講學大夫，則莽所置官，歐陽政、徐宣等皆嘗為之，見《前書．儒林傳》、《後書．徐防傳》。揚雄、張敞，尤為古學大宗。〈雄傳〉云：「不為章句，訓詁通而已。」此即雄不守師法，專研小學之證。張敞者，杜鄴外祖，（《漢書》作鄴，〈說文序〉作業。）《漢書．郊祀志》稱其「好古文字」，載其按美陽鼎銘上議事。〈杜鄴傳〉：「從敞子吉學問，得其家書。吉子竦，又從鄴學問，尤長小學。子林，正文字過於鄴、竦，故世言小學者由杜公。」《後書．林傳》：「林於西州得漆書《古文尚書》一卷，嘗寶愛之，雖遭難困，握持不離身。」〈儒林傳〉謂衛宏、徐巡，皆從之受。「賈逵為之作訓，馬融作傳，鄭玄注解，由是《古文尚書》遂顯於世。」賈逵則許慎之師，衛宏又作〈毛詩序〉之人也。後漢明《左氏》及《周官》者，莫早於鄭興，興之學出於劉歆。

揚雄固劉歆、王莽之徒也。然則後漢時所謂古學者，推其原本，固皆出於數通小學之人。緯候之作，偽起哀、平，與古文經同時並出，然其說多本今文。則知所謂古文說者，實亦後出之物。當古學之初興，其與今學異者，不過文字之間耳。以經說非一時可造也。此尤足證古學為小學家之業矣。盧植謂「古文科斗，近於為實，而厭抑流俗，降在小學」。當時之人之遇古學家，則誠得其實也。

即以文字論，當時所謂古文經，異於今文者，亦必寥寥無幾。何也？今許《書》中所載古文、奇字，固寥寥無幾也。夫使誠如王充之說：「百篇之書，莫能讀者」，又如〈偽孔傳序〉之說：「科斗書廢已久，時人無能知者」，必「以所聞伏生之書，考論文義」，乃得「定其可知者」，「增多伏生二十五篇」，試問向、歆何由知之？可知所謂古文經，其異字實不多也。班《志》謂「揚雄取其有用者以作《訓纂篇》」，有用二字，最可玩味。《訓纂》字數，合《倉頡》、《爰歷》、《博學》凡五千三百四十，此蓋人人之所知，日用之所亟。其出於此者，則〈揚雄傳〉所謂劉棻從雄問奇字，而亦即莽六書中之所謂古文、奇字者也。今鄭注《儀禮》備載今古文異字，所謂古經，猶可窺見。班《志》謂劉向以《古文尚書》校三家經文，文字異者七百有餘。《後書．劉陶傳》：「推三家《尚書》及古文，是正文字三百餘事，名曰《中文尚書》。」知當時所謂古文經，異於今文者，不過如此而已。

夫使真有古書為據，則所謂「出於屋壁，朽折散絕」者，其物之古近，夫豈口舌所能爭？博士「而無從善服義之公心，或懷妒嫉，不考情實」，劉歆但出其書以示之可矣，何待引魯國柏公、趙國貫公、膠東庸生等以為徵驗？且以「先帝所親論，今上所考視」相脅制哉？衛恆《四體書勢》：「魏初傳古文者，出於邯鄲淳。恆祖敬侯，嘗寫淳《尚書》，後以示淳，而淳不別。至正始中，立《三字石經》，轉失淳法，因科斗之名，遂效其形。」可知所謂古文經者，皆係時人手寫之本，其真偽實不易究詰。（王國維〈漢時古文諸經有轉寫本說〉謂古文經皆有寫本，所見甚是；然其有無原本，則不可知也。）而其字體亦不能無出入。江式〈表〉謂邯鄲淳《三字石經》，「校之《說文》，隸篆大同，而古字以異」是也，（張參《五經文字》，上列《說文》，下書《石經》，可見二者字體有異。）此王莽之所以可改定古文也。

然則所謂古文者，特以其作法或與時俗不同而名之，猶今好古者每字皆照《說文》作之，世遂稱其所寫多古字耳。《倉頡篇》乃李斯作，而《漢志》謂其多古字；〈王莽傳〉：徵天下通史篇文字者，「孟康曰：史籀所作十五篇，古文書也」。可知古文即在籀、篆之中。以之與籀、篆分立為三體，實為後來之事。

康有為曰：「五經中無籀、篆、隸三字，惟《周官》有卿乘篆車，又多隸字，可見籀、篆、隸三字，其出甚晚，以之為書體之名，必後人所為。」（見《新學偽經考》。）誠不為無見矣。此不信古文者所以稱秦之隸書為倉頡時書；予所以謂許述文字變遷，皆古文既出後之說也。（許氏之說，較班氏為詳，即其逐漸增造之證。）《後書．光武紀注》：「漢制度曰：策書者，編簡也。其制長二尺，短者半之。篆書。起年月日，稱皇帝以命諸侯王。三公以罪免，亦賜策，而以隸書。用尺一木兩行。」〈馬援傳〉注：「《東觀記》曰：援上書：臣所假伏波將軍印，書伏字犬外嚮。成皋令印。皋字為白下羊，丞印四下羊，尉印白下人，人下羊。即一縣長吏，印文不同，恐天下不正者多。符印所以為信也，所宜齊同。薦曉古文字者，事下大司空，正郡國印章。奏可。」然則篆、隸、古文，皆漢時所行用，便習史書者，皆能知之。（試以六體，則皆知古文矣。）特此輩徒能書寫，一入古學家之手，遂能用之以造偽經耳。不龜手之藥一也，或以封，或不免於洴澼絖，豈其所挾持之具，果有以異於人哉？

然則漢時之古學家，皆作偽欺世之徒，一無足取乎？曰：是亦不然。古學家之罪，在造偽經以淆亂學術；而其功，則在發明小學。天下事莫不有例行乎其間，然人知即事以求例，恆為後起之事；其初則但率由之而不自知。文字之學，亦猶是也。吾國之有文字，蓋自三古以來，然研求其例，實始於漢，觀予所論六書為漢時之說可知。前此之所謂小學者，蓋特能諷其文，（自許以前，字書皆韻語，故九千字可諷也。）知其義，筆之於書而已。自有許氏所謂通人者流，相繼研求，乃有所謂字例之條者；而小學之面目，乃煥然丕變焉。此輩所識之字，亦未必多於當時精習史書者，然其於小學，固不能謂其無功也，具詳拙撰《字例略說》。

然則古文、籀、篆之變遷，可知已矣。自有文字以來，所謂「改易殊體」之事甚多。周人字書，存於秦、漢時者，厥惟《籀篇》。即《籀篇》中字異於秦、漢時通行者，而指目之，時曰籀書。又歷古相傳之字，既異《籀篇》，又殊秦篆者，則曰古文。古文之形體，有不與常行之字相中者，則曰奇字。此其名皆後人所立，其在當時，亦不過循文字變遷之公例，逐漸改易。以為有一人焉，有意改制，皆屬後人誤會。（謂《籀篇》可考周時文字與周以前之不同，《倉頡》、《爰歷》、《博學》等篇可考周、秦文字之不同則可；謂有史籀作《籀篇》，李斯、趙高、胡母敬作《倉頡》、《爰歷》、《博學》等篇而字體因之改易則不可。文字之變遷，自有其公例，非一人所能為。此皆字體既異，作字書者，乃就當時所行之體書之耳。）至於古文，其年代綿遠者，或為後人所不能識，如封泰山、禪梁父者，仲尼、夷吾不能盡識是。若夫東周以後，則距秦、漢時代較近，學術傳授，迄未嘗絕，即有古書，字體決不能與秦漢大異，決非漢人所不能識。（既知字體之改變非一人所為，即知孔子書六經、左丘明述《春秋傳》皆以古文之說之誣。何者？籀書所著，必當時通行文字。孔子、左丘，豈有捨通行文字而獨寫古字之理邪？）況乎漢人得古文經一事，核其事實，全屬子虛，其為通知古字之人所造，更無疑義。然即此，卻又可覘小學之進步。此予所論自漢以前文字變遷之大略也。

五、續論古文籀篆

漢代得古文之說，本極支離，稍深思之，即知其誤。乃自晚近治金石文字者，以許書所載古文為周末文字，更進而分古籀為東、西二土文字，而其說轉若可信，是亦不可不辨也。

晚近疑許書古文，言之成理者，當首推吳氏大澂。吳氏撰《說文古籀補》，其〈自序〉謂許書所引之古籀，有不類《周禮》六書者，「古器習見之字，即成周通用之文，皆許氏古文所無。然則郡國所出鼎彝，許氏實未之見」。又曰：「竊謂許氏以壁中書為古文，實乃周末所作，言語異聲，文字異形，非復孔子六經之舊簡」也。（陳氏介淇〈序〉亦謂許書「所引古文，校以今傳周末古器，字則相似，疑孔壁古經，亦周末人傳寫」。）羅振玉治殷虛龜甲文，所撰《殷商貞卜文字考》，亦謂：「許書所載之籀與古或異之字，證以刻辭文字，往往古、籀本合。」然則《史篇》之文，與壁中或異，「非籀與古之異，乃古文自異也」。許「所謂與古文或異者，乃就當世僅存之《史籀》九篇以校壁中古文。許君蓋知大篆即古文，而後著其異於古文者，猶篆文之下，並載或體。其曰籀文作某，猶云史篇作某。古語簡質，後人遂至誤會」也。夫文字公器，其存其廢，一隨社會為轉移。周宣王時既行籀文，孔子、左丘，安得生今反古？此許說最可疑之處也，自得此說而此疑解矣。然謂此說可信，則必信七國時諸侯力政，不統於王，言語異聲，文字異形之說。其說之不可信，已辨於前。且李斯之奏同文字也，罷六國文之不與秦合者。斯及趙高、胡母敬作字書，又皆取史籀大篆，是六國皆詭更正文，秦獨不然也。又何說以解之？王國維乃復立《說文》所載古、籀為周、秦間東、西二土文字之說。〈戰國時秦用籀文六國用古文說〉曰：古文籀文，「其源皆出於殷、周古文；而秦居宗周故地，其文字猶有豐、鎬之遺，故籀文與自籀文出之篆文，其去殷、周古文，反較東方文字為近」。「刻辭文字，同於篆文者十五六；而合於許書所載之古籀，乃十無一二。蓋相斯所罷，皆列國詭更之文，所存多《倉史》之舊」。《史籀篇疏證．序》曰：「《史籀》一書，殆出宗周文勝之後，春秋、戰國之間；秦人作之以教學童，而不行於東方諸國。故齊、魯間文字，作法體勢，與之殊異。（王氏謂許書古文，與籀文、篆文頗不相近，六國遺器亦然。）諸儒著書口說，亦未有及之者。惟秦人作字書，乃獨取其文字，用其體例。」〈戰國時秦用籀文六國用古文說〉又曰：「《倉頡》三篇未出，大篆未省改以前，所謂秦文，即籀文也。司馬子長曰：秦撥去古文。揚子雲曰：秦剗滅古文。許叔重曰：古文由秦絕。秦滅古文，史無明文；有之惟一文字與焚詩書二事。六藝之書，行於齊、魯，爰及趙、魏，而罕流布於秦。其書皆以東方文字書之，漢人以其用以書六藝，謂之古文。而秦人所罷之文，與所焚之書，皆此種文字，是六國文字，即古文也。觀秦書八體中，有大篆，無古文。而孔子壁中書與《春秋左氏傳》，凡東土之書，用古文不用大篆，是可識矣。」〈說文所謂古文說〉又曰「《說文》古文，又自成一系，與殷、周古文，截然有別。當無出壁中書及《春秋左氏傳》以外者。即有數字，不見於今經文，亦當在逸經中。或因古今經字有異同之故」，謂「亦戰國文字，非孔子及丘明時文字也」。〈戰國時秦用籀文六國用古文說〉又曰：「自秦滅六國，襲百戰之威，行嚴峻之法，以同一文字。凡六國文字之存於古籍者，已焚燒剗滅，而民間日用文字，又非秦文不得行。觀傳世秦權量等，始皇廿六年詔後，多刻二世元年詔，雖亡國一二年中，而秦法之行如此，則當日同文字之效可知矣。故自秦滅六國，以至楚、漢之際，十餘年間，六國文字，遂遏而不行。漢人以六藝之書，皆用此種文字，又其文字為當日所已廢，故謂之古文。此語承用既久，遂若六國之古文即殷、周古文，而篆、籀皆在其後。」〈說文所謂古文說〉又曰：其實〈敘〉「所謂籀文與古文或異者，非謂《史籀》大篆與《史籀》以前之古文或異，而實謂許君所見《史籀》九篇，與其所見壁中書，時或不同。以其所見《史籀篇》為周宣王時書，所見壁中古文為殷、周古文，乃許君一時之疏失也」。王氏之說如此。得此以資調停，而秦與六國文字之不同，其疑亦若可釋。而漢人所謂古文經者，雖非孔子、左丘之遺，亦若不失為六國時物矣。

然漢人得古文經之說，有最不可通者。夫以古文經為盡人所能識，則不足以傲今文家。若其不然，則古文必大異於籀篆而後可，然今《說文》中古文，寥寥可數也。今若按《說文》寫經，有古文者皆寫古文，無古文者乃寫籀、篆，其去全以籀篆寫之者無幾也，安得為恆人所不識？謂古經實多古字，《說文》所載僅此耶？則自古經之出，至於許君，經學、字學傳授皆有端緒，遺佚安得如此其多？自東周以後，文化日蒸，學術傳授迄未嘗絕。謂孔子、左丘所用文字，為漢人所不識，已不近情，況乎秦有天下，僅十五年，六國之民，存者何限，豈六國時字，漢人亦不能識耶？秦人法令雖酷，然天下之大，終必有威力所不及者。謂經焚書一役，古書存者，遂爾絕無僅有，雖傳授之廣如六經，亦必待屋壁之藏而後備，（《史記・六國表》：「秦既得意，燒天下詩書。諸侯史記尤甚，為其有所刺譏也。《詩》、《書》所以復見者，多藏人家；而史記獨藏周室，以故滅。」可見當時所盡，惟在官書，私家之書，原不能盡。）亦決非情理也。王氏於此乃又為之說，其〈說文今敘篆文合以古籀說〉曰：「許君《說文・敘》云：今敘篆文，合以古、籀。段君玉裁注之曰：小篆因古、籀而不變者多。其有小篆已改古、籀，古、籀異於小篆者，則以古、籀附小篆之後，曰古文作某，籀文作某。此全書之通例也。其變例則先古、籀，後小篆。」又於「皆取史籀大篆或頗省改」下注曰：「許所列小篆，固皆古文大篆。其不云古文作某、籀文作某者，古、籀同於小篆也。其既出小篆，又云古文作某，籀文作某者，則所謂或頗省改者也。」此數語可謂千古卓識。雖然段君所舉二例，猶未足以盡《說文》。何則？如段君之說，必古、籀所有之字，篆文皆有而後可。然秦易籀為篆，不獨有所省改，抑且有所存廢。凡三代之制度名物，其字僅見於六藝，而秦時已廢者，李斯輩作字書時必所不取也。今《倉頡》三篇雖亡，然足以窺其文字及體例者，猶有《急就篇》在。《急就》一篇，其文字皆《倉頡》中正字。其體例，先名姓字，次諸物，次五官，皆日用必需之字，而六藝中正字，十不得四五。故古、籀中字，篆文固不能盡有。且《倉頡》三篇，五十五章，章六十字，凡三千三百字，且尚有複字，加以揚雄《訓纂》，亦只五千三百四十字，而《說文》正字，多至九千三百五十三。此四千餘字者，許君何自得之乎？曰：此必有出於古文、籀文者矣。故《說文》通例：如段君說，凡古、籀與篆異者，則出古文、籀文；至古、籀與篆同，或篆文有而古、籀無者，則不復識別。若夫古、籀所有，而篆文所無，則既不能附之於篆文後，又不能置而不錄，又無於每字下各注此古文、此籀文、此篆文之例，則此種文字，必為書中之正字審矣。故〈敘〉所云今敘篆文合以古、籀者，當以正字言，而非以重文言。重文中之古、籀，乃古、籀之異於篆文及其自相異者。正字中之古、籀，則有古、籀、篆文俱有此字，亦有篆文所無，而古、籀獨有者。全書中引經以說之字，大半當屬第二類矣。〈史記所謂古文說〉又曰：「漢初古文、籀文之書未嘗絕也。」太史公修《史記》時所據古書，若〈五帝德〉，若〈帝繫姓〉，若《諜記》，若《春秋歷譜諜》，若《國語》，若《春秋左氏傳》，若《孔氏弟子籍》，凡先秦六國遺書，非當時寫本者，皆謂之古文。其文字雖已廢不用，然當時尚非難識。故〈太史公自序〉云，年十歲則誦古文。惟六藝之書，為秦所焚，故古寫本較少。然漢中祕有《易古文經》；河間獻王有古文先秦舊書《周官》、《尚書》、《禮》、《禮記》，固不獨孔壁書為然。至孔壁書出，於是《尚書》、《禮》、《春秋》、《論語》、《孝經》，皆有古文。孔壁書之可貴，以其為古文經故，非徒以其文字為古文故也。蓋漢景、武間，距用古文之戰國不及百年，其識古文，當較今日之識篆隸為易。乃《論衡．正說篇》謂魯恭王得百篇《尚書》於屋壁中，使使者取視，莫能讀者。作偽〈孔安國尚書序〉者仍之，謂科斗書廢已久，時人莫能知。衛恆《四體書勢》亦云：漢武時，魯共王壞孔子宅，得《尚書》、《春秋》、《論語》、《孝經》，時人已不復知有古文，謂之科斗書。是亦疏矣。自武、昭以後，先秦古書，傳世益少，其存者往往歸於祕府。於是古文之名，漸為壁中書所專有。然祕府古文之書，學者亦類能讀之。如劉向以中古文《易經》校施、孟、梁丘經及費氏經，以中古文《尚書》校歐陽，大、小夏侯三家經文，又謂《禮古經》與十七篇文相似，多三十九篇，謂《孝經》諸家說不安處，古文字讀皆異。劉歆校祕書，見《古文春秋左氏傳》，大好之。子政父子，皆未聞受古文字學，而均能讀其書，是古文訖於西京之末，尚非難識如王仲任輩所云也。

（王氏〈漢書所謂古文說〉又云：「《漢書•藝文志》所錄經籍，冠以古文二字若古字者，惟《尚書古文經》四十六卷，《禮古經》五十六卷，《春秋古經》十一篇、《論語》古二十一篇、《孝經•古孔氏》一篇。然中祕古文之書，固不止此。如《六藝略》所錄《孔子徒人圖法》二卷，未必非太史公所謂《弟子籍》；

《數術略》所錄《帝王諸侯世譜》二十卷、《古來帝王年譜》五卷，未必非太史公所謂《諜記》及《春秋歷譜諜》。而志於諸經外書，皆不著古今字。蓋諸經之冠以古字者，所以別其家數，非徒以其文字也。」）王氏此說，謂《說文》正字中亦有古文，則古字太少之疑解。謂古文非恆人所不能識，漢初古籀之書亦未嘗絕，則漢人不識六國時字，及六國時書經秦一焚而即盡之疑亦解。古文書之奇祕，大減於前，然其說則較前平易可信。漢人之所謂得古文經者，真若有六國時物為其所得矣。然予終疑漢人所謂古文經為漢人用古字偽造，即王氏之說，亦未允也。何以明之？

按王氏之說，最緊要之關鍵，在「六藝之書，行於齊、魯，爰及趙、魏，而罕流布於秦，其書皆以東方文字書之」，及《史籀》一書，「秦人作之以教學童，而不行於東方諸國」二語。使此二語而確，則謂周、秦間東西文字有異可也。然所謂六藝之書，以東方文字書之者，乃即藉漢人「孔子書六經，左丘明述《春秋傳》」之說為證；「行於齊、魯，爰及趙、魏，而罕流布於秦」，則更無確據，安足取信？秦焚詩書，以非博士官所職為限。此博士官所職，一切得自六國，而秦固無有邪。呂不韋集知略之士以造《春秋》，其中儒家言實最多。如王氏說，《二戴記》亦古文，（見下。）而呂氏《十二紀》，即大同《戴記．月令》；然則不韋之書，秦亦無人能讀邪。籀文不傳東方諸國，其根據，當在「齊、魯間文字，作法、體勢，與之殊異」一語。此語之根據，又當在「許書所出古文，與籀文、篆文頗不相近，六國遺器亦然」一語。（見《史籀篇證•序》。）然古器傳於今者甚少，其中且有偽物；字跡輾轉相放，古字之可考者，亦極有限耳。執此有限之字，遂定當日文字東西不同，亦未免早計也。王氏既謂六國文字與篆、籀不近，又謂《說文》正字中亦有古文。然則此古文即六國文字之在《說文》正字中者，作法、體勢，何以又與籀、篆相近乎？且謂李斯等作字書，不能盡六藝中字，許書引經以說之字，大抵屬於古文，亦未思班固續《訓纂》作《十三章》，明言「六藝群書，所載略備」，《十三章》字數，少於許書者尚三千餘也。謂諸儒著書、口說，不及《籀篇》，則古代之書，為諸儒所未及者何限？可一舉而偽之乎？古書率詳經世之業，皆成人之事，涉小學者極少，安所取而及識字之書哉？秦書八體，說不足信，辨已見前。據其中無古文為秦廢六國文字之證，亦不可信也。文字公器，其存其廢，一隨社會為轉移，本非官力所能強制。即曰能之，亦能及公，不能及私。權量、刻石，皆官物也。王氏於「秦文不得行」上，加以「民間日用」四字，秦人果有何權力而能及此乎？謂「漢初古文、籀文之書未嘗絕」，又謂「六國文字之存於古籍者，已焚燒剷滅」，說亦矛盾。若謂「六藝之書，為秦所焚，故古寫本較少」，則秦人焚書，固兼及百家語也。至謂「先秦六國遺書，非當時寫本者，皆謂之古文」，則說尤牽強。王氏所舉證，如《漢志》等，皆古經既出後之說，不足為據。其最足據者，則《史記》也。按古文二字，見於《史記》者凡八，（據《新學偽經考》。）今不避繁冗，一一辨之：

〈五帝本紀〉：「太史公曰：學者多稱五帝，尚矣。然《尚書》獨載堯以來，而百家言黃帝，其文不雅馴，薦紳先生難言之。孔子所傳〈宰予問五帝德〉及〈帝繫姓〉，儒者或不傳。余嘗西至空桐，北過涿鹿，東漸於海、南浮江、淮矣，至長老皆各往往稱黃帝、堯、舜之處，風教固殊焉。總之不離古文者近是。予觀《春秋》、《國語》，其發明〈五帝德〉、〈帝繫姓〉，章矣，顧第弗深考，其所表見皆不虛。書缺有間矣，其軼乃時時見於他說。非好學深思，心知其意，固難為淺見寡聞道也。余併論次，擇其言尤雅者，故著為本紀書首。」

按古書之遭竄亂，校讖之語，混入正文者甚多，此贊即其顯然可見者也。此篇述五帝事，多同《大戴記．帝德》、〈帝繫〉，此處何得忽作不信之辭？史公遊蹤，具見〈自序〉，距空桐、涿鹿甚遠。為此游者，恐別有其人。而觀《春秋》、《國語》，及歎書缺有間者，又各為一人，則此贊凡有四人之語竄入矣。傳學者必以後承前，不以前承後，宰予之問，反云孔子所傳，語甚突兀。「顧第弗深考，其所表見皆不虛」，語尤難解，恐傳鈔又有訛誤，並非盡作此讖語者之元文也。

〈三代世表〉：太史公曰：「余讀《諜記》，黃帝以來，皆有年數。稽其曆譜諜，終始五德之傳，古文咸不同，乖異。」

按此謂《諜記》皆有年數，與〈十二諸侯年表〉云「譜諜獨記世謚」矛盾。

〈十二諸侯年表〉：「太史公曰：儒者斷其義，馳說者騁其辭，不務綜其終始。曆人取其年月，數家隆於神運，譜諜獨記世謚，其辭略，欲一觀諸要難。於是譜十二諸侯，自共和訖孔子，表見《春秋》、《國語》，學者所譏盛衰大指著於篇，為成學治古文者要刪焉。」《集解》：「徐廣曰：一云治國聞者也。」

按《春秋》之作，蓋以明義。故曰：「其事則齊桓、晉文，其文則史，其義則丘竊取之矣。」

太史公亦曰「《春秋》文成數萬，其指數千」也。此篇上文云：「孔子明王道，千七十餘君，莫能用。故西觀周室，論史記舊聞，興於魯，而次《春秋》，上記隱，下至哀之獲麟，約其辭文，去其煩重，以制義法，王道備，人事浹。七十子之徒，口受其傳指，為有所刺譏、褒諱、挹損之文辭。不可以書見也。魯君子左丘明，懼弟子人人異端，各安其意，失其真，故因孔子史記，具論其語，成《左氏春秋》。鐸椒為楚威王傅，為王不能盡觀《春秋》，采取成敗，卒四十章，為《鐸氏微》。趙孝成王時，其相虞卿，上採《春秋》，下觀近勢，亦著八篇，為《虞氏春秋》。呂不韋者，秦莊襄王相，亦上觀尚古，刪拾《春秋》，集六國時事，以為八覽、六論、十二紀，為《呂氏春秋》。及如荀卿、孟子、公孫固、韓非之徒，各往往捃摭《春秋》之文以著書，不可勝記。漢相張蒼曆譜五德。上大夫董仲舒推《春秋》義，頗著文焉。」所謂「孔子次《春秋》，七十子之徒口受其傳指」，「董仲舒推《春秋》義，頗著文焉」，以及鐸氏、虞氏、呂氏、荀、孟、公孫固、韓非之徒，荀所採摭而出於孔子所修《春秋》之傳指，皆所謂「儒者斷其義」也。荀僅採摭行事，以助辭說，則所謂「馳說者騁其辭」也。「魯君子左丘明」以下三十五字，必遭後人竄改。（意與《漢志》論《左氏》之語略同。然彼云「論本事而作傳」，此云「成《左氏春秋》」，即其竄改未盡之跡。蓋因與《虞氏春秋》、《呂氏春秋》並舉，故得不改也。）《左氏》元書，蓋其所記之事，與孔子託以明義之事略同；而其書則與孔子所修之《春秋》無涉。（故必待劉歆「引傳文以解經」也，見前。）以其分國編纂也，則謂之《國語》；以其著書之人名之，則謂之《左氏春秋》，猶《呂氏春秋》又稱《呂覽》，蓋亦所謂「馳說者騁其辭」

也。張蒼曆譜五德，則所謂「數家隆於神運」者也。儒者、馳說者，既不綜事之終始；數家及譜諜，雖具朝代、世次，而亦不詳年月；惟曆人獨有取焉。〈十二諸侯年表〉，蓋取此數家之朝代、世系、事跡，一一以曆人之年月編排之。故此表未成以前，欲「一觀諸要難」；既成以後，則此數家所記，一一挈其綱領，得所會歸，故曰「為成學治國聞者要刪焉。」「國聞」者，對野獲之辭。若有如今之《左氏傳》，則固已綜其事之終始，具其世次、年月，太史公何得一筆抹殺，自專「要刪」之功？若云當作古文，他書固勿論，豈張蒼、董仲舒著書，亦寫以古文邪？

〈封禪書〉：「群儒既已不能辨明封禪事，又牽拘於《詩》、《書》古文而不能騁。」

按崔氏適謂此書已亡，後人錄《漢書．郊祀志》補之，是也。如王氏說，古書概稱古文，則《詩》、《書》亦已該於古文之中，而此及〈自序〉之「秦撥去古文，焚滅《詩》、《書》」，又皆以《詩》、《書》與古文對舉，何邪？

〈吳太伯世家〉：太史公曰：「余讀《春秋》古文，乃知中國之虞與荊蠻句吳兄弟也。」

按王氏謂此語乃據《左氏》宮之奇謂「太伯、虞仲、太王之昭」者為說，似矣。然不曰《左氏春秋》，亦不曰《春秋左氏傳》，而曰《春秋》古文，以王氏之詁解之，則為《春秋》古書矣，毋乃不辭乎？

〈仲尼弟子列傳〉：「太史公曰：學者多稱七十子之徒，譽者或過其實，毀者或損其真，鈞之未睹厥容貌，則論言弟子籍，出孔氏古文近是。余以弟子名姓、文字，悉取《論語》弟子問併次為篇，疑者闕焉。」

按以貌取人，古人所戒，毀譽失實，即睹其容貌何益？且「鈞之未睹厥容貌」，與「則論言弟子籍」句，如何相接？此贊文義之不通，更甚於〈五帝本紀贊〉，其必非史公原文，更不待論也。仲尼弟子，《史記》而外，惟王肅所定《家語》有之，正偽造孔氏古文之人也，此語殆亦此類人所竄？

〈太史公自序〉：「太史公既掌天官，不治民。有子曰遷。遷生龍門，耕牧河、山之陽。年十歲則誦古文。二十而南遊江、淮，上會稽，探禹穴，闚九疑，浮於沅、湘。北涉汶、泗，講業齊、魯之都，觀孔子之遺風，鄉射鄒、嶧。戹困鄱、薛、彭城，過梁、楚以歸。於是遷仕為郎中，奉使西征巴、蜀以南，南略邛、笮、昆明，還報命。」

按前後各句皆地名，史公自述經歷，所重在地也。羼入「則誦古文」一語，偽造之跡甚顯。若史公自述所學，則當如述其父談之例，列舉「學天官於唐都，受《易》於楊何，習道論於黃子」等事，何得但舉幼學時所誦習邪？

又：「維我漢繼五帝末流，接三代統業。周道廢，秦撥去古文，焚滅《詩》、《書》，故明堂、石室、金匱、玉版圖籍散亂。於是漢興，蕭何次律令，韓信申軍法，張蒼為章程，叔孫通定禮儀，則文學彬彬稍進，《詩》、《書》往往間出矣。自曹參薦蓋公，言黃老，而賈生、晁錯明申、商，公孫弘以儒顯，百年之間，天下遺文古事，靡不畢集太史公。太史公仍父子相續，纂其職。」

按「撥去古文」句之不可信，已辨於前。曰「遺文古事、靡不畢集太史公」，則古書之不可但稱古文也審矣。

以上皆《史記》中古文字不能作為古書解者。即求之《漢書．郊祀志》：張敞上議曰：「臣愚不足以跡古文。」則承上「今鼎出於郊東，中有刻書曰」云云言之也。〈藝文志〉：劉向「以中古文《易經》校施、孟、梁丘經」，以中古文冠《易經》。又云：「以中古文校歐陽，大、小夏侯三家經文」，則承上文安國獻之言之。云《孝經》「經文皆同，惟孔氏壁中古文為異」，則承上經文言之也。〈楚元王傳〉「而上方精於《詩》、《書》，觀古文」，則承《詩》、《書》言之也。云「及歆校祕書，見古文《春秋左氏傳》」，「及歆親近，欲建立《左氏春秋》及《毛詩》、《逸禮》、《古文尚書》」，則以古文冠《春秋左氏傳》及《尚書》也。歆移書太常博士曰：「而得古文於壞壁之中，《逸禮》有三十九，《書》十六篇。」則以古文冠《逸禮》及《書》。曰「其古文舊書，皆有徵驗」，則「古文舊書」四字連言。曰：「夫禮失求之於野，古文不猶愈於野乎？」則承上文諸書名言之也。〈景十三王傳〉：「河間獻王所得，皆古文先秦舊書，《周官》、《尚書》、《禮》、《禮記》、《孟子》、《老子》之屬」，則「古文先秦舊書」六字連言，下乃列舉其書名也。曰魯共王餘「壞孔子舊宅，於其壁中得古文經傳」，則「古文經傳」四字連言也。〈楊胡朱梅云傳〉：「推跡古文，以《左氏》、《穀梁》、《世本》、《禮記》相明。」則冒《左氏》、《穀梁》、《世本》、《禮記》言之也。即〈地理志〉於《古文尚書》家說，但謂之「古文」，亦以〈序〉已有「採獲舊聞，考跡《詩》、《書》，推表山川，以綴〈禹貢〉、《春秋》」之言故也。亦未有逕以古文二字為古書者。王氏據《史記》偽誤之文，別生新解，不亦鑿乎？

王氏又博考諸經之古文本。其中除《易》中古文本、費氏本、《書》孔氏本、《禮》孔壁淹中本，《春秋》孔壁本，《左氏》孔壁本、《論語》、《孝經》，皆見《志》及許〈序〉，前已辨其不足信外，（《孝經》又見許沖〈表〉，其不足信與許〈序〉同。）其謂書有伏氏本，本《史記．儒林傳》。〈儒林傳〉云：「伏生者，濟南人也。故為秦博士。孝文帝時，欲求能治《尚書》者，天下無有。乃聞伏生能治，欲召之。是時伏生年九十餘，老，不能行，於是乃詔太常，使掌故晁錯[20]往受之。秦時焚書，伏生壁藏之。其後兵大起，流亡。漢定，伏生求其書，亡數十篇，獨得二十九篇，即以教於齊、魯之間，學者由是頗能言《尚書》。諸山東大師，無不涉《尚書》以教矣。伏生教濟南張生及歐陽生，歐陽生教千乘兒寬。」云云，自「秦時焚書」以下六十三字，與上下文絕不聯屬。〈太史公自序〉云「晁錯明申、商」，《漢書》作「申、韓」。今觀〈錯傳〉，凡所建白，多法家及兵家言，絕無及《尚書》者。古人學問，皆由口耳相傳，不恃竹帛。伏生傳《書》，何至專恃壁藏；壁藏有亡，遂獨以二十九篇為教乎？今《逸書》篇名見於《書大傳》者甚多，何至獨能憶二十九篇哉？（《逸書》篇名，見於《書大傳》者，有：〈九共〉、〈帝告〉、〈說命〉、〈大誓〉、〈嘉禾〉、〈冏命〉、〈大戰〉、〈揜誥〉、〈多政〉，凡九。然此乃《逸書》，伏生所傳之《書》，固無不備；猶《詩》三百五篇，而佚詩散見者亦甚多

20 又作鼂錯（西元前二〇〇—前一五四），西漢時期政治家、散文學家。文帝時，奉命受《尚書》於伏生；景帝時遷御史大夫，因提出削藩，導致吳、楚等七國舉兵反叛，最終因景帝求平息爭端，慘遭處死。

也。）既云「漢定，伏生即以教於齊、魯之間」，又云「文帝時求能治《尚書》者，天下無有」，然則山東大師及伏生所教者何往邪？《史記》此節，為後人偽竄，殆無疑義矣。其云《書》、《禮》、《禮記》之河間本及《周官》，同本《漢書．景十三王傳》。〈傳〉云：「獻王所得，皆古文先秦舊書，《周官》、《尚書》、《禮》、《禮記》、《孟子》、《老子》之屬，皆經、傳、說、記七十子之徒所論。」此三句文義亦不相聯屬。《老子》並非經、傳、說、記七十子之徒所論也。且此事不見《史記》，其為傅會，亦屬顯然。《隋書．經籍志》：「漢初，河間獻王又得仲尼弟子及後學者所記一百三十一篇，獻之，時亦無傳之者。至劉向考校經籍，檢得一百三十篇，向因第而敘之；而又得《明堂陰陽記》三十三篇、《孔子三朝記》七篇、《王史氏記》二十一篇、《樂記》二十三篇，凡五種，合二百十四篇。戴德刪其繁重，合而記之，為八十五篇，謂之《大戴記》。而戴聖又刪大戴之書為四十六篇，謂之《小戴記》。漢末，馬融遂傳小戴之學。融又作〈月令〉一篇、〈明堂位〉一篇、〈樂記〉一篇，合四十九篇。而鄭玄受業於融，又為之注。」王氏謂「〈經典釋文敘錄〉引劉向《別錄》云：古文記二百十四篇，數正相合。則獻王所得《禮記》，蓋即《別錄》之古文記。是大、小《戴記》本出古文。《史記》以〈五帝德〉、〈帝繫姓〉，孔氏弟子籍為古文，亦其一證也。」按〈釋文敘錄〉云：「劉向《別錄》云古文記二百四篇。」又引「陳邵〈周禮論序〉云：戴德刪古禮二百四篇為八十五篇，謂之《大戴禮》。戴聖刪《大戴禮》為四十九篇，是為《小戴禮》。後漢馬融、盧植，考諸家同異，附戴聖篇章，去其繁重，及所敘略，而行於世，即今之《禮記》是也。鄭玄亦依盧、馬之本而注焉」。兩說皆謂古文記二百四篇；王氏謂《釋文》引《別錄》云二百十四篇者誤也。然此二百四篇中，百三十一篇，實為今學；陳邵，《隋志》謂刪古文記為之，亦誤也。《漢志》：《禮》家：「《記》百三十一篇。」自注：「七十子後學者所記也。」此為今學，即諸家所謂《大戴記》百三十一篇者。又「《明堂陰陽》三十三篇」、「《王史氏》二十一篇」，此即所謂「多三十九篇及《明堂陰陽》、《王史氏記》者」。（見前。）此外《曲臺后倉記》，乃漢師所撰；《中庸說》、《明堂陰陽說》皆說；《周官經》、《周官傳》，別為一書；《軍禮司馬法》，班氏所入；《封禪議》、《封禪群祀議奏》，皆漢時物。惟《古封禪群祀》，可以相加。其書凡十九篇，合《記》百三十一篇及《明堂陰陽》、《王史氏記》凡二百七。如《隋志》言〈月令〉、〈明堂位〉、〈樂記〉為後加，則正二百四也。然《樂記正義》引《別錄》「《禮記》四十九篇」。《後書．橋玄傳》：「七世祖仁，著《禮記章句》四十九篇。」（仁即《前書．儒林傳》所謂小戴授梁人橋仁季卿者。）〈曹褒傳〉：父充，治慶氏禮。褒「又傳《禮記》四十九篇，慶氏學遂行於世」。一似《禮記》四十九篇，為大、小戴，慶氏所共者，抑又何邪？按陳邵言馬融、盧植，去其繁重，及所敘略，而不言更其篇數，明有所加亦有所減，而篇數則仍相同。今《禮記》、〈曲禮〉、〈檀弓〉、〈雜記〉，皆分上下，實四十六篇。四十六加《大戴記》八十五，正百三十一。然則《別錄》所謂二百四篇者，其目已具《漢志》。其中百三十一篇，實博士相傳之舊，無所謂刪古記而為之也。然今《禮記》四十九篇，其中多雜古文說，何也？曰：記與傳不同。孔子刪定之書，名之曰經；後學釋經之書，稱之曰傳。經以明義，傳以釋經，於事固不能盡具。夫其不能盡具者，或本諸義以為推，此即《漢志》所譏后倉等「推士禮而致於天子」之說，實即〈禮運〉所謂「禮雖先王未之有，可以義起」也。或取舊制以資補苴，此則《儀禮正義》所謂「凡記皆補經所不備」，今《禮記》中多有「記曰」字，《疏》皆以為舊記是也。諸經皆所重在義，義得則事可忘。惟禮須見諸施行，雖可本諸義以為推，苟有舊記以資參證，事亦甚便。此《禮》家先師，所以視記獨重；諸經皆無所謂記，而《禮》獨有之也。然則今文《禮》家，固不妨兼有古文之記。此正可見今文先師之弘通博洽矣。今《禮記》中〈奔喪〉、〈投壺〉，鄭皆謂同《逸禮》。則古文家所謂《逸禮》，原不過拾今文之唾餘，而轉訾今文家於國家大禮，幽冥而莫知其原，可謂善誣矣。然則安有所謂刪古禮而為百三十一篇者？而王氏以《二戴記》原出古文，不愈疏乎？至於《毛詩》，則漢人本不言有古文本，即王氏亦謂無之。（《漢志》：「又有毛公之學，自謂子夏所傳，而河間獻王好之。」自謂云者，不信之之詞也。此亦可見河間得舊書云云，為子虛烏有之詞矣。）據杜林漆書《古文尚書》、鄭玄注《禮》以古校今，而謂古文經有轉寫本，則愈疏矣。元本且不可信，況轉寫本乎？漢代之所謂古文經者如此，故予終疑其係用古字偽造也。

古、籀、大小篆，少數人雖以此自張，實則不甚通行之字，多數人皆已不識，乃概目之曰古文。《儀禮．士冠禮疏》云：「武帝之末，魯恭王壞孔子宅，得《古儀禮》五十六篇。其字皆以篆書，是為古文。」此其時之人，併篆書亦自為古文之證。此等所謂古文者，時人又以流俗之語稱之為科斗書。其名殊鄙陋無據，然流傳甚久，直至今日，猶或以之為最古之文字之稱焉。予舊有札記一則，考定其名實來自當時所謂蟲書，自謂頗得其實，今錄其辭如後：

科斗之名，昉見於東漢之季，而魏、晉後人承之。《後漢書．盧植傳》載植上書曰：「古文科斗，近於為實，而厭抑流俗，降在小學。中興以來，通儒達士，班固、賈逵、鄭興父子，並敦悅之。」《書序疏》引鄭玄曰：「《書》初出屋壁，皆周時象形文字，今所謂科斗書。」《家語．後序》曰：「天漢後魯恭王壞夫子故宅，得壁中《詩》、《書》，悉以歸子國。子國乃考論古今文字，撰眾師之義，為《古文論語訓》十一篇、《孝經傳》二篇、《尚書傳》五十八篇，皆所得壁中科斗本也。」又曰：「子國孫衍上書曰：臣祖故臨淮太守安國，仕於孝武皇帝之世。時魯恭王壞孔子故宅，得古文科斗《尚書》、《孝經》、《論語》，世人莫有能言者，安國為之今文讀而訓傳其義。」《尚書偽孔傳．序》曰：「至魯共王好治宮室，壞孔子舊宅，以廣其居，於壁中得先人所藏古文虞、夏、商、周之書，及傳《論語》、《孝經》，皆科斗文字。王又升孔子堂，聞金石絲竹之音，乃不壞宅，悉以書還孔氏。科斗書廢已久，時人無能知者，以所聞伏生之《書》考論文義，定其可知者，為隸古定，更以竹簡寫之。」衛恆《四體書勢》曰：「自黃帝至三代，其文不改。及秦用篆書，焚燒先典，而古文絕矣。漢武時，魯恭王壞孔子宅，得《尚書》、《春秋》、《論語》、《孝經》。時人已不復知有古文，謂之科斗書。」杜預《春秋經傳集解．後序》曰：「大康元年三月，吳寇始平，余自江陵還襄陽，解甲休兵，乃申杼舊意，修成《春秋釋例》及《經傳集解》。始訖，會汲郡汲縣有發其界內舊冢者，大得古書，皆簡編科斗文字。發冢者不以為意，往往散亂。科斗書久廢，推尋不能盡通。始者藏在祕府，余晚得見之。」《疏》引王隱《晉書．束皙傳》曰：「大康元年，汲郡民盜發魏安釐王冢，得竹書漆字科斗之文。科斗文者，周時古文也。其字頭粗尾細，似科斗之蟲，故俗名之焉。」今《晉書．束皙傳》曰：「大康二年，汲郡人不準盜發魏襄王墓，或言安釐王冢，得竹書數十車。漆書，皆科斗字。」又曰：「時有人於嵩高山下得竹簡一枚，上兩行科斗書，傳以相示，莫有知者。司空張華以問皙，皙曰：『此漢明帝顯節陵中策文也。』檢驗果然，時人伏其博識。」《南史．王僧虔傳》曰：「文惠太子鎮雍州，有盜發古冢者，（此事《齊書》見〈文惠太子傳〉，云「時襄陽有盜發古冢者」，時雍州治襄陽也。）相傳云是楚王冢，大獲寶物：玉履（《齊書》作屐）、玉屏風、竹簡書、青絲綸（《齊書》作編），簡廣數分，長二尺，皮節如新。有得十餘簡，以示僧虔，（《齊書》云：「盜以把火自照，後人有得十餘簡，以示撫軍王僧虔。」）云是科斗書《考工記》，《周官》所闕文也。」（《齊書》下又云：「是時州遣按驗，頗得遺物，故有同異之論。」）〈江淹傳〉云：「永明三年，兼尚書左丞。時襄陽人開古冢，得玉鏡及竹簡古書，字不可識。王僧虔善識字體，亦不能諳，直云似科斗書。淹以科斗字推之，則周宣王之簡也。簡殆如新。」《水經．泗水注》曰：「自秦燒《詩》、《書》，經典淪缺。漢武帝時，魯恭王壞孔子舊宅，得《尚書》、《春秋》、《論語》、《孝經》，時人已不復知有古文，謂之科斗書。漢世祕之，希有見者。」合觀諸文，可見自東漢至南北朝，皆稱古文字為科斗。然觀鄭玄、衛恆、王隱、酈道元[21]之說，則其名明明晚起，且出於流俗也。

21 酈道元（？—五二七），字善長，為北魏時期地理學家、散文家，其著作《水經注》即為兼具地理與文學

俗何以名古文字為科斗？《書序釋文》曰：「科斗，蟲名，蝦蟆子，書形似之。」《正義》曰：「形多頭粗尾細，狀腹團圓，似水蟲之科斗，故曰科斗也。」說皆與王隱合。然則古書筆畫真若此歟？曰：否，時人所見者，乃史書家所作之蟲書也。何以言之？按《漢書．藝文志》曰：「古者八歲入小學，故《周官》保氏，掌養國子，教之六書，謂象形、象事、象意、象聲、轉注、假借，造字之本也。漢興，蕭何草律，亦著其法，曰：太史試學僮，能諷書九千字以上，乃得為史。又以六體試之，課最者以為尚書、御史史書令史。吏民上書，字或不正，輒舉劾。六體者：古文、奇字、隸書、篆書、繆篆、蟲書，皆所以通知古今文字，摹印章、書幡信也。」此文為後人竄改，非其朔。云「亦著其法」，亦者，亦上六書，若所試之六體，截然與六書異物，安得云爾？故知「謂象形」云云十八字，必後人竄入也。《說文解字．序》曰：「秦書有八體：一曰大篆，二曰小篆，三曰刻符，四曰蟲書，五曰摹印，六曰署書，七曰殳書，八曰隸書。《尉律》：學僮十七以上始試，諷籀書九千字，乃得為史。又以八體試之，郡移大史併課，最者以為尚書史。書或不正，輒舉劾。」說漢律與《漢志》不同，而六體八體絕異。又曰：「及亡新居攝，使大司空甄豐等校文書之部，自以為應制作，頗改定古文。時有六書：一曰古文，孔子壁中書也；二曰奇字，即古文而異者也；三曰篆書，即小篆，秦始皇帝使下杜人程邈所作也；四曰左書，即秦隸書；五曰繆篆，所以摹印也；六曰鳥蟲書，所以書幡信也。」與《漢志》六體大同。使《漢志》之說而確，則秦書八體，亡新改制，悉成

價值之佳作。

虛語矣，有是理乎？按《漢志》有〈八體六技〉，八體，《注》引韋昭即以許〈序〉秦書八體釋之；六技則無說。竊意篆隸本非異物；大小篆之名，尤至後來始有，（《漢志》尚無。）故此三體實為同物。若合三者為一，則與刻符、蟲書、摹印、署書、殳書，適得六體，此蓋即《周官》所謂六書，自戰國至漢，未之有改，（《周官》為六國時書。）至亡新乃更制也。事物新舊相嬗，初起時恆無大異，歷久乃截然殊科。別篆、隸為二體，又別大小篆為二，蓋後來小學家之說；許氏敘之周、漢之間，又改六體為八體，遂若秦人真有是制，而史實為之淆亂矣。六體之名，《漢志》蓋嘗敘述，而後人以「謂象形」云云十八字易之，古制遂不可見。然小學家雖分別篆、隸，及大小篆，史書家則仍守其師師相傳之舊。大小篆與隸書，初無二法，故體雖八而技止六，留此一隙之明，以待後人之審訂也。（蔡邕〈篆勢〉謂：「體有六，篆為真。」亦以書體為六。）知此，則科斗書之由來，可以推測矣。

《後漢書．宦者蔡倫傳》曰：「自古書契，多編以竹簡。其用縑帛者謂之為紙。縑貴而簡重，並不便於人。倫乃造意，用樹膚、麻頭及敝布、魚網以為紙。元興元年，奏上之，帝善其能，自是莫不從用焉。故天下咸稱蔡侯紙。」元興為和帝年號，自光武建武元年至此，已歷八十一年，則蔡侯紙之成，已在東京中葉。「莫不從用」，「天下咸稱」，乃史家之侈辭，其實東漢之世，用者必不能多也。《後漢書．光武帝紀》建武元年《注》引《漢制度》曰：「帝之下書有四：一曰策書，二曰制書，三曰詔書，四曰誡敕。策書者，編簡也。其制長二尺，短者半之。篆書，起年月日，稱皇帝，以命諸侯王。三公以罪免亦賜策，而以隸書，用尺一寸，兩行，惟此為異也。」（〈陳蕃傳〉：蕃上疏曰：「尺一選舉，委尚書三公。」《注》：「尺一，謂版長尺一，以寫詔書也。」）《漢書．高帝紀》：「十年，上曰：吾以羽檄徵天下兵。」《注》曰：「檄者，以木簡為書，長尺二寸，用徵召也。其有急事，則加以鳥羽插之，示速疾也。〈魏武奏事〉云：今邊有警，輒露檄插羽。」《史記．匈奴列傳》：「漢遺單于書牘以尺一寸，中行說令單于遺漢書以尺二寸牘。」《後漢書．循吏傳》言：光武「以手跡賜方國者，皆一札十行，細書成文」，此詔令用簡牘者也。《史記．秦始皇本紀》：三十五年，侯生、盧生相與謀，言始皇「以衡石量書，日夜有呈，不中呈，不得休息」，此即《漢書．刑法志》所謂自程決事，日縣石之一者，其所量必簡牘可知。〈滑稽列傳〉：褚先生曰：東方朔「初入長安，至公車上書，凡用三千奏牘，公車令兩人共持舉其書，僅然能勝之」。說雖荒誕，仍足徵漢人奏事用牘。《漢書．司馬相如傳》：「請為天子游獵之賦，上令尚書給筆札。」（《注》曰：「札，木簡之薄小者也。時未多用紙，故給札以書。」）〈酷吏郅都傳〉「臨江王欲得刀筆為書謝上，而都禁吏弗與」。《後漢書．劉隆傳》：建武十五年，「諸郡各遣使奏事，帝見陳留吏牘上有書，視之云：潁川、弘農可問，河南、南陽不可問」。《三國．魏志．張既傳》注引《魏略》曰：「既為郡門下小吏，而家富。自惟門寒，念無以自達，乃常畜好刀筆及版奏，伺諸大吏有乏者，輒給與，以是見識焉。」此奏對用簡牘者也。《漢書．游俠陳遵傳》：「略涉傳記，贍於文辭。性善書，與人尺牘，主皆臧去以為榮。」此書問用簡牘者也。〈朱博傳〉：「召見功曹，閉閤，與筆札，使自記，積受取一錢以上，無得有所匿，欺謾半言，斷頭矣。功曹皇怖，具自疏姦臧，大小不敢隱。博知其對以實，乃令就席受敕，使改而已，投刀使削所記。」〈原陟傳〉：「人嘗置酒請陟，陟入里門，客有道陟所知母病避疾在里宅者，陟即往候。叩門，家哭，陟因入弔。問以喪事，家無所有。陟曰：但潔掃除沐浴待。陟還至主人，對賓客歎息曰：人親臥地不收，陟何心鄉此？願徹去酒食。賓客爭問所當得。陟乃側席而坐，削牘為疏，具記衣被棺木，下至飯含之物，分付諸客。諸客奔走市買，至日昳皆會。」此尋常疏記皆用簡牘者也。《後漢書．曹褒傳》：褒撰新禮，「寫以二尺四寸簡」。〈周磐傳〉：磐令其二子曰：命終之日，「編二尺四寸簡，寫〈堯典〉一篇，併刀筆各一，以置棺前，示不忘聖道」。〈吳祐傳〉：父恢為南海太守，「欲殺青簡以寫經書」。《論衡．量知篇》曰：「截竹為筒，破以為牒，加筆墨之跡，乃成文字。大者為經，小者為傳記。斷木為槧，析之為版，力加刮削，乃成奏牘。」〈謝短篇〉曰：「二尺四寸，聖人文語。漢事未載於經，名為尺籍短書，比於小道。」此寫經典用簡牘者也。《後漢書．劉盆子傳》：臘日，樊崇等「設樂大會。盆子坐正殿中，黃門持兵在後，公卿皆列坐殿上。酒未行，其中一人出刀筆書謁欲賀，其餘不知書者起往請之，各各屯聚，更相背向」。〈袁紹傳〉曰：韓馥「往依張邈。後紹遣使詣邈，有所計議，因共耳語，馥時在坐，謂見圖謀，無何，如廁自殺」。《注》引《九州春秋》曰：「至廁，因以書刀自殺。」則時人刀筆，無不隨身，足見簡牘為用之廣，縑帛則遠非其比。《續漢書．百官志》：守宮令一人，〈本注〉曰：主御紙筆墨及尚書財用諸物及封泥。《後漢書．和熹鄧皇后紀》曰：「是時方國貢獻，競求珍麗之物，自后即位，悉令禁絕，歲時但供紙墨而已。」〈賈逵傳〉：章帝「令逵自選《公羊》嚴、顏諸生高才者二十人，教以《左氏》，與簡、紙經傳各一通」。〈竇融傳注〉引馬融與融玄孫章書曰：「孟陵奴來，賜書，見手跡，歡喜何量？見於面也，書雖兩紙，紙八行，行七字。」蓋惟帝王及貴戚之家，能多得紙。《潛夫論·浮侈篇》訾巫者刻畫好繒，以書祝辭，則佞神者流，於財物非所顧惜，不可以恆情論也。《後漢書·延篤傳》言篤少從「唐谿典受《左氏傳》，旬日能諷誦之，典深敬焉」。《注》引《先賢行狀》曰：「篤欲寫《左氏傳》無紙，唐谿典以廢牋記與之，篤以牋記紙不可寫《傳》，乃借本諷之。」《三國·吳志·闞澤傳》曰：「家世農夫，至澤好學。居貧無資，常為人傭書，以供紙筆。所寫既畢，誦讀亦遍。」皆可見紙之難得。《漢書·薛宣傳》曰：「性密靜有思，思省吏職，求其便安，下至財用筆研，皆為設方略，利用而省費。」合《後漢書·循吏傳》、〈劉隆傳〉、《三國志·張既傳》之事觀之，知當時簡牘亦非易得，而縑帛無論矣。張芝家之衣帛，必書而後練之，（《四體書勢》、《後漢書·張奐傳注》引王愔《文字志》同。）蓋亦以其難得故也。《四體書勢》言：師宜官「甚矜其能，或時不持錢詣酒家飲，因書其壁顧觀者以酬酒，討錢足而滅之。每書輒削而焚其柎。（據《晉書》本傳。《三國·魏志·武帝本紀》建安十三年《注》引作札，下同。）梁鵠乃益為版而飲之酒，候其醉而竊其柎」，然則漢末工書者，所書仍是簡牘也。《後漢書·杜林傳》謂：「林於西州得漆書《古文尚書》一卷，常寶愛之，雖遭艱困，握持不離身。」古簡策言篇，（篇之義蓋本於編。《漢書·路溫舒傳》：「父為里監門，使溫舒牧羊，溫舒取澤中蒲，截以為牒，編用寫書。」可見漢時多用編簡。）縑帛言卷，〈傳〉云一卷，其為縑帛所寫可知。（簡策亦非可握持。）林之寶愛，蓋緣其物之難得；而其物之所以難得，則正以其時用縑帛者希故也。六書果如吾說，其中似惟鳥蟲書一種，施諸縑帛。漆性澀滯，縑帛亦不滑，易蘸漆書之，落筆之初，漆則豐盈，至其後半，則漸形不足，遂成頭粗尾細之形。（蔡邕〈篆勢〉云：或輕筆內投，微本濃末。可知其時之人作書，一畫之中，用墨自有深淺。）《四體書勢》曰：「魏初傳古文者，出於邯鄲淳。恆祖敬侯（覬。），寫淳《尚書》，後以示淳，而淳不別。至正始中，立三字石經，轉失淳法，因科斗之名，遂效其形。大康元年，汲縣人盜發魏襄王冢，得策書十餘萬言，按敬侯所書，猶有髣髴。」而《三國志．王粲傳注》引《魏略》，言邯鄲淳善《倉》、《雅》、蟲篆，科斗書即蟲書可知。《書序疏》言：「六書古文與蟲書本別，則蟲書非科斗。」蓋未窮其原委矣。（王國維〈科斗文字說〉云：漢末，「名古文為科斗文字者，果目驗古文體勢而名之乎？抑當時傳古文者所書或如是乎？是不可知。然魏三體石經中古文，衛恆所謂因科斗之名，遂效其形者，今殘石存字，皆豐中銳末，與科斗之頭粗尾細者略近，而恆謂轉失淳法，則邯鄲淳所傳之古文，體勢不如是矣。邯鄲淳所傳之古文不如是，則淳所祖之孔壁古文，體勢亦必不如是矣。衛恆謂汲縣人盜發魏襄王冢，得策書十餘萬言，按敬侯所書，猶有髣髴。敬侯者，恆之祖衛覬，其書法出於邯鄲淳，則汲冢書體，亦當與邯鄲淳所傳古文書法同，必不作科斗形矣」。按作書筆法，人人皆有異同，不能以此遂目其書為兩體。《魏略》之言自是，《書疏》億斷之論，不足據也。三體石經，以清光緒二十年在洛陽出土。按其所列古文，與《說文》並無大異。知漢人所謂古文，不過如此也。）鳥蟲二書，蓋大同而小異。蟲書畫圓，鳥書畫方，畫圓者頭粗尾細則似蟲，畫方者頭粗尾細則如鳥喙。其筆畫形狀不同，其由漆性澀滯，縑帛亦不滑，易以致頭粗尾細則一也。《後漢書．蔡邕傳》言：靈帝「好學，自造《皇羲篇》五十章，因引諸生能為文賦者，本頗以經學相招。後諸為尺牘及工書鳥篆者，皆加引召，遂至數十人。侍中祭酒樂松、賈護，多引無行趣勢之徒，並待制鴻都門下」。〈酷吏傳〉：陽球奏罷鴻都文學曰，「或獻賦一篇，或鳥篆盈簡」。知東京之季，工為鳥書者，亦不乏其人。特二者相較，鳥書似不如蟲書之盛，故古文之名，遂為俗所謂科斗者所擅耳。（《梁書．蕭琛傳》：天監九年出為江夏太守，「始琛在宣城，有北僧南度，惟齎一瓠盧，中有《漢書．序傳》。僧云：三輔舊老相傳，以為班固真本。琛固求得之。其書多有異今者，而紙墨亦古。文字多如龍舉之例，非隸非篆，琛甚祕之。及是，以書餉鄱陽王範，範乃獻於東宮」。按此亦偽物，讀〈劉之遴傳〉可見。其書法則有所受之，蓋即所謂鳥篆也。）衛覬之技，蓋與邯鄲淳伯仲，然必待汲郡書出案之，而後知其猶有髣髴，其非有真知灼見可知。而魏初言古文者，上溯僅止邯鄲淳，至正始中而復失其法，則所謂科斗書者，實為史書家相傳之技，又無足疑矣。

書法之成為藝事，實自東漢以還。西漢稱人善史書，無專指書法者。《漢書．貢禹傳》：禹言當時郡國，「擇便巧史書，習於計簿，能欺上府者，以為右職」。〈王尊傳〉：「少孤，歸諸父，使牧羊澤中，尊竊學問，能史書。年十三歲，求為獄小吏。數歲，給事太守府。問詔書行事，尊無不對。」〈嚴延年傳〉：「尤巧為獄文，善史書。所欲誅殺，奏成於手中，主簿親近，不得聞知。」所謂史書，皆指文法。〈張安世傳〉：「少以父任為郎。用善書給事尚書。上行幸河東，嘗亡書三篋，詔問莫能知，惟安世識之，具作其事，後購求得書，以相校，無所遺失。」此正王尊之類。〈外戚傳〉：

孝成許皇后善史書，載其疏辭頗美。此則嚴延年之類也。〈西域傳〉：「楚主侍者馮嫽能史書，習事，嘗持漢節為公主使，行賞賜於城郭諸國，敬信之，（「敬信」之上，當奪「城郭諸國」或「諸國」字。）號曰馮夫人。」亦許后之類也。陳遵尺牘皆見臧去，似耽玩其書法。然〈傳〉亦言其「贍於文辭」，其「為河南大守，至官，當遣從史西，召善書吏十人於前治私書謝京師故人，遵馮几口占書吏，且省官事，書數百封，親疏各有意」。則臧去之者，未必非耽玩其文辭也。史稱元帝善史書，亦未嘗非指文法，其委任弘恭、石顯，蓋正由此。至後漢則異於是。〈安帝紀〉言：帝年十歲，「好學史書」。〈和熹鄧皇后紀〉曰：「六歲能史書。」〈順烈梁皇后紀〉曰：「少善女工，好史書。」童稚之年，安知文法為何事？其必指書法無疑矣。〈齊武王傳〉言其孫北海敬王睦「善史書，當世以為楷則。及寢病，明帝驛馬令作草書尺牘十首」。其指書法尤為明顯。《四體書勢》上溯善書之家，曹喜、杜度，並在章帝之世，亦其一證。文字始於象形，象形文字原於圖畫，推本言之，實為藝事。其技之浸昌浸盛，原無足怪。然當時好樂史書者，亦非皆限於書法。《後漢書．孝明八王傳》言樂成靖王黨「善史書，喜正文字」，此小學之家也。班固、賈逵、鄭興父子，蓋亦其流。〈章帝八王傳〉言安帝所生母左姬善史書，喜辭賦，則文學家也。司馬相如作《凡將》，揚雄成《訓纂》，亦夙開其原。而《魏略》言邯鄲淳博學有才章，又善《倉》、《雅》、蟲篆、許氏《字指》，黃初初，作〈投壺賦〉千餘言奏之，文帝以為工，賜帛千匹，則以一身而兼小學、文學、書法三家之長矣。凡事源遠則流分，史書一家，分為三派，本無足異。然則小學興於西京末造，正猶書法盛於東京中葉耳。作鳥蟲書者不必親見倉頡之文，言小學者又豈真有見於孔子、左丘之跡邪？

六、論隸書八分正書

隸書之始，《漢志》云：「起於官獄多事，苟趨簡易，施之於徒隸。」許〈序〉云：「官獄職務繁，初有隸書，以趨約易。」衛恆云：「秦既用篆，奏事繁多，篆字難成，即令隸人佐書，曰隸字。漢因行之，獨符印璽幡信、題署用篆。隸書者，篆之捷也。」此但言隸書施用之由，而不鑿指創造之人，其說最確。許〈序〉述亡新六書，「三曰篆書，即小篆，秦始皇帝使下杜人程邈所作也」。段氏云：「此十三字，當在下文左書即秦隸書之下。上文明言李斯、趙高、胡母敬皆取史籀大篆省改，所謂小篆，則作小篆之人，既顯白矣，何容贅此，自相矛盾邪？況蔡邕《聖皇篇》云：程邈刪古立隸文，而蔡浻、衛恆、羊欣、江式、庾肩吾、王僧虔、酈道元、顏師古，亦皆同辭。惟傳聞不一，或晉時許書已偽，是以衛巨山疑而未定耳。」（《書勢》論小篆曰：「或曰：下杜人程邈為衙獄吏，得罪始皇，幽繫雲陽十年。從獄中作小篆，少者增益，多者損減，方者使圓，圓者使方，奏之始皇。始皇善之，出以為御史，使定書。或曰：邈所定乃隸字也。」）按段說似矣。然衛恆晉初人，於此既有疑辭，後來之人，豈得反有灼見？其辭之同，特輾轉相襲耳，豈足為據？（《後漢書・儒林傳注》：「篆書，謂小篆，秦始皇使程邈所作也。隸書亦程邈所獻。」小徐《說文注》云：「斯等雖改《史篇》，而程邈復同作也。」並依許〈序〉，為調停之辭。）況許〈序〉曰：「左書即秦隸書。」係以秦制釋新制，隸為誰造，應於敘秦事時言之，不應於此補出。則此語在篆書下固非，在隸書下亦未為得也。

又有所謂八分書者，在今日觀之，似隸之類。正書，亦稱真書，又作楷書，則筆畫形狀，與隸不同。然分、隸之別，究竟如何？正書究始何時？則罕有能言之者，是亦宜加考索也。《書苑》引蔡文姬之言曰：「臣父造八分時，割程隸八分取二分，割李篆二分取八分。」其說殊不可曉。張懷瓘《書斷》云：「八分者，秦羽人上谷王次仲所作也。王愔云：次仲始以古書方廣，少波勢，建初中，以隸草作楷法。字為八分，言有模楷。又蕭子良云：靈帝時，王次仲飾隸為八分。二家俱言後漢，而兩帝不同。且靈帝之前，工八分者非一，而云方廣，殊非隸書。既云古書，豈得稱隸？若驗方驗廣，則篆籀有之，變古為方，不知所謂也。按《序仙記》云：王次仲，上谷人。少有異志，早年入學，屢有靈奇。年未弱冠，變倉頡書為今隸書。始皇時，官務繁多，得次仲文，簡略赴急疾之用，甚喜。遣使召之，三徵不至。始皇大怒，制檻車送之。於道化為大鳥，出在檻外，翻然長引，至於西山，落二翮於山上。今為大翮、小翮山，山上立祠，水旱祈焉。」又《魏土地記》云：沮陽縣城東北六十里，有大翮、小翮山。又楊固〈北都賦〉云：王次仲匿術於秦皇，落雙翮而沖天。按數家之言，「明次仲是秦人。既變倉頡書，即非效程邈隸也。按蔡邕《勸學篇》：『上谷王次仲，初變古形』是也。始皇之世，出其數書。小篆古文，猶存其半。八分已減小篆之半，隸又減八分之半，然可云子似父，不可云父似子，故知隸不能生八分矣。八分本謂之楷書。楷者，法也，式也，後世以為楷式。或云：後漢亦有王次仲，為上谷太守，非上谷人。又楷隸初制，大範幾同，後人惑之，學者益務高深。漸若八字分散，又名之為八分」。「時人用寫篇章，或寫法令，亦謂之章程書。故梁鵠云：鍾繇善章程書也」。按懷瓘此斷，自相矛盾，既謂楷隸初制，大範幾同，又力辨楷、隸非一，引《序仙記》等荒唐之說為證，又不知章程書與分隸之別，可謂無所折衷矣。至於正書，則《書斷》未列其名。而其論隸書曰：「八分則小篆之捷，隸亦八分之捷。漢陳遵，字孟公，京兆杜陵人，哀帝之世，為河南太守。善隸書，與人尺牘，主皆藏弆之以為榮。此其創開隸書之始也。爾後鍾元常、王逸少，各造其極焉。」其《六體書論》曰：隸書者，程邈造也，字皆真正，曰真書。則明以真書與隸書為一。宋《宣和書譜》云：上谷王次仲，「始以隸字作楷法。所謂楷法者，今之正書是也。人既便之，世遂行焉。西漢之末，隸字石刻，間雜為正書。降及三國，鍾繇乃有《賀克捷表》，備盡法度，為正書之祖」。則又謂分出於隸，正出於分，眾說紛如，未免莫衷一是矣。

按論篆、隸、分、楷之變遷者，莫諦於顧氏藹吉。藹吉〈隸八分考〉曰：「隸與八分，有波勢無波勢微異，非兩體也。漢世則統名曰隸。八分之名，亦後人名之耳。」吾衍〈字源七辨〉云：「秦隸書不為體勢，即秦權、漢量上刻字，人多不知，亦謂之篆。漢隸者，蔡邕《石經》及漢人諸碑上字，皆有挑法，與秦隸同名，其實則異，又謂之八分。前漢尚用秦隸，今有五鳳二年刻石，在曲阜孔廟中，與《隸續》所載建平郫縣碑，字皆無波勢。《何君閣道碑》立於後漢建武中元二年，《路君闕》立於永平八年，《隸釋》謂其字法方勁，兼用篆體。自建初以後，有《王稚子闕》，立於元興元年，發筆皆長，《隸釋》謂是八分書。則王愔云王次仲於建初中作，其言為可信。」今按《四體書勢》：「上谷王次仲，始作楷法。至靈帝，好書，時多能者，而師宜官為最。大則一字徑丈，小則方寸千言。甚矜其能。或時不持錢，詣酒家飲，因書其壁，顧觀者以酬酒直，計錢足而滅之。每書，輒削而焚其札。梁鵠乃益為版而飲之酒，候其醉而竊其札。鵠卒以攻書至選部尚書。」又曰：「鵠宜為大字，邯鄲淳宜為小字，鵠謂淳得次仲法。然鵠之用筆，盡其勢矣。鵠弟子毛宏，教於祕書，今八分皆宏之法也。」此明言王次仲作楷法；鵠之用筆，盡次仲之勢；而八分之法，出於鵠弟子毛宏，則楷法即八分可知。莊氏綬甲《釋書名》亦曰：「王愔《文字志》古書三十六種，有隸書、楷書而無八分。《初學記》：蕭子良〈古今篆隸文體〉，亦有楷書而無八分。《玉海》引《墨藪》五十六種書，有程邈隸書、王次仲八分，而無楷書。明八分與楷，異名同實」也。顧氏又曰：「自鍾、王變體，謂正書為隸書，因別有八分之名。然王僧虔〈能書人名〉云：王次仲作八分楷法；唐玄度《十體書》云：王次仲乃作八分楷法，亦未嘗專以八分名也。又江式〈論書表〉云：『詔於太學立碑，刊載五經，題書楷法，多是邕書。』徐浩〈論書〉云：『程邈變隸體，邯鄲淳傳楷法。』則尚有專名楷法者。惟蔡希綜〈法書論〉，乃謂王次仲以隸書改為楷法，又以楷法變為八分，則竟以次仲所變為八分，而楷法、八分，各為一體矣。今俗相承又名正書為楷書。韋續《五十六體書》云：『八分書，魏鍾繇謂之章程書。』張懷瓘《書斷》云：『八分時人用寫篇章，或寫法令，亦謂之章程書。』二說皆非也。按王僧虔〈能書人名〉云：『鍾有三體：一曰銘石之書，最妙者也。二曰章程書，傳祕書教小學者也。三曰行押書，相聞者也。』所謂銘石之書，蓋八分也。《世說新語注》云鍾會善效人書，於劍閣要鄧艾章程白事，皆易其言；又毀文王報書手作以疑之。章程白事者，以章程書白事也。章程書者，正書也。今所傳鍾繇〈賀捷〉、〈力命〉、〈季直〉三表，皆是正書。豈鄧艾白事而獨用八分乎？當時以八分用之銘石，其章奏、箋表、傳寫、記錄日用之字，皆用正書；亦謂之章程書。如繇書〈受禪碑〉，即八分也；〈宣示〉、〈戎輅〉、〈力命〉諸帖，即章程書也。二王無銘石書，如〈黃庭〉、〈樂毅〉、〈畫讚〉、〈曹娥〉、〈洛神〉，章程書也。」顧氏又曰：「唐所謂隸書，即今之正書；所謂八分，即漢之隸書。魏、晉以降，凡工正書者，史皆稱其善隸。〈王羲之傳〉云善隸書，為古今之冠是也。唐亦因之弗改耳。林罕《字源偏旁小說．序》云開元中以隸體不定，復《隸書字統》，名曰《開元文字》。大曆中，張參作《五經文字》。開成中，唐玄度復作《九經字樣》。況是隸書，莫知篆意。今《開元文字》，世有板本；張參、玄度之作，石刻猶存，悉是正書。唐謂正書為隸，此其證也。」又曰：「若蔡有隣、韓擇木輩，唐所稱工八分者，其石刻俱在。蔡有〈尉遲迥碑〉，韓有〈告華嶽文〉，與漢碑中字無異。」又曰：「張紳《法書通釋》云：吾衍謂隸有秦隸、漢隸，灼是至論。今當以晉人真書，謂之晉隸，則自然易曉矣。又陸深《書輯》云：程邈所上，務趨便捷，謂之隸書。王次仲分取篆隸之間，謂之八分。自邈以降，謂之秦隸。賈魴《三倉》、蔡邕《石經》諸作，謂之漢隸，鍾、王變體，謂之今隸。合秦、漢謂之古隸。斯言亦當。惟以八分為分取篆隸之間，有可議耳。」（**莊氏曰：「真書謂為晉隸則不可，真書雖亦稱隸，而非始於晉也。」又曰：「《書**

斷》：八分則小篆之捷，隸亦八分之捷。漢陳遵善隸書，與人尺牘，主皆臧之以為榮，此其開創隸書之始也。嗣後鍾元常、王逸少，各造其極焉。程邈即隸書祖也。懷瓘謂隸為八分之捷，以當今之正書，而推合於陳遵、鍾、王之跡。一則曰陳遵為開創隸書之始，一則曰程邈即隸書祖，明是兩體，各得一祖。懷瓘謂陳遵為開創正書之始，必有所受之，不能假也。世徒知正書為鍾、王變體，猶為數典而忘耳。」按此說亦是，特一種字體，皆由逐漸遷變而成，非一人所能為，向來謂某體始於某人者，皆強舉善書有名者以當之，非必事實，陳遵亦此類耳。）

顧氏之說如此。據其說，篆、隸、分、楷之遷變，殊為了然。蓋隸之初興，與篆實無大異，是為秦人所謂隸書，漢初猶沿用之。及後漢，乃有挑法，是為漢人之變秦。以其有波磔與前此方廣者不同，則謂之八分。八者，別也，背也，言相背別而分章也。以其有法式可模範也，亦謂之楷法。此體蓋專用諸銘石等。至供章程白事之用者，則筆畫仍平直而無波勢，此之謂章程書，亦即所謂正書。正書畫方，篆書畫圓，然其無波磔則同，故諸家皆以正書承隸。蓋正書非承漢隸而變，乃漢隸之用諸銘石等事者變秦，而用諸章程白事等者，仍未變耳。（章程書之筆法，雖亦與秦隸不同，然係逐漸變遷而成，非有意為之。故以其用言之，則曰章程書；以字體言之，則仍謂之隸也。）章程書既襲隸名，欲使用諸銘石等有波勢之字與之立別，則謂之八分。此名相沿未改。故唐人猶稱今正書為隸書，而稱漢隸為八分也。於此可見王愔謂古書方廣少波勢，蕭子良謂王次仲飾隸為八分，說實極確。蓋秦隸、漢隸，所異在有無波勢，由無波勢變為有波勢，正是加之以飾耳。予又因此悟許〈序〉「秦始皇帝使下杜人程邈所作也」十三字，未必非許書原文，何則？篆之初興，與隸既無大別，則程邈所作之字，與李斯、趙高、胡母敬所作之字，原未必有異同。（蔡邕謂王次仲初變古文，則竟不謂篆、隸有別，此許時人所以猶謂秦之隸書為倉頡時書也。）李斯等之作《倉頡》等篇，乃取《籀篇》省改其字體；程邈所作，則變篆書之筆法而趨於簡易。秦代之字，字體從斯等所定，筆勢則效程邈所為。謂為斯等所作可，謂為程邈所作，亦無不可也。大篆之名，班固時尚未有。以秦人所用之字，字體、筆勢，皆與前此微異，則謂之秦篆。後人乃即周時所傳之《史籀篇》，與秦人所作字書分立大小篆之名。夫如是，則小篆二字，不啻秦文之代名。即字體而言之，則秦字定於趙高等；即筆勢而言之，則秦字出於程邈，故有以秦字為趙高等作，亦有以秦字為程邈作者。既以秦字為程邈作，則「小篆即秦篆書」之下，固可贅以「秦始皇帝使下杜人程邈所作也」十三字也。此殆亦舊說而許錄之。其不移此語於敘秦事時，而仍贅於此者，直錄舊說，不加改定，古人之文，固多如此也。（參看拙撰《章句論》。）衛恆晉初人，去許猶近，蓋尚知此義，故其作《書勢》，猶為兩可之辭。至江式則去許已遠，於此已不能明，故其表辭雖襲許〈序〉，而逕移此語於前矣。（江〈表〉云：「於是秦燒經書，滌除舊典，官獄繁多，以趨約易，始用隸書，古文由此息矣。隸書者，始皇使下杜人程邈所作也，以邈徒隸，即謂之隸書。」其敘亡新六書，「三曰篆書」，云「小篆也」，無「秦始皇帝使下杜人程邈所作」十二字。）即知許述秦時事及述新室事為並錄兩說，則知隸書之始，故有兩說：一但謂施之徒隸，取其約易，而不鑿指創造之人；一則指謂出於程邈。夫不論何種文字，皆不能鑿言創造之人，則自以前說為得也。

隸書本有起自先秦之說。《書斷》：「酈道元《水經注》云：臨淄人發古冢，得銅棺，前和外隱起為字，言齊太公六世孫胡公棺也。惟三字是古，餘同今隸書。證知隸字出古，非始於秦。」（《水經・穀水注》：「孫暢之嘗見青州刺史傅弘仁，說臨淄人發古冢，得銅棺，前和外隱起為隸字，言齊太公六世孫胡公之棺也。惟三字是古，餘同今書，證知隸自出古，非始於秦。」又淄水，「濁水東北流，逕堯山東。」《注》：「西望胡公陵，孫暢之所云青州刺史傅弘仁言得銅棺隸書處。」）然「程邈所造，書籍共傳」，道元之說，未可憑也。杜光庭[22]又辨之曰：「世人多以隸書始於秦時程邈者非也。隸書之興，興於周代，何以知之？按《左傳》：史趙算絳縣人年曰：亥有二首六身，是其物也。士文伯曰：然則二萬六千六百有六旬。蓋以亥字之形，似布算之狀。按古文亥作𠦄，全無其狀。雖春秋時文字體別，而言亥字有二首六身，則是今之亥字。下其首之二畫豎置身旁，亥作豖，此則二萬六千六百之數也。據此，則春秋之時，有隸書矣。又酈善長《水經注》云：臨淄人有發古冢者，得銅棺，棺外隱起為文，言齊太公六代孫胡公之棺也。惟三字古文，餘同今書。此胡公又在春秋之前，即隸書興於周代明矣。當時未全行，猶與古文相參，自秦程邈已來，乃廢古文，全行隸體，故程邈等擅其名，

22 杜光庭（八五〇—九三三），字賓聖，號東瀛子，為唐末五代著名道士，精通儒、道典籍，將《道德經》過去註解詮釋重新考校，亦對道教的名山洞府作過不少實地調查，並將道教神話、齋醮儀式統整研究，為唐宋道教史上重要人物。傳奇小說〈虬髯客傳〉為其著作。

非創造也。」按書傳所謂得古物者其詞或誤。即不然，年代文字，亦往往考核不審。酈氏之說，未可盡憑。籀篆以前，文字多矣，必謂惟今隸書之亥字，乃足當二首六身，亦近專輒。然知秦隸初起，與篆相淆，即知酈言隸起秦時，亦未為得。何者？變篆為隸，不過如今鈔胥作字，但求捷速，隨意作書，而不復審其俯仰之姿耳。謂秦時而其用始廣則可，謂至秦時乃能為之，固不然也。

篆隸之異，大體固在筆畫形狀；然其字之構造，亦有不同之處。或由篆取圓筆，隸取方筆，筆勢不同，不得不改；亦有各有所承，隸書並非改篆者。王氏筠曰：「今人以攴為正、以攵為俗，誤也。《說文》所收之小篆皆從攴，古文、籀文皆從攴，攵即攴之變文也。∧變為人者，如旌旗從㫃，乾從㫃，楷皆變∧為𠂉也。又變為乂者，如文篆作乂，今又變乂而連書於十之下也，豈可斥為俗乎？且楷從攴者，有鼓、敲、毆三字，不必尊古、籀文而改為鼓、敲、歐也；他字皆從攵，即亦不必尊篆文而闕古籀文也。或有力辨變當作變者；則㪅今作更，何不聞其力辨之也？」（見《說文釋例》卷九。）蓋篆隸初本同物，篆書之書寫苟簡者，即為隸書；並非既有篆書，經歷若干年代，乃又造隸。故有篆書遵古而隸與古違者，亦有篆已變古而隸書猶存古意者。正猶後世正書，字體之間，小有出入，下筆者或遵舊體，或效時趨耳。然則欲考文字之朔，篆與隸之可據，固亦相等矣。

隸之初興，取趨約易，施之徒隸。蓋凡士夫作書，不求約易者，即不其然。然庶業其繁，約易之趨，勢不獲已，故隸書浸盛，篆乃卒微。賈耽〈說文字源序〉云：自三國後，隸書盛行，古文篆籀浸微矣，歷晉、魏、周、隋、宋、齊、梁、陳，通篆籀者日寡。惟碑頌之額，時睹數字，仍十中八九，檢文題之。此則又非漢時施之符璽、幡信、題署之比矣。（衛恆說見前。）《書斷》曰：漢和帝時，賈魴選《滂喜篇》，以《倉頡》為上篇，《訓纂》為中篇，《滂喜》為下篇，所謂《三倉》也。皆用隸字寫之，隸法由茲而廣。《三倉》為識字之書，而亦寫以隸，隸之通行可知。蓋篆隸之殊，一在字體，一在筆勢。字體則由繁趨簡，筆畫則變圓為方，二者皆所以求約易。夫藁草之書，非不約易也，然又失之草率，不如隸書之便於觀覽。此隸書所以行之數千年，今人雖或病其書寫之難，而卒不能廢也。成公綏《隸書體》曰：「蟲篆既繁，草藁近偽，適之中庸，莫尚於隸。」知一事之行，皆有其所由，而非偶然矣。

七、論行草

吾鄉孟心史先生（森）嘗言，「文字不能少於真、草二種，亦不能多於真、草二種。蓋閱看求其清晰，利用真；書寫求其捷速，利用草，故二體不可偏廢。然若多於此二體，則學之又浪費精力矣」。斯言也，觀於世界各國而信；返求諸吾國，亦無不合也。篆、分、今隸，相沿而變，皆屬於真；行、草則可總稱為草書者也。

許〈序〉云：「漢興有草書。」不言作者為誰。江式〈表〉云：「又有草書，莫知誰始。」《書勢》云：「漢興而有草書，不知作者姓名。」庾肩吾《書品》云：「草勢起於漢時，解散隸法，用以赴急。」皆與許說同。趙壹〈非草書〉云：「夫草之興也，其於近古乎？蓋秦之末，刑峻網密，官書繁冗，戰攻並作，軍書交馳，羽檄紛飛，故為隸草，趨急速耳。」《書斷》引梁武帝〈草書狀〉曰：「蔡邕云：昔秦之時，諸侯爭長，羽檄相傳，望烽走驛，以篆隸之難，不能救急，遂作赴急之書，今之草書也。」追溯起源，皆較許說為早。然秦與諸侯爭長，至於漢興，實無幾時，不可云異說也。懷瓘駁梁武帝曰：「創制之始，其閑者鮮。且此書之約略，既是蒼黃之際，何粗魯而能識？蔡公不應至是，誠恐厚誣。」其說未免膠固。然謂草書之名，由於起草，則立說甚通。其說云：「王愔云：藁書者，似草非草，草行之際者，非也。按藁亦草也。因草呼藁，正如真正書寫，而又塗改，亦謂之草。楚懷王使屈原造憲令，草藁未上，上官氏見而欲奪之；又董仲舒欲言災異，草藁未上，主父偃竊而奏之，並是也。如淳曰：所作起草為藁。姚察曰：草猶粗也，粗書為本曰藁。蓋草書之先，因於起草。」其說殊協事理。《書品》亦曰：「因草創之義，故曰草書。」莊綬甲《釋書名》曰：「《儀禮．既夕注》、《初學記》引蕭子良〈古今文體〉，有藁書無草書。《墨藪》五十六種書同。《御覽》引庾元威〈論書百體〉，有章草、草書，無藁書。」明藁、草是一，足見懷瓘之說之確矣。草書之始，蓋惟求自喻，其後則漸以喻諸切近之人。以其便易，推行稍廣，成為書之一體，或謂漢初，或云秦世，皆不過溯其行用之時，本非說其創制之日。凡事皆合眾力成於積漸，本無創制之人，亦無創制之時可指也。

草書盛行，及其遷變，蓋始東漢。《書勢》云：「漢興而有草書，不知作者姓名。至章帝時，齊相杜度，號稱善作。後有崔瑗、崔寔，亦皆稱工。弘農張伯英，因而轉精。」《書品》謂「建初中，京兆杜操始以善草知名」。《書斷》云：「章草者，漢黃門令史游所作也。衛恆、李誕並云：漢初而有草法，不知其誰。蕭子良云：章草者，漢齊相杜操，始變藁法，非也。王愔云：漢元帝時史游作《急就章》，解散隸體麤書之，漢俗簡惰，漸以行之，是也。」又云：「自杜度妙於章草，崔瑗、崔寔，父子繼能。伯英得崔、杜之法，溫故知新，因而變之，以成今草。字之體勢一筆而成；偶有不連，而血脈不斷；及其連者，氣脈通，其隔行。惟王子敬深明其旨。故行首之字，往往繼前行之末。世稱一筆書起自張伯英，即此也。」又云：「章草之書，字字區別。張芝變為今草，上下牽連，或借上字之下，而為下字之上。呼史游草為章草，因伯英草而謂也。」杜操即杜度，大徐《說文註》作杜探，他書亦有作杜伯度者。莊綬甲云：作操是，探文相似而誤，伯度蓋其字。史游者乃撰《急就篇》之人，後人以章草書之，懷瓘因以章草為游所作，實誤。（莊氏云：「史游《急就》，後人多以章草書寫之。皇象、鍾繇、衛夫人，皆有遺跡，見顏師古〈序〉。王愔所謂解散隸體麤書之者，蓋涉後人之跡而誤也。」）餘皆諸說符同。云「杜操始變草法」，云「伯英變之以成今草」，遷流之跡，灼然可見，然猶不止此。蔡希綜〈法書論〉曰：「張伯英偏工章草，每與人書，下筆必為楷則，云匆匆不暇草書。漢、魏以來，章法彌盛。晉世右軍，特出不群，穎悟斯道，乃除繁就省，創立制度，謂之新草，今傳《十七帖》是也。邇來率府長史張旭，就王之內，彌更簡省。」《十七帖》今存，其字已不易辨。張旭所為，世稱狂草，更不必論矣。懷瓘《六體書論》張伯英曰：「草法貴在簡易，而此公傷於太簡。」況右軍以降乎？韋《續》云：「字有五易：倉頡變古文，史籀制大篆，李斯制小篆，程邈制隸書，漢代作章草。」字之施諸實用者，蓋至斯而訖。今草以後，則漸成藝事矣。行書乃起而代之。

《書斷》曰：「行書者，後漢潁川劉德昇所造也。（《六體書論》亦曰：「行書者，劉德昇造也。」）行書即正書之小訛，務從簡易，相間流行，故謂之行書。」云「務從簡易，相間流行」，則亦雜有減畫之字。然云「正書之小訛」，則其同於正書者必多，訛同化，小訛，謂小變也，蓋特書寫稍形流走耳。故昔人謂「正書如立，行書如行，草書如走」也。此蓋其初興時，後亦兼採草體。故懷瓘《書儀》謂：行書非草非真，在乎季、孟之間；兼真者謂之真行，帶草者謂之行草。蓋草書有可用，有不可用者，擇其可用者而用之，至此，則合二體別成一體矣。《書勢》曰：「魏初有鍾、胡二家，為行書法。俱學之於劉德昇，而鍾氏小異，然亦各有巧。」（胡昭，見《三國志・管寧傳》。）《書斷》引王愔曰：「晉世以來，工書者多以行書著名，昔鍾元常善行押書是也。」王僧虔《論書》曰：「鍾繇書有三體，三曰行押書，行書是也」，河間衛覬子「瓘採張芝草法取父書參之，更為草藁」，草藁是相聞書也，（採張芝法，以覬法參之，蓋即行草。王愔云：「藁書者似草非草，草行之際。」亦謂此也。）皆一時善此之士也。

張懷瓘說章草曰：「杜度善草，見稱於章帝，上貴其跡，詔使草書上奏。魏文帝亦令劉廙通草書上事。蓋因章奏，後世謂之章草。」按漢明帝令北海敬王作草書尺牘，已見前。《後書・列女傳》：皇甫規妻「善屬文，能草書，時為規答書記，眾人怪其工」。又曹操問蔡文姬：「聞夫人家先多墳籍，猶能憶識之不？」文姬曰：「昔亡父賜書，四千許卷，流離塗炭，罔有存者；今所誦憶，裁四百餘篇耳。」操曰：「今當使十吏就夫人寫之。」文姬曰：「妾聞男女之別，禮不親授。乞給紙筆，真、草惟命。」於是繕書送之，文無遺誤。《三國志．魏武帝紀》建安二十五年《注》引《博物志》曰：「漢世安平崔瑗、瑗子寔、弘農張芝、芝弟昶，並善草書，而太祖亞之。」皆可見草書之盛行。然《玉海》言晉荀勗領祕書監，立書博士，置弟子教習，以鍾繇、胡昭為法，則實用者漸重行書，而草書浸成藝事矣。《宣和書譜》曰：「自隸法掃地而真幾於拘，草幾於放。介乎兩間者，行書有焉。」一事之存廢，固皆有其所由也。

然中國之草書，生長頗受夭閼，故終不能十分簡易。蓋字由偏旁合成。而所謂偏旁者，大體即係一字，故其筆畫不得不多。非簡略之至於失其元形，則其畫數不能大減。然簡略之至於偏旁失其元形，則已別成一字矣。識字究為難事，故草書字數，勢不能多。今日通常所作，實皆行書也。然亦總雜有簡略已甚之字。（如書字即是。）而其所雜多少，復人各不同。此即《書儀》所謂真行、行草，故吾謂其已合二體別成一體也。正書人人能識，草書則不盡然。真行所以便識草書少者，行草則所以便識草書多者。其並行蓋事勢使然，亦即甚協乎理，然終不能甚簡，此則字之本體使然也。

草書與行書合一，乃其變化之一途。其又一途，則與今所謂簡字相合，簡字非晚近始有。《傷寒雜病論》，一作《卒病論》。《雜病論》即今《金匱要略》，非論倉卒之患，則卒字無義。或云：鈔胥寫雜字，止作左半，因誤為卒，其說蓋是。書寫之遲速，一判之於筆畫之多少，一判之於筆畫作成之難易，而後者之關係尤巨。簡畫之字，未必出以鄭重之筆，故簡字不能於草書之外，獨立為一體。然自張芝以降，草法之變化日多，不甚作書者，下筆難於不訛，乃捨草書之流走而獨取其減畫，遂成今日之簡字。試觀簡字同於草體者之多而可知也。此又草書一體中之變化也。

一個合理的習字方法

約在十年前，有一個青年，因為不會寫字，自己很覺得不便，要想練習而不得其法，在《新聞報》的「快活林」中，求人指教。我因此把「快活林」留心看了兩三個星期，未見有人答覆他。在當時，頗想把我的意見，貢獻一點給他，後因事冗，忽忽未果。這件事，至今想起來，還覺得有些悵悵。

字，到底有練習的必要嗎？

中年以上的人或老輩，都說有。他們說：現在的青年，字實在寫得太壞了。的確，這話是不能不承認的。但是字為什麼一定要寫得好呢？他們都說不出什麼來，不過覺得習慣上不該如此之壞而已。而現在的青年，所學的學科，如此之多，斷不能像從前的青年，專心盡力的習字，這個原因，再不能為老輩所原諒，有種青年說：字是用不著練習的。他們的理由：以為中國的字，是落伍之物，非改用新文字不可。這話姑勿論其當否。就算她是得當，而文字是不能驟變的，在現在以及未來，舊文字總還不能廢而不用。既要用，就要寫；既要寫，如何能不練習呢？又有等人說：字，只要寫在紙上，人家看了認得就夠了，何必要求其美？既不求其美，何必要練習呢？這話也似是而非。字雖不求其美，然㈠自己便於書寫，㈡他人便於閱看，這兩個條件，是不能缺少的。要達到這兩個目的，也不能不練習。但是在現在，從前習字的方法，亦決行不通。所以現在，字不是要不要練習的問題，而是該怎樣練習，就是用何種方法練習的問題。

從前的練習方法，為什麼不適用呢？我想一因其費時太多；二則因其練習的結果，一種是真的練好了的，然其事係專門技術，非盡人所能為，一種則其實沒有練好。前者是專門名家的書家。後者是科舉的餘孽，以寫大卷白摺的館閣體[1]為好字的。現在教人寫字的，大致不外乎這兩種人。其真知今日的需要，為之立一法以求達其目的的，可謂絕無，現在一般學校中，教人習字，固然以適用於今日為目的，然而所用的方法，亦不外乎此等陳舊的方法而已。用此等陳舊的方法，而要想達現在的目的，豈不是南轅北轍？

現在的習字方法當如何？

㈠求練習時間的減少，以節省精力和日力。

㈡求書寫的容易。——其中包括⑴寫起來不費力，能多寫；⑵而仍能快；⑶仍能使人易於認識這三個條件。

1 一種書體風格，明代時稱為「臺閣體」，於清代改稱「館閣體」，為清代朝廷公文標準楷書書體，以字形的大小、粗細統一，字體方正、光潔、烏黑為特徵，科舉應試時皆要求以此種風格書寫。

㈢寫字雖為實用起見，然亦須使人看了不起不快之感。而這一個條件，和使人易識，是有頗密切的關係的。因為斷無糊塗、奇怪、看了不易認識的字，而會使人起快感的。所以應用的字，和美術的字，並不能截然分開。這正和應用的文章，亦須要一定限度的美一樣。

合於這三個條件的習字方法，當如何呢？請陳鄙見如下：

㈠為求書寫容易起見，要練習行書，而不要練習真書。孟心史先生[2]有言：字必須有真、草兩體並行，因為書寫要求其省力，求其快，閱看要求其清楚。的確，世界上較為發達的文字，都是二體並行的。可見需要相迫，各民族自能不謀而合，創造出同一的文化。現在人都說：中國文字書寫的煩難，由於其筆劃的繁多，其實不然。中國字書寫之難，乃由其用真體而不用草體。西文書寫起來，如果個個用真體，其煩難何嘗減於中國字？而中國字，無論如何繁重，在草書裡，很少超過五劃的。又何嘗難於西文？惜乎中國字，雖因進化自然的趨勢，而發展出草體來，後來卻受美術之累，而不能行用了。為什麼受了美術之累，而至於不能行用呢？因為應用之字，字體貴乎劃一，而美術貴乎變化。中國的字，因為書寫求其美觀，所以後人㈠或者改良前人不美之處；㈡或者多造一種美的式樣出來；㈢又或者寫字的人，各有其個性，而各有其所喜寫的式樣；於是字體就紛歧了。在今日，要求書寫的便利，自以制定草體，使之劃一為最宜。但此事目前恐非私人所能為，即勿論此，亦非旦夕所能奏效。所以為目前應用計，仍以練習行書為最宜。行書有兩種：一種是以真書為本，而略

2孟森（一八六八－一九三八），字蓴孫，號心史，活躍於清末民初，為明清史大家。

加流走的，謂之真行。一種是以草書為主，而略加凝重的，謂之行草。練習又以行草為宜。因為其書寫較真行便利得多。至於說不會真書，必不會寫行書，練習必須從真書入手，則純粹是瞎說，請問其理由在那裡呢？

㈡為求其清楚使人易於認識，而且能保有最小限度之美起見，必須有所模仿，因為要達到上項目的，亦必有其方法。此種方法，自然自得之難，而借徑昔人較易，此理甚明，無庸更加說明。

㈢為要節省精力和日力起見，我所主張的惟一方法曰摹。我的此法，是從曾文正公的習字法中蛻化而出的。少時讀《曾文正公家書》，見其教子弟習字之法有兩種：一種是把所習的帖，放在旁邊或前面，自己脫空照著他寫，謂之臨。一種是用薄的紙，復在帖上，像兒童寫影本一般，一筆筆照著他寫，謂之摹。他說兒童寫影本，肯用心的，一兩個月，所寫的字，無不和其所影的字畢肖。因此，他說習古人之字而肯摹，要像古人的字，要容易些。我看這部書時，還沒有臨帖。後來臨帖了，苦不能像，姑照他的話試試，果然不差：一兩個月，有些像了。而且給我發見摹除易像之外，還有一種作用，那便是省力。摹較之臨為省力，此理亦是易明的，無待說明。因精力可以節省之故，時間亦隨之而節省。為什麼呢？因為我們有許多零碎工夫，可以利用，然只能用之於輕便的工作，而不能用之於緊張的工作。摹還可以省力，所以在心不甚安的時候，或工作疲乏之餘，摹還可以行，而臨則不能。而且摹不但不費力，有時還可以轉移其勞動於別一方面，引起相對的趣味，藉調節以為休息。如奔跑之後，影寫一二百字便是。

我因此想，倘使將筆、墨、影寫的紙，所影的帖，都放在一處，有暇有興的時候，便隨意影寫若干，興盡無暇即止；如此者，其人即不再有一種習字的功課。積三四年，其字亦必能達到普遍應用的程度。真要講究書法的，自然不能以摹為已足。只求普通應用的人，就摹而不臨也夠了。我自以為這是一個發明。慚愧，我連這個都未能試行。然而我卻借他人，總算試驗過一次了。有一個青年，書法極劣。我便把此法教他。他所影寫的，係董香光的行書。這個人用力頗勤，在一個暑假中，曾日寫五百字，過此以往，亦不過隨意書寫，然不及三月，其字即煥然改觀。後來亦能替人家寫扇子、對子、條幅等了。而此人的天資，亦僅中等。因此實驗，我敢斷言字要達到普通應用的目的，並不要費多大的精力及日力，即不列為專課，亦能達其目的。我此言決非欺人。而且還有一句話。照我這方法寫時，並不必用心，只要隨筆書寫，就可以了。因為寫字是技術，根本是要養成筋肉的反應，並不是臨時用心去指揮手的。要是熟練了，寫字盡可不用心，也還是這樣。若不熟練，你臨時再用心，手也不會聽心的指揮。

關於執筆，我還要說一句話。我們如要寫美術字，執筆是大須研究的。必須遵守一定的法子，不能隨意。雖然其法子亦有好幾種，其途頗狹。至於寫應用之字，則其途甚寬。只須遵守「勿使腕之內側即靠近拇指的一面著案」的一條件而已足。為什麼腕之內側，不可著案呢？因為其姿勢，較使腕之外側著案為不自然。書寫較慢，且易疲勞，因不能多寫。現在寫西文的人，其執筆之法，腕之內側，即較近桌面。我頗疑心西洋人有「書記痙攣病」，而中國人無之，或與其執筆之法，頗有關係。有人說：寫橫行字，尤其寫西文，非如此不可。這亦是為習慣所蔽，我寫西文，就並不如此。執筆和寫中國字一樣，並不見得慢，也無甚不便。

（原刊《知識與趣味》第一卷第六期，一九三九年十二月二十一日出版）

中國社會變遷史

自序

從前的人，總說知易行難；孫中山先生卻獨說知難行易；這兩種說法，究竟那一種對呢？我說：這兩種說法，各有其立場。從實行上說，自然是知易行難。不論怎樣壞的人，總沒有不知好壞的。卻到該遵照道德律而行時，就有許多說法，替自己辯護，寬恕自己了。「子路有聞，未之能行，惟恐有聞」，果有這種勇猛精進之心，盡其所知而行之，已足成其為聖賢，為豪傑。所以知易行難之說，確有其理由。但是從處事的方法上說，卻就不然了。要把一件事情措置得妥貼，必須先把這件事情的本身，弄個明白，這是自然之理，誰也不會反對的。然而弄明白一件事情，談何容易？古往今來，不少自以為明白的人，而其所謂明白，究竟確實與否？徹底與否？從後人看來，往往很有可疑。古今不少熱心任事的人，而其對於事情，往往不能措置得妥貼；甚至轉益糾紛，即由於此。從這一點而言，行易知難，又不能不謂之真理了。我們對於事情，不能明白，其受病的根源，究竟在那裡呢？《易》曰：「窮則變，變則通，通則久。」這句話，是一個很普遍的法則。不但社會上一切事情如此；即社會的本身，亦是如此。社會必有其環境；環境本不是恆常不變的，社會的力量；又多少能使環境改變；環境既變，其影響復及於社會；而社會中的各分子，亦是互相影響的；所以社會的分子——人與物，無時不在變遷之中；社會的本身，自然要不絕地變化了。治法乃人所以對付事物之工具。事物一變，工具當然隨之改變，這亦是自然之理，人人都能明白的。然而抽象地說，如事物現放在眼前，就大不同了。人們往往在理論上承認變革為當然，而在事實上，卻固執變革為不可，尤其是社會的組織，不但固執為不可變，並有不知其為可變遷之物的。於是一切爭執，從此而起。提倡變革之人，往往因之而遭戮辱、殺害。其在一枝一節的事情上，固然未嘗不為有意之改變。然而社會全體，是互相關聯的。變其一，不變其二，不但不能得所預期，甚至所得者轉出於所預期之外，或與之相反，天下就從此多事了。

自歐亞大通後，我們遭遇著曠古未有的變局。我們的不能不變，數十年來，亦逐漸為眾所共認了。然而其變之始終不得其法，迄今日，仍在流離顛沛之中；這是什麼理由呢？分而言之，其說可以更仆難盡。總而言之，則由於我們不明白我們自己的社會。不明白社會的現狀，則不知今古之異，而欲執陳方以藥新病；不明白自己社會的性質，則不知人我之異，而強欲以他人所有者，施之於我；遂到處見其扞格而難通。數十年來，不論守舊維新，莫不言之成理，而行之無不碰壁，即由於此。

然則我們的社會，情形究竟如何，必須弄一個明白，看似迂闊，實係目前至急之務，且為自救根本之圖了。

現在是不能說明現在的，要明白現在，必須溯其源於既往。此書之作，是我從民國廿二年到廿三年，在上海光華大學所講，原名《中國社會變遷史》。吾國史料之流傳，自以秦漢以後為多；而社會的變遷，則實以三代以前為烈。秦漢以後，我們現在的社會漸次形成，根本上沒有什麼大變動了。固然，晚周、秦、漢之世，為這種社會形成之初，人心上還覺得不安；還要想把他回復到已往的狀況。果其熟悉這一時期的歷史，亦可見得社會本來不是如此；因而悟到社會不是恆常不變之物。然而前此的史材，所傳太少了，又多隱晦難明；很難給人以充分正確的知識。人們就很容易誤會：社會是恆常如此的。即使不然，亦以為社會之為物，只能聽其遷流，而不容易以人力加以改造。大家懷抱著這種思想，社會所以永無改革之望，即一枝一節之改革，亦多扞格而難通。然則將社會的本身，探本窮源，弄一個明白，確實是根本之圖，而亦是至急之務了。此書雖然不足以語此，卻是有志於此的。此書原名《中國社會變遷史》，所以改定今名者[1]，我認為孔子所說的大同、小康、亂世，確足以代表中國社會變遷的三大時期。大同，不但是孔子，亦是人人心中所想望的。孔子在二千年前，指示我們以這最高的模範，闡明而光大之，自是後死者之責。亦且大同、小康、亂世，三者相因，明其一，亦即能明其二；不明其二，亦終不能明其一的；所以舉一可以概三。我們所求明白者，

1 此處「今名」乃指《大同釋義》。

為自大同時代直至現在的情形；我們心所嚮慕而蘄其實現者，則尤在大同時代；故而改定今名，以志蘄向。

既然想把中國的社會，弄個明白，自然該從最古的時代，直說到如今了。而此書卻止於兩漢之際，這是何故？原來中國的社會，體段太大，所關涉的方面太多，情形太複雜了。要徹底說明它，自然非短時期所能。而在今日，需要精詳研究之書，亦似不如說明大體之書之切。因為中國的社會，以前是怎樣一個經過，現在是怎樣一個情形，為什麼有此經過，成此情形，還全在茫昧之域。必須有大概的知識，然後可作精詳的研究。所以此書係用鳥瞰之法，說明中國社會變遷大端。一枝一節之處，都不之及，以免蕪雜之累。東漢以後的社會，根本上無大變遷，所以就略而不及了。雖然如此，稍枝節的考證，總是不能免的。所以我在行文時，都力求置之附注之中，以免正文蕪雜。全書的綱領，自然要借重於現在社會學家的成說，可是由我考據所得，亦不能謂之絕無。我雖然不敢以有學問自居；可是所讀的書，也還相當；立說也還謹慎；牽強附會，是生平所不肯出的；於這一點，頗希望讀者注意。至於闡明中國社會的真相，這麼一個大題目，自非如我之淺學，所能擔當。我不過覺得此類的書籍，還很缺乏，希冀拋磚引玉，以此為大輅之椎輪而已。全書在去年暑假前，本已用文言寫成。正文不足三萬字。以簡要論，自勝於現在的白話本，但我天賦至愚，篤於自信，一得之見，頗想對於全民族以芹曝之獻，覺得現在讀這一類書的人，和白話接近者較多，和文言接近者較少。求其傳布較廣，收效較弘，暑假後，乃將文言之稿毀棄，改用白話，隨講隨編，將次完竣，因病中輟。直至昨日，始行全部寫成。「家有敝帚，享之千金」，我並無此勇氣。不過天賦至愚，篤於自信，總以為不至一無可取而已。其大部分，自然是燕石[2]。如有錫以指正，使我不至終寶其燕石的，敬當禱祀以求，馨香以祝。

自歐洲學術輸入中國之後，社會學的學說，要算最為風行。這也有個理由，社會是整個的，不是片段的。不論什麼社會現象，都是整個社會上的一種現象。離開了社會的全體，都無從解釋的。從前的人——不論東西洋——都不知此義，所以其對於一種現象的解釋，都不能真確；而其所擬的對策，亦多不可行。現在就不然了，人類的知識進步到能闡明社會學，確是人類的福音。中國人之傾心於這種學問，亦固其所。但是社會進化的程序，雖然大致相同；而其小節偏端，以至於現在所達到的地位，則不能劃一。所以研究可以借資於人，而硬拉了人家的問題，以為亦是我們的問題；甚至硬抄人家解決的方法，以為亦就是我們解決的方法，則必不免無病而呻，削足適履之病。所以把中國的社會，研究明白，實在是至急之務，而亦是根本之圖。

世界進化到極點，我相信：人類是只有相親相愛，相扶相助，而沒有互相爭鬥殘殺的——人類有餘的勢力，要求消耗，都用之於對自然的抗爭了。然而未至其時，則欲求自存，亦必須有相當的強力。古來許多夭殤的社會，其組織，豈必其皆不良？然而其結果，反被野蠻之族所征服，即由武力太缺之故。我國古代，從文化上說，主要的有炎、黃兩族。炎族組織較優良，黃族武力較強盛。

2 取自「燕石為玉」，乃自謙之詞，意指自己珍藏之物，微不足道。

其後，炎族遂為黃族所征服。說具篇中，玆不更贅。天幸！黃族征服炎族之後，沒有把它優良的組織，盡行破壞，而且還為相當的保存，甚且能夠發揚光大，我國遂為一文化優越之民族，以迄於今。在現在世界上，中國文化，確實是有相當的價值的，然亦靠黃族的武力，東征西討，使中國成為大國，乃能保存此優越之文化。否則古代與我同時並存之民族，安知其文化沒有足與我大同時代媲美的呢？然則世界未進於大同，文事武備，確乎兩者不可缺一。我們今日，遐稽古史，也不必贊美炎族的文明，而痛恨黃族的憑陵[3]了。

但是武力的超越，亦要靠文化維持。「大同」二字，就字面講來，就是全體利害相同，更無衝突的意思。我們現在，為什麼不競於人？是武力的不逮嗎？我們的陸軍，並不少於日本，海空軍及其餘一切戰備，固然自愧不如，但在戰略上，亦並非無補救之法，卻為什麼不能抵抗？這是內部的問題呢？還是外部的問題？「一二八」之役[4]，以及今日華北戰區，為什麼會有所謂內奸？內奸的利害，是和國家民族的利害相同的呢？還是相反的？為什麼我們社會裡，會有和全體利害相反的人？固然，內奸是各國都有的。然而號稱強盛之國，是不是其內奸較少，而亦不能發揮其力量？而號稱衰亂之國則反之？吳三桂、洪承疇，是不是此等內奸的擴大？然則要爭民族、國家的自存，雖不必侈語大同，而其所謂同者，是否應保持一最小的限度，而今日所謂強盛之國，苟其內部的不同，愈擴愈大，

3 亦作「馮陵」，意指仗勢欺人。

4 即一二八事變，為發生在一九三二年一月二十八日，日本軍隊突然對上海發動攻擊。

是否有不能保持現狀的危險呢？這真是可以深思的問題了。

一九三四年九月二十六日，
武進呂思勉自序

一、發　端

今日的世界，到底是什麼世界？機關槍、大炮、坦克車、毒氣，日造殺人之器，日以殺人為樂，恬不為怪。雖說是施諸異族異國，實未嘗不施諸同族同國。（大之如內戰；小之如軍警之於盜賊，盜賊之於人民。）這是有形的。其無形的：則想藉勞力以自活的人多，而位置少，一人得業，即必有一人失業。想藉工商等業以牟利的人多，而購買力薄，一家得利，必有他家失利。如其都能得利，則消費者受其剝削。這都無異紾人之臂而奪之食。總而言之，人類奉生之具，出於天然。而天然之物，非勞力不能得。所以為人類計：「本應協力以對物，不該因物而相爭。」因為因物而相爭，即對物之力薄了。然而人類之生存，有一部分，實建築於剝削他人之上。此事究極言之，實無異於人相食。在人相食的世界中，自然是強者為刀俎，弱者為魚肉。然而物極必反。所謂強者弱者，只是根據某種條件而分。假使據以競爭的條件變了，則強弱可以易位。這便是所謂反亂。我們知道：向來的歷史，是每隔數十年或數百年，便要有一次反亂的。亂非少數人所能為，如其大多數人，都不要亂，少數人決無法強他。所以歷代的反亂，都以大多數人不能安其生為真原因。合前後而觀之，即是人因求食而競爭，因競爭而相食，失敗之徒，迫得另取一法以自衛。萬事根於人心，人心而思亂，決無法可使之治的。人，似乎是最難測的東西，然而人人而觀之，則係如此。若合大多數人而觀之，則其程度略有一定。（從來隨時隨地，不患無才；只患無用兵之將，不患無可用之兵；只患綱紀廢弛，風氣頹敗，無所謂某國某族之民，簡直不足與有為；即由於此。此其故，由於上智下愚，在各社會中，皆居少數；其大多數，都是中材；凡中材，恆視其環境為轉移。蘇子瞻說：「有人人之勇怯，有三軍之勇怯。人人而較之，則勇怯之相去，若梃與楹；至於三軍之勇怯則一也；出於反覆之間，而差於毫厘之際，故其權在將與君。人固有暴猛獸而不操兵，出入於白刃之中而色不變者；有見虺蜴而卻走，聞鐘鼓之聲而戰慄者；是勇怯之不齊，至於如此。然閭閻之小民，爭鬥戲笑，卒然之間，而或至於殺人。當其發也，其心幡然，其色勃然，若不可以已者；雖天下之勇夫，無以過之。及其退而思其身，顧其妻子，未始不惻然悔也。此非必勇者也，氣之所乘，則奪其性而忘其故。故古之善用兵者，用其翻然勃然於未悔之間；而其不善者，沮其幡然勃然之心，而開其自悔之意，則是不戰而先自敗也。」亦於此理見及其一端。）前此致亂的原因，如其不去，其結果是決不能免的。社會的弱肉強食，固然已歷數千年，然而向來的範圍，未嘗如此其廣；其鬱結，亦未嘗如此其甚。我們知道：三代以上之所謂內亂，不過如鄭國的萑苻之盜[5]，

5 萑苻，亦稱「萑蒲」，乃指沼澤之地因蘆葦叢生容易藏身，因此常有盜匪藏匿期間，殺人越貨，後以此比

匿居山澤之中，偶或殺人越貨而已。大之如盜跖[6]、莊蹻，就不免飾說而非事實。然而秦一天下之後，便爾揭竿斬木，遍於山東；蒼頭異軍，蔓及百越；新安降卒，並命大阬；咸陽宮室，付之一炬；其波瀾之壯闊，斷非戰國以前之人，所能想像了。然則交通的範圍愈廣，禍亂的規模亦愈大，勢有必至，理有固然。鑑觀往古，懸念將來，真可為不寒而慄。人類的將來如何？這真是厝火積薪之下，而寢其上，火未及燃，因謂之安。人將如何脫離這修羅的世界，而進入天國呢？

二、論所謂大同者究係實有其事抑理想之談

「金丹換凡骨，誕幻苦無實」。耶教的天堂，佛教的淨土，不是我們所敢希望的。我們所希望的，只是孔子所說的：「老有所終；壯有所用；幼有所長；鰥寡孤獨廢疾者，皆有所養。」更簡而言之，便是「養生送死無憾」六個字。

這究是實有的世界呢，還是孔子的希望？假如是實有的，則人類所失去的故物，自可以人力恢復之。歷史上的已事，業經證明我們有建造黃金世界的能力，可使我們的膽氣一壯。如其僅係理想，理想原非必不可實現，然而其可能性，就較薄弱了。

6 相傳為春秋時期之大盜，生性暴虐，後以此比喻殘暴之人。喻盜匪藏聚之處。

說大同是實有的世界，照現在的情形看起來，似乎萬無此理。然而㈠古人論世運的升降，把皇帝王霸，分作數等的甚多。（儒家此等語，固人所習見，即各家亦多有之。今舉一二為例。如《管子・乘馬》云：「無為者帝，為而無以為者王，為而不貴者霸。」又《兵法》云：「明一者皇，察道者帝，通德者王，謀得兵勝者霸。」又《史記・商君列傳》，載商君見秦孝公之事曰：因孝公寵臣景監以求見，既見，語事良久，孝公時時睡，弗聽。罷，而孝公怒景監曰：子之客，妄人耳。安足用邪？景監以讓衛鞅，衛鞅曰：吾說公以帝道，其志不開悟矣。後五日，復求見鞅。鞅復見。孝公益愈。然而未中旨。罷，而孝公復讓景監。景監亦讓鞅。鞅曰：吾說公以王道，而未入也。請復見鞅。鞅復見孝公。孝公然之，而未用也。罷而去，孝公謂景監曰：汝客善，可與語矣。鞅曰：吾說公以霸道，其意欲用之矣。誠復見我，我知之矣。衛鞅復見孝公。孝公與語，不自知膝之前於席也。語數日不厭。景監曰：子何以中吾君？吾君之歡甚也？鞅曰：「吾說君以帝王之道，比三代，而君曰：久遠，吾不能待。且賢君者，各及其身，顯名天下，安能邑邑，待數十百年，以成帝王乎？故吾以強國之術說君，君大說之耳。然亦難以比德於殷周矣。」此等蓋傳其事者的飾說，非必事實。然分治法為數等，則確有此理。蓋將社會徹底改革，其功大，其效自遲。若但圖略加整理，或改革一枝一節，其規模小，其程功自易。這是古今一轍的。譬如今日，欲徹底推行社會主義，其事自較難；追隨帝國主義之後，苟圖富強，其事自較易也。）這固然是理想之談，不能徑認為事實。然而諸子百家，大都認皇古的治化，較後世為隆；大都認隆古之世，曾有一黃金世界。假使全係理想之談，似不易如此符合。這其間，似當有事實的暗示。㈡古書的記事和寓言，很難分別，這誠然。然非竟無可分別。〈禮運〉孔子論大同小康一段，按其文體，固明明莊論而非誕辭。孔子說：「大道之行也，與三代之英，丘未之逮也，而有志焉。」鄭《注》說：「志，謂識，古文。」這是把識字解釋志字；更申言之，謂所謂志者，即係漢人所謂古文。志即現在口語中的記字；下筆或作記，或作志；古人則作志作識，都係名動詞通用。古文則東漢人通稱古書之辭。王靜庵《漢代古文考》論之頗詳。（予昔撰《中國文字變遷考》曾駁之。但所駁者，限於西漢的初期，至東漢以後，則確有此語。）孔子所謂「三代之英」，即指禹、湯、文、武、成王、周公六君子之世。這是歷史上明有其人，明有其時代的，不能指為子虛烏有之談。然則所謂大道之行者，在今日雖文獻無徵，而在孔子當日，則必薄有所據；所以與三代之英，同稱其有志。（此「志」字，必不能釋為「志之所之」之「志」。因志之所之，只可有一，不容有二。若釋為「志之所之」之「志」，則孔子既志於大道之行，又志於三代之英，於理為不可通矣。《莊子》「《春秋》經世，先王之志」的「志」，與此相同。）準此看來，所謂大同者，實當確有其世。但(1)這究在何世？(2)以何因緣，而能有此黃金世界？(3)又以何因緣，而不能保守？(4)而在現在，又究竟能否恢復呢？這都是我們急於要問的。諸君且慢，聽我道來。

三、論人類仁暴之源

邃古的情形，到底是怎樣？古書所載，有說得文明的，亦有說得極野蠻的。

其說得極文明的，如〈禮運〉所載孔子論大同之言，業已人人耳熟能詳，無待再舉。又如老子說：「郅治之極，鄰國相望，雞犬之聲相聞，民各甘其食，美其服，安其俗，樂其業，至老死不相往來。」（此數語見《史記・貨殖列傳》，其見於《老子》書者，辭小異而意略同。）老死不相往來，用現在人的眼光看起來，固然不是美事。然而甘其食，美其服，安其俗，樂其業，卻是不易得的。這頗可與孔子論大同之語，互相發明了。而如《淮南子・本經訓》說：「古者機械詐偽，莫藏於心。」而以「分山川溪谷，使有壤界；計人多少眾寡，使有分數；築城掘池，設機械險阻以為備；飾職事，制服等，異貴賤，差賢不肖，經誹譽，行賞罰」，為後世之事。尤與孔、老之言，若合符節。總而言之：分界限而別人我，異善惡而定是非，因之以行賞罰，都不是至治之事。孔、老皆不認為真善。老子所以貴道德而賤仁義者以此。觀孔子論大同之言，則孔、老宗旨，並不相背；不過孔子所論，以小康之治為多，而大同不過偶一及之罷了。（古人學說傳者，皆闕佚已甚。或孔子對於大同，多有論列，而所傳者僅此，亦未可知。）

其說得極野蠻的，則如《管子・君臣下》篇說：「古者未有君臣上下之別，夫婦妃匹之合；獸處群居，以力相征。於是智者詐愚，強者陵弱；老幼孤獨，不得其所。」這是說社會內部的情形的。又如《商君書・開塞》篇說：「天地設而民生之。當此之時，民知其母而不知其父。其道親親而愛私。親親則別，愛私則險。民眾而以別險為務，則民亂。當此時也，民務勝而力征，務勝則爭，力征則訟。訟而無正，則莫遂其性也。」（性同生。）這是說各社會相互的情形的，與孔老之說正相反。

二說果孰是？我說：「皆是也，皆有所據。」

原來人是從動物進化來的，而亦是進化的動物。惟其是從動物進化來的，所以好生惡死，有己無人。飲食男女之欲，苟不得遂，即不恤殺人以自利。惟其是進化的動物，所以有深厚的同情心，為他動物所不逮。又其知力發達，凡能使人起衝突的事情，都能把他措置得妥貼，使衝突因之消滅。人在生物進化途中，是走到這一步了。所以今人說：「人有神格，亦有獸格。」這實在就是古人所說：「人之所以異於禽獸者幾希。」所以人之性，是仁暴並存的。既有愛人之心，亦有利己之念。而普通的人，愛人的心，恆不敵其利己之念。苟非先有以自遂，即不免賊人以自利。事實證明，不論那一個社會，上知下愚，總居少數，其大多數，總是中人。所以人類的仁暴，恆視乎其所處之境。

然則人所處之境，又是如何呢？

人之資生，不能無藉乎物。衣食住行，都是如此。而四者之中，食為尤急。所以人類處境之豐嗇，可以其取得食物的方法定之。取得食物的方法有兩種：一是取天然之物以自養，一是育天然之物以自養。取天然之物以自養，是為搜集及漁獵。育天然之物以自養，是為畜牧及農耕。

搜集這一個時期，昔人不大注意，其實與初民的生活，關係極大。緣漁獵亦必有相當的械器，初民則並此而無之。搜集則採取植物，或捕捉小動物，又或拾取大動物的屍體。總而言之，是較漁獵更為易於取得之物。《周官》大宰九職，八曰臣妾，聚斂疏材。其所做的，即是搜集時代之事。《禮記·月令》：仲冬之月，「山林藪澤，有能取蔬食，田獵禽獸者，野虞教道之」。這是搜集與漁獵並行。《管子．八觀》說「萬家以下，則就山澤」，可見其養人之眾。春秋戰國時代，尚且如此，古代就不必論了。

人類所恃以為生之食物，僅能用較漁獵更粗拙之方法取之，則此時代之人，其饑窘可想。然即進而至於漁獵時代，其人亦未嘗不饑窘。因為此時代之人，多恃動物以自養，而動物之生殖力有限。即使不虞闕乏，亦為時節所限。如大雪封山，即不能獵；川澤凍結，即不能漁。所以此時代之人，仍以饑窘為苦。後世饑荒的情形，在其時，蓋為恆有之事。漁獵時代的人，所操的本是殺伐之業，而又為饑餓所迫，便不免以其對物之殺伐，移而對人。管、商諸子所說古代野蠻的情形，大抵即在此時。

漁獵進而為畜牧，而人類生活的情形一變。此時養命之源，本已不全靠天然，而多少可參以人力。然而所需牧地，面積甚廣，而又時患水草的缺乏。而這種人的生活，本是便於移動的，且這種人大抵兼事射獵，漁獵時代殺伐的技能，既未忘卻；殺伐的性質，亦未消除。所以在歷史上，遊牧民族往往成為侵略者。（遊牧民族殺伐之性質與技能，本沿自漁獵時代。特漁獵時代因食物闕乏，不能合大群；又其所居，率在山澤之地，非如遊牧民族之處於平原，故其為患，不若遊牧民族之烈。在我國歷史上，海藏高原的羌人，不如蒙古高原的匈奴、突厥等可畏，即由於此。又遊牧民族，有時不能敵耕稼工商之國者，以其文明程度太低，供戰鬥用之械器太劣；部勒編制之法，又非所知也。若其漸次進化，而達於一定的程度，則文明國民，往往轉非其敵。此事證據甚多，特在此不暇遍舉耳。世每譏我國屢遭北族之蹂躪為不武，其實羅馬之困於日耳曼，印度之困於伊蘭高原諸民族，與我之見陵遼、金、元、清，又何以異？今日白種人勢力之盛，似乎野蠻民族決無翻身之理。然亦其進化之時間，尚未許此諸種人，達到可與歐美人爭衡的程度耳。然遲早總有達到的一日。到這時候，現在所謂文明民族，將處於怎樣的地位，真正可為寒心。所以人類若不從速回頭，專借武力財力，以相陵暴，必有今日所不能想像的大禍在其後。現今得意洋洋的人，屆時受禍必酷。這並非我好為咒詛。我若專做一篇文字，舉史實以證明此理，正見其理極平常，絲毫不足為怪也。這才是老子所說的：「天網恢恢，疏而不失。」)

從遊牧再進到耕農，則人類的生活，益形寬裕；而其性質，亦因之大變。這實緣其所操事業之平和，而其生活程度，亦遠高於舊時之故。孔、老所想望的境界，大抵即在此時。

人類生活的情形，及其性質的轉變，略說如上。以下再舉史實以明之。

四、論古代進化的大略和大同小康的遞嬗

從來講社會學的，多說社會經濟的進化，是從漁獵到畜牧，畜牧到農耕，其實亦不盡然。社會經濟的進化，蓋亦視乎其地。就歐洲的已事看來，大抵草原之地，漁獵之民，多進為畜牧；山林川澤之地，則進為農耕。中國古代，似亦如此。

中國古代，進化之跡，稍有可徵的，當推巢燧羲農[7]。巢燧事蹟，見於《韓非子的〈五蠹〉篇。

〈五蠹〉篇說：「上古之世，人民少而禽獸眾，人民不勝禽獸蟲蛇。有聖人作，構木為巢，以避群害，而民說之，使王天下，號曰有巢氏。民食果蓏蜯蛤，腥臊惡臭，而傷害腹胃，民多疾病。有聖人作，鑽燧取火，以化腥臊，而民說之，使王天下，號曰燧人氏。」其為漁獵時代的君長，顯而易見。伏羲氏亦作庖羲氏。後人望文義，遂生出「馴伏犧牲」、取犧牲以充庖廚諸曲說，釋為遊牧時代的君長。其實伏羲乃「下伏而化之」之義，明見《尚書大傳》。（巢燧羲農之稱，皆後人據其所做的事業而名之，並非其人當時的稱號。伏羲之畫八卦，古人蓋視為一大事。所以《易・繫辭傳》說：「古者庖犧氏之王天下也：仰則觀象於天，俯則觀法於地。觀鳥獸之文，與地之宜。近取諸身，遠取諸物。於是始作八卦，以通神明之德，以類萬物之情。作結繩而為網罟，以佃以漁。」說作八卦之事甚詳，佃漁之事較略。蓋古代政教合一，畫卦之事，為宗教上一大發明；即在政治上有大影響。所以以「下伏而化之」之義，為之立名。這是就宗教政治上的事業言之，與有巢、燧人、神農，就其利物前民的事業以立名者不同。）至其事蹟，則《易．繫辭傳》明言其「作結繩而為網罟，以佃以漁」。《尸子》亦說：「燧人氏之世，天下多水，故教民以漁。伏羲之世，天下多獸，故教民以獵。」其為漁獵時代的君長，更信而有徵。謂為遊牧社會的首領，除卻附會字面、妄生曲解外，更無證據。

伏羲氏歿，神農氏作。「神農」二字，確為農業的意義。（神字有變化之義。又《說文》：「神，天神，引出萬物者也。」農業必待種子的變化發生而後成，所以稱為神農。《禮記・月令》：夏季三月，

7傳說中原始部落聯盟首領有巢氏、燧人氏、伏羲氏和神農氏之合稱。

「毋發令，以妨神農之事。水潦盛昌，神農將持功，舉大事，則有天殃」。此「神農」二字，即農業之義。）與「伏義」二字，必待曲解，乃成為畜牧的意義者不同。神農又號烈山氏。烈山，即《孟子》「益烈山澤而焚之」的烈山，乃今社會學家所謂「伐栽農業」。後人謂因起於隨縣北之厲山，故以為氏，則因厲、烈同音而附會耳。其實春秋時魯有大庭氏之庫，實為神農遺跡。神農的都邑，固明明在山東而不在湖北也。

還有一個證據，足以證明我國古代的農業，是從漁獵時代進化來的。我國最古的建築物，名為明堂。是古代政治之樞，亦是古代神教之府，為一切政令教化之所自出。（讀惠定宇《明堂大道錄》可見。阮芸臺說得好，明堂是最古的建築物。其時文明程度尚低，全國之中，只有這一所房屋。天子就住在裡頭，所以就是宮殿。祭祖宗於此，所以就是宗廟。古代的學校，本來是宗教之府，所以明堂就是辟雍。其時並無諸多官府，所以一切政令，都自明堂中出。後世文明程度高了，一切事都從明堂中分出。於是明堂僅成為一個空空洞洞的東西；久之且不知其作何用，而有欲毀之者，如齊宣王告孟子「人皆謂我毀明堂」是也。至此時而返觀古代的明堂，乃於政治教化，無所不包，就覺其神祕不可思議了。然而其在上古，自為極重要的機關。）明堂亦稱辟雍。辟即璧，乃肉好若一的圓形的玉。圓形的玉所以稱為璧，則因辟的一音，本有周圜的意義。人若兜一個圓形的圈子，即稱還辟。（〈曲禮下〉：「大夫士見於國君，君若勞之，則還辟再拜稽首；君若迎拜，則還辟不敢答拜。」）雍、壅同字，是積高之意。（雍州之名，即因其積高而得。）明堂的建築，漢武帝時，公玉帶上其圖。「水環宮垣。為複道，上有樓，從西南入，名曰昆侖」。（見《史記・封禪書》。）這明是島居的遺象。蓋古人對於猛獸等，無防禦之力，所以藉水為屏障以自衛。後來雖能居於平地，仍不忘其遺制。不但明堂，築城必鑿池，亦是從此蛻化而來的。古無島字，洲字即島字。（洲、島同音。〈禹貢〉「島夷皮服」，「島夷卉服」，島皆當作鳥，謂鳥語也。《偽孔傳》讀鳥為島，則其行文亦作島，今本逕改為島，非是。）洲、州之為一字，尤顯而易見。然則「人所聚」和「水中可居之地」，同用一語，可謂島居的確證。明堂行政，精義何在？一言蔽之，在於順時行令。行令何以必順時，則全因重視農業之故。因為非時興作，最足以妨農功；而古人有許多輔助農業的政令，若其當行而不行，亦於農業有害也。（《論語》：顏淵問為邦。孔子告以「行夏之時，乘殷之輅，服周之冕，樂則〈韶〉舞」。這四句話，似乎很為迂闊。其實行夏之時四字，已包括一篇〈月令〉。一年之中當行何事，當於何時行之，以及何時不可行何事，悉具其中。舉而措之，一國大政，業已綱舉目張矣。並非徒爭以建寅之月為歲首也。至於乘殷之輅，乃為尚質之事舉其例；服周之冕，則為尚文之事引其端。樂則〈韶〉舞，乃功成治定後事。故此四語，包蘊甚富。）然則漁獵時代，政治之樞，神教之府，至農業時代，仍然不失其尊嚴。古代農業，係從漁獵時代進化而來，也大略可見了。

古有所謂三皇五帝者，雖然異說紛如，要以《尚書大傳》燧人、伏羲、神農為三皇，《史記・五帝本紀》黃帝、顓頊、帝嚳、堯、舜為五帝之說，為較可信。（三皇異說有四：㈠司馬貞《補三皇本紀》引《河圖》及《三五曆》：謂天地初立，有天皇氏，兄弟十二人，各一萬八千歲。地皇十一人，亦各萬八千歲。人皇兄弟九人，分長九州。凡一百五十世，合四萬五千六百年。緯候荒怪之說，不甚可信。㈡

《白虎通》正說同《尚書大傳》，或說以伏羲、神農、祝融為三皇。㈢《禮記・曲禮》、《正義》說：鄭玄注《中候敕省圖》，引《運斗樞》，以伏羲、女媧、神農為三皇。㈣《史記・秦始皇本紀》：丞相綰與博士議帝號，說：「古有天皇，有地皇，有泰皇，泰皇最貴。」案伏生係泰博士之一。《尚書大傳》：「燧人以火紀，火太陽，故托燧皇於天。伏羲以人事紀，故托羲皇於人。神農悉地力，故托農皇於地。」則第四說與《大傳》同。《補三皇本紀》說「諸侯有共工氏，與祝融戰。不勝，而怒，乃頭觸不周山，天柱折，地維缺。女媧氏乃煉五色石以補天」云云。前稱祝融，後稱女媧，則祝融、女媧係一人。《白虎通》或說，與《運斗樞》同。燧人風姓，女媧亦風姓，總之與伏羲係同一族的酋長也。五帝異說，只有鄭玄注《中候敕省圖》引《運斗樞》，加入一少昊，謂「實六人而稱五者，以其俱合五帝座星」也。案《後漢書・賈逵傳》：「逵奏《左氏》之義，長於二傳者，說：五經家皆言顓頊代黃帝，而堯不得為火德。《左氏》以為少昊代黃帝，即圖讖所謂帝宣也。如令堯不得為火，則漢不得為赤。」蓋秦漢之世，有五德終始之說。一說從所不勝。水勝火，土勝水，木勝土，金勝木，火勝金。秦人以周為火德，故自以為水德。漢初亦主此說，故自以為土德。後來改主相生之說。木生火，火生土，土生金，金生水，水生木。漢人自謂堯後，故必以堯為火德。舜土，禹金，殷水，周木。秦為閏位，不列於行序。至漢則復為火德矣。自堯以上追溯之，黃帝的黃，係中央土色，故黃帝為土德，不能改動。黃帝之後，顓頊為金德，帝嚳為水德，則堯當為木德。今加入一少昊，稱為金天氏，以當金德，則顓頊為水德，帝嚳為木德，而堯恰為火德矣。此係古文《左氏》家，與今文《公羊》家及先立學之古文《穀梁》家爭立學的手段，不足為據。所以《尚書大傳》三皇之說、

《史記·五帝本紀》五帝之說，最為可信。〈五帝本紀〉之說，與《大戴禮記》同，亦今文經說也。）前於三皇者，大抵荒渺難稽。三皇以後，則漸有氏姓世系可考。燧人氏，鄭注《通卦驗》說是風姓。伏羲氏亦風姓，其後有任、宿、須句、顓臾等國，見於《左氏·僖公二十一年》。神農氏為姜姓，和黃帝以後的世系，則眾所共知，不煩徵引。知道古帝王的氏姓世系，固然不能算在古史上得有多大的知識，然而氏姓世系，乃《周官》小史之職，有此，即知其人為歷史上之人物，而非神話中之人物。古史雖然簡略，於興亡篡弒等大事，不能置之不提。（如后羿篡夏之事，《史記》雖不載其詳，然亦言太康失國，昆弟五人，須於洛汭。《史記·夏殷本紀》，大略只載世系，便是根據小史所記帝系、世本一類之書的。）假使燧人、伏羲、神農遞嬗之間，亦有如阪泉、涿鹿爭戰之事，古史中不應無形跡可求。而今竟絕無形跡，這可推想，自燧人至神農，實在平和之中，由漁獵進化到耕稼了。

至其地域，則有巢氏治石樓山，在琅邪南。見於《遁甲開山圖》。人皇氏，即燧人，出暘谷，分九河，見於《春秋命歷序》。伏羲都陳。神農亦都陳，徙魯，見《史記·五帝本紀》、《正義》所引諸說，都在今河南山東。可推想這一群漁獵之民，實根據山東半島的山地，和魯西豫東一帶川澤之地，後乃進於耕農。

從燧人到神農，雖然保持和平的關係，然而神農氏數傳之後，卻有一軒然大波，起於河北，是為炎、黃二族的爭鬥。黃帝，《史記·五帝本紀》，稱其「遷徙往來無常處，以師兵為營衛」。即此二語，已可想見其為遊牧之族。又稱其東征西討，「東至海；西至空同；南至江；北逐葷粥，合符釜山」。此等遠跡，亦非遊牧之族不能至。「黃帝邑於涿鹿之阿」。涿鹿，山名。服虔說在涿郡。張晏說在上谷。服說蓋是。張說恐因後世地名而附會。涿郡，即今河北的涿縣。這一帶，正是平坦適於遊牧之地。《商君書．畫策》篇：「神農之世，男耕而食，婦織而衣；刑政不用而治，甲兵不起而王。神農既歿，以強勝弱，以眾暴寡。故黃帝作為君臣上下之義，父子兄弟之禮，夫婦妃匹之合。內行刀鋸，外用甲兵。」這數語，可為炎帝之族尚平和，黃帝之族好戰鬥的鐵證。推想古時，似乎河南之地，適於農耕；河北之地，宜於畜牧。所以炎、黃兩族，因地利之不同，生事遂隨之而異。一旦發生衝突，愛好平和的農耕之民，自非樂於戰鬥的遊牧之民之敵；而阪泉、涿鹿之役，炎族遂為黃族所弱了。農耕的共產小社會，內部的組織，最為合理；相互的關係，亦極平和。孔子所謂大同，老子所謂郅治，實在就是指這一種社會言之。自為遊牧之民所征服，於是發生階級。上級之人，剝削下級的人以自養。其善者，不過小康之治。並此而不能維持，就入於亂世了。世運的升降，大略如此。

五、論大同之世的情形

大同之世，究竟是怎樣一個情形？在今日已文獻無徵，只得從小康時代的情形中，推想其大略了。原來征服之族，雖能征服人而吸其膏血，而自居於寄生者的地位，然而社會的組織，以及其餘諸文化，則必因仍被征服之族之舊。因為征服之族，不過要吸取被征服之族之膏血，若把它的社會，徹底破壞，則被征服之族，成為枯臘，而征服之族，也無所施其吸取了。遼、金、元、清所以不敢大破壞漢族的社會組織，即由於此。（蒙古滅金後，太宗近臣別迭說：漢人無益於國，不如空其人，以其地為牧地。又速不臺攻汴時，想城破後全行屠戮。耶律楚材力爭，說：奇巧之工，厚藏之家，都在於此，乃已。俱見《元史・耶律楚材傳》。我們固不敢說征服者絕無同情心，只是替自己打算。然而這種心理，亦不能說沒有的。）

把一部《世本》看起來，黃帝之世，真是一個黃金時代。遠而天文、律曆，大而井田、封建，小而舟車、弓矢、醫藥、衣服，莫不肇始於此時；甚至荒誕的神仙家，亦以黃帝為口實。固然，古代的事，往往把許多無名的英雄抹殺了，而強附諸一有名的人。又或把眾人所做的事，硬栽在一個人身上，然亦決沒有一時代之中，發明家如此其多之理。因此可知：黃帝時代的文明，必係採取他族，而非其所自為。然則採自何方呢？可不問而知其為被征服的炎族了。「周因於殷禮，所損益可知也」，而世都稱周公製禮作樂，更沒人追想到殷朝。這和黃帝掠取羲農之族的文化，而獨尸創造之名，正是同一情況。

黃帝以後，傳顓頊、帝嚳二代而至堯舜。顓頊、帝嚳無甚實事可見。《大戴禮記》和《史記》小異大同，所以稱揚他們的，都只是幾句空話。大約這兩代，在五帝之中，是比較無關係的。舜之後是禹，便是三王之首了。堯舜時代的政治，大約和夏代差不多。殷因於夏，周因於殷，雖有損益，大體總是相沿的。(夏殷似非一民族，夏周或較近，看君位繼承之法可知。殷之繼承法，與句吳很相像。然是否同一民族是一事，其治法相襲與否，又是一事。因為較野蠻之族，征服較文明之族，多少是要採取其治法的。而當時所謂天子之國者，其文化程度，必較侯國為高。所以民族之同異，與其治法之相沿與否，並無關係。）所以三代的治法，必有一部分，是保存羲農以前之舊的。我們正好因此推想大同時代的情形。

然則三代的治法，那一部分是羲農以前之舊？那一部分是黃帝以後所改革的呢？我說凡社會組織，表現自由平等的精神的，必係大同時代的舊制。其表現階級性，和顯分人我之界的，必是黃帝以後，逐漸創造，或添設出來的。我們試本此眼光，把三代的制度，作一分析。

誰都知道：古代社會的根柢是農業。大同時代的農業，卻是怎樣情形呢？我說：很均平的井田制度，必是大同時代的遺制。孔子說大同時代「男有分」，分即是各人所分得的田。使用起來，雖有此分配之法，而田初非其所有，所以有還受之法。又可以換主易居。而每一個人，其為社會服務，亦有一定的年限。(《漢書‧食貨志》：「民年二十受田，六十歸田。七十以上，上所養也。十歲以下，上所長也。十一以上，上所強也。」案十一歲未能耕田，古人言語粗略，過十歲即可以云二十，過六十即可云七十。如以今人言語述之，當云：「民二十一受田，六十歸田。六十一以上，上所養也。二十以下，上所長也。」可參看《禮記‧曲禮》「人生十年曰幼」一節《正義》。《公羊‧宣公十五年》《解詁》：「上田一歲一墾，中田二歲一墾，下田三歲一墾。肥饒不得獨樂，墝埆不得獨苦，故三年一換土易居。」按這是爰田的一法。《漢書・食貨志》：「上田夫百畝，中田夫二百畝，下田夫三百畝。歲耕種者為不易，上田；休一歲者為一易，中田；休二歲者為再易，下田。三歲更耕之，自爰其處。」這又是爰田的一法。《漢書》之說是本於《周官》遂人的。大約地廣人稀之處，可行後法。地狹人稠之處，則行前法。）若使征服階級的士大夫，來定起制度來，怕沒有如此寬大了。

田，平地以外的土地，古人總稱為山澤。這是作為公有的，不過使用起來，要守一定的規則而已。（〈王制〉：「林麓川澤，以時入而不禁。」又：「獺祭魚，然後漁人入澤梁。豺祭獸，然後田獵。鳩化為鷹，然後設罻羅。草木零落，然後入山林。昆蟲未蟄，不以火田。不麛，不卵。不殺胎，不殀夭，不覆巢。」古人所以如此，乃為珍惜物力起見。《孟子》所謂「數罟不入汙池，魚鱉不可勝食，斧斤以時入山林，材木不可勝用也」。《荀子・王制》亦說：「養長時則六畜育，殺生時則草木殖。」《淮南・主術》亦說：「草木之發若蒸氣，禽獸之歸若流泉，飛鳥之歸若烟雲，有所以致之也。」）因其使用本無須乎分也。

工業：簡單的器具，人人會自製的，本不成其為專業。較難的器具，則特設專司其事之人，製造以供眾用。這是後來工官之制所本。《考工記》說：「粵[8]無鎛[9]，燕無函[10]，秦無廬，胡無車。粵之無鎛也，非無鎛也，夫人而能為鎛也。燕之無函也，非無函也，夫人而能為函也。秦之無廬也，夫人

8 粵，指越國。
9 鎛，指田器，為古時候鋤頭一類農具。
10 函，指鎧甲、護身甲。

而能為廬也。胡之無弓車也，夫人而能為弓車也。」注：「此四國者，不置是工也。言其丈夫人人皆能作是器，不須國工。」然則非人人所能作之器，其必須國工，更無疑義了。所以《考工記》又說：「知者創物，巧者述之，守之世，謂之工。」案波格諾達夫的《經濟科學大綱》說：「東印度的農業共產社會，紡織是家內副業，由各家族分別經營。其鐵工、木工、陶器工、理髮師等，則由共社任命，不從事農業。把公費來維持生活。」（據施存統譯本。大江書鋪出版，第三章第五節。）這正是後世的工官，原始共產社會的一個好例。

破壞共產制度最利害的，要算商人，說見後文。然而此時的商人，則是生產消費者之友而非其敵。因為這時候，本部落之中，無所謂交易，交易是行於部落之外的。自給自足的社會，在平時，必能自給自足，斷無求之於外之理。（《鹽鐵論・水旱》篇說：「古者千室之邑，百乘之家，陶冶工商，四民之求，足以相更。故農民不離畎畝而足乎田器，工人不斬伐而足乎陶冶，不耕而足乎粟米。」《管子・權修》說：「市不成肆，家用足也。」都可見古者各個小社會，都能自給自足。如此情形，在平時自然無甚貿易了。）其有求於外，必係凶荒札喪之日，或則干戈擾攘之年。當此之時，若無商人以求得必要之物於外，本部落的情形，勢必不堪設想。此時的商人，既非以自己的資本，把貨物屯積下來，然後出賣，則其損益，都是歸之於部落的。在商人，不過代表本部落出去做交易而已，必要的消費品，萬一缺乏，固非商人求之於外不可，過剩的生產品，亦非商人運輸出外，不能得較大的利益。如此，商人跋涉山川，蒙犯霜露，且負擔寇賊劫掠的危險，代表本部落出去做賣買，而自己不與其利，如何不是消費、生產者之友呢？（《左氏·昭公十六年》，鄭子產對韓宣子說：「昔我先君桓公，與商人皆出自周，庸次比耦，以艾殺此地，斬之蓬蒿藜藿而共處之。」遷國之初，所以要帶著一個商人走，就因為新造之邦，必須之品，庸或有所闕乏之故。衛為狄滅，而文公注意通商——〈閔公二年〉——亦同此理。）

此等小社會，其生活的基礎，全靠農業，所以其經濟的規劃，全以農業的收穫為標準，《禮記·王制》說：「冢宰制國用，必於歲之杪。五穀皆入，然後制國用。用地小大，視年之豐耗，以三十年之通制國用，量入以為出。」所謂「三十年之通者」，下文說：「三年耕，必有一年之食，九年耕，必有三年之食。以三十年之通，雖有凶旱水溢，民無菜色。」不但通眾力而合作，亦且合前後而通籌，自有贏餘，以備荒歉，自然用不到從事於掠奪了。宰是征服之族，管理財政之官，實在是被征服之族的榨取者。（不論家與國，管理財政的，都謂之宰。所以冉求為季氏宰，而為之聚斂。見《論語·先進》。《孟子·離婁上》篇則謂其「賦粟倍他日」。孔子亦對顏淵說：「使爾多財，我為爾宰。」見《史記·孔子世家》。）然而其財政計畫，有條不紊如此。謂非大同時代，有組織的社會的遺規，其誰信之？（《漢書·食貨志》：「三考黜陟，餘三年食，進業曰登。再登曰平，餘六年食。三登曰泰平，二十七歲，遺九年食。然後王德流洽，禮樂成焉。故曰：如有王者，必世而後仁。」知古之所謂太平者，不過蓄積有餘，人人皆能豐衣足食而已。）

既無所謂私產，其分配，自然只論需要，而無所謂報酬。所以不能勞動的人，其分配所得，亦和眾人一樣。〈王制〉說：「喑、聾、跛躄、斷者、侏儒、百工，各以其器食之。」鄭注說：「使執百工之事。」好像現在對於殘廢的人，一一為謀職業者然。恐非記者之意？《荀子》的〈王制〉篇和《禮記》的〈王制〉篇相出入，而荀子說：「五疾上收而養之。」然則「百工各以其器食之」，亦是說百工各以其器，供給他用。食字原有引伸的意思，如《左氏．文公十八年》之「功在食民」是，本不專指飲食。若定要責令他執百工之事，何謂「收而養之」呢？現在的人，看見外國有所謂盲啞學校等等，對於殘廢的人，亦能為謀職業，便五體投地，不勝佩服，趕快要想學步。我要問：資本主義的國家，一食而罄貧民終歲之糧，一衣而費中人十家之產的何限？是何理由，這幾個殘廢的人，不能養活他，定要迫令執業呢？迷信的人，一定說：盲啞的人，閒得難受，亦要做些事情，消遣消遣。請問：教他們學習執業的動機，是為他們閒著難受，替他謀消遣的嗎？話是由得你說。然而撫心自問，吾誰欺，欺天乎？《禮記．樂記》上說：「強者脅弱，眾者暴寡，知者詐愚，勇者苦怯；疾病不養；老幼孤獨，不得其所，此大亂之道也。」幾個盲啞的人，不能養活，定要迫令執業，我只認為是「疾病不養」而已。

社會的內部如此，就彼此相互之間，也都表示著好意。我們都知道：古代有所謂乞糴，就是一個部落，糧食不足，向他部落討取之謂。人，最要緊的是活命；活命，最要緊的是飲食。人和人，是最應當互相人偶的。所以沒飯吃，向人討，這是最平常的事。有飯吃，分給人，這是最應當的事。然而現在，卻變為最難開口、最為罕見的事。「上山擒虎易，開口告人難」。一飯之恩，至於要相詒以冥報。儻使不習於社會病理的人，驟然見之，真要失聲痛哭了。大同時代則不然。齊桓公葵丘之盟，「無遏糴」是其條件之一。（《穀梁傳‧僖公九年》，《孟子‧告子下》。）「晉饑乞糴於秦。秦伯謂百里：與諸乎？對曰：天災流行，國家代有。救災恤鄰，道也。行道有福」。（《左傳‧僖公十三年》。）不但口實，襄公三十年，「晉人、齊人、宋人、衛人、鄭人、曹人、莒人、邾婁人、滕人、薛人、杞人、小邾婁人會於澶淵，宋災故。諸侯相聚，而更宋之所喪，曰：死者不可復生爾，財復矣」。（《公羊》，《穀梁》云：「其曰人何也？救災以眾，何救焉？更宋之所喪財也。」）這同現在的保險，是一樣的意思。不論天災人禍，一人獨當之，往往至於不能復振，若其攤在眾人身上，原算不得什麼。所以現在有保險的辦法，一人受損，眾人彌縫。在事實上，固能減少受損者的損失，甚而至於不覺得損失，然而在道德上，必須先出了保費，才有人來填補你，還只算自己保自己。這許多，固然是小康時代的事。然而其規制，一定是大同時代遺傳下來的。我相信：在大同時代，行起來，還要徹底，還要普遍。

不但危難之中，互相救援而已，即平時，亦恆互相幫助。《孟子》說：「湯居亳，與葛為鄰。葛伯放而不祀。湯使人問之曰：何為不祀？曰：無以供犧牲也。湯使遺之牛羊。葛伯食之，又不以祀。湯又使人問之曰：何為不祀？曰：無以供粢盛也。湯使亳眾，往為之耕。」（〈滕文公下〉。）這件事，用後世的眼光看起來，簡直是不可解。信他的人，一定說：這是湯的一種手段，利用葛伯殺掉饋餉的童子，然後去征伐他。不信的人，就要說孟子採聽謠言，或者編造鬼話了。殊不知造鬼話要造得像。採謠言，亦要這謠言有些像。假使古代社會，本無代耕的習慣，孟子豈得信口開河？亦豈得無識至此？可知孟子的時代，雖未必有代耕的事，而古代社會，可以有代耕之事，這一層還是人人能瞭解的。不然，孟子的話，豈不成為傻話呢？又使古代的社會，本無代耕的習慣，湯算用的什麼手段？豈不要給旁人大笑？司馬昭之心，路人皆知，豈非弄巧成拙？而且亳眾也何能唯唯聽命，不視為怪事呢？可知代人家做事；吃自己的飯，做人家的事，在古代原不算得什麼。「貨惡其棄於地也，不必藏於己；力惡其不出於身也，不必為己」。在古代，只因事實上，各部落互相隔絕，所以推廣的機會很少。論其時的人的心理，原是無間於彼此的。

《墨子》說：「今若有能信效（孫詒讓《閒詁》：「效讀為交。」）先利天下諸侯者：大國之不義也，則同憂之。大國之攻小國也，則同救之。小國城郭之不全也，必使修之。布粟之絕則委之。幣帛不足則共之。」（《墨子‧非攻下》。）這也並不是空話。齊桓公合諸侯而城杞，（〈僖公十四年〉。）就是所謂城郭不全使修之。衛為狄滅，立戴公以廬於曹。齊桓公「歸公乘馬；祭服五稱；牛羊豕雞狗皆三百；與門材。歸夫人魚軒，重錦三十兩」。（《左傳‧閔公二年》。）就是所謂「布粟之絕則委之，幣帛不足則共之」。「大國之不義，則同憂之，大國攻小國，則同救之」。一部《春秋》之中，更是不勝枚舉。這些，都該是大同之世，留詒下來的，這就是孔子所謂「講信修睦」。

人類是不能沒有分業的。政治也是分業的一種。說太平世界，就能夠沒有公務；或者把公務拆散了，變做私務，人人自己去辦，這是無此情理的。然而世界上，政治往往成為罪惡，政治家往往成為罪惡的人，這是什麼原故？這並非政治是罪惡；亦非一經手政治，便要成為罪惡的人。實緣我們所謂政治者，性質不純，本含有罪惡的成分在內。怎樣叫我們的政治性質不純呢？原來我們的政治，含有兩種元素：一是公務，一是壓迫。惟其常帶權力壓迫的性質，所以政治會成為罪惡，而政治家亦成為罪惡的人。若其不然，政治只是眾人的事務所聚集起來的公務而已，則亦如我們幾個人的結社，委托一人為幹事。以何因緣，而今成為罪惡？而這個人，亦何須特別的身分？何須吃特別的俸祿呢？許行說：「賢者與民並耕而食，饔飧而治。」（〈滕文公上〉。）這並非故為高論，在古代原是如此的。烏桓大人，「各自畜牧營產，不相傜役」，（《後漢書・烏桓傳》。）便是一個證據。孔子說大同時代，「選賢與能」，所選舉出來的賢能，其地位，亦不過如此。「神農」兩字，是農業的意思，已見前。神農之言，即農家之學。為神農之言，即治農家之學。所以《漢書・藝文志》論農業，說：「鄙者為之，欲使君臣並耕，悖上下之序。」這話明是指許行。許行是治農家之學的人，是無疑義的。許行之言，即農家之言。其所主張，正是大同時代的治法。大同時代的文化，是農業的文化，得此又添一證據。

或者疑惑：既要經手公務，又要耕田和做飯，那得這許多功夫？殊不知國家擴大了，公務才繁忙，才有一日二日萬幾之事。小小的一個社會，其治者，不過如今日村長閭長之類，有何繁忙，而至於沒有工夫？況且並耕而食，饔飧而治，原不過這麼一句話。其意思，不過說當時的治者，既無權力，亦無權利。並非說一定要耕田，一定要做飯。依我看：耕田是當日普通的職業。治者既沒甚繁忙，自用不著廢掉耕種。至於做飯，則在當時，怕本沒有家家做飯自己吃這一回事罷？

我們知道：後世還有所謂醵。醵是什麼？《說文》說：「合錢飲酒也。」飲酒為什麼要合錢呢？何不獨酌？我們又知道：飲酒全無禁令，只是近數百年來的事，前此是沒有蕩然無禁的。而愈到古代，則其禁愈嚴。一個人在家獨酌，政治無論如何嚴酷，都不能戶立之監。群飲就容易犯法了。漢世所謂賜酺，就不過許人群飲，並不是真有什麼東西，賞給人吃。這個也算作恩典，可見當時的人，對於群飲嗜好之深。最可怪的：《書經．酒誥》上說：「群飲，汝勿佚。盡執拘以歸於周，予其殺。」酒禁之嚴如此，真使人聞之咋舌，如此，何得有群飲的人？這句話還說他做什？然而既說這句話，就見得當時的風氣，實還有群飲的可能。為什麼如此敢於冒法呢？我說：這不過習慣之不易改，習慣之不易改，則因古代本是合食慣了的，並非家家自己做飯吃。到後來，私產制度行了，有飯吃，無飯吃，家家不同；吃好的，吃壞的，人人而異；自然只得各做各吃，然而吃酒，古人是不常有的事；而且當作一件尋歡樂的事。「獨樂樂，孰若與人？與少樂樂，孰若與眾」？所以共食之制度雖廢，共飲的習慣猶存。習慣既入之已深，就任何嚴刑峻法，一時也難於禁絕了。食料的作為公有，也是古人共食的一個佐證。《詩經》說：「言私其豵，獻豜於公。」（〈豳風•七月〉。）這是田獵時代的規則，小者自私，大者公有。小者自私，並不是承認你有自私的權利。只為小者可以獨盡；歸公以後，再行分配，也還是分給一個人，所以樂得省些手續。至於農業時代，一切糧食，亦仍是作為公有的。所以孟子述晏子的話，說：「今也師行而糧食。」（〈梁惠王下〉。）糧即量。量食，就是把全社會的食料，一切作為公有，再行平均分配。在當時，固然成為虐政，（此近乎宋人之所謂「括羅」。）然而追源其始，正可見得古代一切食料公有的制度。一切食料公有，又安有家家自炊之理呢？我們現在，只家家做飯自己吃，已夠表現我們自私的醜態了，而且也不經濟。「破屋明斜陽，中有賢婦如孟光。搬柴做飯長日忙，十步九息神沮傷」。（林琴南〈戒纏足詩〉，今斷章取義引之。）人啊！為什麼把寶貴的精力，不經濟地花在這瑣屑的事上呢？

六、從大同到小康

假使地面的情形，和現在大異，人不能藉漁獵遊牧以自活，而只能從事於農耕，則人類的歷史，必和現在大異。為什麼呢？因為農耕之族，是不樂戰爭的。即使戰爭，亦和漁獵遊牧之民戰爭有異。（農業社會，不好侵略，止以防他人的侵略為目的，故其用兵，亦以守禦為主。所謂「重門擊柝，以待暴客」也。見《易．繫辭傳》。墨子非攻尚守禦，此其遠源。古有所謂義師，蓋亦農業社會戰爭時共認之法。略見《呂覽．懷寵》、《淮南．兵略》兩篇。不以侵略為目的，用兵本不過如此也。）地面上而盡為農耕之族，則其相互之間，戰鬥的空氣，必極淡薄；而其內部，平和的空氣，卻極濃厚。人的性質，是隨環境而變的。處於這種空氣之中，則其性質，必和現在的人類大異。如此，彼此相遇時，或者能本於善意，互相諒解，謀一和平結合的方法，亦未可知。即有戰爭，亦或者能不遠而復，而惜乎其不能也。漁獵遊牧之族，戰爭即是其生產的方法。其性質又極活動，在英主指揮之下，易於集合。和農耕民族，性質重滯，安土重遷；平時不甚來往，臨時難於結合的，迥不相同。炎、黃兩族的成敗，其最大的原因，似即在此。炎為黃弱，我們黃金的大同時代，就成過去，而入於小康時代了。

然則小康時代的情形，又是怎樣的呢？

略讀古書的人，都知道古代有所謂宗法。大多數人的意見，都以為此制是起自周朝的，其實不然。此制怕是所謂黃族者所固有，何以見得呢？所謂宗法，是以家族中的一個男子做始祖。其繼承之法，特重嫡長。始祖之嫡長子，是大宗之子。其次子以下，別為小宗。以後代代皆然。小宗宗子的嫡長子，亦是世代相繼，為小宗之宗子的。小宗五世而遷，就是說小宗宗人，服從小宗宗子管轄的，以在五服之內為限。大宗則百世不遷。凡始祖之後，不論親疏遠近，都該服從他。所以有一大宗宗子，則凡同出一祖的人，都能夠團結不散。即以小宗宗子而論，亦能團結五服以內的人。較之一盤散沙者，大不相同。所以此制於競爭極為有利。世所以稱為周制者，㈠因此制至周始有可考；㈡則此制特重嫡長，而五帝皆非父子相傳，殷又行兄終弟及之制之故。然書傳又無可考，不能因以斷定其事之有無。因為古代的書，傳於後世的，太闕乏了。至於五帝及殷，都非傳子，則君位的繼承，和家長的繼承，本非一事。女真、蒙古，都不是沒有父子相傳之法的。而金自景祖至於太祖，生女真部族節度使的承襲，都由景祖以命令定之；蒙古汗位的繼承，和其家族的繼承無關，那更顯而易見了。（《金史‧世紀》：「景祖九子：元妃唐括氏生劾者，次世祖，次劾孫，次肅宗，次穆宗。及當異居，景祖曰：劾者柔和，可治家務。劾里鉢有器量智識，何事不成？劾孫亦柔善人耳。乃命劾者與世祖同居，劾孫與肅宗同居。景祖卒，世祖繼之。世祖卒，肅宗繼之。肅宗卒，穆宗繼之。穆宗復傳世祖之子，至於太祖，竟登大位焉。」案此事與殷人的兄終弟及頗相類。蒙古自成吉思汗以前，有汗號者凡四世。其第一人為海都。海都歿後，汗位空闕。至其曾孫哈不勒，乃復稱汗。哈不勒死後，其再從兄弟俺巴孩繼之。為金人所殺。遺言告其子合答安，及哈不勒子忽圖剌，為之報仇。蒙古人共議，立忽都剌。見《元祕史》。忽都剌死後，汗位復闕。至成吉思汗強，乃復被舉。蓋有其人則舉之，無其人則闕，與家族繼承之法，了無關係。成吉思汗以諸部族推戴而即汗位。太宗、定宗、憲宗亦皆如此。世祖始不待正式的忽力而臺。忽力而臺者，蒙古語，譯言大會。然仍有若干宗王，貌為推戴。即位後，立太子真金，始用漢法。真金早死。成宗之立，仍以宗藩、昆弟、戚畹、官僚合辭推戴為言。武宗亦然。至仁宗即位之詔，乃謂大寶之承，既有成命，非前聖賓天而始徵集宗親，議所宜立者比。舊法至此，始破壞淨盡。我國五帝官天下，至夏禹而傳子之局始定，疑亦有此等變遷。孟子說舜禹之立，必待朝覲、訟獄之歸，亦頗和蒙古人的忽烈而臺，有些相像。又案蒙古稱幼子為斡赤斤，義為守竈。然太宗時命拔都等西征，諸王駙馬和萬戶、千戶，各以長子從行，謂之長子出征。因為所征的都是強部，長子出征，則兵強而多。於此，可見財產雖歸幼子承襲，統率之權，仍歸長子。蓋年長之子，或早與父母異居，惟幼子則不然，所以在事實上，父母的家庭，自以幼子承襲為便。長子不異居的，則管理之權，全歸長子。古人本沒有所有權的觀念，只有管理之權屬於何人的事實耳。但管理之權，既屬於其人，在事實上，即與財產為其所有無異，久之，遂變為長子襲產。至於統率之權，以長子承襲為便，則事理明白，更無待多言。總而言之，承襲有種種方面，不能一律也。）所以自殷以前，王位不以嫡長子承襲，並不能證明自殷以前，不行宗法。而周代宗法，頗為完整，斷非短時間所能發達至此，卻是顯而易見的。假定周朝當后稷之時，已有宗法的存在。則〈帝繫〉上所稱為后稷之父的帝嚳，其時代亦不能斷定其無宗法；而帝嚳不過是黃帝的曾孫，我們就可推想，宗法為黃族的古制了。（系世為《周官》小史之職，已見第四章。《大戴禮記》的〈帝繫姓〉，即此類記載之僅存者。子上說：「楚國之舉，恆在少者。」《左氏・文公元年》。楚在江域，或沿三苗之俗，三苗乃姜姓之國。以此推之，似乎炎族並無像周朝一般的宗法。同出一始祖的人，至於年深代遠，則其關係甚疏。所以今《戴禮》、《歐陽夏侯尚書》說九族，父之姓，只以五屬之內為限。而益以父女昆弟適人者與其子，己女昆弟適人者與其子，己之子適人者與其子。又母族三：母之父姓，母之母姓，母女昆弟適人者與其子。妻族二：妻之父姓，妻之母姓。見《詩・葛藟》正義引《五經異義》。這都是血緣相近，真是《白虎通義》所謂「恩愛相流湊」的。然而沒有統率，所以在競爭上，不如宗法之制之適宜。《禮記・文王世子》：「戰則守於公禰，孝愛之深也。正室守大廟，尊宗室，而君臣之道著矣。諸父諸兄守貴室，子弟守下室，而讓道達矣。」即此數語，便見宗法社會團結的緊密，組織之整齊，於競爭上非常有利。《儀禮・喪服傳》：「禽獸知母而不知父，野人曰：父母何算焉？都邑之士，則知尊禰矣，學士大夫，則知尊祖矣。諸侯及其太祖，天子及其始祖之所自出。」天子、諸侯、學士大夫、都邑之士，即所謂國人，都是征服之族。野人則被征服之族。可見其一以團結而獲勝，一以散漫而致敗。宗法之制，不但聚族而居之日，可藉此緊密其團結，整齊其組織，即至彼此分離之後，亦仍可藉此以相聯繫。眾建親戚，以為屏藩之制，即由此而生。固然「後屬疏遠，相攻擊如仇讎」，然而當其初，不能說沒有夾輔之效。「周室東遷，晉、鄭是依」，即其明證。不然，恐九鼎之亡，不待赧王入秦之日了。眾建親戚，以為屏藩之制，疑亦黃族舊法，不過至周始有可考。黃帝征師諸侯，與蚩尤戰，疑所征者即係同姓的諸侯，未必異姓之國，真因炎帝的侵陵而歸之也。）

宗法是幾經進化後的制度；要明白宗法，必先知道宗法的由來，有必要追溯到社會原始的狀態。社會原始的狀態，是怎樣的呢？人類當原始時代，是無組織之可言的。不過男子為一群，女子為一群，幼童為一群，（此時的人，因為謀食的艱難，及饑餓時或者至於人相食，能終其天年者很少，所以沒有老者之群。）各自逐隊，從事於搜集而已。進而至於漁獵，則男子專務馳逐，而女子多坐守後方，做些較和平的事業。幼孩則多隨其母。於是男女之分業稍顯，而母子的情感益親。然而夫婦之倫，還未立也。此時結婚，大抵專論行輩。（此事予昔有一文論之，今節錄於此，以資參考。原文曰：社會學家言：淺演之世，無所謂夫婦，男女妃合，惟論行輩，我國古代，似亦如此。《大傳》：「同姓從宗合族屬，異姓主名治際會，名著而男女有別。其夫屬乎父道者，妻皆母道也；其夫屬乎子道者，妻皆婦道也。謂弟之妻為婦者，是嫂亦可謂之母乎？名者，人治之大者也，可無慎乎？」曰「男女有別」，曰「人治之大」，而所致謹者不過輩行，可見古無後世所謂夫婦矣。職是故，古人於男女妃合，最致謹於其年。〈禮運〉曰：「合男女，頒爵位，必當年德。」《荀子》曰：「婦人莫不願得以為夫，處女莫不願得以為士。」見〈非相〉。老婦士夫，老夫女妻，則《易》譬諸「枯楊生華」、「枯楊生稊」，言其鮮也。〈釋親〉：「長婦謂稚婦為娣婦，娣婦謂長婦為姒婦」，此兄弟之妻相謂之辭也。又云：「女子同出，謂先生為姒，後生為娣。」孫炎曰：「同出，謂俱嫁，事一夫者也。」同適一夫之婦，其相謂，乃與昆弟之妻之相謂同，可見古無後世所謂夫婦矣。古之淫於親屬者，曰烝，曰報，皆輩行不合之稱。其輩行相合者，則無專名，曰淫，曰通而已。淫者，放濫之辭，好色而過其節，雖於妻妾亦曰淫，不必他人之妻妾也。通者？〈曲禮〉曰：「嫂叔不通問。」又曰：「內言不出於梱，外言不入於梱。」內言而出焉，外言而入焉，則所謂通也。〈內則〉曰：「禮始於謹夫婦，為宮室，辨內外，深宮固門，閽寺守之，男不入，女不出。」自為宮室、辨內外以來，乃有所謂通，前此無有也。〈匈奴列傳〉曰：「父死妻其後母，兄弟死，皆取其妻妻之。」父死妻其後母，不知中國古俗亦然否；兄弟死，皆取其妻妻之，則亦必如是矣。象以舜為已死，而曰：二嫂使治朕栖是也。父子聚麀，《禮記》所戒；新臺有泚，詩人刺焉。至衛君之弟，欲與室夫人同庖，則齊兄弟皆欲與之，〈柏舟〉之詩是也。然則上淫下淫，古人所深疾，旁淫則不如是之甚。所以者何？一當其年，一不當其年也。夫婦之制既立，而其刺旁淫，猶不如上下淫之甚，則古無後世所謂夫婦，男女妃合，但論行輩之徵也。今貴州仲家苗，女有淫者，父母伯叔皆不問，惟昆弟見之，非毆則殺，故仲家苗最畏其昆弟云，亦婚姻但論行輩之遺俗也。）古語說得好，飽暖思淫欲。這是人和動物一樣的。（野禽多一雄一雌，如雁是。家禽或一雄多雌，如雞是。）而人的我執，比動物更強。尤其是男性，占有的衝動，特別強烈。飽暖之餘，遂思占女性為己有。而女性，也有賣弄手段，坐觀男子爭鬥的惡習。一群之中，爭風吃醋之事，遂時時發生，弄得秩序都要維持不住了。於是在同一團體之中，男女不許發生關係的戒條，遂漸為眾所共認，而成為同姓不婚之俗。（古人說：「男女同姓，其生不蕃。」又說：「美先盡矣，則相生疾。」都不是同姓不婚的真原因，因其在生物學及病理學上，並無證據。同姓不婚的真原因，當是由於一姓之中，爭風吃醋，〈晉語〉所謂「黷則生怨」也。〈郊特牲〉說：「取於異姓，所以附遠厚別也。」厚別則可免於黷，而藉此又可結他部落為外援，則所謂厚別也。）至此，則想覓配偶的人，不得不求之於外，而掠奪賣買的婚姻以起。掠得來，買得來的，自然是屬於個人，而他人自亦不敢輕於侵犯，而夫婦之倫以立。當漁獵時代，大都是聚族而居。夫婦之制，或者尚不能十分嚴格。（楚人有同姓結婚之俗，所謂楚王妻妹也。所以據《左氏》所載，楚國有江芊。文公元年，楚是江域之國，或染三苗之俗，說已見前。然則羲農之族，同姓不婚，或者亦不如黃族的嚴格。）至於遊牧時代，則人須逐水草而生。向來聚族而居的，至此都不得不分散。此時女子必隨男子而行。個別夫婦的制度，至此就更形確定了。夫婦之制度既立，則父子之關係亦明。

當夫婦之制未立時，生子自然是從其母而得姓。即至夫婦之制既立，而女權尚未甚墜落時，子女亦還是從其母之姓的。但是到後來，女權日益墜落，男權日益伸張，妻與子，變為夫與父之附屬物。當此之時，自無更表明其母子之間的關係的必要，只須表明其父為何人就得了。（女系的姓，是純為表明血統的。男系的姓則不然。因為人有財產，多欲傳之於子；而子之身分如何，亦與其父大有關係。酋長之子所以仍為酋長者，以其為酋長之子也。奴隸之子，所以仍為奴隸者，以其為奴隸之子也。然則欲知財產之誰屬；和某一人的身分如何，都有知道其男系的必要。所以男系之姓，是因表示「權力、財產的系統」而設的。）於是女系遂易為男系。

古代的所謂姓，其初沒一個不是從女系來的，而後皆易為男系。這一個變換之間，正表示著一種男女權遞嬗的遺跡。因為一個姓，就是一個氏族的記號。氏族的記號，而用女子的系統，即使女權不十分伸張，亦總留有一點以女子為主體的意思。到改用男子的系統，就大不然了。

夫婦父子之倫既立，而所謂家的團結以生。什麼叫作家呢？我國古書上明示其範圍：是「一夫上父母，下妻子，自五口以至於八口」。這是一個天然的界限。因為「不獨親其親，不獨子其子」的風氣，已成過去了，則老者非其子莫之養，幼者非其父母莫之長；而人不能沒有配偶，這是不消說的。所以這一個天然的界限，在各親其親，各子其子的時代，不容易擴大，而亦不能縮小。但是此所謂家者，其中實在只有一個強壯適宜於鬥爭的人。要是和異族鬥爭，其力量實在嫌小。所以要有一個以男子為中心的宗法的聯結。

此等組織的轉變，我們說是男權的伸張，女權的墜落，而在遊牧社會為尤甚。男女的關係，就是在農業共產社會，也不是絕對平等的。孔子說大同時代，「男有分，女有歸」，這便分明是以男子為主體；在女子，不過人人得一個可依附的男子罷了。所以然者，因為生產之事，雖和爭鬥不同，而亦不能完全不要強力。本來生產也是對自然，甚而至於是對動物的一種爭鬥。爭鬥，自然以男子之力為較強。漁獵時代不必論。即畜牧時代，動物亦並不是十分易於馴伏的。農業雖說是女子所發明，（男子之贄，卿羔，大夫雁，而婦女之贄為棗栗，見《禮記·曲禮下》篇。宗廟之事，君親割，夫人親春，見《穀梁·文公十三年》。《周官》職金：其奴，男子入於罪隸，女子入於舂槀。〈天官內宰〉：上春，詔王后帥六宮之人，而生穜稑之種。這都是農業為女子之事的遺跡。又《禮記·昏義》：「古者婦人先嫁三月，祖廟未毀，教於公宮；祖廟既毀，教於宗室。宗室教成，祭之，牲用魚，芼之以蘋藻。」《毛傳》說《詩經·采蘋》這一首詩，就是這教成之祭。又說：公侯夫人，執蘩菜以助祭；王后則執荇菜。又《左氏·哀公七年》，陳乞對諸大夫說：「常之母有魚菽之祭。」婦女的祭品，是魚和植物。推想漁獵農耕遞嬗的社會，或者獵是男子之事，漁和農業，是女子之事。）然到所謂伐栽農業時代，則所需要的強力亦頗多，亦就漸漸的移於男子手中了。生產既以男子為主，自然權力亦以男子為大。所以即在農業共產社會中，男女亦非絕對平等的。然而其關係，總比在遊牧社會裡好得多。某社會學者說：「中國婚姻之禮，是農業社會的習慣。歐人婚姻之禮，則係遊牧社會的習慣。農耕之民，大家安土重遷，住處固定。男女兩人的性情面貌，是彼此互相知道的。即其家族中人，亦彼此互相知道。覺得年貌等等相當，便挽人出來做個媒妁說合。這全是農村中的風習。歐人則男女接吻，便是從動物之互相齅學得來的。新婚旅行，其為妻由劫掠而來，怕其母族中人再來搶還，所以急急逃避，更其顯而易見了。若非遊牧民族，何能如此輕易？」我們須知：男女之數，是大略相等的。苟非略自異方；或者一社會之中，顯分等級，可以多妻者多妻，無妻者無妻，則一夫多妻之制，勢必不容發生。《鹽鐵論·散不足》篇說：「古者夫婦之好，一男一女，而成家室之道。及後世，士一妾，大夫二，諸侯有侄娣，九女而已。」可見蓄妾係後起之事。在隆古，曾有一個嚴格的一夫一妻時代。這時代是什麼時代呢？古書說我國嫁娶之禮，始於伏羲。（伏羲制以儷皮為嫁娶之禮，見《世本・作篇》，譙周亦云然。見《禮記・昏義疏》。）而六禮之中多用雁。雁是動物之中，守一雌一雄之制最謹嚴的。可見羲、農之族，沒有一夫多妻之俗。《鹽鐵論》所謂「一男一女而成家室之好」者，當在此時。至於黃帝之族，則本來是多妻的。所以堯以天子之尊，而降媯嬪虞，仍守以侄娣從之法。（堯以二女妻舜，其一即娣。敘述重於堯之以女妻舜，所以未及其侄。）此外黃帝二十五子，而其得姓者十有四人；（《史記・五帝本紀》。）帝嚳四妃。（見《禮記・檀弓》「舜葬於蒼梧之野，蓋三妃未之從也」鄭《注》。）文王則百斯男，無不以多妻多子為誇耀。《鹽鐵論》所謂後世，定是黃族征服炎族之後了。我們又須知，母愛在天演界中，是起源很早，而其根柢亦很深的。至於父之愛子，則其緣起較晚，所以其為愛，亦不如母愛之深。假使人類有多夫而無多妻，一母所生之子，總是自己懷胎十月，坐草三朝生出來的，則對於夫的感情，雖分濃淡，對於子之愛護，必無大差殊。斷不至如多妻之夫，有殺害其子之事。（以母殺子之事，亦非無之，但係受壓迫而然，非其本性。又輿論對母之殺子，似較對父之殺子，責備為嚴。如《殺子報》等戲劇，即表現此等思想。此正見其壓迫女子之甚耳。）「高宗，殷之賢王也」，（《禮記・喪服四制》文。）而殺孝己。古公亶父[11]亦是後世所頌為聖王的，而泰伯[12]、仲雍[13]，連袂而逃之荊

11 即周太王（生卒年不詳），姬姓，周氏，名亶（ㄉㄢˇ），因此又作古公亶父。為周文王祖父，周滅商後，將其追尊為太王。

12 泰伯又作太伯，為古公亶父長子，因其屬意傳位於第三子季歷，因此身為長子的泰伯為了避免王位爭奪

蠻。晉獻公、漢成帝等昏暴之主，更不必說了。匡章[14]，他的母親，被他父親殺而埋諸馬棧之下，後來以君命，僅得改葬，而猶自以為「死其父」，「出妻屏子，終身不養」，然而通國的人，還是說他不孝。（見全祖望《經史問答》。）從父權夫權發達以來，天下古今，不知道有多少慘事。真是佛書說的，生生世世，哭的眼淚，比江海還多。這便是「不獨親其親，不獨子其子」的制度破壞了，然後有的，這便是大同降入小康第一重罪惡。

土地不是該私有之物，理極易明。而土地不是能私有之物，亦事極易見。因為別的東西，可以搬回去，藏在屋裡，土地是無從的。所以《春秋》說：「器從名，地從主人。」（《公羊‧桓公二年》，「夏，四月，取郜大鼎於宋。此取之宋，其謂之郜鼎何？器從名，《解詁》：從本主名名之。地從主人。《解詁》，從後所屬主人。器何以從名？地何以從主人？器之與人，非有即爾。《解詁》：即，就也。凡人取異國物，非就有。取之者皆持以歸為有。為後不可分明，故正其本名。宋始以不義取之，故謂之郜鼎。至於地之與人，則不然，俄而可以為其有矣。《解詁》：諸侯土地，各有封疆里數。今日取之，然後王者起，與滅國，繼絕世，反取邑，不嫌不明，故……不復追錄繫本主。然則為取可以為其有乎？曰：否，何者？若楚王之妻娟，無時焉可也。」《解詁》：為取，恣意辭也。娟，妹也。又《孟子‧告子下篇》：孟子

而與弟弟仲雍避居荊蠻，後成為當地君主。

13 仲雍又作虞仲，為古公亶父次子，與哥哥泰伯一同避居荊蠻。泰伯死後，王位傳與仲雍。

14 匡章又稱匡子、田章，為戰國時期齊國名將，約活躍於齊威王至齊湣王三朝。

對慎子說：「周公之封於魯，為方百里也……今魯方百里者五，子以為有王者作，則魯在所損乎？在所益乎？」然則照古人的意思，列國侵奪所得的土地，以理論，都應歸還元主的。）然而人類資生之具，無一不出於地。取用之餘，稍感不足，於是據土地而私之之念漸生。最初是無所謂個人私有的，只是部落的私有。

什麼叫作部落呢？便是其結合以地為主，而不盡依於血統。人類最初，親愛之情，只限於血統以內；而其能互相瞭解，亦只限於血統相同的人。因為這時候的人，知識淺短，凡事都只會照著習慣做，而交通不便，彼此無甚往來，兩個血緣不同的團體，其習慣亦即往往不同之故。這是事實。然而世界是進化的。同一血統之人，勢不能始終聚居於一處。而同一地域之內，亦難始終排斥血統不同的人。既已彼此同居一地，歲月漸深，終必要互相結合，這便成為部落。部落，固然有同一血統，如《遼史》所謂「族而部」的。又有血統雖不同，而丁單力弱之族，併入丁眾力強之族而從其姓，如《遼史》所謂部而族的。然而族而不部、部而不族的，畢竟很多。（四種部族，見《遼史・部族志》。這是本有此四種，而遼人因之，並非遼人的創制。）雖在部落之中，族的界限，自然還是存在。凡強大之族，在戰時及平時，如聯合以作一大工程等，都易處於指揮統馭的地位。又族大則生利之力較大，受天災人禍等影響較難，小族往往要仰賴其救濟。一部落之中，族和族的關係，固然如此。即部落與部落之間，其關係亦是如此。各部落共同作戰，或赴役，亦必有一部落為其中心。後世的所謂霸主，其遠源，便是從此而來。而部落與部落間主從的關係，固然有由於兵力的不敵，然亦有因債務之故，而陷於從屬地位的。凡弱小的部落，因饑荒窮困，而歸附強大的部落的，都該屬於此類。

兩個部落，勢不能不相接觸。邃初的接觸，或者較少。到交通漸便，拓殖漸廣，則其接觸亦漸多。有不能諒解之時，便不得不出於爭戰。爭戰的規模，亦是逐漸擴大的。各部落的關係，日益密切，就不免有合從連衡，摟諸侯以伐諸侯之事了。既有戰爭，就有勝敗。既有勝敗，就有征服者和被征服者。征服者和被征服者的關係，又是如何的呢？

其痕跡最顯著的，為古代國人和野人的區別。第四章已說過：邃古時代的民族，是居於水中洲渚之上的。但這是羲、農之族如此，黃帝之族，是居於山上的。怎見得黃帝之族，是住在山上的呢？黃帝邑於涿鹿之阿，便是一個證據。章太炎有〈神權時代天子居山說〉，證據搜輯得很多，可以參看。古代有所謂井田和畦田。井田，是把一方里之地，畫為九區，和我們畫九宮格一樣。這無疑是施行於平地的。畦田，則算學中有一種算不平正之地的面積之法，便喚作畦田法，可見其在山險之地。滕文公要行井田，孟子說：「請野，九一而助；國中，什一使自賦。」古所謂國，即都城之謂。都城都在山上，所以說「國主山川」；（《國語・周語》。）所以說「王公設險以守其國」。（《易・坎卦彖辭》。）野則多是平地，僅靠人為封疆。所以說：「域民，不以封疆之界，固國，不以山溪之險。」（《孟子・公孫丑下》。）為什麼要如此呢？這無疑是戰勝之族，擇中央山險之地，設立堡壘，聚族而居，而使被征服之族，居於四面平夷之地，從事農耕了。國的起源如此。（古代都城，大略都在國之中央，所以《孟子》說：「中天下而立，定四海之民。」見〈盡心上〉。《呂覽》也說：「古之王者，擇天下之中而立國，擇國之中而立宮，擇宮之中而立廟。」見〈慎勢〉。）

國中之人當兵，野人則否。怎見得呢？案後世之人，都誤謂古代兵農合一，其實不然。江慎修[15]說得好：「說者謂古者寓兵於農，井田既廢，兵農始分，考其實不然。……管仲參國伍鄙之法，制國以為二十一鄉：工商之鄉六，士鄉十五。……是齊之三軍，悉出近國都之十五鄉，而野鄙之農不與也。五家為軌，故五人為伍。積而至於一鄉二千家，旅二千人。十五鄉三萬人為三軍。是此十五鄉者，家必有一人為兵，其中有賢能者，五鄉大夫有升選之法，故謂之士鄉，所以別於農也。其為農者，別為五鄙之法。三十家為邑，十邑為卒，十卒為鄉，三鄉為縣，十縣為屬，五屬各有大夫治之。專令治田供稅，更不使之為兵。……他國兵制，亦大略可考。……如晉之始惟一軍。既而作二軍，作三軍，又作三行，作五軍。既捨二軍，旋作六軍。後以新軍無帥，復從三軍。意其為兵者，必有素定之兵籍，素隸之軍帥。軍之以漸而增也，固以地廣人多；其既增而復損也，當是除其軍籍，使之歸農。……隨武子[16]云：楚國荊尸而舉，商農工賈，不敗其業，是農不從軍也。魯之作三軍也，季氏取其乘之父兄子弟盡征之；孟氏以父兄及子弟之半歸公，而取其子弟之半；叔孫氏盡取其子弟，

15 江永（一六八一—一七六二），字慎修，為清代著名學者，尤其精通經學、音韻學、天文學及數學，其中專精於《三禮》（此指《儀禮》、《周禮》和《禮記》）。江永以教書為業，論著繁多，清代知名思想家戴震為其弟子。

16 士會，春秋晉國之士大夫，因被封於隨、范，故以邑為姓氏，又被稱作范子、隨會、隨武子、范武子。

而以其父兄歸公。所謂子弟者，兵之壯者也。父兄者，兵之老者也；皆其素在兵籍，隸之卒乘者，非通國之父兄子弟也。其後捨中軍，季氏擇二，二子各一，皆盡征之，而貢於公，謂民之為兵者，盡屬三家，聽其貢獻於公也，若民之為農者出田稅，自是歸之於君。故哀公云：二吾猶不足。……三家之采地，固各有兵。而二軍之士卒車乘，皆近國都。故陽虎欲作亂，壬辰戒都車，令癸巳至。可知兵常近國都，其野處之農，固不為兵也。」（《群經補義》。）今案封建之制，天子之田方千里，公侯方百里，百倍相懸，而其兵，則《公》、《穀》稱天子六師，諸侯一軍，不過六倍。可知全國之民，是不皆為兵的。《周官》的兵制：五人為伍，五伍為兩，四兩為卒，五卒為旅，五旅為師，五師為軍。其六鄉的編制：則五家為比，五比為閭，四閭為族，五族為黨，五黨為州，五州為鄉。可知其係家出一卒。平時的比長、閭胥、族師、黨正、州長、鄉大夫，就是戰時的伍長、兩司馬、卒長、旅帥、師帥、軍將。和滿洲人沒有地方官，只有自都統至佐領等軍職一樣。野鄙之民，則《尚書大傳》說：「古八家而為鄰，三鄰而為朋，三朋而為里，五里而為邑，十邑而為都，十都而為師，州十有二師焉。」全與井田之制相應。此等人並不為兵。非其不能為兵，乃是不用作正式的軍隊；僅用以保衛本地方，如後世鄉兵之類。鞍之戰，齊頃公見保者曰：「勉之，齊師敗矣。」（《左傳・成公二年》。）便是此等人。此等人是無甚訓練的，亦沒有精良的器械。又其地平夷，無險可守。所以春秋時代，交戰一敗，敵兵輒直傳國都；攻圍歷時的大邑，是很少的。（古代大邑很少，所以宋人圍長葛，取長葛，《春秋》特書之。見《公羊・隱公五年》、〈隱公六年〉。）

這樣說，戰勝之族，既要出什一之稅，還要服兵役；戰敗之族，名為九一而助，實則出十一分之一之稅而已。（公田百畝，以二十畝為廬舍，八家各耕私田百畝，公田十畝；私田所入歸私，公田所入歸公，故為十一分而取其一。）而又不要服兵役，豈非其負擔反較戰勝之族為輕呢？其實不然。須知古代有所謂賦，是野鄙之農出的。出賦之法，今文家謂十井出兵車一乘。（《公羊・宣公十五年》《解詁》。）古文家據《司馬法》，而《司馬法》又有兩說：一說以井十為通，通為匹馬，三十家，士一人，徒二人。通十為成，成十為終，終十為同，遞加十倍。又一說以四井為邑，四邑為丘，有戎馬一匹，牛三頭。四丘為甸。戎馬四匹，兵車一乘，牛十二頭，甲士三人，步卒七十二人。（前說鄭注《周官》小司徒所引，後說則鄭注《論語》「道千乘之國」引之，見小司徒疏。《漢書・刑法志》亦採後說。）這話不必管其誰是誰非，總之和井田相附麗，可知其為野人所出。須知古代野鄙之人，是沒有好好的兵器的。所謂寓兵於農，並非謂使農人當兵。古書上的兵字，是不能作軍人講的。所謂寓兵於農，乃謂以農器為兵器。其制，詳見於《六韜》的〈農器〉篇。所以要寓兵於農，正因鄉人沒有兵器之故。馬牛車輦都出於鄉人，而兵器則不給他們自衛。自出賦的人言之，真可謂借寇兵賫盜糧了。

所以當時被征服階級，很少反抗的事。被虐得不堪，則逝將去女，適彼樂土，以逃亡為抵抗而已。從來政治上，亦沒聽見徵詢野人的意見。至於國人，則詢國危，詢國遷，詢立君，（《周官・小司寇》。）管仲聽於嘖室；（《管子・桓公問》。）子產不毀鄉校；（《左傳・襄公十三年》。）孟子說：

「國人皆曰賢，然後察之，見賢焉，然後用之。」「國人皆曰不可，然後察之，見不可焉，然後去之。」「國人皆曰可殺，然後察之，見可殺焉，然後殺之。」（《孟子・梁惠王下》。）都是最初征服之族，築一堡壘，住居於中央山險之地的。即厲王監謗，道路以目，起而流之於彘，亦仍是他們。梁任公說：中國歷代的革命，只有這一次，可以算是市民革命，（見所作〈中國歷史上革命之研究〉。）其實古無所謂市民。當兵的國人，起而革暴君之命，亦仍是軍人革命而已。

其在選舉，則俞理初說得好。他說：「周時鄉大夫三年比於鄉，考其德行道藝，而興賢者，出使長之，用為伍長也；興能者，入使治之，用為鄉吏也。其用之止此。〈王制〉推而廣之，升諸司馬曰進士，焉止矣。諸侯貢士於王，以為士，焉止矣。太古至春秋，君所任者，與共開國之人，及其子孫也。……上士、中士、下士，府史胥徒，取之鄉興賢能；大夫以上皆世族，不在選舉也。……故孔子仕委吏乘田，其弟子俱作大夫家臣……周單公用羈，鞏公用遠人，皆被殺。」（《癸巳類稿・鄉興賢能論》。）古代士字，含有兩種意思：一是戰士，一是任事。士和仕亦即一字。士、農、工、商四種人，其初有入仕資格的，只有士。農、工、商都是沒有的。

財產本非一人所私有，一家的財產，原係家人婦子，合作得來的。然而在習慣上，法律上，都看作家長一人之所有。（《禮記・曲禮上》：「父母存……不有私財。」〈內則〉：「子婦無私蓄。」後世法律，亦有卑幼不得擅用財之條。案世之論者，率以女子為分利，此大謬也。上流社會的女子，庸或分利，然上流社會的男子，亦何嘗不分利？總計其消費之量，總較女子更大些，而且女子沒有全分利的。為什麼呢？生產小孩，至少要算作生利的事。下層社會，烟賭等惡習，亦以男子為多。況且從古到今的社會，不乏杜陵所謂「土風坐男使女立」的。利的大部分為女子所生，管理的權利依然屬於男子，這除掠奪外，更有何說？總之，私產之興，是無不帶掠奪壓迫的性質的。）此無他，管理財產之權，屬於家長一人，則事實上和他一人所私有無異。其初不過事實如此，其後則以為理所當然了。一部落中，管理財產之權，屬於酋長。於是一部落的財產，亦視為酋長一人所有。被征服者之財產，是無條件認為征服者所有的；連被征服者之人身，亦是征服者的奴隸；亦即是戰勝之族之酋長之財產、之奴隸了，「普天之下，莫非王土；率土之濱，莫非王臣」。其思想，就是由此而來的。然則征服之族之酋長，而欲虐取於下，除非事實上受制限，理論上是不受制限的。自然，在事實上，征服之族的酋長，決沒有這麼大的消費力，然而可以分給本族的人共享，使之食其入而治其人，這便是所謂封建。至此，而征服之族，乃悉成為寄生之蟲。

這樣說，被征服之族，必然被壓迫得不堪了。其所過的日子，一定是慘無人道的了。這真是修羅的世界，如何還能稱為小康呢？這也有個原故。

其一，榨取者的榨取，亦必須保存其所榨取的人，這話第五章中業已說過，此等利害上的計算，並非甚深微妙難懂得的事。即謂不然，而無謂的氣力，總是人所不肯花的。須知征服之族之戰鬥，在彼原視為生產的一種手段。生產的目的，總是在於消費的。安坐而食，何等舒服？何所苦而再去干涉被征服之族內部的事情呢？因此之故，被征服之族，內部優良的組織，遂得保存。《孟子》說：

「夏后氏五十而貢。」又引龍子的話，說：「治地莫不善於貢。貢者，校數歲之中以為常。樂歲，粒米狼戾，多取之而不為虐，則寡取之。凶年，糞其田而不足，則必取盈焉。」（〈滕文公上〉。）此法，直是征服之族，勒令被征服之族，包還他多少租稅而已，其他則一切不管。這便是征服之族，不干涉被征服之族內部之事的一個證據。禹的時代，離黃帝征服炎族的時代，總該在一百年以外了，而其政策還是如此，可想見黃族征服炎族之初，於其內部的組織，是不甚過問的。

其二，淫侈之習，非一日之致。征服之族，總是處於較瘠薄的地方的。其生活程度，本來不高，習慣非可驟變。奢侈慣了的人，使之節儉，固然覺得難受。節儉慣了的人，使之奢侈，亦一樣覺得難堪的。歷代開國之君，所以多能節儉者以此。〈甫田〉之詩：「曾孫來止，以其婦子，饁彼南畝，田畯至喜。」《鄭箋》說：這是周朝的成王，帶著自己的媳婦兒子去勸農，請農夫和管理農夫的田畯吃飯的。後來讀詩的人，多不信其說。其實這必是古義。康成先治《韓詩》，所以能知道。試讀《金史》的〈景祖昭肅皇后傳〉，便知其非瞎說了。（《鄭箋》讀喜為饎。《金史・景祖昭肅皇后唐括氏傳》：「景祖行部，輒與偕行。政事獄訟，皆與決焉。景祖歿後，世祖兄弟，凡用兵，皆稟於后而後行。勝負皆有懲勸。農月，親課耕耘刈穫。遠則乘馬，近則策杖，勤於事者勉之。晏出早歸者訓勵之。」）這是舉其一例。其他類此之事，舉不勝舉的還多。古代征服之族，對於被征服之族，其初期，也該有此情形的。

其三，則凡征服之族，必有不好利的美德，和哀矜弱者的仁心。前者，觀於古代士大夫的戒條，如「畜馬乘，不察於雞豚，伐冰之家，不畜牛羊」等，（《禮記・坊記》：「子曰：君子不盡利以遺民。

《詩》曰：彼有遺秉，此有不斂穧，伊寡婦之利。故君子仕則不稼，田則不漁，食時不力珍，大夫不坐羊，士不坐犬。」）便可知之。公儀子相魯，之其家，見織帛，怒而出其妻；食於舍而茹葵，慍而拔其葵。（董仲舒對策，見《漢書》本傳。）決不是沒有的事。後者則秉彝之良，則無時或絕，戰勝之族之能行仁政，此其根源。此兩者，亦和戰勝之族所以能戰勝，很有關係。因為誅求無已，不留餘地，人家迫於無可如何，總只得同你拼命，反抗將無已時，爾朱氏之亡，便是其前車之鑑；而且好利太甚，強武之風就要喪失，更何所恃而能戰勝？遼、金、元、清的末運，人家都說他同化於漢族而弱，其實何嘗如此？只是溺於利欲，因而變為弱者罷了。

其四，則文化的性質，足以使人愛慕。此觀於北魏孝文帝便可知之。古代野蠻之族，慕悅文明之族之文化，而捨己以從之，亦必有此等情景。黃帝時代的文化，前經證明為採自炎族，觀其一時雲蒸霞蔚，所採取者如是之多，其勇決，正不下於北魏的孝文帝了。這不但野蠻之族，對於文明之族如此，便文明之族，對於野蠻之族亦有之。趙武靈王的胡服騎射，是其一例。我們現在，試再引一段《禮記》，以見其概。「且女獨未聞牧野之語乎？武王既剋殷，反商。（反，當依《鄭注》讀「及」。）未及下車，而封黃帝之後於薊，帝堯之後於祝，帝舜之後於陳。下車而封夏后氏之後於杞，投殷之後於宋。封王子比干之墓，釋箕子之囚，使之行商容而復其位。庶民弛政，庶士倍祿。濟河而西，馬散之華山之陽而弗復乘，牛散之桃林之野而弗復服，車甲釁而藏之府庫而弗復用；倒載干戈，苞之以虎皮；將帥之士，使為諸侯，名之曰建櫜；然後天下知武王之不復用兵也。散軍而郊射，左射〈狸首〉，右射〈騶虞〉，而貫革之射息也。裨冕搢笏，而虎賁之士說劍也。祀乎明堂，而民知孝；朝覲，然後諸侯知所以臣；耕藉，然後諸侯知所以敬；五者，天下之大教也。食三老五更於大學，天子袒而割牲，執醬而饋，執爵而酳；冕而總干；所以教諸侯之弟也。若此，則周道四達，禮樂交通，則夫〈武〉之遲久，不亦宜乎？」這是〈樂記〉上孔子告賓牟賈的話。古代的歷史，亦稱為語，如《論語》、《國語》是也。（語同倫，謂將關於孔子的歷史，分類編纂也。《史記》列傳，在他篇中提及，尚多稱為語。足見其書本名語，太史公乃改其名為傳，猶表之體源於譜，而史公改其名為表也。）牧野之語，就是當時相傳的武王滅商的一段歷史。此等口相傳述的歷史，固然總不免言之過甚。然而周公東征之後，即行制禮作樂，亦不可謂之遲。以後例前，可見牧野之語所述武王之事，不能全謂之子虛。此可見周民族採取他族文化之速。不但周民族，正恐別一朝亦是如此。不過年湮代遠，文獻無徵，而讓周代的事蹟獨傳罷了。這亦是戰勝之族，所以不肯破壞戰敗之族之文化的重要原因。不但不敢破壞，怕還要移植之於本族；甚至無條件的甘心拜倒於異族文化旗幟之下呢。

如此，則被征服之族，其文化保存的機會，還很多了。我們設想當時的社會：則

(一)井田之制仍存。

(二)山澤還是公有的。（〈王制〉「名山大澤不以封」。注：「與民同財，不得障管。」案《孟子》謂文王之囿，芻蕘者往焉，雉兔者往焉，即不障管之謂也。《周官》的山虞、林衡、川衡、澤虞、跡人、卝人等官，尚是此意。）

㈢重要的工業，設官製造，仍是為供給民用起見，非以牟利。（《孟子》說：「萬室之國，一人陶，則可乎？曰：不可，器不足用也。」〈告子下〉：「度民數而造器。」可見其以供給民用為目的。）雖然為供奉貴人而設的工官，總在所不免。

㈣商業之大者，仍行諸國外。（古代的商人，所以多才智之士，如鄭弦高等，至能矯君命而卻敵兵，即因其周歷四國，深知風土人情之故。《白虎通》：「商之為言章也。」可見其能運用心思，和農工的樸僿大異。）其行於國中的：較大的，則國家監督之甚嚴。（〈王制〉「有圭璧金璋不鬻於市」一段，即管理商人規則之一端。《周官》司市所屬，有胥師、賈師、司虣、司稽、質人、廛人等官，亦都係管理商人的。）較小的，如《孟子》所謂賤丈夫，《周官》所謂販夫販婦等，則僅博蠅頭，並無大利可獲。（《孟子》所說的賤丈夫，只是在野田墟落之間，做小賣買的。壟斷，只是田間略高之處。所登者高，所見者遠，易於被人注目，自己亦易於招徠主顧。）

實業如此，其任公職的士及府史胥徒等，亦僅祿足代耕。所以此時，除擁有廣土的封君外，其餘的人，仍和從前相像，並無甚貧甚富之差。

在倫理上，固然階級很為森嚴。然而此時的人君，亦並非沒有責任的，其責任且很為重大。《荀子．王制》說：「君者，善群也。群道當，則萬物皆得其宜，六畜皆得其長，群生皆得其命。故養長時則六畜育，殺生時則草木殖，政令時則百姓一，賢良服。聖王之制也：草木榮華滋碩之時，則斧斤不入山林，不夭其生，不絕其長也。黿鼉魚鱉鰌鱣孕別之時，罔罟毒藥不入澤，不夭其生，不絕其長也。春耕夏耘，秋收冬藏，四者不失時，故五穀不絕，而百姓有餘食也。汙池淵沼川澤，謹其時禁，故魚鱉優多，而百姓有餘用也。斬伐養長，不失其時，故山林不童，而百姓有餘材也。」（此特舉其一端。其餘類此的，不可勝舉。如《淮南・主術》、《漢書・貨殖列傳序》等，都可參看。）

大同社會的一切規則，至此，悉由天下為家的大人管其樞。固然，此等大人，並非大同社會中需要他，把他請得來，是他自己憑藉武力，侵進來的。然而侵入之後，沒有妄作妄為，把大同社會的規則破壞，而且認此規則為必要，肯進而自任其責，代管其樞，總還算是被征服的人民的幸運了。周武帝畢竟勝於齊文宣，元世祖也到底勝於金海陵庶人。

君民相對之間，自然不免有彼此之見。如《禮記・燕義》上說：「禮無不答，言上之不虛取於下也。上必明正道以道民。民，道之而有功，然後取其什一，故上用足而下不匱也。是以上下和親而不相怨也。」只這幾句話，君民之本係兩族，躍然紙上。然而還未敢無功而食祿。如此，聚斂之事，安得不引為大戒。（《大學》：「德者，本也；財者，末也；外本內末，爭民施奪。是故，財聚則民散，財散則民聚。是故，言悖而出者，亦悖而入；貨悖而入者，亦悖而出。」又：「孟獻子曰……百乘之家，不畜聚斂之臣。與其有聚斂之臣，寧有盜臣。……長國家而務財用者，必自小人矣。……小人之使為國家，災害並至，雖有善者，亦無如之何矣。」聚斂必致人民流散，這便是貪小利而招大不利；而且財多則必驕侈，驕侈亦必有後患；此等經驗，古人一定很多，所以諄諄懸為訓戒。）不但不敢聚斂，而且還有施惠於民之事。

《禮記·王制》上說：「歲之成，……大司徒、大司馬、大司空，以百官之成，質於天子。百官齊戒受質。然後休老勞農。成歲事，制國用。」又〈月令〉：孟冬之月，「天子乃祈來年於天宗，大割祠於公社，及門閭，臘先祖五祀，勞農以休息之」。又〈郊特牲〉說：「臘也者，索也，歲十二月，合萬物而索饗之也。……黃衣黃冠而祭，息田夫也。……既臘而收民息己，故既臘，君子不興功。」又〈雜記〉上說：「子貢觀於臘。孔子曰：賜也樂乎？對曰：一國之人皆若狂，賜未知其樂也。子曰：百日之臘，一日之澤，非爾所知也。張而不弛，文武弗能也。弛而不張，文武弗為也。」（為，化也。五穀必待變化而後成。賈生〈諫放民私鑄疏〉：「奸錢日多，五穀不為多。」下「多」字妄人所加，見王念孫《讀書雜志》。五穀不為，即五穀不化也。）一張一弛，文武之道也。這是古人農功既畢，施惠於民之事。又〈祭統〉說：「凡餕之道，每變以眾，所以別貴賤之等，而興施惠之象也。……祭者，澤之大者也。是故上有大澤，則惠必及下；顧上先下後耳，非上積重而下有凍餒之民也。是故上有大澤，則民夫人待於下流，知惠之必將至也。」這是國家有慶典，施惠於民之事。雖然所施之惠，原是掠奪來的，然而這亦是充類至義之盡的話，總勝於「老羸轉於溝壑，壯士散之四方，而倉廩實，府庫充」的了。（〈梁惠王下〉。）

「小人學道則易使」，固然不免於奴隸教育，然而君子學道則愛人，（《論語·陽貨》。）則所謂君子者，亦漸受戰敗之族文化之熏陶了。這真是所謂「吾且柔之矣」。

然則這時候，除多頂著一個偶像在頭上，多養活一個寄生蟲在身上外，其餘還無甚大苦；病象不甚利害，總還算個準健康體，夫是之為小康。

七、從小康到亂世

孔子說小康之治，數禹、湯、文、武、成王、周公為六君子，其意蓋謂小康之治，至此而終；自此以後，就漸入於亂世了。

小康之治，為什麼會變為亂世呢？

人類無階級則已，苟其有之，則兩階級的利害，必不能相容。固然，人之「相人偶」之心，是無時而或絕的。無論怎樣利害相對立，其「相人偶」之心總還在。然而人，至少最大多數的人，總是先己後人的。（見第三章。）到人己利害不相容、自己有欲而不能遂時，就不免犧牲他人了。到這時候，除非彼此的權力相等，可以互相限制，否則終不免有以此一階級，壓迫彼一階級的事。古代的征服階級，權力是無限的。他要壓迫被征服階級，被征服階級固無如之何。其初因淫侈之習，非一日之致。（見「六、從大同到小康」。）征服者的生活，比較的節儉，所以榨取還不十分利害。但是生產的目的，終竟是在消費。征服者的戰爭，原是一種生產的手段，既因此手段而得到偌大的一分財產，倘使永不消費，這財產又要他做什麼？從來窮人致富，無有不兢兢以節儉為訓的。一者，追念疇昔的貧窮，有所警惕。二者，其生活習慣於儉樸，驟然使之享用過分，在身體上反覺得不慣，而於心亦有所不安。然而其生活，亦總不免漸流於奢侈。一個富翁，既富之後，其享用，較諸其少小孤窮之時，總不可以同年而語了。這是根據於經濟學上「生產終極的目的，在於消費」的原理的，所以奢侈之事，無論如何，總無法絕對防止。家國一理。所以開國之君，無論怎樣節儉，至其子孫，終必漸流於奢侈。人之情，由儉入奢易，由奢入儉難。既奢侈之後，再增加其程度，更如順流而下。當初覺得享用過度，身體轉覺不便的，至此則非此不可了。當初享用過度，於心即覺蹙然不安的，至此則習為故常了。如此，統治者奢侈愈增，即其對於所治之人，榨取愈甚。而前章所述，暫得維持的被征服社會內部的優良組織，遂逐漸為其所破壞。這是破壞小康社會的第一種力。（古代的人民，是無甚反抗力的。所以政治不良，論者多歸咎於君大夫；而瘏口嘵音，也只是希望君大夫覺悟。）

社會的組織而要求其合理，是必須隨時改變的。但這是件極難的事。往往其組織已和其所處的地位，利害衝突，不能相容了，而人還沒有覺得。即使覺得，亦或因種種方面的障礙，憚於改革；或雖欲改革而不能；又或勉強為之而致敗。古代的大同社會，其組織所以合理，全由其社會小，故其全部的情形，一望可知，而其組織亦極容易。到各社會之間互有關聯，則其社會，已於無形中擴大。此時而欲求合理，即須廢棄舊組織，代以新組織；而此所謂新組織，即應合此互有關係的社會而通籌。此豈可能之事？於是因事實的遷流，舊制度逐漸破壞，新制度逐漸發生；而此所謂新制度，全是一任事勢遷流之所至，無復加以人為修整的餘地，各方面自不免互相衝突。乃亦聽其遷流之所至，互相爭鬥，互相調和。所求者，不過含有矛盾性的苟安，和前此無一物不得其所的大順世界，全然背道而馳了。（所謂大順，是把社會上件件事情，都措置得極妥貼，使無一物不得其所之謂。《禮記·禮運》說：「故事，大積焉而不苑，並行而不繆，細行而不失，深而通，茂而有間，連而不相及也，動而不相害也，此順之至也。」就是表示這等理想的。後世無組織的社會，要能多數人以安其生，已經不容易了。在有組織的社會裡，要使無一物不得其所，是並非不可能的。）這就是所謂亂世。亂世是如何開始的呢？其最重要的關鍵，在經濟上。自給自足的社會，需要一物，除自造之外，是別無法想的。（《管子·侈靡》說：「借堯之時，牛馬之牧不相及，人民之俗不相知。不出百里而來足。」「來」疑當作「求」。和《老子》所說「鄰國相望，雞犬之聲相聞」，而「民至老死不相往來」，同為商業未興以前，自給自足的景象。《鹽鐵論·水旱》篇說：「古者千室之邑，百乘之家，陶冶工商，四民之求，足以相更。故農民不離畎畝而足乎田器，工人不斬伐而足乎陶冶，不耕而足乎粟米。」也還是這等景象。）稍進，則不必自造，而可以與他社會相交易。當此之時，就獲利的多少上計算，某物宜於自造，某物不必自造，某物當造若干，……就都發生問題。當此之時，理應將社會的組織改變，以適應新環境。然而人的智力，固不及此。於是舊組織依舊維持著，而此組織，在此時，實成為獲利、獲最多之利的障礙。人之欲利，如水就下，而此組織，遂逐漸破壞而不能維持。其破壞是怎樣的呢？原來共產社會，雖說共產，只是共之於本部落之中，並非此部落與彼部落相共。其時雖說沒有私產，卻亦未曾禁止人之有私產。不但私產的流弊，此時無從預燭。而且這時代的人，也並不知私產為何事，既不知私產為何事，那如何預行禁止呢？而人是最喜歡異物的。（歷代在嶺南的官吏，率多貪汙；對於外商的誅求，無一代不黑暗。五口通商之役，外人以兵力強迫，實亦有以激之使然。假使歷代的外夷，早有兵力，此等事，就不待清道光之世了。此事甚長，必別為專篇，乃能論之。欲知其略，可看日本桑原騭藏《提舉市舶西域人蒲壽庚事蹟》本文四的考證十至十六。此書商務、中華，都有譯本。商務改名《唐宋元時代中西通商史》。中華本名《蒲壽庚傳》。此等官吏所以貪汙，原因固然很多，而多見異物，亦是原因之一。）他部落之物，大抵為本部落所無有，易於引起貪求之心。就有自行製造，以與他部落相交易的。所易得之物，自然為其所私有。如此，私產之制，遂潛滋暗長於共產社會之中。共產社會的分職，是很嚴密的。他算定了有若干人，要用若干物品，然後分配若干人去工作。（《孟子・告子下》：「萬室之國，一人陶，則可乎？曰：不可，陶不足用也。」就是算定了需要之數，以定製造人數的一個證據。）假使一個人而荒其分職，其貧乏可以立見。（古書多引神農之教，說：「一夫不耕，或受之饑；一女不織，或受之寒。」或，有也。是說一定有受饑寒的人。古有、或二字，同音通用，如九域即九有，並非如後世用或字，作為游移不定之詞。）到與他部落交易之世，其情形，就不如此嚴重了。甚而至於有許多東西，本部落雖亦會造，卻不如外貨之便美，大家就棄而不用，而甘心求之於外。如此，本部落中人所從事的職業，漸漸和本部落的生活，無直接關係，而其組織，遂破壞於無形。驚人的山崩，源於無人注意的風化。這種因交易的逐漸發生，逐漸盛大，而致某種社會組織，為之破壞的現象，雖然無形可見，其力量，實遠超乎政治之上。因為前者只行於征服階級與被征服階級之間，後者卻普及於人人了。如此，人類的分工合作，就借著交易的形式而行。遂成為人自為謀、而無人和你互相幫助的世界。這是破壞小康社會的第二種力。

人和人的相處，其能否和親康樂，全視乎其心理。而人的心理，是環境養成的。最能養成人互相敵對之心的是商業。要是有個小孩，不明白損人利己之道，我們只消叫他去買東西，討價、還價、打折扣，……如此一兩次，他的帳簿上是負，我的帳簿上就是正；他的帳簿上是正，我的帳簿上就是負，就沒有不明白的了。這真是最明切的教訓。比諸父詔兄勉，說什麼損己利人總有好報的話，要容易明白，容易使人相信得多。（也有一種人，天天和實事接觸，依舊毫無覺悟，只相信相傳的訓條的。然而此等都是極無用的人，在社會上無甚影響。況且自私自利反社會的經驗，積之久，也總要成為訓條的。）我們現在，人人都受著這種教訓，所以「人己利害不相容」、「寧我負人，毋人負我」等觀念，少成若性，習慣自然；及其壯而行之，自然「造次必於是，顛沛必於是」了。何況還日在「溫故知新」之中呢。

有商業則必有貨幣。有貨幣，愈能使人己損益之數，為精確的表現。而貨幣的作用，還不止此。人的貪欲，是因物品的異同，及其量的多寡，而有消長的。明明可欲之物，過多即等於無用。經濟學家說：「歐洲古代的教會，所以能布施，由其所收入的，都是必要的物品。」我國古代的君大夫，以至閉關時代，以及現在的窮鄉僻壤的富人，所以能布施，這至少也是一個原因。至於貨幣之用弘，則此物可以轉變為他物，因遇多而生厭棄之念，就消滅於無形；而貪求之心，亦如「長日加益而不自知」了。休笑今人喜歡洋貨，這是自古就如此的。「三牲魚臘，四海九州之美味也。」（《禮記・禮器》。）祭時以能致此物為孝。可見其所祭的人，生前本有此嗜好了。

人之貪欲是無所不至的。我們現在，發了貪求之心，固未嘗不惕然而知止，這是受慣了環境的壓迫，所以如此。倘使我們的力量而大於現在，則因貪求而起的行動，勢亦必較現在為強。如此層層推之，「以其所不愛，及其所愛」，以爭土地之故，「糜爛其民而踐之」，（《孟子・盡心下》中孟子說梁惠王的話。）並非不可能的事。不但如此，就是饑不可食、寒不可衣的寶物亦然。孟子說：「諸侯之寶三：土地，人民，政事。寶珠玉者，殃必及身。」（《孟子・盡心下》。）看這句話，就可知道當時寶珠玉者之多。這也無足怪。現在愛古玩的先生，愛飾物的女士們，不過他們沒有古代諸侯的權力罷了。如其有之，安知不如求寶劍的虞公[17]，安知不為求駿馬名裘的囊瓦[18]。（《左氏・桓公十年》，〈定公三年〉。此等事舉不勝舉。譬如衛國的蒯聵，流離在外多年，好容易得以復國，卻還說：「吾繼先君而不得其器，若之何？」又如樂毅賢人，而其〈報燕惠王書〉，亦說：「珠玉、財寶、車甲、珍器，盡收入於燕。齊器設於寧臺，大呂陳於玄英，故鼎反乎磿室。」其稱先王之功，亦說「夷萬乘之強國，收八百歲之蓄積」，可見其視之之重了。）權力雖有制限，詐欺是只要有這戲法，無人能加以制限的。於是機

17 此指《左傳》中「虞公貪求玉劍」之事，春秋時代的虞國君主虞公向弟弟虞叔接連討要珍貴寶玉及寶劍，由於虞公索求不止，心不饜足，虞叔便趁勢而起，攻伐虞公取而代之。

18 囊瓦為春秋時代楚國大夫，曾向唐成公、蔡昭侯索討寶物不成，而囚禁二人三年，後來唐成公與蔡昭侯聯合吳國討伐楚國，楚國大敗，囊瓦雖逃往鄭國，後受伍子胥施壓自殺。

械變詐的行為，就滿於天下。

既已凡事皆以自私之心以行之了，則何物不可以自私？全國最大多數是農民，農民所恃以生活的是土地。要求生產量的增加，自必先求土地面積的擴大，於是據土地而私之之情生。不但如此，人我之界既分，則一切此疆彼界的觀念，繼之而起。用力的淺深，施肥的多少，附離於田土的廬舍、蓋藏、工具等，在在足以生其校計之心。這是隱伏在人心上，土地私有制度的起源。但是雖有此等見解，而積古相傳的制度，苟使沒有人明目張膽去破壞，還是不易動搖的。即使偶有動搖，也還易於恢復。這明目張膽破壞井田制度的是誰呢？這便是孟子所說的「暴君汙吏」。孟子說：「井田不均，穀祿不平」，（〈滕文公上〉。）固然是就貴族的收入說。但是貴族的穀祿，建築在平民的租稅之上。貴族收入的均平與否，和平民的田地均平與否，反正還是一件事。這可見井田制度，實在是平均貧富的根源。井田制度是怎樣破壞的呢？從前的人都說由於商鞅開阡陌。他們的意思，都以為阡陌是一種制度，開始於商鞅。據朱子所考，則阡陌乃田間道路，亦即田之疆界；所謂開者，乃係破壞鏟削，以之為田。（朱子的〈開阡陌辨〉原文說：「《漢志》言秦廢井田，開阡陌。說者之意，皆以開為開置之開，言秦廢井田而始置阡陌也。按阡陌者，舊說以為田間之道。蓋因田之疆畔，制其廣狹，辨其縱橫，以通人物之往來，即《周禮》所謂遂上之徑，溝上之畛，洫上之塗，澮上之道也。然《風俗通》云：『南北曰阡，東西曰陌。』又云：『河南以東西為阡，南北為陌。』二說不同。今以遂人田畝夫家之數考之，則當以後說為正。蓋陌之為言百也，遂洫從而徑塗亦從，則遂間百畝，洫間百夫，而徑塗為陌矣。阡之為言千也，溝澮橫而畛道亦橫，則溝間千畝，澮間千夫，而畛道為阡矣。阡陌之名，由此而得。至於萬夫有川，而川上之路，周於其外；與夫匠人井田之制，遂溝洫澮，亦皆四周，則阡陌之名，疑亦因其橫縱而得也。然遂廣二尺，溝四尺，洫八尺，澮二尋，則丈有六尺矣。徑容牛馬，畛容大車，塗容乘車一軌，道二軌，路三軌，則幾二丈矣，此其水陸占地，不得為田者頗多。先王之意，非不惜而虛棄之也，所以正經界，止侵爭，時蓄泄，備水旱，為永久之計，有不得不然者，其意深矣。商君以其急刻之心，行苟且之政。但見田為阡陌所束，而耕者限於百畝，則病其人力之不盡。但見阡陌之占地太廣，而不得為田者多，則病其地利之有遺。又當世衰法壞之時，則其歸授之際，必不免有煩擾欺隱之奸。而阡陌之地，切近民田，又必有陰據以自私，而稅不入於公上者。是以一旦奮然不顧，盡開阡陌，悉除禁限，而聽民兼併買賣，以盡人力；墾闢棄地，悉為田疇，而不使其有尺寸之遺，以盡地利；使民有田即為永業，而不復歸授，以絕煩擾欺隱之奸；使地皆為田，而田皆出稅，以核陰據自私之幸。此其為計，正如楊炎疾浮戶之弊，而遂破租庸以為兩稅，蓋一時之害雖除，而千古聖賢傳授精微之意，於此盡矣。故〈秦紀〉、〈鞅傳〉，皆云為田開阡陌封疆而賦稅平，蔡澤亦曰：決裂阡陌，以靜生民之業而一其俗。詳味其言，則所謂開者，乃破壞鏟削之意，而非創置建立之名；所謂阡陌，乃三代井田之意，而非秦之所制矣；所謂賦稅平者，以無欺隱竊據之奸也；所謂靜生民之業者，以無歸授取予之煩也。以是數者，合而證之，其理可見；而蔡澤之言，尤為明白。且先王疆理天下，均以予民，故其田間之道，有經有緯，不得無法；若秦，既除井授之制矣，則隨地為田，隨田為路，尖斜屈曲，無所不可，又何必取其東西南北之正，以為阡陌，而後可以通往來哉？此又以物情事理推之，而益見其說之無疑者。」讀此，可知人口增加，耕地不足，實為井田破壞之真原因。不然，歷史上眾所指目以為開阡陌的，只有一個商鞅，為什麼其餘六國，井田亦都破壞呢？從來講井田的人，都以為井田之制，不宜於人眾之時。其意以為戶口日增，土地總只有此數。一朝開國之初，總是承大亂之後，地廣人稀，行井授之法，是沒有問題的。一再傳後，生齒日繁，還是人人都得一定面積的地畝，就勢必至於不給了。殊不知歷代所謂承平之後，田畝覺其不給，都就向來視為田畝之地言之。其實全國之內，可開闢的地方還無限。不過㈠政治上不能領導人民去開墾；㈡人民也願意死守故鄉，或者另尋他業，而不願去開墾；㈢又或因絀於資本，而不能去開墾罷了。這還只算是社會的病態。有人說：你的話是不錯，然而就使社會毫無病態，可以開墾的地方，都盡力開墾；生產技術在可能範圍內，也盡量改良，然而總還是有限制的。而人口的增加，卻是無限制的。那末，終不免有告窮的一日，不過遲早些罷了。殊不知人口增加，亦在現社會的狀況之下則然。到那時候的社會，一切都變了，人口是否還是增加，本來是個疑問。若說還是增加；而且其增加的速率，比現在還大，則以那時候的社會，而要講限制之策，一定是很容易的，又何勞我們代抱杞憂呢。）然則開阡陌即是破壞田的疆界。田的疆界破壞了，田就從此分不均平了。（治田要義，在把天下的田疆理好，來分給人，不該隨各人自占所至，立為疆界。）疆界的破壞，容或出於人民所自為。然而至少必得君與吏的承認，甚或出於他們的倡導。不然，在當日的人民，是不易辦到此事的。所以孟子把破壞疆界之罪，都歸到他們身上。井田是維持貧富均等的最要條件，疆界是維持井田的最要條件。當「各親其親，各子其子」之日，人民業已隱懷破壞之心；至於「上下交爭利，不奪不厭」之時，君與吏又復恣行其破壞之事，於是「富者田連阡陌，貧者無立錐之地」的現象，（董仲舒語，見《漢書‧食貨志》。）逐漸發生，而離鄉輕家，如鳥獸的人民，（晁錯《重農貴粟疏》中語。）也日以滋長了。

田以外的土地——山澤，在大同小康之世，都是作為公有的，說已見前。這時候，亦就變為私有了。山澤私有的起源，依我們的推測，大約是起於有土者的掌管。《管子》的官山府海，就是掌管的一種，不過其目的，為公而不為私罷了。必先有掌管的事實，然後有如《管子》等掌管的學說，這是可以推想而知的。而當時掌管的人，其目的，必不能如《管子》的為公，也是不難想像的。西漢之世的山澤，自天子以至於封君，各自以為私奉養，（見《史記‧平準書》及《漢書‧食貨志》。）這決非當時的人敢於把從古公共的山澤，一旦據為己有。一定是戰國時代相沿下來的。即此一端，我們可以推想，當時掌管山澤的行為，是如何普遍了。掌管的行為，固然由來很久，如孟子所說「壞宮室以為汙池」，「棄田以為苑囿」，實在也是掌管的一種。（〈滕文公下〉。）但是此等專為遊樂的動機，未必人人都有，而且是容易矯正的。苟有賢君，弛以與民，並非難事。至於私人據之，以為生產之用，那就難說了。私人怎會據有山澤？依我們推測，還是從暴君汙吏手裡討得來的。暴君汙吏或者憑一時喜悅，把來賞人。（如漢文帝以銅山賜鄧通，令其得鑄錢。）又或野心之家，用某種條件，到他們手裡去租借，（如現在蒙古王公，喜歡把地租給漢人而收其租。）就據之經營起畜牧、樹藝、煮鹽、開礦等等事業來。如《史記‧貨殖列傳》中所說的人便是。這些人的成為富翁，自更無待於言了。

古代的工官，至此大約早已廢墜。（觀漢世郡國，有工官者無幾可知。）日用必須的器具，不能家家自造的，勢必取資於交易，自然就有人出來經營此等事業以牟利。王莽行六筦之時，下詔說：「夫鹽，食肴之將。酒，百藥之長，嘉會之好。鐵，田農之本。名山大澤，饒衍之藏。五均賒貸，百姓所取平，卬以給澹。鐵布銅冶，通行有無，便民用也。此六者，非編戶齊民，所能家作，必卬於市。雖貴數倍，不得不買。豪民富賈，即要貧弱。」（《漢書・食貨志》。）此等現象，斷非王莽時才有。不能家作的器具，都由工官供給的時代過去，此等現象就開始了。古代製造之家，大概是自製造，自販賣，所以當時總稱為商人。然而細加分析，實有工業在內。

至於專事販運的商人，其得利就更大了。《史記・貨殖列傳》說：「用貧求富，農不如工，工不如商。」《前漢紀》說：「穀不足而貨有餘。」（穀貨，猶言食貨。《漢書・食貨志》說：「食謂農殖嘉穀，可食之物。貨為布帛可衣，及金刀龜貝，所以分財布利，通有無者也。」這是古人所下「食貨」兩字的定義。引伸起來，凡直接供消費之物，都屬於食一類。用作交易手段的，都可以謂之貨。「穀不足而貨有餘」，可見這時候的人，不是為消費而生產，乃是為交易而生產了。）即此兩言，就可見得當時商業的盛大。當時的商人，大約有兩種：其一種，是專與王公貴人為緣的。所以要與王公貴人為緣，則因封建之世，只有他們家裡，才能藏有大宗的貨品。（如《管子・山權數》，謂丁氏家粟，可食三軍之師，後世此等藏穀之家亦多有，如《三國志》所載魯肅指囷之事是。）次則當時交通不便，商人所賫之物，貴於輕微易臧，此等都是奢侈品，亦非王公貴人不能銷納。（所以《史記・貨殖列傳》引《周書》說：

「商不出則三寶絕。」三是多的意思。普通用慣了「楚材晉用」這句話，是借貨物以喻人才的。《左氏》載聲子對子木說：「晉卿不如楚，其大夫則賢，皆卿材也。如杞梓皮革，自楚往也。雖楚有材，晉實用之。」可見當時將杞梓皮革，從楚國販往晉國之事。平民造房子，固然用不著杞梓；就是皮革，主要也是做軍用品的，平民著「皮屨」的怕也很少。）這是珠玉金銀等，所以能成為貨幣的一個大原因。（漢代錢價尚極貴，可知當時平民，決無能用金銀之理。中國貨幣，現在大家都說是銀本位。其實這句話還是勉強的。在三十年代以前，平錢沒有給銅圓驅逐掉的時候，內地如借貸、典押等等，寫立文據，總是以錢論，不以銀圓銀兩論。當時若寫銀圓銀兩，授受兩方，都有些不安心，怕銀圓銀兩的價格變動了，將來出錢或收錢之時，不免要吃虧。因為大家眼光中，只認銅錢為貨幣。中國人的使用銀子，據歷史上說，是起於金哀宗正大年間〔公元一二二四至一二三一年〕，而大盛於明宣宗宣德年間〔公元一四二六至一四三五年〕。焚毀鈔票之後。到現在，也有好幾百年了。為什麼還不能確定以銀為單位呢？因為銀之起源，是因為當時銅錢被鈔票驅逐了，零星貿易，無以為資，乃用來代銅錢用的，並不是為交易之額大了，銅錢輸送授受不便，而改以銀為量價之尺的。所以在中國人眼中，始終只認銀子是銅錢的代用品，並不認銅錢是銀子的輔助品。當時要確定銀銅兩幣的比價，如把銀圓上鑄了一千、五千、十千、百千，作為銅錢的若干倍，是人人可以瞭解的。要說銅錢是銀兩的幾分之幾，懂得的人就少了。對於銀圓，也是如此。所以中國的貨幣，從最近數十年以前，只好說是銅本位。其所以始終滯於銅本位的理由：則因本位不容有二，而以兩種不同的實質，製成貨幣，確定此種為彼種的若干倍，彼種為此種的若干分之一，中國人是嚮來無此思想的。這並不是中國人愚笨，因為這究竟是麻煩之事，何不直截痛快，用了紙幣？所以當唐、宋之間，中國商業社會中，紙幣已應自然的要求而發生了。這本是很順利之事。惜乎後來，因政府攫取其權，借以營利，以致中途摧折了，乃不得已而用銀。變用紙幣而為用銀，從中國貨幣史上論起來，實在是退化之事。若從各種本位中，擇取其一，則零星貿易，一日不可缺，人人不能無；而大宗的貿易，是關係較小的。所以其勢只能認銅錢為貨幣。所以金銀等物，用為貨幣，是始終無此必要的。若說其物為人人所愛，所以取得貨幣的資格，則當初之時，大多數人怕不會要他，因為其價太貴了，人之欲望，總是先要求必須品的。所以金銀等物成為貨幣，以至今日還轇轕不清，也是奢侈的流毒。）王公貴人，懂得什麼生意經？商人和他們交易，大概獲利是很多的。不但如此，還可以因此而獲得勢力。子貢結駟連騎，以聘享諸侯，便是一個適例。（《史記・貨殖列傳》。）漢代晁錯說當時商人，「交通王侯，力過吏勢」，也是由此而來的。古代政治的力量強，經濟的力量還較後世為弱。試看漢代賤商的法令和議論，便可知道了。假使此等法令，當時嚴厲執行起來，為商人者，將如之何？然而絕未聞有嚴厲執行之事。這大概和商人的「交通王侯，力過吏勢」，多少有些關係罷？其又一種，則是專在民間做生意的。《管子》說：「歲有四秋，物之輕重，相什而相百。」又說：「歲有凶穰，故穀有貴賤；令有緩急，故物有輕重，然而人君不能治，故使蓄賈游於市，乘民之急，百倍其本。」（「歲有四秋」，謂農事作為春之秋，絲纊作為夏之秋，五穀會為秋之秋，紡績緝縷作為冬之秋，見〈輕重乙〉。「歲有凶穰」見〈國蓄〉。所謂「令有緩急，故物有輕重」者，古時賦斂多係實物，君下令要求此物，人民就不得不出高價買來完納了。〈輕重甲〉說：「君朝令而夕求具，有者出其財，無有者賣其衣屨。」就是指此。）這是專做屯塌生意的，即古之所謂廢居。（廢居即化居。化即貨，謂將此物轉變為彼物。居則是屯積不動之意。）此種生意，其每一筆的贏餘，或者不如前一種之大，然而其範圍較廣，其交易額也較多，所以其利亦很大。

人是非有資本，不能生利的。既然凡物皆要據以自私，豈有資本獨給人家白運用之理？於是乎有利息。《管子》說：「養長老，慈幼孤，恤鰥寡，問疾病，吊禍喪，此為匡其急。衣凍寒，食饑渴，匡貧窶，振罷露，資乏絕，此所謂賑其窮。」（見〈五輔〉。又〈幼官〉：「再會諸侯，令曰：養孤老，食常疾，收孤寡。」）可見古代救濟之事，都由在上者負其責。然而因生活的奢侈，在上者且覺得惟日不足，那有餘力管到人家？於是小民顛連困苦的，便無可告訴，而在下的豪民，便乘機施其朘削。《管子》說：「使萬室之都，必有萬鍾之藏，藏繈千萬；使千室之都，必有千鍾之藏；藏繈百萬。春以奉耕，夏以奉耘；耒耜、械器、種餉、糧食，畢取贍於君。故大賈蓄家，不得豪奪吾民矣。」（見〈國蓄〉。）可見此時農民的資本，全是仰給於大賈蓄家了。《史記．貨殖列傳》說：「子貸金錢千貫者，比千乘之家。」又說：「吳楚七國兵起時，長安中列侯封君行從軍旅，賫貸子錢。子錢家以為侯國邑在關東，關東成敗未決，莫肯與。」則當時已有專以此為業的人。在上的人，不但不能照管子的話，防止豪奪，甚而至於自己也做起豪奪的事來。齊景公聽了晏子的話，「大戒於國，出舍於郊，於是始興發補不足」。（《孟子．梁惠王下》。）這怕是很少有的事。所以後人歌頌，筆之於書。此外除非別有用心，如齊之陳氏，才肯厚施於國。「以家量貸，而以公量收之。」（《左傳．

昭公三年》。）雖以孟嘗君之賢，還不免使馮諼收責於薛，（《戰國・齊策》。）下焉者更不必說了。《管子・問》：「問鄉之良家，其所牧養者，幾何人矣？問邑之貧人，債而食者幾何家？貧士之受責於大夫者幾何人？問人之貸粟米有別券者幾何家。」良乃對賤而言之。良家所牧養的人，就是奴隸。此外舉債的，雖然一時還稱為「人」和「士」，倘使逐步沉淪，恐也不能免於同一的命運？倘使有生性慷慨、不講借貸的關係，而白白養活人家的，那就是所謂「養士」。四公子之徒，要以此名滿天下了。然而所養的，也只能以士為限，至於民，到底是養不勝養的。而無衣無食之徒，遂遍於天下。而在放債的人，則不必自行勞動，而亦可以安享他人勞動的結果，則其生活愈形優裕。至此則不必有腕力，但須辛勤貯蓄，工於心計，亦可以安坐而食，而社會上乃又多一種寄生之蟲。

經濟的劇變如此，同時政治上，亦因經濟的劇變，而更起變化。小康時代的爭戰，大抵出於權力執著之私。（如爭霸是。）至此則更以實利為動機。所以《墨子・非攻》，要斤斤計較於其利不利。如此，爭戰的規模，勢必擴大，而人民的兵役，就要加重。說古代制度的，在儒家有今古文之異。我們知道今文是根據較早的時代而立說，古文是根據較晚的時代而立說。（如封建之法，今文說公侯皆方百里，伯七十里，子男五十里；古文則自方五百里至百里，即因其時互相兼併，諸侯之國土，皆已大了，所以立說者所虛擬的制度，亦因此而不同。）今文說：師為一軍；天子六師，方伯二師，諸侯一師。古文則以五師為軍，王六軍，大國三軍，次國二軍。（今文說見《白虎通義・三軍篇》，《公羊・隱公五年解詁》。古文說見《周官》司馬〈序官〉。）其兵額就擴大了好幾倍。然而這還是正式的軍隊。

據前章所引江慎修先生之說（編按：即本文），知古代人民，並不是全國當兵的。這並非他們不能當兵，不過不用他為正式的軍隊，而僅用之以保衛本地方，像後世的鄉兵罷了。《左氏》載鞌之戰，齊侯見保者曰：勉之，齊師敗矣。可見正式的軍隊，雖敗於外，各地方守衛之兵自在。至於戰國，則蘇秦說：「韓魏戰而勝秦，則兵半折，四境不守。」各地方守衛的兵，都調到前方，充做正式的軍隊了。此戰國時之爭戰，兵數所以驟增。然而人民的塗炭，則又非春秋以前之比了。兵役只是役之中最重難的。除此之外，因在上者的縱欲，而人民受其塗炭的，還不少。即如秦始皇破六國，寫放其宮室，築之咸陽北阪上。秦始皇的暴虐，是人人知道的。然而觀於此舉，則始皇之前，六國先有六個始皇了。這是舉其一端。此外築長城，略南越，……秦始皇所做的事，六國沒有不先做過的。（見《史記》本傳。）

這時候的人民，當怎樣呢？我們推想起來，則因井田的破壞，山澤的障管，再加以暴君汙吏的誅求，大賈蓄家的剝削，戰爭苦役的死亡繫虜，轉於溝壑，散之四方者，固然已矣，即其僅存者，亦或不能得職，而發生所謂閑民。（《周官》：「太宰以九職任萬民。」「九曰閑民，無常職，轉移執事。」）這是以平民言，其征服階級，亦因競爭的劇烈，亡國破家相隨屬。亡一個國，則此諸侯之子弟，悉降為編氓。破一個家，則此大夫的親戚，悉淪為皂隸。（《禮記・郊特牲》：「諸侯不臣寓公，寓公不繼世。」寓公是失國之君，寄住在他國的。照鄭注說，君與夫人，仍得受國君的待遇，至其兒子，即與平民等。君之子如此，其昆弟等可知。國君如此，大夫以下可知。）然而這一班人，其生活，其氣質，都是和平民有異的，畢竟不能安於耕鑿，於是舊階級被破壞，新階級即隨之產生，就形成了兩種人：文者謂之儒，武者謂之俠。儒者願望大的，是想說人主，出其金玉錦繡，取卿相之尊，次之者亦想飾小說以干縣令，是想在政界上活動的，所以當其時，遊士遍天下。俠者則因當時列國都行民兵之制，不用募兵，上進的機會較少，乃自成一種特殊勢力於民間。自然有苦心焦思，以救世為務的，如孔子墨子之徒，或就儒者加以教導，或就俠者施以感化。然而一二偉人的設教，到底敵不過多數人生活上的要求。於是儒者多成為貪飲食、惰作務的賤儒，而俠者亦多成為盜跖之居民間者了。

八、從大同到亂世社會意識的變遷

「人心之欣戚，豈不以其境哉」？無論怎樣聖哲的人，其思想，總是隨著環境而轉移的。（聖哲所以為聖哲，只是他富於反抗的精神；在什麼環境裡，他都不認為滿足，總能發見其缺點，而提倡改良，而社會遂因之進化。至於說聖哲的思想，超出環境之外，而發見所謂亙古今中外不易之道，是決無此理的。因為亙古今中外不易之道，世界上本無其物。）

所以社會風俗的變遷，亦可以其時的物質條件，為其基本。

隆古時代，人有協力以對物，而無因物以相爭。這時候的人，對於外界即物的抵抗力極弱；又多不明白其所以然，遇見什麼東西，都慮其足以為害，而要設法排除他；所以這時候的人，其對於物，是殘酷的，而其對於人，卻甚為平和。因為這時候，人的利益，不建築在他人身上，而建築在他人和我協力的基礎上。野蠻人的行為，往往忽而極其平和，忽而極其殘酷，我們看了，真覺得莫名其妙，其實殊不足奇。他對人的平和，是把人當作人看——和他協力的人。對人的殘酷，是把人當作物看——能加危害於他的物。這時候的人，對於外人和外物，是沒有分別的。我們苟被他認為是人，則其相互之間，異常平和，充滿了熱情，而毫無猜防之念存於其間。即其對於物，見了雖然害怕，而因不明白其所以然之故，平時卻無從預防；遠慮是這種人所沒有的。所以這種人，總覺得俯仰寬閑，天真爛熳。《白虎通》說三皇以前的情形，「臥之胠胠，行之盱盱；飢即求食，飽即棄餘」。就是這種境界。進而至於農耕時代，衣食饒足，生活之計不缺。對於外物，防禦之力漸強；漸能瞭解其性質，殘酷之情漸減，而其對於人，還保持著有協力以對物，無因物而相爭的舊關係。人和人相與的黃金世界，就於此出現了。這就是孔子所說的：「人不獨親其親，不獨子其子；貨惡其棄於地也，不必藏於己；力惡其不出於身也，不必為己。」大同時代的情形如此。這時候，人對於人，只有好意。只有好意，就連好的名目——仁，也立不出來，何況斟酌於人我之間，而求其折衷至當的辦法——義呢？彼此都以好意相與，自然沒有加害於人的行為，更用不著什麼規範——禮。所以《老子》說：「失道而後德，（或問道與德有何區別？答：道是客觀的道理，存在於宇宙間的，與我無涉。這話在認識上講起來不可通，但當時的哲學思想只得如此，不能以後人之見議古人。德則是有得於己。譬如人，生而手能持，足能履，這是道。知持必以手，履必以足；而且知道持當如何持，履當如何履，而遵守之，就是德。人，最初不過行乎其所不得不行，止乎其所不得不止，并不知道什麼叫作道理，自更無所謂應當不應當。這時候，無所謂德。我與世界，是混而為一的。尚未知分別我於世界之外，視自身以外之物，為與我立於相對的地位。至能發覺宇宙間之定律，而有意於遵守之，則不然矣。所以只知有道的時代，較已知有德的時代，更為淳樸。）失德而後仁，失仁而後義，失義而後禮。」這就是大同時代的風俗。

大同時代過去了，便入於小康時代。小康時代，已有治者和被治者之分。天下無階級則已，既有階級，兩階級的利害，總是不能相容的。不如此，便不得稱為階級。但是這時候，在上的人，也並不是只知剝削在下的人，而對於全體，毫無利益。野蠻人是怕用心思的。社會學家說：「這等人，你要他用一分心思，他寧可出十分氣力。」所以這時候而有能指導他們的人，他們是異常歡迎的。決不像後世人一般，發生「你為什麼要指揮我？我為什麼該受你的指揮」這樣的疑問。古代的酋長，往往被視為首出庶物的神聖；在文明社會中，一個極尋常的人，跑到野蠻部落中，就做了蠻夷大長，即由於此。這時候，在上者要濫用威權，在下者是無可如何的。如其還能寬仁，那就更要歌功頌德了。所以這時候，在上者的道德，應該是「仁」與「智」。在下者初被在上者征服時，自然壓迫受得很利害。但是這種人，因其慮患之疏，對人仇恨之心，初不甚切。假意的撫摩，也會視為是真意的。而因其時並無歷史一類的書籍，過去的事情，很容易忘掉。（譬如辮髮，本來是中國人所沒有的，當滿人入關，強行薙髮令之時，曾因此抗爭，流血不少，然至近代，反有認辮髮為故俗的，即其一證。）經過若干年後，被征服的歷史，也就忘懷。上下之分，權利的不平等，只以為生來如此的。向來習慣了的事，是很少有人去問其理由的。何況還有狡黠之徒，造作邪說，以愚弄其民，如中國古說，天子是感天而生的；又如印度的婆羅門，造為自己的種姓，從梵天之口而生；剎帝利自其脅而生；吠舍自其股，戍陀自其足等等的話呢？所以這時候的人民，是以「安分守己」、「忠實服從」為美德。其中有一部分人，不事生產，而受統治者豢養的，則專以效忠於統治者的本身，及其繼嗣的人和家族，助其保守產業、地位、榮譽等為義務，是之為臣。君臣民的關係既立，推而廣之，則父子、兄弟、夫婦、長幼、主僕之間，也都生出治者和被治者的關係。在上者亦以寬仁能領導為美德，在下者亦以效忠能服從為美德。統治者利於這種性質的發達，處處加以獎勵。被治者也忘卻萬人平等，也是可以相安的，以為社會的秩序，非如此不能維持。（近代如曾國藩，即係富於此種思想的人。如其為曾割臂以療其夫的陳岱云妻易安人，所作墓誌銘，說：「民各有天惟所治，燾我以生託其下，子道臣道妻道也。以義擎天譬廣廈，其柱苟頹無完瓦。」即可以見其思想之一斑。舊時抱此等思想者，不止國藩一人。總而言之，他們認社會不能無階級；階級間的道德，即係社會所賴以維持。）上下合力，維持這一種人與人間的關係，這便是小康時代的道德。

假使兩方面真能遵守這道德，君仁，臣忠；父慈，子孝；兄友，弟恭；夫義，婦順；原亦可以小康。然而人，總是要擴張自己的權利的。老實說，人總不免做物質的奴隸。到自己的享用覺得不足，（自然不是真的不足。）而又有威權在手時，就不免要犧牲他人以自利了。在上者濫用權力，而在下者無可如何，自然也要運用手腕，以求自免。進一步，則不但自免，還可以攫取權利；更進，則上下可以易位。人和人之間充滿著這種「憑藉地位，濫用威權」；或「憑恃智力，運用手腕」的關係，而君臣、父子、兄弟、夫婦之道苦矣。固然秉彝之良，無時或絕，人和人之間，總能維持著相當的正義，然而在一定的情形之下，維持自然只能維持著一定的限度，而且這情形沒有動搖，這限度，也就隨之而有漲縮。維持人與人間的正義，自然是要有個機關的。這機關便是國家。然而國家也要有人代表他的；這代表他的人，也是人而不是神；也是在一定情形之下的，當然也只能將正義維持到一定的限度。

當這時代，交換漸次興盛，商業漸次抬頭。商業對於社會，到底是有功的，還是有罪的？這話也很難說。商業使人人覺得人己利害不相容，互相處於敵對的地位，前章業已說過了。然亦正因此故，使人能估量他人的才智；知道所謂在上者，亦是和我一樣的人；他要支配我，我要受他支配，只是地位上的關係，並不是他真有什麼大本領。而且知道人總是要擴張自己的權利的；在上者也是如此。有許多事情，話說得好聽，其內容也只是如此。我對於人，服從與否，當然以我自己的利害為立場。開始考慮到此，在下者忠實的程度，便要減退。其服從的程度，自然也要隨之而減退。人人明白自己的利害，和他人的利害，是有互相消長的關係的，自然要盡力於自衛，不容他人隨意壓制剝削；自然要求解放。所以也可說商業是民治主義真正的導師。然而在沒有達到解放的目的以前，人和人的關係，自然更趨於尖銳化。

到此，便入於亂世了。風俗大變！人心大變！

亂世的風氣，是怎樣的呢？我們且具體的，描寫幾件出來。

到底怎樣算做窮？這是很難說的。真正的窮，該是不能維持其生活，如實在凍餓得不能支持之類，然而這界線是很難定的。普通所謂窮，大抵是相形之下，感其不足，就是所謂相對的窮——比較上的貧窮。雖然在生存上也可以算是無問題的，然而在心理上的不安，則無法遏止。《孟子》所謂「萬取千焉，千取百焉，不謂不多矣」，然而「不奪不厭」，這都因為有人和他相形使之然的。相形的對象不消滅，不安的心理，也永不消滅。這便是《老子》所謂「民之飢，以其上食稅之多」。和我相形的人遍於天下，人人互相形，即人人感覺其不足。於是囂然不安之心，亦遍於天下。

人是有遠慮的。不但要滿足現在，還要懸念著將來。而人的力量，是很微薄的。苟非大家互相保障，則陷於饑寒之淵，以至於死亡，是件很容易的事。到這時代，人人是講市道交；人人只顧自己的利益，再沒人來保障你了。人人覺得前途的可危，就人人要汲汲皇皇以言利，都覺得惟日不足。

「天下熙熙，皆為利來；天下攘攘，皆為利往」，而言利遂成為一種普遍的心理。《史記．貨殖列傳》說得好：「賢人深謀於廊廟，論議朝廷，守信死節；隱居巖穴之士，設為名高者，安歸乎？歸於富厚也。是以廉吏久，久更富；廉賈歸富。富者，人之情性，所不學而俱欲者也。故壯士在軍，攻城先登，陷陣卻敵，斬將搴旗，前蒙矢石，不避湯火之難者，為重賞使也。其在閭巷少年，攻剽椎埋，劫人作奸，掘冢鑄幣，任俠併兼，借交報仇，篡逐幽隱，不避法禁，走死地如騖，其實皆為財用耳。今夫趙女鄭姬，設形容，揳鳴琴，揄長袂，躡利屣，目挑心招，出不遠千里，不擇老少者，奔富厚也。遊閑公子，飾冠劍，連車騎，亦為富貴容也。弋射漁獵，犯晨夜，冒霜雪，馳阬谷，不避猛獸之害，為得味也。博戲馳逐，鬥雞走狗，作色相矜，必爭勝者，重失負也。醫方諸食技術之人，焦神竭能，為重糈也。吏士舞文弄法，刻章偽書，不避刀鋸之誅者，沒於賂遺也。農工商賈畜長固，求富益貨也。此有知盡能索耳，終不餘力而讓財矣！」總而言之，是「人自為謀，惟力是視」八個字。不論為眾所尊敬的人，或眾所賤視之人，其內容都不外此。

因為求利的艱難，所以有時候只好連性命也不要。《管子．輕重甲》說：「湩然擊鼓，士忿怒，輿死扶傷，爭進而無止，非大父母之仇也，重祿重賞之所使也。故軒冕立於朝，爵祿不隨，臣不為忠；中軍行戰，委予之賞不隨，士不死其列陳。故使父不得子其子，兄不得弟其弟，妻不得有其夫，惟重祿重賞為然耳。故不遠道里，而能威絕域之民；不險山川，而能服有恃之國。發若雷霆，動若風雨；獨出獨入，莫之能圉。」〈禁藏〉篇也說：「夫凡人之情，見利莫能弗就，見害莫能弗避。其商人通賈，倍道兼行，夜以繼日，千里而不遠者，利在前也。漁人之入海，海深萬仞，就彼逆流，乘危百里，宿夜不出者，利在水也。故利之所在，雖千仞之山，無所不上；深淵之下，無所不入焉。故善者，勢利之在，而民自美安。不推而往，不引而來。不煩不擾，而民自富。如鳥之覆卵，無形無聲，而惟見其成。」順著這種機勢，以使其民，真所謂「下令於流水之原」，何為而不成？何欲而不得？然而反過來，天下處於必亂之勢，你也就無法防止。因為個個人都和你拚命了。一人致死，萬夫莫當，何況拚命者遍天下呢？這真是《老子》所謂「民不畏死，奈何以死懼之」？人誰不畏死呢？不過退後也是死，還不如向前，可以僥倖於萬一。縱然不能僥倖，也死在將來，退後則死在目下。夫誰使之決定拚命向前呢？這和他自己所定最低限度的生存線有關係；而最低限度的生存線的決定，又和其人的生活程度有關係。所以《老子》又說：「民之輕死，以其奉生之厚。」

人和人，本來是互相親愛的。但是人，總是先己後人的動物。自己還顧不來，那裡顧得到別人呢？於是隨著處境的艱難，相親相愛之情，就日益淡薄了。《淮南子．齊俗訓》說得好：「仕鄙在時不在行，利害在命不在智。夫敗軍之卒，勇武遁逃，將不能止也。勝軍之陣，怯者死行，懼不能走也。故江河決，沉一鄉，父子兄弟，相遺而走，爭昇陵阪，上高邱，輕足先昇，不能相顧也。世樂志平，見鄰國之人溺，尚猶哀之，又況親戚乎？故身安則恩及鄰國，志為之滅；身危則忘其親戚，而人不能解也。游者不能拯溺，手足有所急也；灼者不能救火，身體有所痛也。夫民有餘即讓，不足則爭；讓則禮義生，爭則暴亂起。扣門求水，莫弗與者，所饒足也。林中不賣薪，湖上不鬻魚，所有餘也。故物豐則欲省，求澹則爭止。秦王之時，或人葅子[19]，利不足也；劉氏持政，獨夫收孤，財有餘也。故世治則小人守政，而利不能誘也；世亂則君子為奸，而法弗能禁也。」民國元年，安徽有個人，靠著他的妻在外幫傭，以為活計。約當春夏之交，他的妻生了一個女孩，因此不能出外幫傭，糧盡援絕。他恨極了，竟把新生的女孩殺死。當時登載報章，輿論嘩然。其實此等事，性質

19 同「菹」，意指將人剁成肉醬。

相同，而形式不一——一日之中，大地之上，不知要發生若干次，不過不盡彰露；即使彰露，而社會的耳目，是病態的；有時受人注意，有時放在眼前而不見，置諸耳邊而不聞罷了。以我所知，吾鄉有個讀書人，生女弗育；卻也未曾溺女，但禁止其妻，不許哺乳，偏這女孩餓三天不死。他的妻，忍著淚，在產褥之中，頻頻使人看這無罪的女孩，絕命也未？這真可謂極天下傷心之故了。這是千真萬確的事。「或人殖子」，豈是虛言？這事也是讀書人做的：不能改革社會制度，而空言提倡道德的聽著。

對於親愛的人，尚且如此，何況不知誰何的人？《韓非子．顯學》篇說：「今世之學士語治者，多曰與貧窮地，以實無資。今夫與人相若也，無豐年旁入之利，而獨以完給者，非力則儉也；與人相若也，無饑饉疾疚禍罪之殃，獨以貧窮者，非侈則惰也。侈而惰者貧，力而儉者富。今人征斂於富人，以佈施於貧家，是奪力儉而與侈惰也。」這真和現在反對恤貧政策的人，如出一口了。不過韓非子到底還是離健全社會不遠的人，還知道以「夫（同彼）與人相若」為先決的條件而已。然而究竟相若不相若，也是很難說的。即使真是如此，而「母之於子也，賢則親之，無能則憐之」。（《禮記・表記》。）果使全社會而都以善意相與，難道就養不活這幾個較為懶惰的同胞嗎？至於奢侈，則社會制度，果然良好，就有性好奢侈的人，也是行不出奢侈之事來的。譬如沒有賭場，向那裡去賭？沒有窑子，向那裡去嫖？用現在的眼光看來，侈惰的人，原只算一種病理。《莊子．則陽》篇說得好：「柏矩之齊，見辜人焉。推而強之，解朝服而幕之，號天哭之曰：『子乎！子乎！天下有大菑，子獨先罹之。』曰莫為盜，莫為殺人。榮辱立，然後睹所病；貨財聚，然後睹所爭。今立人之所病；聚人之所爭；窮困人之身，使無休時，欲無至此，得乎？匿為物而愚不識；大為難而罰不敢；重為任而罰不勝；遠其塗而誅不至；民知力竭，則以偽繼之。日出多偽，士民安取不偽？夫力不足則偽，知不足則欺，財不足則盜。盜竊之行，於誰責而可乎？」定一條法令，叫全國的人民，都要來射覆，射不中的，剝奪其公民權，這叫作「匿為物而愚不識」。在長江最闊之處，架一座獨木橋，強迫人走過去，趑趄不前者，推墮江中，這叫作「大為難而罰不敢」。起重機所起之物，叫人來起，起不起的殺，這叫作「重為任而罰不勝」。叫人和馬賽跑；或者是追火車，跟汽車；賽不過者監禁；追不到者罰金；跟不上者，罰作苦工，這叫作「遠其途而誅不至」。這合理不合理？然而法竟如此立了；不識、不敢、不勝、不至的人，竟是罪無可逭的。這除「假造成績」、「私更標準」之外，更有何法？這就是所謂「民知力竭，則以偽繼之」。固然，天下作偽的人，並非都處於如此為難的境地。然而這亦由先有不合理之法，造成作偽的世界，使他們習見習聞，以致不能自拔。尋常人不能自拔於環境之外，原是不足責的。此即所謂「日出多偽，士民安取不偽」。照《莊子》說來，所謂辜人，他自己絲毫不能負責。然則是誰之罪呢？只好說「天下有大菑，子獨先罹之」了。刑傷過犯，和水火刀兵，只是同一的不幸。「誰之罪」？這真是可以深長思之的問題了。

「此惟救死而恐不贍，奚暇治禮義哉」？（孟子語，見〈梁惠王上〉。）《韓非子．五蠹》篇說得好：「古者丈夫不耕，草木之實足食也；婦人不織，禽獸之皮足衣也。不事力而養足，人民少而財有餘，故民不爭。是以厚賞不行，重罰不用，而民自治。今人有五子不為多；子又有五子，大父未死，而有二十五孫。是以人民眾而貨財寡，事力勞而供養薄，故民爭。雖倍賞累罰，而不免於亂。堯之王天下也，茅茨不翦，采椽不斫；糲粢之食，藜藿之羹；冬日麑裘，夏日葛衣；雖監門之服養，不虧於此矣。禹之王天下也，身執耒臿，以為民先；股無胈，脛不生毛，雖臣虜之勞，不苦於此矣。以是言之，夫古之讓天下者，是去監門之養，而離臣虜之勞也，古傳天下而不足多也。今之縣令，一日身死，子孫累世絜駕，故人重之。是以人之於讓也，輕辭古之天子，難去今之縣令者，薄厚之實異也。」這可見所謂「廉讓之節」，也全是環境所造成了。朋友相與之間，古人說「久相待也，遠相致也」。（《禮記・儒行》。）後世卻變為「入門各自媚，誰肯相為言？」（《古樂府》中語。）亦由於此。

廉讓之節既亡，則凡事都可以枉道而行之，而輿論遂變為無價值。在風氣敦樸之世，輿論是最見得公是公非的。所以孔子說：「斯民也，三代之所以直道而行也。」（《論語・衛靈公》。）在這時候，好的人，固然不能以曲說毀謗；壞的人，也無從以私意辯護。所以孔子說：「孝哉閔子騫，人不間於其父母兄弟之言。」（《論語・先進》。）孟子也說：「暴其民甚，則身弒國亡；不甚，則身危國削；名之曰幽厲，雖孝子慈孫，百世不能改也。」（《孟子・離婁上》。）此等正當的輿論，對於個人，制裁之力最強。古人最重孝，而《禮記・祭義》篇說孝，是「使國人皆願然曰：幸哉有子如此！可謂孝也已。」「懼修名之不立」，自無人敢為非作歹了。觀以上所引諸文，可知此等風氣，當春秋戰國時，仍有若干存在。然而其崩壞也始於是時。「子張問士，何如，斯可謂之達矣。子曰：何哉，爾所謂達者？對曰：在邦必聞，在家必聞。子曰：是聞也，非達也。」「夫聞也者，色取仁而行違，居之不疑，在邦必聞，在家必聞」，（《論語・顏淵》。）可見有積極的違道以干譽的人。「行何為踽踽涼涼？生斯世也，為斯世也善，斯可矣。閹然媚於世也者，是鄉愿也」。（《孟子・盡心下》。）可見有消極的模棱以避謗的人。好惡之不公，固然由於干譽避謗者之欺人，亦由大多數操毀譽之權者，自己先有弱點，然後為其所欺。其弱點在那裡呢？則由其毀譽，不以所毀譽的人的行為為標準，而以自己的利害為立場。明明知其是壞的，而懾於其勢，則不敢毀；曾受其恩，則不肯毀；要和他結為黨羽，則甚且矯情譽之。明明知其是好的，而因其人有負俗之累，自己也要干譽，也要避謗，怕譽了他，自己也要被謗，則不敢譽；甚而違心毀他。明明有害之事，而自己有利於其中，則可以曲意鼓吹。明明有益之事，而於私計不便，則可以胥動浮言。總而言之：天下的人，並不是都可欺的，本來大都不易欺的，所以可欺，而且易欺，全由其為私意所中，而其所以為私意所中，則全由其以自己的利害為立場之故。所以毀譽之不正，其根源，乃在人和人的關係，先不正常之中。「子貢問：鄉人皆好之，何如？子曰：未可也。鄉人皆惡之，何如？子曰：未可也。不如鄉人之善者好之，其不善者惡之」。（《論語・先進》。）可見是非好惡之紛然淆亂了。至此，才有獨行之士，毅然自行其是。到獨行之士出現時，我們就知道這時代的輿論，是反社會的了。

輿論既乏制裁之力，則所以維繫社會的，就要專恃法律。然而法律亦隨社會的變化，而成為反社會的東西。這是怎樣一回事呢？社會的和反社會的區分，就是道德的和不道德的標準。所以法律而果能維護社會，就要維護道德。質言之，法律和道德，應該是一致的。然而二者之間，久已分歧了。明知其居心不可問，而卻無法駁他，這種話，喚作「官話」。這是舊名詞。換一句現在的話說，就是合乎法律的話。然則合乎法律的話，可能是不合乎道德的。同理，合乎法律的行為，也可能不合乎道德。而合乎道德的行為，就可以不為法律所保護。然則法律是不是反道德的呢？此其轉變，亦在春秋戰國之世。道德與不道德，是判之於其動機的。「正其義不謀其利，明其道不計其功」，到底是顛撲不破的話。所以法律之所保護，所懲治，著眼於其動機與否，就是其合於道德與否的憑證。凡較早的法律論，無有不注重於動機的。譬如說：「聽訟，吾猶人也；必也，使無訟乎。無情者不得盡其辭；大畏民志，此之謂知本。」（《禮記・大學》。）又如說：「如得其情，則哀矜而勿喜。」（《論語・子張》。）都有推求其動機，是否合乎道德的意思。必如此，社會的善良風俗——不是現在法律上所謂善良風俗——才能維持得幾分。鄭鑄刑書，晉作刑鼎，叔向、孔子所以要加以劇烈的反對，即由於此。（《左氏・昭公六年》，〈昭公二十九年〉。）犯罪與否，以及其罪之輕重，全由在上者斟酌情理而定，固然不能無弊。然在上者苟無私意，則因人人意中標準之不一，以至用刑輕重不倫之弊，與能斟酌其動機，而施以賞罰，因而能維持人與人間的幾分善意之利，兩者相消，而利恆覺其有餘。然此亦以在上者無私意——即其所懷挾者亦為善意為限，至操用法之權者，而亦懷挾惡意，其情形就大變了。《禮記．王制》說聽訟之法：「疑獄，氾與眾共之；眾疑，赦之。」輿論的公平，亦是制裁用法者，使之有所憚而不敢放肆的重要條件。到後來，這條件亦消滅了。於是法律亦跟著變化，其所維持不過社會上最低限度的秩序。過此以往，就都不能問了。遂有明知其有利於社會的，而不能加以保護；明知其為反社會的，而無可如何，而且不得不加以保護之事了。而法律遂自成為反社會的東西。

法律又失效力，所以維持社會的，就要靠宗教了。關於宗教問題，從前人的議論，我以為宋儒辟佛的話，有相當的理由。他們有一種議論：以為佛法之行於中國，精神方面，是由中國禮義之教已衰，所以佛教得以乘虛而入。物質方面，則因一切養民之政，都已廢墜，窮人多了，僧道亦成為一種謀食之方，因而二氏之教盛行。二氏之盛行於中國，其原因，或非宋儒所能盡知，抵排異端，攘斥佛老，在後人也久視為不成問題。宋儒排斥二氏的話，也誠然有許多不成問題的。但其所論宗教和社會組織的相關，則不能不承認他含有若干真理。宗教是慰安精神之物。精神而需要慰安，必其中先有所不足。最初的宗教，是如何產生的呢？因其時的人，知識程度甚低；外界什麼現象，都不明白其所以然；對於其力之大而足以加害於我的，就不免發生恐懼之心；若其能有益於我的，則又不勝其感謝之念；所以祭祀之義，不外乎「祈」、「報」兩端。這可說：因為人對於自然的認識自覺其不足，而宗教因之產生的。社會進步，人對於自然的知識增加，抵抗之力亦漸大。對於天行之力，不甚怕他了。而且知道他並不是和有意識的人一般的；其為益為害，都非有意的；在他不過行乎其不得不行，止乎其不得不止；既無所用其恐懼，並無所用其感謝。如此，則人對於自然，感情日淡；而其宗教思想，乃純以社會上的缺陷為其基礎。人生在世，總有不能滿足的慾望；於是有死而昇天，在天上享樂；或來世托生於富貴之家等思想。人生在世，總不能無不能平之事；於是有死為厲鬼以報怨等思想。凡若此者，悉數難終，而總有一社會組織上的缺陷，潛伏於其後則一。譬如死，是人所最畏懼的，因而宗教上就有不死的思想。靈魂不死，和肉體不死，其不死之方法雖異，其為不死則同。這到底是天然的缺陷呢，還是社會的缺陷？固然，人無不求生，而且無論如何完善的社會，亦無法令個體不死。然而求生只是慾望之一；而人的慾望，是應乎其生理狀態的。衰老的人，精神氣力，都漸漸完了，自然也無甚慾望。逮其澌滅淨盡而死，不過如勞者之得息，倦者之知歸，原也無甚可怕。就旁人看了，也無甚可哀的。《唐書．党項傳》說：「老而死，子孫不哭。少死，以為夭枉，乃悲。」這種風俗，在自稱為文明的人看起來，一定要誚其薄。然而這正是他們的社會，變態未甚之徵。生時無甚不足，所以至於老死，也不過行所無事。至於我們，「出師未捷身先死，長使英雄淚滿襟」，「但恨在世時，飲酒不得足」，無論為公為私，是小是大，人生在世，總覺有許多缺陷。確實，這時代，一個人在社會上，所負的責任，也比以前重了。（如為兒孫作馬牛，即其一例。大同時代，個人的生活，均係社會所保障，此等問題，自無從發生了。）如此，到臨命之時，自然要割捨不掉，遺恨無窮。而旁人看到他，也覺得可哀。念他在世上，曾忍受著這些，而今還帶到九泉去。若正常之社會，則何有焉？事事是「常」，事事是「順」，自然生於其中的人，個個能「安常處順」。生老病死，人事之常，有何難割難捨？而亦何可哀之有？「龜長蛇短」。人生的修短，原不是論歲月的久暫，而是論其心事了與未了。然則病態的社會裡，即使活到百歲，也還算不得長壽；

也還算不得正命；就等於党項人所謂夭枉，又何怪本人的留戀，旁觀的悲傷呢？而況乎還有連歲月也很短促的。死是人之所大惡，也是最不易用人力彌補的缺憾，然而其成為缺憾，還是由於社會組織的不良，而不是屬於天然的。然則天然是無缺憾的；一切缺憾，悉由人事之不良。所以我說：宗教的根源，就是社會的病態。

中國人是最講現實的。所以宗教上最重要的信條，就是「行了好心有好報」。而其所謂好報，都在現世。所謂「福善禍淫」；所謂「積善之家，必有餘慶；積不善之家，必有餘殃」，都不外這種思想。使此說而果有威權，固亦足以維持世道人心。然而天下人，究竟是不可欺的。除掉至愚之人，你總得給他一點證據看，他才相信。行了好心有好報，這本是拿不出證據來的。而就經驗所及，卻屢有相反的證據。社會愈壞，則正面的證據愈少，而反面的證據愈多。因為福善禍淫，基於賞善罰惡，這本是人事而不是天道。所以宗教也並不足以麻醉人。在中國，幾曾見迷信之士，肯忘身捨命，以衛護一種宗教來？在外國，此等事誠然有之，然必其社會，因迷信之篤，而能表見出一種力量來，使信教之士，在實際上或精神上，自覺能得到一種滿足，這實在還是人事，而不是天道，實在是有效驗可見，證據可得，而並非以空話騙人。假使毫無證據，而還肯相信，這一定是極無用的人，本來不能為惡，麻醉他做什麼？而麻醉了他，徒然使他結想於虛無之中，而忘卻現實的奮鬥和反抗，因而強者更得橫行。姑婦之勃谿，夫婦之反目，債權債務之糾紛，屢見弱者懸梁服毒，投井跳河，幾曾見強者因此而有所畏怖來？程明道說：「至誠貫天地，人尚有不化，豈有立偽教而人可化乎？」

（答佛法果報，係為下根人說法之問。）再不要以為空話可以騙人。這等虛設之局，不要到現在，幾千年前的人，就看得穿而又穿了。謂予不信，請讀《史記》的〈伯夷列傳〉。

一班空言提倡道德的人，最喜說宗教可以慰安人的精神，而使之滿足，而其實際的情形是如此，然則所謂滿足者安在呢？「使我有身後名，不如即時一杯酒」，怕也是現代的宗教徒，同有的覺悟罷？不然，為什麼和尚、道士、基督徒等等，其大多數，語其實，總不過是飯碗問題，甚而至於是享樂問題呢？

亂世的情形如此。請問現在的社會，是不是這樣？

九、先秦時代對於社會改革的諸派

「積勞始信閑為福，多病方知健是仙」。這還是閒過來、健過來的人。假使有人，生而勞苦，從來未識安閑；生而疾病，從來未知康健，他就要以勞苦和疾病，為人生的本然了。人的記憶力，是很弱的，不過數十百年，而其事已若存若滅了，何況經過幾千萬年？習慣於亂世，以為世界本只如此；人不過是如此的動物，只會造出如此一個世界；地球之上，再無實現一個樂園的可能：後世的人差不多通有這種思想。「人有悲歡離合，月有陰晴圓缺，此事古難全」，而這世界，就永遠成為缺陷的世界了。這真如深淵之魚，久而喪其目了。周秦間的人思想則不然。其時去大同之世未遠，離小康之世則更近；雖說已入於亂世，而大同小康時代的遺跡，總還有若干保留的。（偏僻地方，多保存舊時代的風俗，是古今一轍的。春秋戰國時代，也有一種議論，說文明之國，反不如野蠻之國，如由余對秦穆公的話，見《史記・秦本紀》。即是此理。觀此，可知當時偏僻未進化之區，必有若干古制存在。）故老之流傳，書史所記載，其材料就更多了。社會本不是如此壞的；而當前的社會，只是一個變態，總可以設法使之恢復常態的；也是其時的人，公有的思想。既然如此，當時的學者，對於社會改革問題，當然可有較徹底的意見了。我們現在，把它分為五家：

第一道家。道家對於社會改革的主張，是最徹底的。他的宗旨，是要想把社會逕挽回到大同世界的。道家的宗旨，在於「歸真返樸」。這四個字，被後來的人誤解了，以為要歸真返樸，便要把一切物質文明摧毀，而其事遂不可行。其實物質文明的進步，初不必和社會組織的複雜相平行。（就現在世界上看，這兩種現象，確是互相隨伴的，然而這不過是偶然的事實，並非其間有必然的道理。人的知識也不是兩者同時併進的。試觀科學家不必定通世故，其在社會上應付的手段，或反較普通人為拙可知。更試將現在文明國中，學習科學的設備和環境，都移到野蠻部落中去，包管其人也會精通科學的。只要其餘的環境，不相隨以俱去，包管其人還是淳淳悶悶。有人說：「學問技術的進步，全是由於私產之故，因為發明家可得巨大的利益。」這話更荒謬了。到底發明的動機，是愛好真理，還是在牟利？這要請查一查歷史再說話。世界上的有發明，幾十萬年了。私產制度，則不過數千年。從前人所發明，固然較現代史為差，然而這是文明累積的結果。試問古人所發明，又誰懸賞為之獎勵呢？至於社會科學的精深，則本是社會的病態。因為其所研究的對象，本是社會的病理。譬如貨幣，在現在，也成為專門學問了。然而沒有交換，那有商業？沒有商業，那有貨幣？貨幣尚且沒有，何從成為專門的學問呢？請問漢以前可有治天痘的方子？南北朝以前，有研究霉瘡的醫書否？這是舉其一端，其餘政治、法律、軍事……可以類推。）以我們耳目之所睹記，固然物質文明進步的社會，其組織總要複雜些，而其中之利弊，遂隨之而增多。譬如我們在鄉僻之地，造幾間土牆茅屋，築牆和蓋屋的人，決不能大敲我們的竹杠。要在通都大邑，造幾間華式或洋式的屋子，就不然了。瓦匠、木作、工程師、建築公司，都可以大敲竹杠的。我們竟無可如何，甚且沒有知道。然則社會愈進步，知識技藝愈專門；知識技藝愈專門，社會的組織，勢必隨之而複雜。因為「一人之身，而百工之所為備」，勢不能皆「自為而後用之」，勢必請教他人，而要請教他人，則因智識之懸殊，他要敲起竹杠來，勢必至於無可如何，甚且不會知道。然則欲使社會的關係，回到簡單，除將一切物質文明摧毀，更有何法呢？這話差了。大家知道，和人交涉最易上當的，是律師和醫師。然而律師和醫師，所以給你當上，並非由於他智識的專門，而是由於他的利害和你的相對之。你的當愈上得大，你的錢愈出得多；你的錢愈出得多，他的荷包就愈裝得滿。假使不在這種情形之下，你和他並無利害關係，只是和醫師閒談病理，請律師講演法律而已，我敢保管他，決不給你當上的。瓦匠、木作、工程師、建築公司和你的關係，亦係如此。同理：若有一種組織，使人的利害彼此相同，則人和人的互相扶助，自無可疑。人的性質，是環境鑄成的。處於互相扶助的社會裡，其性質自然和現在大異。如此，人人遵守道德，連仁義的名目都用不著，決不是不可能的。老子說：「民之難治，以其上之有為。」這句話最有道理。因為上之治下，必用權力。用權力，固然可以治好一時，矯正一事，而從此世人就知有權力了，對於比他弱的人，就都要使用起權力來。倘使遇見比他強的，則又變形而成為狡詐，天下就從此多事了。所以說郅治之世，必是淳淳悶悶的。但這所謂淳淳悶悶，只是指人對於人的關係。彼此都無計畫利害之心，因之不分人我，和天真未鑿的孩子一樣。至於對於自然界的知識，和駕馭自然的能力，還是要求其進步的。那怕比現在再突進幾百幾千幾萬步，只要社會的組織，能使人之利害，立於共同之點上，地球上就是樂園。

第二農家。中國人向來有崇古之癖，這也並非無因而然的。我們的物質文明，在後世，固然總較古代為進步，而且確是逐漸進步的。然而社會組織，則從大同降至小康，從小康降入亂世，確是逐漸退步。在現在而求社會進步，只有兩條路可走：其一，是人的能力，再比現在增高。不論道德、智識、才能，都要比現在增高數十百倍。夫然後能將現在人所不能措置的艱難複雜的問題，措置得妥妥貼貼。二則社會比現在簡單。一切艱難複雜的問題，都消滅了。由前之說，生物學證明其不可能。由後之說，則從前的世界，本係如此的。不過因我們在進化的路上，偶然走錯了一個方向，又未能不遠而復，遂至歧之又歧，迄今還徬徨中野罷了。由人力曾經做到的事，雖然失去，必可以人力恢復之，我們要有這信心。而其方法，則道家之言，深可考慮。農家也是和道家一鼻孔出氣的。只可惜其說無存，只有許行之言，還吉光片羽，保存於《孟子》中罷了。（〈滕文公上〉。）然而也是深可玩味的。許行說：「賢者與民併耕而食，饔飧而治。」這個，在健全的社會裡，本係如此的。

須知我們所謂政府，包含兩種性質，一種是治理公務的性質，我們可以替他取個名字，喚作帳房性質。一種是權力壓迫的性質，亦可以替他取個名字，喚作軍警性質。人和人的利益，互相衝突了，軍警性質，才成為必要。亦因其利害關係的複雜，帳房中的事務，乃覺其紛繁。若在人人相誠相與的社會中，事務既極簡單；（複雜都由人對人的關係而來，統帶一師兵，決不如管理一個小學校容易。管理一件大機器，和管理一件小的機器，卻是無甚區別的。）而其法，又不待以權力守之而自固，則所謂政府，不過和現在任何團體中的執行委員一樣，何不可「併耕而食，饔飧而治」之有？再者：從亂世回到小康，從小康回到大同，自然是要經過相當的手續的。道家說：「剖鬥折衡，而民不爭。」這話最使人懷疑：明明有爭在這裡，如何能先去其平爭之具呢？殊不知此處的「鬥衡」二字，乃指爭奪之源言之，並非指鬥衡其物。爭必有其源。苟能舉爭之源而去之，那裡還用得到平爭的器具？爭之源是什麼呢？美惡之相形，即是其中的一事。誠如孟子之言：「夫物之不齊，物之情也。」我們無法使人認美惡之物為同等。然而美惡之物，紛然雜陳，任人各視其力，以從事於爭奪，此等社會制度，則是人力可以防止，可以矯正的。許子之道：「布帛長短同，則賈相若。麻縷絲絮輕重同，則賈相若。五穀多寡同，則賈相若。屨大小同，則賈相若。」論量不論質，就是要粗的驅逐精；使全社會之人，享用的程度一律。孟子說：質之不同，尤其量之有異。論量不論質，一定沒有人肯做精的。而不知許子之意，正要如此。這話就駁得不相干了。然而許子之道，決不是使社會退化的。要享用大家享用，這本是人和人相處當然的道理。譬如一家之中，子弟糟糠不飽，而父兄日飫珍羞，可乎？古人說：「雕文刻鏤，傷農事者也。錦繡纂組，害女紅者也。」（景帝後二年詔，見《漢書・本紀》。）現在世界上，就因消費自由，所以製造奢侈品的人多，而從事於必要品的生產的人，就形其不足。倘使行許子之道，社會進化到第一級，大家就只准為和第一級生活相當的消費；到生活程度進化到第二級，消費才跟著提高一級；三級四級以上，莫不皆然。社會的文明，還是會進步的。而因苦樂之不平，以致釀成亂事，阻塞進化之機，甚至把已造成的成績又毀壞了，這等事都沒有了，社會就進步得更快。

第三儒家。儒家的主張，不及道家和農家的徹底。他雖然也夢想大同時代，然而其所提出的辦法，都是根據於小康時代的。他普通的議論，也都稱頌小康時代的幾個人，如禹、湯、文、武、成王、周公等。後來尊信儒家的人，大都即認此項辦法為滿足。對於更高一層的境界，反加以排斥。此種人居其最大多數。間有少數，承認自此以上，還有一層更高的境界，如《宋史・文苑傳》載羅處約作〈黃老先六經論〉，說：「六經之教，化而不已，則臻於大同。」這種人就是鳳毛麟角了。承認小康之治，即為登峰造極之境，此等見解，實在是不合理的。因為天下無階級則已，有階級，則兩階級的利害，總是不能相容的。小康的理論，是等級的高低，比例於其才智的大小。（《荀子・榮辱》：「夫貴為天子，富有天下，是人情之所同欲也。然則從人之欲，則勢不能容，物不能贍也。故先王案為之制禮義以分之，使有貴賤之等，長幼之差，知愚、能不能之分，皆使人載其事，而各得其宜；是夫群居和一之道也。故仁人在上，則農以力盡田；賈以察盡財；百工以巧盡械器；士大夫以上，至於公侯，莫不以仁厚知能盡官職；夫是之謂至平。故或祿天下而不以為多；或監門御旅，抱關擊柝，而不自以為寡。故曰：斬而齊，枉而順，不同而一。夫是之謂至平。」這一派議論，是人人認為合理的。其實所做事業之不同，是各人興趣之各異，并無因此分別報酬厚薄的理由；而人各有能有不能，亦是天生成的性質，難能可貴的事業，并非懸重賞所能養成的。所以荀子此等議論，我們只認為是社會已分等級後所生出來的一種解釋。至於究極之義，則我們認為許行的話，是不錯的。并耕而食，饔飧而治，生活不和其所從事的工作相關，更無論因此而分厚薄了。）說起來，似乎也很言之成理。然而實際那有這一回事？總不過憑恃一種力量的人，占據著社會的上位，因而盤踞不去罷了。以才智的大小，定等級的高低，不過是事實既成之後，所生出來的一種解釋而已。

儒家的意思，到底是以小康為已足，所謂大同，不過心存慨慕，並不希望其實現於後世，亦不以為可以實現於後世的呢？還是別有一種理論，一種方案，而無傳於後呢？這個問題，在後世，隨各人的主觀，而其答案不同。我們在今日，亦很難作十分肯定的答案。但觀於〈禮器〉篇中「禮，時為大」一語，則儒家似乎確有較徹底的主張。「時為大」的注腳，是「堯授舜，舜授禹，湯放桀，武王伐紂，時也」。禪讓放殺，是就當時的歷史所舉示的一個最顯著的例。禮也者，「因人之情而為之節文」。有怎樣的人情，就替他定怎樣的節文。至於人情的變更，則是定禮範圍以外的事，禮家可以置諸不問。古代所謂禮，範圍是很廣泛的。政權的授受，也是禮的一種。照〈禮運〉的說法，「人情而協乎禪讓」，禪讓就是當行之禮，「人情而協乎放殺」，放殺就是當行的禮。然則人情而協乎民主，民主就是當行的禮，人情而協乎蘇維埃，協乎法西斯蒂，無不皆然。然則豈有執定一時之法，而強已變之人情以就之之理？固執舊禮教，以為天經地義，以致於轉以詒害，如近人所詆舊禮教吃人之類，其非禮教之咎，而為拘墟小儒之不克負荷，不待言而可明了。無論那一種學問，盛行的總是普通之論為多；其中較高的議論，總在若存若亡之間。這(一)因傳述學問之人，中材多而上智少。(二)則接受此傳播之人，更是中材少而下駟多。所以昔人亦說：仲尼沒而微言絕，七十子喪而大義乖。（劉歆移讓太常博士的話，見《漢書》本傳〈楚元王傳〉。劉歆排斥今學家的話，是靠不住的。但這兩句話，卻是事實。從孔子沒後，傳至漢朝，儒家的要義，已不知散失多少了。即如《春秋》，「文成數萬，其指數千」，該是條條有義的，可是現在的《公羊》，空存其條文的居其強半，就是一個證據。）又致慨於「書缺有間」，「非好學深思，心知其意，固難為淺見寡聞者道」，（《史記‧五帝本紀贊》。）儒家的議論，其不能執今日所有之書，而自謂足以盡之，就更彰明較著了。但儒家普通的議論，足以匡正社會的，亦復不少。譬如《禮記‧坊記》說：有禮則「富不足以驕，貧不至於約」，這可見消費總該有個規範，和世俗有了錢，便可無法無天，任意所欲的，大不相同了。狗彘食人食，而不知檢，孟子因之，嚴切責備梁惠王。然而梁惠王不過不知檢而已，究竟不過一個失察處分。上海早幾年，有人在番菜館裡，天天訂購牛肉若干，供給狗吃，而自己坐著摩托車去取，這豈但不知檢而已。此等事可否自由？假使實行儒家的教義，能否自由？然而儒家此等教義，為什麼都不行，單剩幾條責備弱者的教義，變本加厲，致被禮教食人之譏呢？無他，道德的教條和法律，都是強者的工具，甚而至於是其武器。強者之所便，則變為不可干犯的天條；其所不便，則變成僵石罷了。這是不論什麼教義，都是如此的，正不必獨為儒家之禮教咎。

其四法家。法家經濟上的眼光，似較儒家為進步。儒家但注重於地權，法家則兼注重於資本。社會進步了，「一人之身，而百工之所為備」，斷不能皆「自為而後用之」，勢不能不「通工易事」，而交易之事，遂必不能免。交易的初期，「以其所有，易其所無」，各得所欲以去，原無所謂吃虧便宜。迨其日益興盛，而商遂成為專業，則生產者一方面，非商無以售其有餘；消費者一方面，非商無以給其不足。因為生產者和消費者，無從直接；且皆不知外面的情形，而所謂市場，遂為商人所控制。給與生產者和消費者的利益，都只是最小限度；其餘都入於商人。所以當工業資本未興起前，商人是社會上唯一的榨取者，而其餘都是被榨取者。復次，生產技術愈進步，則資本之為用，愈形重要；而其物不能人人皆有。於是占有資本的人，在分配利潤時，就可以攫取一大部分；不但其資本所應得的利子而已。此等情勢，當春秋戰國之時，早已開始。所以法家所主張的：第一，凡有獨占性質的事業，都該歸之於國家，如《管子》所謂「官山海」。（《管子・海王篇》。）第二，凡輕重斂散之權，宜操之於上。這就是官營商業，使商人無所謀大利。如《管子・國蓄》篇說：「民有餘則輕之，故人君斂之以輕。民不足則重之，故人君散之以重。」「斂積之以輕，散行之以重」，則「君必有十倍之利，而財之櫎可得而平」。如其不然，則「民人所食，人有若干步畝之數矣，然而民有饑餓不食者。何也？穀有所藏也。人君鑄錢立幣，人有若干百千之數矣，然而人事不及，用不足者，何也？利有所併也」。所以「人君非能散積聚，鈞羨不足，分併財利，而調民事」，則雖「彊本趣耕，鑄幣無已」，徒然使「下民相役」，必不足以為治。（《漢書・食貨志》：王莽下詔，說「《樂語》有五均」。注引鄧展說：《樂語》是河間獻王所傳。又引臣瓚說：其文云：「天子取諸侯之土，以立五均，則市無二賈，四民常均；強者不得困弱，富者不得要貧；則公家有餘，恩及小民矣。」這便是古代官營商業之事。《管子・揆度》篇所說百乘、千乘、萬乘之國立市之制，亦可參看。）第三是借貸之權，當操之於上。人是無資本不能生產的，只得借貸之於巨賈蓄家，而巨賈蓄家，往往因此而邀倍稱之息。於是生產之所得，大都為其盤剝以去；而勞力的人，依舊不免於饑寒。這就是《管子・輕重甲》篇所說：「萬乘之國，必有萬金之賈；千乘之國，必有千金之賈；百乘之國，必有百金之賈。」「乘其幣以守民之時」，「貧者失其財」，「農夫失其五穀」，遂至於「一國而二王」。《管子》的辦法，則〈國蓄〉篇說「使萬室之都，必有萬鍾之藏，藏鏹千萬；使千室之都，必有千鍾之藏，藏鏹百萬。春以奉耕，夏以奉耘；耒耜、器械、種餉、糧食，畢取贍於君」，那就「大賈蓄家，不得豪奪吾民」了。國家安得如此巨大的資本呢？則仍恃輕重斂散之術。〈山至數〉篇說：「國之廣狹，壤之肥磽有數；終歲食餘有數。彼守國者，守穀而已矣。曰：某縣之壤廣若干，某縣之壤狹若干，則必積委幣。於是州縣裡受公錢。」「泰秋，君下令，謂郡縣屬大夫里邑，皆藉粟入若干。」「泰夏，賦穀以市櫎，民皆受上穀，以治田土。」泰秋，再「斂穀以幣」，如此，就循環不窮了。法家經濟的政策，十之八九，存於《管子》書中。對於經濟進化的認識，法家可以說最深，道家可以說最淺，這或者也是時代使然。

所以法家之言，也是很可考慮的。自漢以後，深知其價值的，只有一個桑弘羊[20]，惜乎行之不得其法，別見下章。以上是就法家特有之點而言。至於制民之產，要求其平均；消費一方面，要有一定的規範，自然其議論也是和儒家相同的，今不贅及。

第五墨家。墨家是卑之無甚高論的。他所提出的，只是一個救時的實行方案。其於高深的學理，是不甚提及的。他主要的辦法是節用。（非樂、節葬，是節用的條件。）所以鼓動人，而希望其實行的，則是兼愛。（天志、明鬼，是達到兼愛的手段。）當時莊子譏刺他，說：「其道太觳。」「墨子縱能獨任，奈天下何？」（見〈天下篇〉。）殊不知墨子所陳，乃係凶荒札喪之變禮；即社會遇天災人禍，以致困窮時的辦法。社會當困窮之時，用度應較平時為減省；而其減省，是應合上下而皆然，古代本係如此。譬如《禮記．王制》篇說：「三年耕，必有一年之食，九年耕，必有三年之食。以三十年之通，雖有凶旱水溢，民無菜色，然後天子食，日舉，以樂。」又如〈曲禮下〉篇所說：「歲凶年穀不登，君膳不祭肺，馬不食穀，馳道不除，祭祀不縣，大夫不食粱，士飲酒不樂。」〈玉藻〉篇所說：「至於八月不雨，君不舉。」便是古制之可考的。（衛文公遭狄難，而大布之衣，大帛之冠；齊頃公有鞌之敗，而七年不飲酒，不食肉，也還是行此等古禮的。以齊頃之事推之，則越勾踐的臥薪嚐膽，亦不過行此等古禮，而後遂衍為過甚的傳說罷了。）「庖有肥肉，廄有肥馬，……民有饑色，野有餓

20 桑弘羊（約西元前一五二—前八〇），漢代財政專家，漢武帝時期曾策劃均輸、鹽鐵酒官賣、平準、算緡錢、屯田等政策，後因捲入謀反事件被誅殺。

莩」，（《孟子・梁惠王上》。）「凶年飢歲，君之民，老羸轉乎溝壑，壯者散而之四方者，幾千人矣，而君之倉廩實，府庫充」，這本是社會規制已廢壞後的現象。假使當倉廩實，衣食足，雖有凶旱水溢，民無菜色之時，而墨子還要勤生薄死，主張非樂節葬，那自然類乎無病而呻。然而春秋戰國之世則何如？這時候，一部分人的用度，雖然奢侈，然合全社會而觀之，是否是凶荒札喪的世界？莊子說「其道大觳」，其如全社會的生活程度，只得如此。滿堂飲酒，一人向隅而飲泣，則四坐為之不樂，何況「勸客駝蹄羹，霜橙壓香橘；暖客貂鼠裘，悲管逐清瑟」；「朱門酒肉臭」，而「榮枯咫尺異」，啟視門外，便見「路有凍死骨」呢？古人利害共同，報恩和同甘共苦之心，都較後人為發達。所以宰予要短喪，而孔子詰以「食夫稻，衣夫錦，於女安乎」？又說「女安則為之」，（《論語・微子》。）如莊子之言，我們也要用孔子詰問宰予的話，反詰他了。至於荀子，說：「不足非天下之公患，特墨子的私憂過計。」照他的說法，只要凡事都有辦法，不足是不成問題的。（見〈富國篇〉。）這話說來似乎也很有理。殊不知荀子所說的，是古代的所謂禮，而墨子所提出的，也是古代的所謂禮。禮之隆殺，視乎其時，當凶荒札喪之時，而仍行平世之法，那是蔡京[21]的所謂豐亨豫大[22]了。墨子之政是法夏，而儒家說夏之政忠；又說「救僿莫若以忠」，（《史記・高祖本紀贊》。）可見儒、墨相

21 蔡京（一〇四七－一一二六），字元長，北宋時期書法家、政治家，為北宋四家書法家之一，其主政時期推行一系列經濟改革，與民爭利，致使民不聊生。後有太學生陳東上書稱其人品奸邪，為「六賊」之首。

22 用以形容君德隆盛，國家富足興盛的太平景象。

通。當社會困窮之時，君臣上下，都應以哀矜惻怛之心，行勤生薄死之事，這原是人心之同然，而亦即是天下之公理。譏刺墨子的人，只是不明於其說的立場而已。墨家還有一句話，可以特別注意的，就是墨家巨子所說的「情欲寡」。（見《荀子・正論》篇。）現在天下的人，都以為人之性是好奢的；所以節儉總是違反人的本性的，多少有待於勉強。殊不知享用程度的適宜，應以生理和心理的狀態為標準。過儉固非所堪，過奢亦非所欲。奢侈只是在不正當的社會中所養成的惡習慣罷了。所以中是本性，儉和奢都是病態。禮的不背於人性，就以此為其原理。而道家「適情辭餘，以性為度」之說，（見《淮南子・精神訓》。）亦是深知此義的。必知此義，然後墨子之道「反天下之心」之難解，而此義，尤可以破現代人的迷惑。

周秦時代的學者，對於社會改正的意見如此。其是非得失，究竟如何？請待下章批評。

十、漢代的社會改革

從大同到小康，從小康到亂世，社會的組織，一天天變壞；人生其間的，一天天無所保障，而純靠自力競爭。敗的固然做了犧牲，勝的亦朝不保暮。人生其間，真乃無樂趣而有苦趣了。當這時代，人如何不想改良向上呢？在後世，人習於病態者既久，以為天下本不過如此，那就無從說起了。在周秦時代則不然，大家還保存著健康時代的追憶，總以為人不就是這樣的；社會也不該是這樣的。

此等心理，滂薄鬱積，自然遲早總有實行的機會。

實行該在什麼時候呢？那自然是統一之後了。因為㈠前此忙於競爭，無暇顧及治理。㈡而且天下分裂，即有願治之主，亦苦於無法推行。推行於一地方，其效驗是有限的。而且有許多事情，一局部無從行起。所以統一之後，實在是將社會根本改良最好的時機。苦於最初統一的君主秦始皇帝，其所做的事情，專以固威權、圖娛樂為目的，雖然其外徵，或者也有為國家立一個長治久安的基礎的意思，不必盡出於侈欲，然而在這時候，實非當務之急；而其所用的手段，也不得當。於是第一個機會錯過去了。

秦滅漢興，該是第二個可以根本改革的時代。這時候，是人民不堪政府的暴虐，起而把政府推翻的。固然，其中還有很複雜的別種原因，然而這總是其中最重要的一個原因。得天下者自然該替民眾想想法子了。然而劉邦是個無賴子。一時的將相，非武夫，即刀筆吏。刀筆吏是只能做事務官的，建立不出什麼政策來；武夫更不必說了；所以只好一事不辦。後來人都說他們不願意辦，其實與其說不願意辦，無寧說是不懂得，不會辦。這種情勢，直持續到文帝初年。

漢朝到文帝時，才真是可以辦事的時候。因為前此，中央政府時時猜防著功臣。這時候，內而靠他和功臣相持的外戚已亡；功臣死者前死，僅存的亦垂垂老矣，無復野心；擁有廣土的同姓諸侯，雖然在形勢上很成為問題，然尚未到決裂的地步，還很有回旋的餘地。所以這時候，是很可以，而且很應該從根本上改革的時代。然而文帝卻只行了一個似是而非的道家政策。

怎樣說文帝的道家政策，是似是而非的呢？道家的宗旨是無為。無為就是不起變化的意思，這在第七章中，已經說過了。道家所以提出此項宗旨，因為其時代較早，其時的社會，本是好的，只要掌握政權，能使社會起變化的人，不造種種惡業，使社會變壞就夠了。這時候，社會變化的機鍵，全在這一部分人手裡，所以道家針對他們說話。至於漢代，情形就不然了。其時社會業已複雜；而又國土廣大，人民眾多；各地方風俗不一。無論從教化方面，或者刑禁方面說，中央政府都不能真成為全國的重心。和春秋時代，中等國土，令行禁止的情形，已大不同。（古代的治理，所怕的是貴族的阻格。法家竭力要擴張君權，就是為此。倘使政令而能及於人民，人民總是真實奉行的。沒有後世法令成為具文；廟堂三令五申；文告奏報，都說得堂皇美備；而到社會上一看，卻全沒有這回事的情形。所以古代改良政治，和改良社會兩問題，關係較為密切。在後世，則政治的力量，僅能維持極粗的治安線。如不許殺人放火等，較為積極的事情，都無從辦起了。如其辦之，不是有名無實，就要反生擾累。這是古今政治的一大異點。借政治的力量來改革社會的所以難行。）比諸古代的小國寡民，則相去不可以道里計了。此時「富」與「貴」，業已分歧而成兩事。固然貴的人總要富些，然而未必皆富。富的人以法律而論，其地位原不過和窮人一樣，甚且不如窮人。（如漢時法律，貴農夫而賤商人。）然而在事實上，其權力勢必甚大。政治法律，都無如之何。所以這時候，不但君主一個人，即使凡有政權的人，都能夠清靜自守，亦無益於治。因為社會複雜了，能使社會起變化的，並不止這少數有政權的人。而且這時候的社會，久已變壞了，也無待於當時的人，更行作惡而使之變壞。所以這時候的社會，非大加改革不可。必大加改革，使社會的組織成為合理的，然後以清淨無為守之，乃為善用道家之學。否則只是牢守著惡習慣，只是隨順著病理，並不能稱為善於衛生。漢代的用道家之學，不始於文帝。當蕭、曹為相時，所行的政治，即已合於此主義。呂后雖說不上推行什麼政策，其所行，卻也暗合於此的。（《史記・呂后本紀贊》：「孝惠皇帝、高后之時，黎民得離戰國之苦，君臣俱欲休息乎無為。故惠帝高拱，高后女主稱制，政不出房戶，天下晏然。刑罰罕用，罪人是希。民務稼穡，衣食滋殖。」）文帝以後的景帝，亦能謹守此義。所以此種政策的持續，可以說有七十年。然而其效果，除政府不自擾民，於許多害民的因子中，算是除去了一個之外，其餘都更無所得。這話怎見得呢？請舉《史記》為證。《史記・平準書》說武帝初年的情形道：「非遇水旱之災，民則人給家足。都鄙廩庾皆滿，而府庫餘貨財。京師之錢，累巨萬，貫朽而不可校。大倉之粟，陳陳相因，充溢露積於外，至腐敗不可食。眾庶街巷有馬，阡陌之間成群；而乘字牝者，擯而不得聚會。守閭閻者食粱肉，為吏者長子孫；居官者以為姓號。故人人自愛而重犯法，先行義而後絀恥辱焉。」這真可謂國富民安了。然而又說：「當是之時，網疏而民富，役財驕溢，或至兼併。豪黨之徒，以武斷於鄉曲。」兼併是該行之於窮困之時的。富庶之日，如何反行起兼併來呢？可見其所謂富者，不過總計全國的富量，有所增加，而並不是均攤在眾人頭上。所以這時候的富人，固然遠較天下初平時為富，窮人則還是一樣；而貧富相形之間，其懸殊或者反較大亂初平時為甚。就物質數量而論，大亂之前，無論如何，總較大亂之後為遠勝。然而當大亂之前，人心必蹙然感其不足，一似不可一日居者。到大亂之後，赤地無餘，倒也罷了。這可見所謂足不足，物質的關係尚淺，而心理的關係實深。所謂貧窮者，實非真正的物質缺乏，而為貧富相形的問題。歷代當承平數世之後，社會生計，必有蹙然不可終日之憂。議論的人，不過歸咎於㈠人口過多，土地不足。㈡社會風氣漸侈，生產雖增，消費亦隨之增加；其增加的程度，或至超過生產增加的程度。對於第一個問題的計畫，不過移民墾荒，改良農業……對於第二個問題，則大都主張修明禮教，提倡節儉，禁止奢侈。其實第一個問題，通全中國而言之，不論那一個時代，距真正到來的日子，總還甚遠。這是另一個問題，非此處所能詳論。至於第二個問題，則消費超過了生產，當然是要窮的。對付這種窮，除節儉外，更有何策？這是理論上當然的結果，更無疑義，而亦是大家切身之患。論理，應該大家都知道警惕的。然而歷代行之，總是無效。不論政府的獎懲，民間的勸戒，都是如此，這是什麼理由呢？因為人心總是好奢的。這所謂奢，並非物質消耗多少的問題，而是人和人互相比較，不甘落後的問題。所以苟有人引誘於前，必有人追隨於後，無論定什麼標準為消費程度的等差，實際上總是無效的。而歷代的禁奢，莫不承認此等差別之存在，此其收效之所以甚少而幾等於零。真正生產的程度增高了，而後消費的程度，隨之而增高，本來不成問題。所苦者，富力的增加，實在只偏於一部分，而大多數人的消費，都要勉強追隨於其後，那就成為很嚴重問題了。然而無嚴切有效的禁令，而希望這少數的富人，顧念一般的生活程度，而自行節制其消費，不超過眾所能堪的水平線，是萬無此理的。苟有少數人之消費程度增高，大多數人，必將不顧其生活程度，而勉強追隨於其後，又為勢所必至，而無可如何之事。

歷代承平之後，風俗勢必漸趨奢侈；而風俗既趨奢侈，總要成為生計上嚴重的問題，即由於此。所以講經濟，非兼顧到消費方面，是不徹底的。要兼顧到消費方面，其第一義，即在禁奢。而禁奢的有效政策，是要對著少數有資力的人施行的，勸諭大多數人無效。漢朝的文、景，未嘗不躬行節儉，然而卻未能禁奢。能制民之產而不能禁奢，其政策尚且無效，何況兩者都不能呢？這是文景的休養生息所以無裨於社會的理由。

文景之後，武帝繼起，重用了一個桑弘羊。桑弘羊這個人，向來不過當他是個言利之臣，以為是個善於言利的賈人子而已。其實他是個很有學問的人。他所行的，全是管、商一派的學說，讀《鹽鐵論》可見。但是他行之為什麼不見其利，但見其害呢？這有兩種原因：第一，他雖有學問，而亦是一個窺時趨勢的佞臣。所行的政策，雖有理由，而其意既注重於籌款，則不免將本意拋荒，而只成為一種搜括的政策。其二，這時代的人，久已習於私產了，以私產時代的人的心理，行社會主義的政策，本已無以善其後。而況桑弘羊所用的，又有一部分是商人。商人是最自利的，而亦是最善於牟利的，所以當時所辦的事，其內容實在不可究詰。我們試引一段《鹽鐵論》上賢良文學的話，以見其概：「故民得占租，鼓鑄煮鹽之時，鹽與五穀同價，器和利而中用。今縣官作鐵器，多苦惡；工費不省；卒徒煩而力作不盡。家人相一，父子戮力，各務為善器；器不善者不集。農事急，輓運，衍之阡陌之間。民相與市買，得以財貨五穀新弊易貨，或貰。民不棄作業，置田器，各得所欲。更繇省約，縣官以徒復作，繕治道橋，諸發民便之。今總其原，一其賈。器多堅䃘，善惡無所擇。吏數不在，器難得。家人不能多儲，多儲則鎮生。棄膏腴之日，遠市田器，則復良時。鹽鐵賈貴，百姓不便。貧民或木耕手耨，土耰啖食。鐵官賣器不售，或頗賦於民。卒徒作不中程，時命助之，發徵無限，更繇以均劇，故百姓疾苦之」。鹽鐵一事如此，其他可以類推了。桑弘羊所行的事情，可以分為三類：㈠鹽、鐵、酒酤，是官賣性質。㈡算緡錢，舟車，是增稅。㈢均輸，是官營商業。官賣的事如此，增稅自然更只成為搜括的政策。官營商業，此時在官的資本，也斷乎控制不住廣大的市場，自然是徒與商人爭利而已。我們看《史記．平準書》和《漢書．食貨志》所記載的情形，便可知其所行，社會政策的意思，一點也不存在。

先秦時代，抱持社會政策的思想的，共有五家：道家和農家，宗旨是很相近的。實行道家的學說，縱不能算就是實行農家的學說，也可以說是和農家很為接近。墨家：因其道大觳，為治者階級所不堪；又其徒黨為俠，亦為在上者所深忌；所以沒有見用的機會。然而文帝的節儉，亦可以說略得墨家的意思，不過其無益，亦和其用道家之學一樣。因為這時候奢侈的人多了，消耗物資，敗壞風氣的，並不是你一個人，單是你一個人甚而至於你的一家能節儉，又有何益？而武帝時桑弘羊行管商之學又如此。然則先秦五家之學，已經有四家行之而無效了，雖然不是徹底的奉行，總算能略師其意。以當時人心的滂薄鬱積，決不能如此而遂止。儒本是東周以來的顯學；自武帝表章六藝、罷黜百家以來，其在社會上，更有最大的威權；自然其所主張，總有一次實行的機會。

漢代儒家的議論，傳於後世者最多。這固由武帝以後，儒學專行，亦因作史的人，如司馬遷、班固等，都是儒學的黨徒之故。我們把儒家議論，歸納起來，大約可分為兩點：㈠生計問題，即制民之產的問題。㈡教化問題。重要的是納民於規範。能納民於規範，則其消費自然合度。所以教化問題，在生計上說，可以說是包含消費問題的。雖然儒家的教化問題，其範圍並不如是其狹。

儒家的主張，是富先於教的。此等證據，隨處可見，可以不必再舉。「救死而恐不贍，奚暇治禮義哉」？此是很淺近易明，而亦是普遍不易的道理。所以先富後教，在理論上，本無可懷疑。但是亦有一端，要注意的。由貧而致富，必須要相當的時間，亦必須要相當的辦法。倘使正在進行的中途，而有一班人，不顧公益，恃其多財，任意消耗；大多數人，勢必追隨於其後。如此，消費之量，永無節約之時；併生產之事，亦將受其妨礙，富之目的，永難到達；教更不必說了。所以教在富之後，不過是一句大概的話。在實際上，是不能絕對分離的。而所謂教，並不單是勸導，連用政治法律的力量，以制止一切逾越規範的行為，亦都包含在內。

漢儒的議論，因為太多了，我們現在不再鈔撮，以避麻煩，僅約舉其大綱如下：

㈠他們對於生計問題，注重於制民之產；而所謂產者，即是土地問題。他們所夢想的，自然是井田制度。雖沒有具體恢復的主張，可是通觀他們的議論，即可知其終極的目的，實在於此。至於調和現實，求其易於實行，以為漸進之辦法，則是限民名田。第一個提出的是董仲舒。後來擬有具體辦法的是師丹[23]。但為惡勢力所阻礙，未能實行。

23 師丹（？—三），字仲公，西漢時政治家，曾針對貴族及官僚提出限田限奴主張，用以緩和日益激化的社

㈡他們所謂教化問題，就其全體的規劃言之，是要改良風俗，把人民一切行為，都納之於軌範之中。單就生計一方面說，則禁奢尤為重要之義。其中賈誼，第一個提出這問題。後來主張得最激烈的是翼奉[24]。他主張非遷都不能更化，就是因為舊都之中，惡勢力太深厚了，新法制難於實行。此可見漢儒言改革的，都以能實施新法制為要義。

儒家的論生計，對於生產、消費兩方面，可謂都極注意。獨其對於交易方面，則無甚主張。「市廛而不稅，關譏而不徵」，這是一種很陳舊的思想。當各地方交通未便利、商業未發達時，商人是生產消費者之友而非其敵；當這時代，自然要盡力於招徠。到後來，商業資本發達了，商人變為社會上最跋扈的人。以社會政策論，固然要制裁他。即就財政而論，亦樂得抽他們的稅，且亦很應該抽他們的稅。為什麼還要拘定「縣官當衣食租稅」而已的舊見解，（漢朝卜式的話，見《史記．平準書》。這是隋以前言財政者通有的思想。所以晉初定律，把關於酒酤等的規定，別定為令。因為法律不易改動，而令則可以隨時增損。這就是表示天下太平之後，這許多賦稅，應得廢除的意思。見《晉書．刑法志》。隋文帝得天下後，亦把一切雜稅，漸次廢除。可參看《文獻通考．國用考》。中國自唐中葉以前，國家正當的收入，可說是專恃田租、口賦、力役三者。別種收入，只是不得已時的搜括，在理論上，始終沒承認其正會矛盾。

24 翼奉（生卒年不詳），字少君，西漢時儒學家。曾上書批判外戚、女官太多，提出減少方案，更提議漢元帝遷都洛陽，用以減少祭祀天地、天子宗廟及宮殿庭園的花費開銷。

當。現在恃為收入大宗的關鹽等稅，都是創始於唐中葉以後，逐步發展起來的。所以然者，乃因唐中葉以後，土地為藩鎮所擅，國家收入減少，而用度增加，乃不得不取之於此。宋定天下之後，照前此的成例，是應該一概撤廢的。但因養兵太多，所以沿而未廢。行之既久，大家覺得這些稅，也無甚大害，就無人更主縣官當衣食租稅之論了。這是事實使然，并非人們在理論上有何發見。這可見人們思想的陳舊。）反對一切新設的稅目呢？當時所增的新稅，固然擾累特甚，然而實際辦理得好不好是一回事，新稅是否應當增設，又是一件事。儒家的不注意大工商業，我以為其理由係如此：儒家的意思，人的生活，應守一定的軌範的。而其所謂軌範，卻是比較上陳舊的生活。假使儒家此項目的而能達到，則當時商人所恃以獲利的條件，即根本取消。因為陳舊的生活，是比較上處於自給自足狀況之下的。如此，商業資本，不必要節制；商人也無待於賤，而這問題自然解決了。譬如今日，我們倘有法子，使全國人的生活，都回到閉關時代，窮鄉僻壤的狀況，洋貨及一切奢侈品，那得會有消場？又何勞談什麼節制資本，關稅壁壘……政策呢？這話並非我胡猜，當時的儒家思想，似乎確係如此。讀《鹽鐵論·散不足》篇可見。然而這實在是落伍的思想。在這一點，我以為賢良文學之言，不如御史大夫多多了。

凡事總是進步的；而後起的人，尤易奄有前此的眾長。所以王莽雖號稱儒家，而其政策，實已兼該儒法。他所以不肯墨守當時通行的今文經說，而要另創一派古文之學，即由於此。因為古文之學所舉的書，較為廣博。其中有一部分，是時代較後，而其辦法，較適切於當時社會的。如他行五均賒貸時，所根據的《樂語》和《周官》，即其一例。

王莽的設施，今約舉如下：

(一)更名天下田曰王田，奴婢曰私屬，皆不得賣買。其男口不盈八，而田過一井者，分餘田與九族鄉黨。

(二)於長安及五都（洛陽、邯鄲、臨菑、宛、成都）立五均官。改長安東西市令，五都市長為五均司市師。皆置交易丞及錢府丞。

(三)諸司市以四時仲月，定物上中下之價，各自用為其市「平」。賣買之物，周於民用而不讎者，均官用其本價取之。萬物昂貴過平一錢，（因漢代錢價貴，所以如此。）則以平價賣與民。

(四)工商能採金、銀、銅、錫、登龜、取貝者，皆自占司市、錢府，順時氣而取之。

(五)諸取眾物，鳥獸、魚鱉、百蟲於山林，及畜牧者；嬪婦桑蠶、織紝、補縫；工匠、醫、巫、卜、祝，及它方技；商販、賈人、坐肆，列里區謁舍；皆各自占所為於其所在之縣官；除其本，計其利，十一分之，而以其一為貢。

(六)民欲祭祀，喪祀而無用者，錢府以所入工商之貢但賒之。（但，徒也。但賒，謂空借，即不取利息。）祭祀毋過旬日，喪祀毋過三月。欲貸以治產業者，均受之。除其費，計所得受息，毋過歲十一。

(七)凡田不耕者為不殖，出三夫之稅。城郭中宅不樹藝者為不毛，出三夫之布。民浮游無事，出夫布一匹。其不能出布者，宂作縣官衣食之。

(八)五均賒貸，即莽所謂六筦之一。此外還有(甲)鹽，(乙)酒，(丙)鐵，(丁)名山大澤，(戊)鐵布銅冶，亦都收歸官辦，總稱謂之六筦。

王莽的政策，我們綜括起來，是：(1)耕地收歸國有，平均分配。(2)耕地以外的土地——山澤，歸官管理。(3)鹽、鐵、酒、冶鑄之業，收歸官營。(4)商業由官統制。滯銷而有用之物，由官照成本收買，以保護生產和運銷者。此項買進之物，物價高過平價時，即照平價賣出，以保護消費者。(5)此外各項以營利為目的的事業，都收其稅，以供乏絕者之借貸。(6)不事生產者有罰。但無從得業的，縣官亦得給他雜事做，而供給他的衣食。合各方面而兼籌併顧，真可謂體大思精了。但是(1)此等制度，用何等機關推行？推行之時，用何法保證其有利無弊，或隨時興利除弊？(2)就商業一方面說，在官有多大的資本，能控制市場？這實在是很大的疑問。

關於第一個問題：因人習於私產制度之已久，此種改革，勢必不能自動推行；勢必有待於國家。國家推行一種政策，勢必藉手於官吏。但官吏亦久已成為一種謀生的職業。人的普通性質，權力沒有限制，總是要濫用的；利總是要盡量攫取，愈多愈好的。官吏是權力在手，可利用之以牟利的人，所以做官與作弊兩個名詞，幾乎常相聯帶。自然，不待監督，而自能清廉奉公的人也是有的，但這總只是少數。以一般情形論，上文所說的幾句話，總是無對不諍的事實。這無所謂世風不古，亦無所謂中國人具有特別的劣根性。以一般情形論，不論古今中外，總是一樣的。這有很堅強的證據，不過在此處無暇評論罷了。老實說，此等普遍而易知的事實，人人反省而可以自明的心理；已無待於羅列證據的。所以「督責之術不可廢」，自戰國已來的法家，久已視為政治上的鐵則；而我們在學理上、經驗上，確亦承認它是一條鐵則。「舊稅是良稅」，這是為什麼？因為⑴習慣了，負擔的人，不大覺得苦痛。⑵而習慣是有最大的勢力的。既已成為習慣，負擔的人，固然不易解除其負擔；誅求的人，倒也不敢隨意為逾分的誅求。倘使逾分誅求，被誅求的人，就要因其不合習慣而引起反抗了。新稅則不然，故於逾分的誅求最便。這一種原理，是適用於一切誅求上的，不但租稅。所以當創制改法之時，行政上的督責，需要更加嚴厲。新莽對於這個問題，卻是如何呢？我們並沒有聽見他特設一個監察的機關；亦沒聽見他格外注重於監察的事務。只知道他迷信立法，「以為制定則天下自平。公卿旦入暮出，議論連年不決。不暇省獄訟冤結，民之急務」。甚至「縣宰缺者數年，守兼一切，貪殘日甚」。對於督責一端，反而格外廢弛而已。而其所用的，又有一部分是商人。這個和用桑弘羊同弊。當時行政的情形，就可想而知了。

關於第二個問題：我們雖不知漢代的市場，究有多麼廣大，當時人民的日常生活，必有待於交易者如何。然而自東周以來，商業資本，久已活躍；而以國家之力，控制市場，則只見《管子》一類的書，有些理論，是否實行，很成疑問。即使曾經部分實行，此時也久已廢墜了。況乎併部分實行的形跡而不可見呢？然則國家而要控制市場，這一筆雄厚的資本，從何而來？無資本，則周於民用而不讎之物，用什麼東西去買進？物價高過平一錢時，用何法處置？固然有工商之貢的收入，然而這是要留著預備平民賒貸的。倘使移作控制市場之用，平民賒貸的資金，又無著落了。況且當時工商之貢，究竟收到多少，也很成疑問。即使所收甚多，以當時行政監督的疏闊，能保其不入私囊嗎？桑弘羊均輸之法所以能行，因其使各地方都以本地方的出口貨為賦，不啻增加一種新稅，而新莽又不聞有此。然則當時五均司市的資本，從何而來呢？資本之成為疑問如此，而行政的效率如何，更成為疑問。史料雖然缺乏，以理度之，恐當時的商業控制，不會有多大的成績；甚而至於不免騷擾。

新莽之所行，是無一不足以擾亂經濟界的。而其尤甚的，怕是改革幣制一事。漢人的日常生活，必有待於交易自然還不如後世的密切，觀其錢價之貴可知。（《史記・貨殖列傳》說：穀價應上不過八十，下不過三十。漢代的一石，我們粗算它是現在三分之一，則現在的一石穀，在漢時，只直錢二百四十文。這是經濟常態中最高的穀價了。事實上，宣帝時竟跌至穀石五錢，則現在的一石穀，只直錢十五文。錢價之貴如此，所以當時零星貿易，並不能用錢。《鹽鐵論・散不足》篇說，當時買肉的人，是「負粟而往，易肉而歸」。買肉且然，買菜更不必說了。）然而錢在當時，究已成為人人不能不用之物。觀《漢書・食貨志》所載李悝〈盡地力之教〉，估計農家一年所穫的穀，直錢幾何；除日食之外，一切開支，用錢幾何可知。固然，這是為計算的方便，以錢論價；實際使用之時，未必都支出現錢，然而此等支出，其不能全不用現錢，亦可推想而得。即謂不然，大宗交易，現錢亦總不可缺的。而在當時，各種生產，都已和商業發生了密切的關係，這也是無可懷疑的事實。然則貨幣如何好擾亂呢？自秦始皇至漢武帝，幣制變更了好多次。只有漢武最後所鑄的五銖錢，得民信用。這個理由，現在不必深論。而在當時，五銖錢得人信用，則是事實。而王莽卻將幣制改為五物、六名、二十八品。如此煩雜的幣制，自然是一日不可行的，而莽卻禁漢五銖錢甚嚴。在私產社會中，凡生產，都是為著交易，所生產的都是商品。到底有用與否，生產的人是並不知道的。不過眼看著市場，什麼東西，向來是有用的，在交易上是可以獲利的，就從而生產之罷了。所以生產的正常，必有待於市場的穩定。以交易為分配，自然不是分配的好法子。然而這是人人賴以生活，一日不能暫離的。新分配的方法未立，而先將舊交易制度破壞，這不但恃交易以牟利的人，一朝失其所恃；就是從事於生產的人，也覺得無所適從；而在消費方面，除卻真能自給自足的人，（這時代恐沒有罷。）也都陷於困境了。一切誅求擾累的事，無論如何嚴峻，總不易使人人都受其影響的，惟有幣制則不然。《漢書》說新室變法的結果，是「元元失業，食貨俱廢」，其最大的原因，怕即在乎此？這怕是新室政府的致命傷？

因全國經濟界普遍失常而引起的騷亂，自然不是一個政府的力量所能鎮壓的。而新室政府的運命，遂於焉告終。其所懷抱的理想，和其所制定的政策，亦一齊拉倒。

這不是王莽一個人的失敗，實在是先秦以來談社會主義和政策的人公共的失敗。因為王莽所行的，都是他們所發明的理論，所主張的政策，在王莽不過見諸實行罷了。從此以後，大家知道社會改革，不是件容易的事，無人敢作根本改革之想。如其有之，一定是很富於感情，而不甚瞭解現狀之人，大家視為迂闊之徒，於社會上絲毫不占勢力。「治天下不如安天下，安天下不如與天下安」，遂成為政治上的金科玉律。久而久之，就併社會本來是好的而亦忘掉，以為本不過如此，視病理為生理了。（自東漢以後，國家更無從根本上平均財產的思想。其有之，則以農田為限。亦是取去其太甚，逐漸進行的政策。質而言之，兼採限民名田和官授田的兩種政策。晉朝的戶調式，北魏的均田令，唐朝的租庸調法，三者是相一貫的。控制物價，亦以食糧為限，即常平之法是。此外如唐劉晏之所行，則主要的目的，在於財政，顧及社會經濟，至多是其副目的。這兩者，行之都不能收效。不但不能收效而已，常平是現在還有此法的，我們眼見其並不實行。即戶調、均田、租庸調等制，究曾實行至何程度，也是一個很大的疑問。自此以外，只有偶或行之的借貸政策，如宋代的青苗法；及規模很小，如宋代的廣惠倉；或者臨時施行，如蠲免租稅的救濟政策了。此等和社會經濟的根本，可說是毫無關係的，所以不再敘述。）

十一、到大同之路

孟子說：「大人者，不失其赤子之心者也。」這句話說得最好。假使有一個成年的人，其道德心，竟和赤子一樣，我們自不得不推之為大人了。但是大人和赤子，仍有一個異點。赤子是未曾接受環境的影響，所以能保其大人之德的。但其年漸長，受社會的漸染日深，而其道德心，亦即隨之而淪喪。大人則不然。他受環境的影響，已經很深切了。對於惡社會，是很能夠瞭解的。隨波逐流，加入作惡的力量，也是有的。因其天性之獨厚，觀察之獨深，不以恆人之所謂幸福者為幸福；深知福與善必相一致；於是卓然獨立，不為環境所轉移。既不為環境所轉移，則多少必能轉移環境，這才不是為環境所決定的大人；而是靠自己的力量，改造環境，以回復其天德的赤子。必至此，才可謂之入於不退轉地。個人如此，社會亦然。被環境所決定的社會，是靠不住的。古代社會，環境好的，竟能實現出大同世界；其壞的，就野蠻殘酷得更無人理；而組織極好的社會，遭遇壞環境，亦即隨之為轉移，即由於此。必其經歷萬難，知識增高；知道從前所走的，都是歧路，而自動的有意識地回復過來。這種赤子之心，才能保其不再喪失。這是歷史上的大同時代，和今後的大同時代不同之點，正和赤子同大人的異點一樣。

覺得所處的社會不好，而想把他改造，不是始於現在的。幾千年以前，早有轟轟烈烈的運動了。如前兩章所述。但是為什麼終於無效呢？

其㈠是由囿於小康，誤以為所謂禹、湯、文、武、成王、周公之治，即是登峰造極之境，不敢作更進一步之想。不但自己不敢作此想，遇有持此等議論的，亦必力加排斥。宋儒疑〈禮運〉非孔子之言，即其一例。而不知所謂禹、湯、文、武、成王、周公，即三代之治者，其實是階級之治。既有階級，兩階級的利害，總不能相容。無論自覺地，不自覺地，總處於此肥彼瘠的地位；總不免明爭暗鬥的行為。此豈言治究竟之義？無論後人所謂三代之治者，實多半雜以理想，不易達到；即實際上三代的情形，恐亦不易回復。因為即僅如此，所需「公」「仁」之心，也遠較今日社會中人所具有為多。此等有限量的「公」「仁」之心，在後世的社會裡，也是不易實現的。因為根於自私自利之心而來的制度，總是愈演進而愈形其深刻的。

其㈡後世談社會改革的人，其哲學上的見地太偏於唯心論了。孟子說：「待文王而後興者，凡民也。若夫豪傑之士，雖無文王猶興。」（《孟子・盡心上》。）又說：「無恆產而有恆心者，惟士為能。若民，則無恆產，因無恆心；苟無恆心，放辟邪侈，無不為矣。」（《孟子・梁惠王上》。）都明明承認多數人總是中材，而所謂豪傑之士，只是少數。少數豪傑之士，固然可以希望他同環境反抗，多數中材，則總須先改造其環境，然後能得到解放。好比壓在頹牆之下的人，苟非力士，必先把壓在他身上之物起去，他才會爬起來。此理在古代，本來人人明白的，所以說到治天下，總要從改革制度一方面著想。在惡制度之下，責人為善的很少。後人此等觀念，卻茫昧了。對於環境，總不想努力改良；只想在現狀之下，責人以為善。而不知道大多數人，總是被環境決定的，有怎樣的環境，就只有怎樣的社會。因果關係，絲毫不得差忒，那有希望的餘地？

其㈢前項所述的弊病，是東漢以後才盛的。大約鑑於新室改革的失敗，所以不大敢談改革制度，而專在人心一方面著想。西漢時代的人，還不是如此，先秦更不必說了。然而從東周至西漢，不論是全局或一枝一節的改革，亦無不終於失敗，這是什麼理由呢？我說：他們的失敗，亦有兩端：(1)狃於小康以降的局面，以為人生來有君子小人之分，小人總是不能自治，要待治於人的。於是一切法子，無不是自上而下。不知領導人民，開發人民，共同從事改革，而一味操刀代斲。（人民能瞭解，而且覺得自己需要的事，就辦得好，否則就辦不好，此例在歷史上不勝枚舉。譬如常平倉，是官辦的事業。法雖良，意雖美，到後來便有名無實了。義倉的本意，是令人民自辦的，所以比較上辦得好。然其起源，仍由在上者之提倡；故人民實亦不能自動；管理之權，乃逐漸歸之於官；而其事亦遂有名無實。社倉的起源，可以說是人民自發的，所以成績最好。然而放行之處，並非人民皆能自動，故其好壞，亦即視其能否自動以為衡。又如役法，是唐宋以來，厲民最甚之政。其實並非唐以後才厲民，不過自唐以後，所傳的史料，才較詳備罷了。以制度言，自宋訖明，以事實言，亦可謂自宋訖今，議論紛紜，竟無良策。而人民能自辦義役的地方，則官事辦而人民亦不受其害。人民的自治，竟能補救政府治理之力之窮了。又如民兵：宋朝神宗時所行的保甲，試讀《宋史・兵志》所載司馬光、王巖叟的奏疏，其有名無實，反滋擾纍廳的情形，真要令人氣結。然試一讀蘇軾〈請存恤河北弓箭社〉的奏章，則又令人氣足神旺。總而言之：人民能自立法而自守之，其力之偉大，實非操刀代新斲的政治家所能想像。此等例不勝枚舉。）(2)狃於古代自給自足的小社會。不知分工合力的範圍雖然擴大，人和人的聯結雖然因此而密切，但只要彼此利害，不立於敵對地位，而立於共同的地位，人總還是相親相愛，無詐無虞的。而誤以為風俗要回到古初之淳，則人對自然的關係，及人與人的關係，亦必須回復到古初一樣，則非將社會倒退數千年，退化其技術，而割斷其人與人間之聯繫不可。這如何可行？《鹽鐵論》的〈散不足〉篇，最能表現此等思想。漢人講重農抑商，不想出一種新分配的方法來，以代商人的交換，而只想抑制商人。果如其所希望，商人盡反於南畝，豈非分工合力的範圍，驟行縮小？而社會生活程度，將倒退數百千年？

新室以前的革命，東漢以後的改良，無不失敗，其重要的原因，大概不外乎此了。然則我們今日，苟反其道而行之，能否使社會逐漸改善，而終至於上理呢？於此，我想先引一篇昔人的文章，使讀者之膽氣一壯。這一篇文章是清代喬光烈[25]所撰，篇名為〈招墾里記〉，其文如下：「招墾里，在寶雞南萬山中。去縣郭絕遠，為人跡所罕至。乾隆初，予令寶雞。按縣版，得其里名。以問吏，吏曰：『是僻處山谷，與外邈隔。前官來此者，雖出行縣，卒未有一往其地，蓋畏其荒險而憚崎嶇也。』予顧謂吏：『知縣事者，凡山川、里居、土風、氓俗，其遠近、多少、饒瘠，若為澆樸，宜周覽目省麗於政，寧險遠自惜邪？』顧往寶雞。居無何，屬當巡行。因戒吏卒往里中。出郭，渡渭水，至南山下。山盡合，勢不可進。見兩崖間忽豁坼，若扉半啟。土石中裂，類斤斧鑱刻所成。然狹逼甚，望之疑徑道無所通。吏前告曰：『此往招墾路也。』予勇而入。視其間，才容一騎行。導從不得列。羊腸結屈，蛇盤回紆，宛轉循岸壁。仰視天光，如在井底。度行且百里，已日暮，無止舍。得里人穿室山間為神祠者，僅一楹，就休其中。明日，復行。約五六十里許，連山皆分，境忽大闢。平原廣陌，井聚廬落，悉見馬首。意方豁如。吏曰：『即招墾矣。』里舊編甲凡六，居者數千家。其地宜五種，而菽麥尤盛。其含奧吐腴，而田多膏壤，故歲常登。其材木富而桑柘果前足於資。其俗安於耕蠶，供衣食吉凶。里相昏姻，鄰尚和樂，而寡訟鬥。居其間者，蓋幾若自為一世然。亦以其去城廓之遠，而縣邑之人常不至也，以是絕去華囂之風，而久安樸願。余少時，讀〈桃花源記〉，特以為出於作者之寓言，及觀於是，始嘆與淵明所云，未有異者。……里中之民，自少至老，

25 喬光烈（？—一七六五），字敬亭，號潤齋。曾請擴建嶽麓書院，親自教民植桑養蠶，禁洞庭湖濱居民圍湖墾田等政績。

既未嘗以事涉縣廷，見官府；其賦稅亦不勞催科。凡田舍市易，不為券契，以口成質而已。亦訖無變者。烏乎？是猶太古之餘，而樸未散歟！……」

我讀〈桃花源記〉，在九歲時候。當時父師詔我，說這是寓言；我亦誠以為寓言而已矣。到十四時，讀《經世文編》，在其第二十三卷中，看見這一篇文字。這一篇文字，無可指為寓言之理。當時頗因此而疑〈桃花源記〉之亦非寓言。但當時未有社會思想，〈招墾里記〉這一篇文字，有何價值？〈桃花源記〉是寓言，還是事實？有何關係？自然都不成問題。其實這一類事實，散見在昔人記載中，其數甚夥，正不獨桃花源與招墾里為獨有千古。即以我的淺陋，披覽之餘，覺得此等記載，遇見的亦不止一兩次。惜乎當時看得不成問題，沒有鈔摘下來。到如今，要想蒐羅這一類事實，竟是大海茫茫，無從尋檢。除掉這最初所見的一則，腦筋中的印象，畢竟深些，還能翻檢出來，其餘竟無從蒐索了。無已，再舉一則民國二十二年十一月某日上海《申報》所載是月十五日山東費縣的通信，以作佐證，原文如下：「蒙山綿亙魯南，臨、郯、費、嶧、蒙、泗、新、萊各縣，東西二百餘里，南北……百餘里。泉水清洌，森林遍山。產名藥異果及鉛錫等礦。因交通滯澀，百年來鮮有入山開採者。山內人民，……尚有野人風。……不知耕稼，僅採山藥及銀花，易粟而食。其人面色黝黑，聲剛而鈍。……不履，足底岡子（元註：「此俗名。」案謂足繭也。）有二分厚。登山攀樹，捷如猿。居石室內。每村十家數十家不等。皆推舉年長有力者，管理村事，頗似部落時代之酋長。凡有糾紛，均訴請解決。婚嫁儀式，與明代無異。民性極蠻橫，山外人除採購藥材外，不得久居山內，否則必遭暗殺。（此等僻處隔絕的社會，對待外人，往往非常殘酷，然無害於其人之性質之和平，及其對內之能相人偶。參看「九、先秦時代對於社會改革的諸派」。）山居不知歲月，梅花盛開便過年。秋夏工作之餘，村長即率全村人民，在山下跳躍聚樂，且唱山歌。有婚娶者，全村前往幫忙廣祝，頗有合作精神。居山洞或石室內。室用巨石壘築，高丈許，甚寬大，無門。（可見〈禮運〉所謂「外戶不閉」，並非虛言。）在壁上留洞，以透日光。室內敷草為床，全家均睡一室。用薄石板為桌。鍋碗係由內地購往。服裝類似明代，（可見淵明所謂「不知有漢，何論魏晉」亦非虛言。）均以土布為之。婦女尚纏足。服裝與男子無異。惟頭裹粗布帕。言語行動，與內地類似。但無識字者。問其年代，尚不知有民國也。」

這與桃花源、招壟里，又何以異？我所以要抄此兩則，不過見得人全是環境所造成；有怎樣的環境，就成怎樣的人；無所謂世風不古，無所謂古今人不相及。假使我們現在，能把環境回復到和古代一樣，怕欲求今人之不為古人而不可得呢？

但是此等為環境所決定的社會，並不足取。一者他是為環境所決定的，環境變壞，他也要跟著壞。二要造成此等環境，在今日萬萬不可能。即使能之，而將人類對自然的關係，倒退了數百千年，這又何苦？而況乎其萬萬不可能呢？我們要造成，(1)對自然的關係，比現在還要良好，而且繼續進步，永無停滯之期；(2)而人與人之間之關係，則和古代的大同社會一樣；(3)而其此等環境，又係用自己的意志所造成，並非靠運氣好，偶然遇到。我們就要造成這樣的社會。

我們當用何法，造成這樣的社會呢？這自然非一言所能盡，而亦非一言所能決。我的意思，以為現在世界上，各個社會，有形形色色之不同；其所以改造之而達於理想的境界，自亦非一途所能盡。執定一種手段，而以為非此不可；而以為惟此一途，是還不免有蓬之心的。《易大傳》說得好：「天下同歸而殊途，一致而百慮。」歸不可以不同，而途則不能不殊；致不可以不一，而慮則無妨有百。然則當用怎樣的各種手段呢？這自非淺學如予所能列舉，而亦非這一部書所該列舉。這一部書只是想考證孔子之所謂大同，實際究竟有無其事？如其有之，則想考明其是如何一回事，如何而降為小康，又如何而入於亂世。簡而言之：其意在於考古，而不在乎策今。然而陳古可以鑑今，我這部書雖然是考古之書，不容侈陳現今改革的方法；縱談現今改革的理論，以自亂其例，然而考古之餘，對於今日的社會，自不能毫無意見。竭其千慮之一得，以供今日言社會問題者的參考，自亦是義所當然。我在這裡，敢提出我個人的意見。我以為中國古代的辦法和古人的見解，有仍足供今人參考者三端，敬陳其說於後：

其一，中國的社會革命，當注重於農人。持馬克思主義的人，以為社會革命，必以工人居前線，而農民則非經長期的教育不能望其改變。因為農人無如工人的團結；而且不習於現代生產，倒是固執著私產制度。亦且見聞狹隘，生活簡單；篤於守舊，難與維新，不易牖啟之故。這話固有相當的理由；觀於蘇俄的改革，則並有事實為之證明。然而以農立國的國家如我國，難道就不想革命嗎？難道坐待我國變成工業國，造成勞資對立的階級，然後再圖革命嗎？這也未免失之太拘了。我以為以農立國如我國，領導農民革命，正為當務之急。領導農民革命，當用何種手段呢？簡單的均田政策，是斷乎行不通的。因為他並不能改變農民擁護私產的心理。擁護私產的心理不變，則即使田經一度之均，亦必不久而仍復其舊。在歷史上，如晉代的戶調式、北魏的均田令、唐初的租庸調法，當其初行之時，田畝總必有比較的平均，然而不久即復於其舊，即以此故。溝洫疆界，豈能終日陳兵以守之？然則如之何而可？我們知道，「非意識決定生活，實生活決定意識」。而人的生活，又是隨生產方法的改變而改變的，然則在今日，努力改良農民的生產方法，就是改變農民心理最有效的手段。怎樣改變農民的生產方法呢？則耕作使用機械，是其第一要件。唯耕作使用機械，然後今日寸寸割裂的土地，乃覺其不利。然後擁護私有財產的人，乃自覺其此疆彼界之不利。事實最雄辯，到這時候，農民自然逐漸覺悟，而願將土地整理；而其耕作，自亦漸趨於共同。固然，土地的改正，耕作的共同，未必就是私產制度之廢除。然而積之久，制度日進於公，自私之見，終必隨之而漸化。到此時，再逐漸施以化私為公的教育，道以化私為公辦法，那就真如下令於流水之源了。這種辦法，固非旦夕間可以奏效，然而每一事件的進行，總是愈到後來，而其速率愈大，也不得十分遲緩的。正不必用過於急激的手段。這一種說法，偏於激烈的人，或者不贊成；又或者嫌其手段的遲緩，然而我的愚見，頗認為是農業社會真正的出路。（耕作使用機械，足以改變農民的心理，俄國的近事，最足供我們的參考。俄國革命以後，將大地主的土田變為耕者所自有。農民自私之心很深，不願分其收穫貢諸國家。俄政府至須遣兵征糧，農民則起而反抗，紛擾甚而國家仍苦乏糧。一九二一年，乃征農稅而所餘聽其私有。於是富農漸起，社會主義幾於破壞。一九二八年，有馬克維次(Maikevich)者，管理國營農場，以所餘機犁，假諸附近農民，而以共同耕作為條件，農民從之。是為集合農場所自始。俄政府乃推行其法於各處。到現在，有耕地、耕具悉數作為公有；並衣食住亦進而共管的。（詳見張君勱所著《史泰林治下之蘇俄》。）以政令所不能強，口舌所不能爭之事，而生產方法的改變，足以轉移之，馬克思的學說，在此等處，不能說其無效了。而我國古代的所謂「教」，不尚空言，而專注重於改良人民的生活，得此亦足證其自有至理。）

其二，經濟上分工協力的範圍，後世較諸古代，已不知其擴大若干倍了。至於今日，則幾將合全世界而為一。此等業已聯結之局，固然不能像老子等的意見，還想斷其聯繫，而還之於「老死不相往來」的境界，然而要把社會真正整頓好，則仍有分為若干區域，各別加以整理的必要。現在的趨勢，是各地方的聯結，日見密切，然而此等聯結，實不見佳。我們要聯結，而不要這樣子的聯結。我們要另換一種新聯結。新聯結必須要有良好的基礎，就是被聯結的分子，個個都要健全。要求其健全，則其組織不能十分龐大。我們目前的情勢，是(1)所聯結之分子，本不見佳；(2)而又因聯結之故，更增其惡化。我們的對治之策，是(1)袪除被聯結的分子本身的弱點，(2)改良其聯結之法，使不至因聯結而生出惡果。二者都有將今日之所謂都會者，斲而小之之必要。人類居住區域的大小，亦即每一區域中聚集的人的多少，本因其對自然的關係，而有一個適當的限度。而在今日，人類聚居的情形，大概與天然的形勢不合。簡單則易治，複雜則難理。大則倫敦、巴黎、紐約、上海，固然無可措手；就是京、平、蘇、杭，也已經無能為力了。依我看，最大的都邑，最好不超過萬家。這種說法，經濟學家，必將聞之而大笑。經濟學的原則是要以最少的勞費，得最大的效益。要以最少的勞費，得最大的效果，則生產的規模，不能不大。如此，人類的居處，勢必隨之而集中。如何能把大都會斲而小之呢？難道想回復到舊式的生產嗎？殊不知天下事總要兩方面顧到，不可趨於一極端。人的聚散，自有其一定的法則。過疏固然不好，過密亦非所宜。什麼是人的聚散的法則呢？從人對人的關係言之，則人類相親相愛之情，樂於群萃州處，是把散居各地方的人，吸集到一處去的，如物理學之有向心力。而人對人，雖其本性上可以說是愛無差等，然其行之，則不能不限於其所能交接之人；而人所能交接的人，事實上總有制限。混在萬人如海的社會中，不覺得人之相人偶之樂，而徒苦其煩囂。這又是一種離心力，限制人不能為無限的集合的。以人對物的關係而言之，人聚得多，則生產的規模大，可以較少的勞費，得較大的效果，這是把人吸集到一處去的原因。而同時，人的密集太甚，又覺得種種不適，又使人感覺到：我們何苦為省這生產上的一點氣力，而忍受別方面許多苦痛呢？這又是限制人，使不能為無限的集合的條件。我們對這兩方面的評價，酌度而得其中，便是人的聚居自然的限度。現在的生產，所生產之物都是商品。商品須求其價廉，求價廉，先須減輕成本。所以不得不忍受其餘的苦痛，以就擴大的生產機關。到所生產的非為商品，情形就一變了。舊式的紡織機，一人一具，是為人而造械器的。新式的紡織廠，聚集至數千萬人，是以人就械器。兩者都不是好法子，我們要酌乎其中。甲區域適宜於住一百個人，就為他造一副一百個人使用的械器。乙區域適宜於住三十個人，又替造一副械器，較甲區域所用，小到只有其十分之三。甲乙兩區域住民的情形，如有變更，械器也就因之而改造了。圖生產費的節省，機械總是利於大的，不專在這一標準之下，評論機械，則機械之宜大宜小，就成疑問。即使生產費總是大規模來得節省，我們要利用機械，而不為機械所支配，亦當如此；況乎現代利用最廣的蒸汽力，未必不可代以他力。（如電力。）以他力代蒸汽，生產事業規模的大小，和其生產費的大小，其比例，就未必和蒸汽力相同了。至於人與人間的關係，要在較小的區域中，方易於整頓，則其事更顯而易見。因為人多了，則人和人互相親愛之力不強，而其制裁之力亦薄；事情又複雜而難明；種種惡德惡俗，就都要由此而生了。就都會之起源而言之，無論其在政治上、經濟上，都沒有必須保留的理由，都是隨著社會病態的發展而後有，而後盛的。（如因守禦故而築城堡，因成都市；又如亂世，因都市防衛之力較固，人民從而集中，都市因之，愈形發達；這都是政治上的理由。商工業上的大都會，是因為便於牟利起見而發達的；而大都會中，資力較厚，享樂之事較多，亦有人貪享樂而走集於此的；這都是經濟上的理由。然而無一非社會的病態。）所以今日，欲進世界於太平，所謂都會者，實有斲而小之之必要。而各地方的人民，各謀解決其本地方的問題，實在是人類把自己的事情，措置得妥妥貼貼的惟一的途徑。（我們言治的最終目的，是要全世界風同道一；豐嗇苦樂，均無不同。天然的不平等，我們以人力彌補之。而在著手之初，則不能不有賴於各地方的各有整頓。歐文所提倡的新村，所懷抱的，就是此等理想。雖然他的試驗失敗了，不能說這條路是走不通的；而且這怕是社會改革，一定要走的路。孫中山提倡地方自治，亦是有鑑於此。經濟為社會的基礎，所以中山的意思，想要以一個地方，成為一個經濟上的單位，而力謀其基礎的充實。如其所著〈地方自治開始實行法〉有云：「執行機關之下，當設立多少專局。……而其首要，在糧食管理局。量地方之人口，儲備至少足供一年之糧食。地方之農產，必先足供地方之食，乃准售於外地。故糧食一類，當由地方公局賣買。……衣住行三種需要的生產機關，悉當歸地方支配，逐漸設局管理。」這就很足以表現此等思想。）現在各地方的自治，有許多地方，似乎是反而走向大都會之路上去的。這因現在的所謂自治，其根本並不是人的自治，不是想實現人生世上合理的自處之道，而只是想適合現在的某種主義。到人真能實現其合理的生活時，其目的就和現代大不相同；而我所謂人的聚散的法則，就大有考慮的價值了。然則古代度地居民之制，在言社會改革之家，亦大有參考的價值。（度地居民，為司空之職。見《禮記・王制》。其遺法，略見於《管子》的〈度地〉篇，《漢書・藝文志》「數術略」有形法家。《漢志》說：「形法者，大舉九州之勢，以立城郭官舍。」亦是此法。惜乎其書盡亡了。《漢志》所著錄的《山海經》，非今之《山海經》，說見拙撰《先秦學術概論》下篇第九章。世界書局出版。然其本意，為視地理形勢，以定人民住居。則無可疑的。）

其三，當從事改革之時，消費的限制，（此為禮之一端，而亦可說是禮之最重要之一端。）大有考慮的價值，前兩章中已言之。即使到太平之世，物質豐富，達於極點，無論怎樣消費，總不虞其不足，（其實消費毫無制限，生產力無論如何強大，亦總要陷於不足的。所以論經濟，決不能置消費問題於不論。可參看「六、從大同到小康」注。）而人受生理的限制，要顧及衛生，亦不宜為逾分的消費。

因為逾分的消費，不但消耗物質，也是消耗人的體力的。而人的慾望，實亦根於生理而發。所以真正健全的人，決不會有逾分的慾望。其人而有奢侈之念，則身心先不健全，必已害了病了。對於此等人，當請醫生為之治療，豈可以儘量供給其消費，為其幸福？這是將來的話，而當改革之時，則禁奢尤為必要的手段。社會生產的技術，在大體上，總是逐漸進步的。然而後人並不比前人富，或且更窮。這全由於：⑴一部分人，得以奢侈，因而造了許多無用之物。⑵一部分人，消耗太多，他部分人因之感覺不足。否則以中世的生產，供給古代的消費；以現代的生產，供給中世的消費；早已菽粟如水火了。財富的價值，終在消費。禁止之使不得消費，其價值即行消失。所以我們用不著剝奪人家的私產，只要辦到無論何人，消費總只許在一定限度之內，那私產的制度，就不廢而自廢了。這固然近於戲語。然而消費的限制嚴一分，則私產的效用少一分；而人之貪求之心，亦澹一分；則無可疑之理。有了錢，就可以任意消費，這本是資本主義逐漸興盛，然後如此的。其在前代，本都略有制限。即至後世，逐漸成為具文，然而具文總還在。（禮、律中皆有之。）歷代的制限，皆隨貴賤而不同，論者一定要說：這是封建時代，征服之族，暴戾恣睢，壓迫被征服之族之舉。其實與其如此說，毋寧說是被征服之族，本有良好規則，而征服之族，也不得不俯就幾分，若盡率征服者之意而行之，那就要無所不至了。（詳見「七、從小康到亂世」。）我們現在，當師古代禁奢之法，參以翼奉遷都之意，逐漸創造出許多新都市、新村落來。在此新區域之中，不論何人，享用都是一律。（享用一律平等，似乎是很難的。因為現存之物，決不能悉數毀棄重造，分配使用起來，就不能平等了。

然而亦有調劑之法。如房屋雖有好壞，可以古人分田，「三年一換主易居」之法行之，就不生分配不平的問題了。其餘以此類推。）而此享用之限度，則視其地之生活程度以為衡。今年的生活程度，只是衣布，則一律不許衣帛；明年的生活程度，只是吃菜，則一律不許食肉。必待生活程度進了一級，然後享用的程度，乃得隨之而進一級。又非一地方的生產力，逐漸提高，產品即專供該地方之享用；必須提出一部分，以協濟生活程度較低的地方。此等新區域逐漸推廣，則奢侈之風氣逐漸消除。各地方之人，消費之程度，都與其生產程度相應，而天下遂無患貧之事。歷代禁奢之所以失敗，皆由其有等級性，按人身分之高低，以定享用的豐嗇。身分低的人，自然不服，而且這也是一種誘惑。如今大家一律，則自無此弊。其行之之法，當從禁售起。某地方為布衣之年，則一律不許開設綢肆；某地方為吃菜之年，則舊有的屠肆，一律關閉。（新造的都市，商業都歸公營。其就舊都市改良的，商業也要逐漸收歸公營。但仍承認私人的資本，發給股票，聽其取息。這是初步的辦法。將來再徐圖取消。商業官營，是改良社會一個最好的方法。私人雖可生產，而不能互相交易，則只能照其成本，收回相當的價格，而不能利用需要供給等關係，以牟大利。數千年來，活躍於社會的商業資本，生產消費者兩方面，都受其剝削的，就可以打倒了。）如此，作奸犯科之事，自然一定是有的；而且一定是很盛的。然天下事不能一蹴而就幾於上理，總要行之以漸。我們認為義所當然之事，雖明知其難行，總要設法逐漸推行的。譬如現在的毒品，誰敢保其一禁即絕？然而豈能因此而不禁呢？況且私售究與公開有別。現在一切奢侈品，倘亦和毒品一樣，不能公然製造販賣，而只能如毒品的私售，我們已經欣然於公理之大彰；而覺得社會的進步，同飛行絕跡一般了。

以上三端，都是我以為歷史上的陳跡，仍足供今日談社會革命的人的參考的。自然，社會改革之法，不盡於此三端；此三端是否有參考的價值，自隨各人的意見而不同。我只是考古之餘，陳述個人的感想罷了。

講理學的人常說，我們要增進道德，和要增進知識不同。增進知識，要增益其所本無。增進道德，則只須將有生以來，所染著的垢汙，洗滌淨盡就好了。我們試仔細推究，現在所有的罪惡，那一件是與生俱來的呢？惟社會亦然。惡劣的風俗，那一件不是惡劣的制度所造成；惡劣的制度，又那一件不是人類在進化的途中，環境未臻於美善所致？那一件有必然之理？佛說凡事皆因緣際會所成，並無自性。惟無自性，故能證明其為人類業力所造成；亦惟其無自性，故必可以人類的努力消滅之；我們當有此信念。

我們希望將來的社會：人與人之利害，全然一致。人對物，亦因抗爭之力強了，只蒙其利而不受其害。因此，人與人，固然惟是互相親愛，即其對物，亦無復憎惡、畏怖之念。至於各種達不到目的的希望，則本是不健全的心理所致；而其所由然，又都是社會缺陷的反映。（見「九、先秦時代對於社會改革的諸派」。）這時候，也自然消滅了。人就只有快樂，更無苦痛。而此等境界，又係人類覺悟之後，以自力所造成，並非靠偶然的幸運而遇到，所以能保其永不退轉。夫是之謂大同。

我們感謝孔子：在幾千年前，就指示我們以社會組織最高的模範。我們感謝〈禮運〉的記者，將這一段話記載、流傳下來，給我們以最深切的影響。懸此以為目標，而勇猛審慎以赴之，不但能拯我國民，拯我民族於深淵，並可以出全世界的人類於沉淪的苦海。

我們才知道中國的文化：視人對物之關係為次要，而視人對人的關係為首要；不偏重於個人的修養，用什麼天國、淨土之說，來麻醉欺騙人，而以解決社會問題為解決個人問題之前提及手段；確有甚大的價值。

當這目的未達、徬徨中途之時，我們自該有甚大的努力。我請誦兩大賢之言，以為本書的終結。

曾子曰：「士不可以不弘毅，任重而道遠。仁以為己任，不亦重乎？死而後已，不亦遠乎？」

張子曰：「為天地立心，為生民立命，為往聖繼絕學，為萬世開太平。」

先秦史

一、古代宗教學術（上）

古代之文明在宗教，後世之文明在學術；學術主智，宗教主情；此人之恆言也。然學術宗教，亦無判然之界。無論何等宗教，莫不各有其理。世之詆為迷信者，謂其所謂理，無當於學術之家所謂理耳。然理無窮而境有限，後人之所謂理者，易一境焉，亦豈得謂為是？而古人之所謂理者，在彼其時，亦安得謂之非邪？學術雖云主智，然其從事研求，亦必出於好尚。好之深，斯信之篤；信之篤，斯執之固。世固有棄祿利，冒危難，齊死生，以申其所信者矣。與教徒之殉教，亦何以異？故曰：二者無判然之界也。

邃初之民，知識淺陋。外物情狀，概非所知。不特動物，即植物、礦物，亦皆以為有神靈而敬畏之。於是有所謂拜物之教焉。其愚昧誠若可哀，然高等之宗教，實道原於是。何則？以為萬物皆有神靈，浸假其神靈又可以離其身而獨存，不特無形之鬼神，由是而立，即泛神、無神之論，實亦隱伏於是也。人之謂神靈可離其體而獨存也，蓋由於夢與死。明明臥而未動也，而忽有所周歷，所見聞；猶是四肢百骸也，而忽焉失其知覺運動；則以為知覺運動，必別有物焉以為之主，而其物且可離體而獨存矣。其為物不可見也，則設想以為極微之氣。微則輕，輕則浮遊自如，乃狀其絪縕之態而謂之魂。魂去則形體塊然不可知，同於月之失其明而不可見，則謂之為魄。（其實月魄之魄，當由魂魄之魄引申。）《墨子》曰：「有天鬼，亦有山水鬼神者，亦有人死而為鬼神者。」（〈明鬼下〉。）可見古謂凡物皆有神靈，不獨人，並不獨生物。《國語．魯語》：仲尼曰：「木石之怪曰夔、魍魎，水之怪曰龍、罔象。」《左氏．宣公三年》《疏》引賈逵說，謂「魍魎、罔象，有夔龍之形而無實體」，此即神靈之離體而獨立者也。〈中庸〉曰：「鬼神之為德，其盛矣乎？視之而不見，聽之而不聞，體物而不可遺。使天下之人，齊明盛服，以承祭祀。洋洋乎，如在其上，如在其左右。」此為泛神論中精粹之言，然溯其原，固由魍魎、罔象等見解蛻化而出也。

〈郊特牲〉曰：「祭有祈焉，有報焉，有由辟焉。」（〈注〉。「由，用也。辟讀為弭，謂弭災兵，遠罪戾也。」）人之自媚於神，其意不外此三端而已。所以自媚者，必本諸身之所欲以為推。《爾雅》曰：「祭天曰燔柴[1]，祭地曰瘞埋，祭山曰庪縣[2]，祭川曰浮沉，祭星曰布，祭風曰磔。」（〈釋天〉。）

---

1 古代祭天儀式。將玉帛、犧牲等置於積柴上焚燒，使其焚燒之煙氣上達於天。

2 古代祭山儀式。將牲禮埋藏或懸掛於山林中。

皆以神所好之物奉之也。蓋人之所急，莫如飲食，則以為神亦然。故曰「神嗜飲食」，（《詩・小雅・楚茨》。）又曰：「鬼猶求食。」（《左氏・宣公四年》。）神之所在，雖不可知，然以恆情度之，則多謂在遼遠之處，如〈招魂〉之於遠方是也。然有可招而致之者，尸[3]是也。尸與巫同理。古蓋謂神可降於人身。所異者，巫能知神所在而致之，尸則無是術，只能聽神之來降耳。祭人鬼必以同姓為尸，且必以孫行，蓋由古有半部族之制，父子為異部族人，祖孫則同部族也。（見第十一章第二節。）（編按：本選集未收錄〈社會組織・族制〉一節）古祭天地、社稷、山川、五祀等皆有尸，（不問同異姓，卜吉則為之。《公羊》說：祭天無尸，《左氏》有，見〈曲禮疏〉。祭殤無尸，所謂陰厭、陽厭，見〈曾子問〉。）足見可附麗於人身者，不獨人鬼也。巫與尸之降神，皆一時事，在平時亦可棲於木石，於是乎有主。（《論語・八佾》：「哀公問社於宰我。宰我對曰：夏后氏以松。殷人以柏。周人以栗。」社，張、包、周本皆作主。《淮南・齊俗》云：「有虞之祀，其社用土。夏后氏其社用松。殷人之禮，其社用石。周人之禮，其社用栗。」《左氏・昭公八年》，「石言於晉魏榆。晉侯問於師曠。對曰：石不能言，或馮焉。」此神靈可棲於石之證。莊公二十四年，原繁曰：「先君桓公，命我先人典司宗祏。」哀公十六年，孔悝使貳車反祏於西圃，蓋皆謂以石為主。《義疏》云：「於廟之北壁內為石室，以藏木主。」非也。）木石所以能為神之所棲者，以古人視木石等物本皆有神也。

《漢書・郊祀志》曰：「民之精爽不貳，齊肅聰明者，神或降之。在男曰覡，在女曰巫，使制

3 音同「屍」，此處指稱古代祭禮中代表死者受祭的活人。

神之處位，為之牲器。使先聖之後，能知山川，敬於禮儀，明神之事者以為祝，能知四時犧牲，壇場上下，氏姓所出者以為宗。」（說本〈楚語〉觀射父之言。）所謂先聖，蓋即巫覡，此古巫覡之世其官者也。《左氏．僖公十年》，狐突適下國，見大子。大子曰：「七日，新城西偏，將有巫者而見我焉。」此神降於巫之證。《周官》司巫，所屬有男巫、女巫，掌旱暵舞雩。邦之大災，歌哭而請。又有大祝、小祝、喪祝、甸祝、詛祝。鄭《注》曰：「詛祝，謂祝之使喪敗也。」〈郊特牲〉曰：「祝，將命也。」蓋祝主傳人意於神，故盟詛之事，由之而起。（盟禮見《左氏．隱公元年》《疏》。）盟大而詛小，故有土之君，多行盟禮，而詛則民間用之特多。（《周官》司盟盟萬民之犯命者，詛其不信者。《左氏．襄公十一年》，季武子將作三軍，盟諸僖閎，詛諸五父之衢。定公六年，陽虎盟國人於亳社，詛於五父之衢，其事也。《詩．何人斯》：出此三物，以詛爾斯。《左氏．隱公十一年》，鄭伯使卒出豭，行出犬雞，以詛射潁考叔者，其事也。〈曲禮〉曰：「約信曰誓，蒞牲曰盟。」《左氏．隱公元年》，鄭伯寘姜氏於城潁而誓之曰：不及黃泉，無相見也。卒用潁考叔之言，掘地及泉，隧而相見。可見古人視盟誓之重。）

古者親愛之情，限於部族之內，故有「神不歆非類，民不祀非族」之語，（《左氏．僖公十年》。）此非獨人鬼，即他神亦然，彼其所崇奉者，率皆一部族所私尊而已。交通漸啟，各部族互相往來，所崇奉之神，亦因之互相傳播。〈楚語〉言「少皞之衰，九黎亂德，夫人作享，家為巫史，民匱於祀，而不知其福」，蓋即此時代之情形也。於斯時也，自不得不有以拯其弊。然所以拯其弊者，亦非所謂聖王者之所能為也。人群之所以相維相繫者愈切，則其分職愈備，而其統屬亦愈明。不獨一群之內，即群與群之間亦如是。本此以推諸神，則神亦有其分職統屬，而所謂多神教者成焉。《禮記・禮運》曰：「祭帝於郊，所以定天位也。祀社於國，所以列地利也。祖廟，所以本仁也。山川，所以儐鬼神也。五祀，所以本事也。」〈祭法〉曰：「燔柴於泰壇，祭天也。瘞埋於泰折，祭地也。埋少牢於泰昭，祭時也。相近於坎壇，祭寒暑也。王宮，祭日也。夜明，祭月也。幽宗，祭星也。雩宗，祭水旱也。四坎壇，祭四方也。山林、川谷、丘陵，能出雲，為風雨，見怪物，皆曰神。有天下者祭百神。諸侯在其地則祭之，亡其地則不祭。」又曰：「聖王之制祭祀也：法施於民則祀之。以死勤事則祀之。以勞定國則祀之。能禦大災則祀之。能捍大患則祀之。」「及夫日、月、星辰，民所瞻仰也。山林、川谷、丘陵，民所取材用也。非此族也，不在祀典。」《周官》大宗伯，有天神、人鬼、地祇、物魅之名。〈曲禮〉曰：「天子祭天地，祭四方，祭山川，祭五祀，歲遍。諸侯方祀，祭山川祭五祀，歲遍。大夫祭五祀，歲遍。士祭其先。」〈王制〉曰：「天子祭天地。諸侯祭社稷。大夫祭五祀。天子祭天下名山大川。諸侯祭名山大川之在其地者。」《公羊》曰：「天子祭天。諸侯祭土，天子有方望之事，無所不通。諸侯山川有不在其封內者，則不祭也。」（〈僖公三十一年〉。）皆所以定其孰當祭，孰不當祭；某當祭某，某不得祭某；以免於瀆亂者也。〈曲禮〉曰：「非其所祭而祭之，謂之淫祀，淫祀無福。」「楚昭王有疾。卜曰：河為祟。王弗祭。大夫請祭諸郊。王曰：三代命祀，祭不越望。江漢、睢、漳，楚之望也。禍福所至，不是過也。不穀雖不德，河非所獲罪也。」

遂弗祭。」（《左氏・昭公六年》。）則能謹守典禮者，頗不乏矣。此所以部族雖多，所崇奉之神雖雜，而卒免於瀆亂之禍與？

所謂天子祭天地者，天地果何所指邪？斯言也，聞者將莫不駭且笑，然而無足異也，諸經皆稱祭天曰郊，無所謂五帝。《周官》則大宗伯以禋祀祀昊天上帝，小宗伯兆五帝於四郊。（〈司服〉：「王祀昊天上帝，則大裘而冕。祀五帝亦如之。」）又大司樂：「冬日至，於地上之圜丘[4]奏之，若樂六變，則天神皆降。夏日至，於澤中之方丘奏之，若樂八變，則地祇皆出。」鄭玄云：天有六，其祭有九。圜丘祭昊天上帝耀魄寶，一也。蒼帝靈威仰，立春之日，祭之於東郊，二也。赤帝赤熛怒，立夏之日祭之於南郊，三也。黃帝含樞紐，季夏六月土王之日，亦祭之於南郊，四也。白帝白招拒，立秋之日，祭之於西郊，五也。黑帝汁光紀，立冬之日，祭之於北郊，六也。王者各稟五帝之精氣而王天下，於夏正之月，祭於南郊，七也。四月龍星見而雩，總祭五帝於南郊，八也。季秋大饗五帝於明堂，九也。地神有二，歲有二祭：夏至之日，祭昆侖之神於方澤，一也。夏正之月，祭神州地祇於北郊，二也。（〈曲禮〉天子祭天地《疏》。）王肅謂天一而已，何得有六？郊丘是一。（《祭法疏》。）案〈郊特牲〉言祭天亦在冬至，肅說似是。然〈郊特牲〉又曰：「郊之祭也，大報本反始也。」又曰：「天子大社，必受霜露風雨，以達天地之氣也。社所以神地之道也。地載萬物，天垂象，取材於地，取法於天，是以尊天而親地也。故教民美報焉。家主中霤而國主社，示本也。惟為

4 天子祭天之壇，即同後世的天壇。

社事，單出里。惟為社田，國人畢作。惟社，丘乘共粢盛。所以報本反始也。」其言報本反始郊社同，而郊與社之大小則大異。〈祭法〉曰：「王為群姓立社曰大社，王自為立社曰王社。諸侯為百姓立社曰國社，諸侯自為立社曰侯社。大夫以下成群立社曰置社。」〈月令〉：仲春：「擇元日，命民社。」〈祭法〉王為群姓所立，即〈郊特牲〉所謂必受霜露風雨；〈月令〉所命民祭，亦即〈郊特牲〉所謂教民美報者。天子之所立，不獨不能包括諸侯、大夫、凡民，並其身與群姓，亦分為二安有所謂大地之神邪？（《左氏・昭公二十九年》《疏》引劉炫云：「天子祭地，祭大地之神也。諸侯不得祭地，使之祭社也。家又不得祭社，使祭中霤也。」）蓋所謂父天母地者，實男系氏族既立後之說，前此固無是也。生物之功，必歸於女，故野蠻人恆以地與日為女神。中國後世，雖以日為大陽，月為大陰，然離為日，為中女，（《易・說卦傳》。）《山海經．大荒南經》、《淮南子．天文訓》，以生日、馭日者為女神；（〈大荒南經〉：「東南海之外，甘水之間，有羲和之國。有女子名羲和方浴日於甘淵。羲和者，帝俊之妻，生十日。」又〈大荒西經〉：「有女子，方浴日，帝俊妻常羲，生月十有二，此始浴之。」《淮南・天文》：「至於悲泉，爰止其女，爰息其馬，是為縣車。」又季秋「青女乃出，以降霜雪」。仲春：「女夷鼓歌，以司天和。」）猶存荒古之遺跡。〈郊特牲〉曰：「郊之祭也，迎長日之至也，大報天而主日也。兆於南郊，就陽位也。」蓋其始特祭日神，後乃以為報天而主日耳。（採日本田崎仁義之說。見所著《中國古代經濟思想及制度》。王學文譯。商務印書館本。）五帝座星在大微宮，昊天上帝在紫微宮，（見〈郊特牲〉《疏》引《春秋緯》。五帝之名，見《周官》小宗伯《注》。大宗伯及〈曲禮疏〉云：本於《文耀鉤》。）亦後人附會之說。〈禮運〉曰：「因名山以升中於天，因吉土以饗帝於郊。」《周官》而外，天與帝分言者，僅此一見。然未嘗有耀魄寶、靈威仰等名目也。蓋民之所祀，必其利害切於己者。生物之功，后土而外，厥惟四時，故古之人謹祀焉。升中於天，即〈堯典〉之柴於岱宗，特王者巡守之時行之，固非國之常祀也。（《史記・封禪書》：齊之八神：「一曰天主，祠天齊。天齊淵水，居臨菑南郊山下者。二曰地主，祠泰山、梁父。蓋天好陰，祠之必於高山之下，小山之上，命曰時。地貴陽，祭之必於澤中圜丘云。」此即《周官》圜丘方丘之類，然其義較《周官》為古。至秦之時，則所祭者係五帝，而《春秋繁露・郊祭篇》譏秦不事天，可見天與帝非一。）古部族各有封畛，所美報者，安得出於封畛之外？況又以昆侖之神與神州之神相對，於理絕不可通乎？其為讖緯之妄言，不竢論矣。

古所謂國者，諸侯之私產也。所謂家者，卿大夫之私產也。故古言國家，義與今日大異。其為群之人所共託命，而義略近於今日之國家者，則社稷也。故以社稷並稱，其義較古，以郊社並言，其辭必較晚也。「今《孝經》說：社者，土地之主。土地廣博，不可遍敬，封五土以為社。古《左氏》說：共工為后土，后土為社。今《孝經》說：稷者五穀之長，穀眾多，不可遍敬，故立稷而祭之。古《左氏》說：烈山氏之子曰柱，死祀以為稷。稷是田正，周棄亦為稷，自商以來祀之。」（〈郊特牲疏〉。）案民之重粒食久矣。如古說，將共工、烈山以前，遂無社稷之祭乎？《淮南・氾論》曰：「炎帝於火而死為竈，禹勞天下而死為社。后稷作稼穡而死為稷。羿除天下之害而死為宗布。」

豈得謂炎帝、夷羿以前，無竈與宗布之祭？蓋古之有功德於民者，民懷之不能忘，則因明神之祭而祀之，亦猶功臣之配享於廟耳。（《書・盤庚上》：「茲予大享於先王，爾祖其從與享之。」《公羊・文公二年》《解詁》云：「禘功臣皆祭。」趙氏祀安於廟，見《左氏・定公十四年》。）遂以此奪明神之席則誤矣。王肅[5]等以五天帝為五人帝，誤亦同此。（五人帝係據〈月令〉，謂其帝大皞即伏羲氏，炎帝即神農氏，黃帝即軒轅氏，少皞即金天氏，顓頊即高陽氏。）

《公羊》云：「山川有能潤於百里者，天子秩而祭之。」（〈僖公三十一年〉。）此即諸侯祭其境內名山大川之義。又云：「河海潤於千里。」千里者，天子之畿。知所謂天子祭天下名山大川者，天下二字，初亦指畿內言之也。《解詁》說方望之義云：「謂郊時所望祭四方群神、日、月、星辰、風伯、雨師、五嶽、四瀆及餘山川，凡三十六所。」此即〈曲禮〉所謂「祭四方」，亦即〈堯典〉所謂「望於山川，遍於群神」者。〈堯典〉又云：「肆類於上帝，禋於六宗。」肆類於上帝，即〈王制〉所謂「天子將出征，類乎上帝」。六宗者？「《異義》：今歐陽、夏侯說：上不及天，下不及地，旁不及四時，居中央，恍惚無有，神助陰陽變化，有益於人，故郊祭之。古《尚書》說：六宗，天地神之尊者，謂天宗三，地宗三。天宗日、月、星辰。地宗岱山、河、海。日月為陰陽宗。北辰為星宗。岱為山宗。河為水宗。海為澤宗。許從古說。鄭玄據《周官》大宗伯，以禋祀祀昊天上帝，以實柴祀日、月、星辰，以槱燎祀司中、司命、風師、雨師。〈祭義〉曰：郊之祭，大報天而主日，

5 王肅（一九五—二五六），字子雍，曹魏時代經學大家，西晉開國皇帝司馬炎之外公。

配以月，則郊祭並祭日月可知。其餘星也、辰也、司中、司命、風師、雨師，此之謂六宗。劉歆、孔昭以為《易》震巽等六子之卦為六宗。魏明帝時，詔令王肅議六宗，取《家語》宰我問六宗，孔子曰：所宗者六，泰昭、坎壇、王宮、夜明、幽禜、雩禜。孔安國注《尚書》與此同。」（〈大宗伯疏〉。）《家語》偽物不足據。《尚書》明與望於山川分言，鄭駁許說是也，而妄牽合《周官》則亦非。《禮經．覲禮》，有方明之祭。「方明者，木也。方四尺。設六色：東方青，南方赤，西方白，北方黑，上玄，下黃」，此即所謂六宗。〈覲禮〉所言，為會諸侯於方嶽之禮，（鄭《注》。）知歐陽、夏侯之說極確。蓋天子諸侯，其後侈然以人民之代表自居，遂舉封內之神，凡有益於人民者，悉秩而祭之，其初則無是也。《國語．周語》：幽王二年，西周三川皆震。伯陽父曰：「周將亡矣。昔伊、洛竭而夏亡，河竭而商亡。」《左氏．成公五年》，重人言：「國必依山川，山崩川竭，君為之不舉，降服，乘縵，徹樂，出次，祝幣，史辭以禮焉。」所謂國主山川國必依山川者，則巖險之地，戰勝之族，初據之以立邑者耳。參看第十一章第四節、第十三章第三節自明。（編按：本選集未收錄〈社會組織．等級〉、〈衣食住行．宮室〉）

五祀者？春祀戶，夏祀竈，中央祀中霤，秋祀門冬祀行，見於〈月令〉。〈祭法〉曰：「王為群姓立七祀：曰司命，曰中霤，曰國門，曰國行，曰泰厲，曰戶，曰竈。王自為立七祀。諸侯為國立五祀：曰司命，曰中霤，曰國門，曰國行，曰公厲。諸侯自為立五祀。大夫立三祀：曰族厲，曰門，曰行。適士立二祀：曰門，曰行。庶士、庶人立一祀，或立戶，或立竈。」則益以司命及厲耳。司中、司命，先後鄭皆以三台及文昌宮星說之，其實非是。《莊子．至樂》云：「莊子之楚，見髑髏[6]而問之。夜半，髑髏見夢。莊子曰：『吾使司命復生子形，為子骨肉肌膚。』」知古謂人生死，皆司命主之，故古人甚嚴畏焉。《風俗通》云：「今民間獨祀司命。刻木，長尺二寸，為人象。行者儋篋中，居者則作小屋。齊天地，大尊重之。」是其事也。《周書．命訓》：「天生民而成大命，立司德正之以禍福。」此篇所言，皆善惡壽夭之事。中德同聲，疑司中即司德，察民之善惡，而司命據之以定壽夭也。鄭注〈祭法〉曰：「此非大神，所祈報大事者也，小神居人之間，司察小過，作譴告者耳。」說自與其《周官注》相違，〈祭法注〉是也。多神之教，神有大小。大神之位雖尊，然不親細事於人生關係不切，故人所崇奉者，轉以小神為多。神既有分職統屬，初不虞其瀆亂。或以一神教善於多神，亦偏見也。

所謂五祀者，特當時祀典之所秩者耳。古人所奉此等小神甚多。如在室則有儺[7]，（〈郊特牲〉：「鄉人裼，孔子朝服立於阼，存室神也。」《注》曰：「裼，強鬼也。謂時儺，索室毆疫，逐強鬼。裼或為獻，或為儺。」《論語．鄉黨》：「鄉人難，朝服而立於阼階。」《釋文》云：「難魯為獻，今從古。」案〈月令〉：季春、仲秋、季冬皆有難。鄭《注》引《王居明堂禮》，謂仲秋九門磔攘，以發陳氣，禦止疾疫。《周官》方相氏，掌帥百隸而時難，以索室毆疫，則難者，所以逐室中疫鬼者也。）出行則有軷是也。

6 亦稱「骷髏」，死人的頭骨。

7 迎神賽會以樂舞驅逐瘟疫疫鬼、消災避禍。

（祭道路之神。委土為山，伏牲其上，酒脯祈告。禮畢，轢之而行。見〈聘禮〉鄭《注》。）此等難遍疏舉。其切於農民，而為後世所沿襲者，蜡是也。[8]〈郊特牲〉曰：「天子大蜡八。伊耆氏始為蜡。蜡也者，索也。歲十二月，合萬物而索饗之也。」八者？據鄭《注》，則先嗇一，司嗇二，農三，（《注》：「田畯。」）郵表畷四，（《注》：「謂田畯所以督約百姓於井間之處也。」）貓、虎五，坊六，水庸七，昆蟲八也。蜡雖類乎拜物之教，然「使之必報之」，所謂「仁之至，義之盡」，轉非貴族為淫祀以求福者之所及矣。古者將食，先以少許祭先造食者，謂之祭食。（見《周官・大祝九祭》。）又有先炊之祭，學校有先聖先師，義皆如此。

宗廟有四時之祭，（《爾雅・釋天》曰祠、禴、烝、嘗。〈王制〉作禴、禘、嘗、烝。〈祭統〉同。《公羊・桓公八年》，《繁露・四祭篇》作祠、禴、烝、嘗。《周官》大宗伯同。〈郊特牲〉曰：「故春禘而秋嘗。」）又有禘祫。禘各就其廟，祫則「毀廟之主，陳於大祖，未毀廟之主，皆升合食於大祖」。（見《公羊・文公二年》。）故「禘大於四時而小於祫」。（《詩・雝序箋》。）三年一祫，五年一禘。（〈雝序疏〉引《禮緯》、《公羊疏》引《春秋說文》。）〈雝序疏〉云：「每五年中為此二禮，自相距各五年，非祫多禘少。」《公羊疏》則云：「三五參差，隨數而下，何妨或有同年時乎？」疑《公羊疏》之說是也。〈王制〉云：「天子七廟，三昭三穆，與大祖之廟而七。諸侯五廟，二昭二穆，與大祖之廟而五。大夫三廟，一昭一穆，與大祖之廟而三。士一廟。庶人祭於寢。」〈禮運〉曰：「天子七廟，諸

8 亦稱為「大措」，古代一種祭祀禮儀，於年終時合祭農田萬物諸神，祈禱來年不降災害。

侯五，大夫三，士一。」僖公十五年《穀梁》作士二。〈喪服小記〉曰：「王者禘其祖之所自出，而以其祖配之，而立四廟。」〈祭法〉曰：「王立七廟，一壇，一墠。曰考廟，曰王考廟，曰皇考廟，曰顯考廟，曰祖考廟，皆月祭之。遠廟為祧。有二祧，享嘗乃止。去祧為壇。去壇為墠。壇墠，有禱焉祭之，無禱乃止。去墠曰鬼。（《注》：「凡鬼者，薦而不祭。」）諸侯立五廟，一壇，一墠。曰考廟，曰王考廟，曰皇考廟，皆月祭之。顯考廟，祖考廟，享嘗乃止。去祖為壇，去壇為墠。壇墠，有禱焉祭之，無禱乃止，去墠為鬼。大夫立三廟，二壇，曰考廟，曰王考廟，曰皇考廟，享嘗乃止。顯考、祖考無廟。有禱焉，為壇祭之。去壇為鬼。適士二廟，一壇。曰考廟，曰王考廟，享嘗乃止。顯考無廟。（《注》：「顯當為皇。」）有禱焉，為壇祭之。去壇為鬼。官師一廟，曰考廟。王考無廟而祭之。去王考為鬼。庶士、庶人無廟，死曰鬼。」其說互異。《公羊．成公六年》《解詁》曰：「禮：天子諸侯立五廟，受命始封之君立一廟，至於子孫，過高祖不得復立廟，周家祖有功，尊有德，立后稷、文、武廟。至於子孫，自高祖以下而七廟。天子卿大夫三廟，元士二廟。諸侯之卿大夫比元士，二廟。諸侯之士一廟。」說與《白虎通義》同。古天子、諸侯，本無大異，謂其親廟止四是也。鄭注〈王制〉亦同。惟又據〈稽命徵〉、〈鉤命決〉，謂夏五廟，殷六廟，未免穿鑿。（見《疏》。）又謂諸侯上士二廟，以通〈祭法〉，亦嫌牽合。月祭群經不見，惟《國語．周語》有日祭、月祀之文，明為異說，不可合也。王肅以高祖之父祖為二祧，並始祖及親廟四為七，皆次第而遷，文、武為祖宗不改，（鄭祧即文、武廟，先公之遷主，藏於后稷之廟，先王之遷主，藏於文、武之廟。見

《周官》守祧《注》。）觀〈王制〉之文似是，其實恐不然也。（古諸侯不敢祖天子，然《左氏・文公二年》云：「宋祖帝乙，鄭祖厲王。」則經說不必與事實合也。）「禘其祖之所自出，而以其祖配之」者，以古有感生之說，（即《史記》所言契、后稷之事見第八章第二、第五節。[9] 今文家說：聖人皆無父，感天而生，見《五經異義》。）王者自謂其先祖皆出於天帝，故然。（案此義由來蓋甚古。然謂商以水德王，所感者為汁光紀，周以木德王，所感者為靈威仰，則五德終始之說既盛後附會之辭，非古義也。）《周官》大司樂：「乃奏夷則，歌小呂，舞大濩，以享先妣。」《注》云：「先妣，姜嫄也。周立廟自后稷，為始祖。姜嫄無所妃，是以特立廟祭之，謂之閟宮。」案閟宮，《詩・毛傳》引孟仲子說，以為高禖之祀，鄭《注》恐非也。

二、古代宗教學術（下）

宗教非無其理，特非學術之家所謂理，上節已言之矣。然則宗教家之所謂理，果何如邪？曰：其研求所得者，與學術之家異，其所研求者，則無不同也。宇宙事物，莫不有其定則可求。人而睢盱盱，不知求之，則亦已耳。苟其知之則有所求必有所得，其所得如何，可勿論也。事物之可資研求者，大別為二：一曰自然，一曰人為。自然之事，有其一定不易之則，至易見也。人為之事則

9 本選集未收錄第八章〈夏殷西周事跡〉。

不然，觀其會通，固亦有其定則，就一時一地而觀之，則儼若絕無定則，可以自由者。後世研究漸深，舉人事之紛紜繁變者，亦欲求其定則而駕馭之。古人則不獨不知人事之有定則且視自然之事，亦若有人焉以為之主。此其所以於木石等無知之物，亦皆視為有知也。然智識隨經驗而進，閱一時焉，則知自然之可以定則求。更閱一時焉，遂並欲推之人事矣。其研求所得者，今人庸或視為可笑。然椎輪大輅，理固宜然。今所謂自然科學、社會科學者，究不能不謂其基已奠於數千年前也。故曰：學術與宗教，實無判然之界也。

吾國最古之書目，莫如《七略》。讀之，不獨可知古代之載籍，並可知古代之學術流別，第二章[10]已言之矣。《七略》中之〈輯略〉，為群書總要。〈詩賦略〉為文辭。〈六藝〉、〈諸子〉、〈兵書〉三略，為研求社會現象之書。〈數術〉、〈方技〉二略，則研求自然現象者也。

數術略之書，凡分六家：曰天文，曰曆譜，曰五行，曰蓍龜，曰雜占，曰形法。其中天文、曆譜，實乃一家之言也。天象雖云高遠，然極著明，且不差忒，故其發明特早。《史記．曆書》言黃帝考定星曆，《禮記．祭法》言帝嚳能序星辰以著眾，雖乏確證，然天文曆法，各民族發明皆甚早，則謂黃帝、帝嚳之時，已有此等知識，理固非不可通也。惟〈堯典〉謂堯命羲和四子，分宅嵎夷[11]、南交及西北二方，以資推步；並命其以閏月定四時成歲，則似近附會。《公羊》言天子有靈臺以觀天

10 本選集未收錄第二章〈古史材料〉。

11 指古代中國山東東部濱海地區。

文，時臺以觀四時施化，諸侯無靈臺而有時臺；《左氏》亦言天子有靈臺，諸侯有觀臺；（《五經異義》。）則古之觀象者，不過就國中以人力為臺，安能分駐四方？《史記．秦始皇本紀》後附〈秦紀〉，謂宣公初志閏月。《管子．五行篇》，以甲子木行，丙子火行，戊子土行，庚子金行，壬子水行各七十二日為紀。（凡三百六十日。）〈輕重己篇〉，冬至後九十二日而春至，自春徂夏，自夏徂秋，自秋徂冬皆然。（凡三百六十八日。）〈幼官篇〉則每閱十二日而布政，而中方云五和時節，東方云八舉時節，夏云七舉時節，秋云九和時節，冬云六行時節，甚似春九十六日，夏八十四日，秋百有八日，冬七十二日，又別加五日（凡三百六十五日。）以成歲者。皆主日而不及月，安得謂堯時已知置閏之法乎？閏法始於何時不可知，要為曆法一大發明。蓋月為紀時自然節度，雖蠻人亦知之，且早已習用之，而歲則非其所知，故古代明堂行政之法，必有待於廟堂之出令，而非如後世農人，皆能置一曆本，按節氣而行事。（二十四氣之名，始見於《周書．時訓解》。）後世農人之所以能明於曆法者，實因置閏之法，主日而仍不廢月，有以調和之也。曆法之所謂歲，始於冬至。（於平地立表測之，冬至日景最短，夏至最長。《周官》大司徒，以土圭測日景，是其法。）其定正朔，則有三法：《公羊．隱公元年》《解詁》，謂夏以斗建寅之月為正，平旦為朔；殷以建丑之月為正，雞鳴為朔；周以建子之月為正，夜半為朔是也。古國家所理者皆民事，政令或宜按時舉行或戒非時興作，與人民利害，關係殊切。《禮記．月令》、《管子．幼官》、《呂覽．十二紀》、《淮南．時則訓》，所懃懃焉者，皆此一事。故一言行夏之時，則一切要政，罔不該焉。初非徒爭以某月為歲首也。古天文之學，有蓋天、渾天、宣夜三家。蓋天謂天如蓋在上。渾天形如彈丸，地在其中，天苞其外，如雞卵白之繞黃。（據〈月令疏〉。）宣夜之法不傳。曆則有黃帝、顓頊、夏、殷、周、魯六家。（見《漢志》。）古天文曆法之學，《禮記．月令疏》曾總論之，惜多採緯候家言，頗雜漢人之說，非盡先秦之舊耳。（分一日為十二時之法，起於漢人，古人計日之早暮，但云日中日昃等而已。見《日知錄．卷二十》。刻漏之法，見《周官》挈壺氏。《史記．司馬穰苴列傳》，言其「立表下漏」，以待莊賈，其法亦非尋常所用也。）

天官家言，亦有落入迷信者，《周官》保章氏：「掌天星，以志星辰日月之變動，以觀天下之遷，辨其吉凶。以星土辨九州之地。所封之域，皆有分星，以觀妖祥。以十有二歲之相觀天下之妖祥。以五雲之物辨吉凶，水旱降，豐荒之祲象。以十有二風察天地之和，命乖別之妖祥。」眂祲，「掌十輝之法，以觀妖祥，辨吉凶」。此占星望氣之術也。《漢志．天文者》，有《圖書祕記》十卷。圖書者？《易．繫辭傳》言「河出圖，洛出書」。《禮記．禮運》言：「天降膏露，地出醴泉，山出器車，河出馬圖。」《論語．子罕》言：「鳳鳥不至，河不出圖，吾已矣夫！」《淮南．俶真》言：「洛出丹書，河出綠圖。」皆先秦舊文，不能謂無其事。諸說皆僅以為瑞應，然《呂覽．觀表》曰：「聖人上知千歲，下知千歲，非意之也，蓋自有云也。綠圖幡簿，從此生矣。」似已有如漢世讖緯家言以圖書為記帝王興亡之錄者。然則讖緯怪妄之說，或亦前有所承。劉歆[12]以河圖為八卦，洛書為

12 劉歆（約西元前五〇—西元二十三），字子駿，西漢經學家劉向之子，其承繼父親未竟之業，整理六藝群書，編成《七略》，對經籍目錄學有重要貢獻。其所編製的《三統曆譜》被視為世界上最早天文年曆之雛形。

五行，或反嫌平正邪？言帝王興亡曆數者，瑞應雖出天文，年代必涉曆譜，然則漢代之讖書，亦天文曆譜二家之公言也。（《說文》：「讖，驗也，有徵驗之書。河、洛所出書曰讖。」後七字自係東漢人語。《淮南・說山》曰：「六畜生多耳目者不祥，讖書著之。」僅言家人之事而已。然〈趙世家〉言秦穆公夢之帝所，而曰：「秦讖於是出。」則其所謂讖者，已涉國家興亡矣。）

陰陽五行之說，為後世迷信者所取資，糾葛紛紜者數千歲，然溯其始，則實不可謂之迷信也。凡研究物理者，必就其物而分析之，以求其原質。既得其原質，乃持是以觀一切物。天下之物雖繁，而原質則簡，執簡以馭繁，於物理自易明矣。各國學者，研求之初，莫不如此，如印度以地、水、火、風為四大是也。吾國之言五行，亦猶印度之言四大也。就五行而求其變化，於是有生勝之說，（亦曰生克。水生木，木生火，火生土，土生金，金生水。水克火，火克金，金克木，木克土，土克水。）而五德終始之說出焉。（見第五節[13]。古人於一切事物變化，皆以五行生勝為說，見《白虎通義・五行篇》。）五行既能變化，則其原本是一，於是順古人萬物原質皆為極微之說，而名之曰氣。氣何以能變化？觀於生物之芸動，皆不外乎牝牡之相求，則又以是推之，而陰陽之說立焉。既分陰陽，更求其本，則終必至於大極。《易》曰：「《易》有大極，是生兩儀；兩儀生四象；四象生八卦。」八卦之始，蓋古所奉八方之神，加以大一，則為九宮。（《後漢書・張衡傳注》引《乾鑿度》鄭《注》：「太乙者，北辰神名也。下行八卦之宮，每四乃還於中央。中央者，地神之所居，故謂之九宮。天數大分，以

13 本選集未收錄第十五章第五節〈先秦諸子〉。

陽出，以陰入。陽起於子，陰起於午，是以太乙下行九宮，從坎宮始。自此而坤，而震，而巽，所行者半矣。還息於中央之宮，既又自此而乾，而兌，而艮，而離，行則周矣。上游，息於太一之星，而反紫宮也。」）就八方之中而專取其四正，則可以配四時。益以中央為五方，更加上方成六合，於是五帝六天之說出（見上節）。[14]蓋前此宗教家之所崇奉，無不為所網羅，且皆傅之以哲理矣。此等說，在後世沿襲之，則成為迷信，在當時，固不得謂非宗教學術之一發明也。《漢志》五行家之書，有大一，有天一，有陰陽，知諸說皆相一貫。所謂五行家言，初非專就五行立說也。五行家言，所以落入迷信者，則因其後專就哲理立言，而不復措心於物質，抑且天文曆譜等，皆只能占國家大事，惟五行為人人所稟，藉其生勝，可以說萬事萬物之吉凶，於是以禍福惑人者，群取資焉，遂至於不可究詰。然非始創此說者之意也。

宇宙事物，本同一體，故知此即可以知彼。學術之所求，亦即彼此間之關係耳。然事物雖屬一體，而就人之知識言之，則有知此可以知彼者，有知此必不能知彼者。前者如天文與農田之關係，後者如鴉鳴雀噪與人事吉凶之關係是也。此等區別，非古人之所知，故於其本無關係者，亦從而研究之，如蓍龜與雜占是也。龜卜之法：以木為契，爇以灼龜，觀其亹罅，是之為兆。（龜焦則兆不成，見《左氏・哀公二年》。）蓍者，蒿屬，（《說文》。）揲其數以為占。（見《易・繫辭傳》「大衍之數五十」一節。）雜占則一切異常之事皆屬焉。（如嚏、耳鳴、六畜變怪等，《漢志》皆有其書。）《漢志》

14 見本文「一、古代宗教學術（上）」。

曰：「眾占非一，而夢為大，故周有其官。」今案《周官》大卜，掌三兆、三易、三夢之法，其下有卜師、卜人、龜人、菙氏、占人、簭人等，蓋蓍龜雜占兩家之事皆屬焉。三兆：一曰玉兆，二曰瓦兆，三曰原兆。其經兆之體，皆百有二十；其頌皆千二百。（《注》云：「頌，繇也。」）三易：一曰《連山》，二曰《歸藏》，三曰《周易》。杜子春云：「玉兆，帝顓頊之兆。瓦兆，帝堯之兆。原兆，有周之兆。《連山》伏犧，《歸藏》黃帝。」鄭釋三兆為璺罅似玉、瓦、原。（原謂田。）又從近師，以《連山》為夏，《歸藏》為殷。（見《疏》。）與杜說同為無據。〈太史公自序〉，謂「齊、楚、秦、趙，為日者各有法」；又云「三王不同龜，四夷各異卜」；則古蓍龜、雜占，法本錯雜不一，（惟其原出於一，仍當小異大同。）《周官》之三卜三易，蓋亦並存數家之法，不必其為先代之遺也。龜書之繇，蓋猶《易》之卦爻辭，（《左氏・僖公四年》、〈襄公十年〉、〈襄公十七年〉、〈哀公九年〉皆載之。其體相類。）其物皆並無深意，即《易》之卦爻辭亦然。其哲理皆在十翼，則後人就其所見，加以發揮，初非作《易》者之本意也。〈曲禮〉曰：「疑而筮之，則勿非也，日而行事，則必踐之。」〈表記〉言三代明王，「不犯日月，不違龜筮」；而《史記》有〈日者〉、〈龜策〉二傳；則時日卜筮，實為古人趨吉避凶之術之兩大端，蓋事有可豫測其吉凶而趨避之者，時日是也。有無從豫見，必待臨事求其徵兆；或徵兆先見，從而占其吉凶者；龜筮、雜占是也。吉凶既可豫知，自可從事禳解，故《周官》占夢，有贈惡夢之法；而《漢志》雜占家，亦有執不祥，劾鬼物，請官除妖祥及禳、祀、請、禱諸書焉。

數術六家中，最近自然科學者，莫如形法。《漢志》論形法之學云：「大舉九州之勢，以立城郭宮舍。（此蓋度地居民及營國之術，《山海經》十三篇，《國朝》七卷，《宮室地形》二十卷其書也。於此可見今之《山海經》，必非《漢志》著錄之舊，參看第二章。[15]）形人及六畜骨法之度數，器物之形容，以求其聲氣貴賤吉凶。猶律有長短，而各徵其聲。非有鬼神，數自然也。」《繁露．同類相動篇》曰：「平地注水，去燥就溼；均薪施火，去溼就燥；百物去所與異，而從所與同。故氣同則會，聲比則應，其驗皦然也。試調琴瑟而錯之，鼓其宮則他宮應之，鼓其商則他商應之。五音比而自鳴，非有神，其數然也。知此，則可以制物而用之矣。」《繁露》此說，略同《呂覽．應同》。《易．文言》亦曰：「同聲相應，同氣相求。水流溼，火就燥，雲從龍，風從虎。聖人作而萬物睹，本乎天者親上，本乎地者親下，則各從其類也。」知古自有此專重形質之學也。由此而深求之，物理必可漸明。然後遂停滯不進，而專以相人及六畜等術，流傳於世焉。案相術較之時日卜筮等，實為有據，故學術之家，樂道之者較多。（如王充著《論衡》，於相術即不甚排斥。）然相法只可定人之智愚賢不肖，而不能定其貴賤吉凶，以貴賤吉凶，初不與智愚賢不肖相應也。昔人之有取於相者，多就前者立說，而世人之有求於相者，則多惟後者之求。於是言相法者，不得不捨其有憑，言其無據，遂與時日卜筮之本不足信者等矣。然則學術之墮落，亦社會使之也。（相人之術，見於古書者，如《左氏・文公二年》，子上謂商臣蠭目而豺聲；〈宣公四年〉，子文謂子越椒熊虎之狀，而豺狼之聲；〈昭公二十八年〉，叔

15 本選集未收錄第二章〈古史材料〉。

向之母謂伯石豺狼之聲；本皆以性格言。〈文公元年〉，叔服相公孫敖之子，謂「穀也豐下，必有後於魯國」，則以禍福言矣。）

方技四家：醫經，今所謂醫學也。經方，今所謂藥學也。房中關涉醫學，無待於言。神仙家雖若宗教，然無所信而有所求；又方士多知醫藥；（《素問》中多載方士之言。）服食練藥，又為其求仙之法之兩大端；《漢志》與醫經、經方、房中同列一略，誠得其實也。醫之初，操於巫覡之手，故古恆以巫醫並稱。《素問．移精變氣論》：黃帝問曰：「古之治病者，惟其移精變氣，可祝由而已。」祝由，《說文》作祝䄌。又《言部》：「譸，詶也。詶，詛也。詛，詶也。䛆，詶也。」䛆䄌亦一字。祝由即呪詛耳。蓋古人視萬物皆有知，故有疾病，不求諸物理，而求諸鬼神，乃欲以呪詛已之也。然迷信雖深，真知識仍與時俱進。古之人雖信巫不信醫，其時之巫，亦多知醫者。後來所謂方士，蓋即其人也。醫之始，蓋因解剖而知藏府、經脈。（《靈樞經．水篇》云：「人死則可解剖而視之。」案《漢書．王莽傳》。載莽誅翟義，捕得其黨，使大醫尚方與巧屠共刳剝之，量度五藏，以竹筳道其脈，知所終始，其事必有所本。）又疏食之世，所食之物甚雜，乃漸知草木之性，於是有《本草》之書。〈曲禮〉：「醫不三世，不服其藥。」《疏》引舊說云：「三世者，一曰黃帝鍼灸；二曰神農本草；三曰素女脈訣，又云夫子脈訣。」神農乃農業之名，（參看第六章第二節）。[16]神農本草，猶言農家原本草木之書。《淮南．修務》言：「神農嘗百草之滋味，水泉之甘苦，一日而遇七十毒。」乃附

16 本選集未收錄第六章第二節〈巢燧羲農事跡〉。

會之辭也。古書之傳於後者：《神農本草經》即神農本草之學，蓋《漢志》所謂經方家言；《靈樞經》為黃帝鍼灸之學；《難經》為素女脈訣之學；（此書《隋書．經籍志》稱《黃帝八十一難》。《史記．扁鵲列傳正義》引楊玄操說，以為秦越人作，未知何據。）則醫經家言也。《素問》雜以陰陽五行之論，蓋方士兼通哲學者之所為。古之以醫名者：《漢志》云：「大古有岐伯、俞跗，中世有扁鵲、秦和。」《周官》疾醫：「以五味、五穀、五藥養其病。」鄭《注》云：「其治合之齊，存乎神農、子儀之術。」岐伯、《素問》書中，設為其與黃帝問對之辭。扁鵲《史記》有傳。俞跗事即見其傳中。醫和見《左氏．昭公元年》。成公十年又有醫緩。子儀，《疏》引《中經簿》有《子義本草經》一卷，云儀與義一人，則亦經方家。諸家事跡可考見者，惟醫和有天有六氣之論，可見醫學與哲學相合，起於戰國之世也。（醫緩之言，與晉侯夢見二豎子之言相合。扁鵲遇長桑君，予以藥，曰：飲是以上池之水，三十日，當知物矣。乃悉取其禁方書盡與扁鵲。忽然不見，殆非人也。扁鵲以其言飲藥，三十日，視見垣一方人，以此視病，盡見五藏癥結。特以診脈為名耳，猶是巫覡本色。）《周官》有醫師，其屬有食醫、疾醫、瘍醫、獸醫；〈扁鵲傳〉言其過邯鄲為帶下醫，過洛陽為耳目痺醫，入咸陽為小兒醫；頗可考見古者醫學之分科也。

神仙家之說，其起於燕、齊之間乎？《史記．封禪書》言：「自威、宣、燕昭使人入海求蓬萊、方丈、瀛洲。」而《左氏．昭公二十年》，載齊景公問晏子曰：「古而無死，其樂如何？」古無為不死之說者，景公之所問，亦必神仙家言也。《莊子．刻意》曰：「吹呴呼吸，吐故納新，熊經鳥申，為壽而已矣。此道引之士，養形之人，彭祖壽考者之所為也。」道引之術，服餌之方，房中之祕，皆得之於醫家者也。神仙家言，疑因燕、齊之間，時有海市[17]而起。睹其象而不知其理，則以為人可升仙。其理雖不足馮，其象自為人人所睹，故威、宣、燕昭等皆雄主，猶甘心焉也。神仙家雖荒誕，然於藥物必多有發明。金石之齊尤甚。此非本草家所知，惟神仙家疑神仙之壽考，由其體質特異，久不變壞，乃欲以金石裨益其身。葛洪[18]之論，即如此也。

以上諸家，皆研究自然現象者。其考索人事者，則出於理民行政之官。其學視九流蓋具體而微，（章炳麟言官人守要，而九流究宣其義，及其發舒，王官之所弗能與。）於第五節中詳之，茲不更及。欲考索行事者，必於人事多所記識，此為史家之職。古無史學，觀《漢志》，《太史公書》猶附《春秋》之末可知，然不知其為學者，不必遂無其學。（《七略》之不列史家，亦或由秦火以後，官家之書，焚毀已盡，私家則本無此項著作，非必不知其可為一學也。）行事之記識，實為一切社會科學之本，固不容置諸不論也。今於此略述之。案古史有官私二種：官家之史：左史記事，右史記言，言為《尚

---

17 即指海市蜃樓，亦被稱作「蜃氣樓」、「蜃樓」、「蜃景」、「蜃氣樓臺」、「海市」。古人認為這是一種叫作「蜃」的大蚌殼，其吐氣形成樓臺城市等景觀。

18 葛洪（二八三—三四三），字稚川，號抱朴子，為晉代陰陽家、醫學家、博物學家及道家人士，論著有《肘後救卒方》、《神仙傳》、《抱朴子》等。其承繼且統整當時的道教神仙理論、方術，並因為其認為煉製、服食丹藥可成仙，故長期致力於煉丹實驗，因此留下許多化學反應記載。

書》，事為《春秋》。又有小史，掌奠繫世。大史所職，則為圖法之倫。私家之史，概稱為語。已見第二章。《周官》小史掌邦國之志，蓋指內諸侯言。外史掌四方之志，則指外諸侯。掌三皇五帝之書，蓋指異代史。則古之名國，於史籍收藏頗富。《史記．六國表》云：「秦既得意，燒天下詩書，諸侯史記尤甚，《詩》、《書》所以復見者，多藏人家，而史記獨藏周室，以故滅。」此周室二字，固古人言語以偏概全之法，非謂周室能盡藏列國之史，然當時名國，所藏者皆不止本國之史，則於此可見矣。史官所記，蓋僅國家大事，十口傳述，本來散在民間，古亦有收集之者。《周官》誦訓，「掌道方志，以詔觀事」。（《注》：說四方所識久遠之事。）訓方氏，「誦四方之傳道」，（《注》：世世所傳說往古之事也。）其事也。古史官頗重直筆，如董狐、南史則是。（見《左氏．宣公二年》、〈襄公二十五年〉。）故於行事多能存其真。而士大夫亦多能取材於是，如申叔時論教大子之法，謂教之《春秋》，教之《志》，教之《語》，教之《故志》是也。（《國語．楚語》。）史籍雖經秦火而亡，然昔人治史所得者，則永存不滅矣。

以萬物為有知，與以萬物為無知，實為人心一大變。蓋視萬物為有知，則凡事皆無可測度，除恐懼祈求而外，別無可以自處之方。視萬物為無知，則彼自有其定則，我但能得其定則，即可從而駕馭之矣，復崇奉之何為？此知愚之一大界也。宗教家受此感動，其論遂亦自擬人之神，進為泛神，自有神入於無神焉。何以言之？蓋在視萬物為有知之世，其視一切皆為神之所為，而其所謂神者，亦自有其實體。墨子〈天志〉、〈明鬼〉之論，所謂天，所謂鬼者，皆有喜怒欲惡如人，則其證也。

至於陰陽五行之家，則不然矣。五行家視一切變化，皆為五行生勝，陰陽家視一切變化，皆為二氣乘除，安得有一人焉以尸之？二說相合，更求其原，則宇宙之本，實為一種動力。《乾鑿度》曰：「有大易，有大初，有大始，有大素。大易者，未見氣也；大初者，氣之始也；大始者，形之始也；大素者，質之始也。氣形質具而未相離，謂之渾沌。」（《易正義》八論第一引。）渾沌開闢，則輕清者上為天，重濁者下為地，沖和氣者為人。自未見氣以至於有人，則此一氣之鼓盪而已矣，《老子》曰：「有物混成，先天地生。寂兮寥兮，獨立而不改，周行而不殆，可以為天下母。吾不知其名，字之曰道。」《易》曰：「大哉乾元，萬物資始，乃統天。」（〈乾卦彖辭〉。）《公羊解詁》曰：「《春秋》以元之氣，正天之端」，「天不深正其元，則不能成其化。」（〈隱公元年〉。）《繁露》曰：「元者，萬物之本，在乎天地之前。」（〈重政〉。）則是力之謂也。此等動力，豈能謂有物焉以為之主？則只可謂世界本來如此耳。世界本來如此，則世界之本體即神。所謂世界者，乃包括一切而言之，臭腐神奇，無所往而非是，然則一切皆神。此所謂泛神之說也。既一切皆神，復安有非神者與之相對？此則泛神之論，所以一轉而入於無神也。至此，所謂迷信者，安得不破？然人之所以自處者，則漸合乎自然之律矣，此宗教哲學之一大變也。

情感之泉，流為美術。美術可分動靜二端：動者音樂，靜者繪畫、彫刻等也。樂之原，蓋當溯諸伊耆氏之蕢桴土鼓（見第六章第二節），其後有垂之和鍾，叔之離磬，女媧之笙簧，（《禮記·明堂位》。）舜之五絃琴，（〈樂記〉。）而樂器乃漸備焉。《漢書·律曆志》曰：「聲者，宮、商、角、徵、羽也。八音：土曰塤，匏曰笙，皮曰鼓，竹曰管，絲曰絃，石曰磬，金曰鍾，木曰柷。五聲之本，生於黃鍾之律，九寸為宮，或損或益，以定商、角、徵、羽。律十有二，陽六為律，陰六為呂。（《周官》大師作六同。）律以統氣類物，一曰黃鍾，二曰大簇，三曰姑洗，四曰蕤賓，五曰夷則，六曰亡射。呂旅陽以宣氣，一曰林鍾，二曰南呂，三曰應鍾，四曰大呂，五曰夾鍾，六曰仲呂。」此古樂律之大略也。又謂黃鍾之律，乃黃帝使泠倫所作，則近於附會矣。樂之始，蓋惟按拍之器，為不可缺，餘則或有或無，後世野蠻之人，莫不如是。吾國之樂，亦當隨世而備，謂有一人焉創意制作者，必妄也。古代樂名，見於《禮記．樂記》、《周官．大司樂》、《呂覽．古樂》諸篇，其事當不盡誣。《周官》鞮鞻氏，又有四夷樂名，則古樂之淵源頗廣，故亦頗稱美備。觀〈樂記〉等言樂理之精，及其感化之力之大，而可知也。古樂至漢世猶有存者，（《漢書・禮樂志》，言漢興樂家有制氏，以雅樂聲律，世世在大樂官，但能記其鏗鎗鼓舞，而不能言其義。又云：文始舞本舜招舞，五行舞本周舞。）以人心好尚之變，終至淪亡，而僅傳其歌辭於後，是為詩。

詩者，歌辭之與樂分離者也，是曰謠。（《說文》：徒歌曰謠。）大抵歌之始，所美者僅在音節，故可傳諸不同語言之族。）至其辭，則多複重淺薄，如〈芣苢〉之詩即是也。其後美感日益發皇，技亦日進，則並其辭亦皆有深意存乎其間，遂可不歌而誦矣。（《左氏・襄公十四年》：「孫蒯入使，公飲之酒，使大師歌〈巧言〉之卒章，大師辭，師曹請為之。初，公有嬖妾，使師曹誨之琴，師曹鞭之，公怒，鞭師曹三百，故師曹欲歌之以怒孫子，以報公。公使歌之，遂誦之。」《注》云：「恐孫子不解故。」

可見古人聽歌，亦不能解其辭句，與今人同也。）古之詩，大抵四言。（《詩序疏》云：「自二言至九言。」此乃就意義論，非言歌誦之節。）又有三七言者。（如《荀子・成相篇》。）楚辭又別成一體。至於賦，則文之主於敷張者耳。雖曰有韻，然古之文亦多有韻也。《詩》分風雅頌三體（已見第二章）。賦之意，亦大抵主於諷諫，如《荀子》之〈賦篇〉是也。

文之初，大抵句簡短而整齊，亦多有韻，阮元所謂寡其辭，協其音，（《揅經室集・文言說》。）以便諷誦，助記憶。與口語相合之散文，實至東周以後而始盛。今之先秦諸子中，尚有兩種體制相雜也。（寡辭協音之文，大抵先世之遺，而東周人錄傳之者。）

繪畫之始，本狀物形，其後意存簡略，又或遷就器形，則漸變而成幾何畫。吾國古代，亦兩者兼有。狀物者或以繪故事，如楚先王廟及公卿祠堂，圖畫天地山川神靈，及古賢聖怪物行事是也。（《楚辭・天問》。）幾何畫多施於器物，如古器之雷文，及兩己相背等形是。雕刻除器物外，亦有施之宮室者。（可參看第十三章第三節[19]）南方除雕刻外，又有鑄金之技。《吳越春秋》言句踐鑄金象范蠡之形是。（〈句踐伐吳外傳〉。）蓋由其本精於冶鑄也。

19 本選集未收錄第十三章第三節〈宮室〉。

中國人為什麼崇古

崇古，這是中國人近數十年來，最受人譴責的一端。他們以為一崇古，則凡事都看得今不如古，不肯改良，沒有進步了。中西交通以來，西人的進步，一日千里，我們卻遲滯不進，以致民貧國弱；今者雖遭遇時會，號稱五強之一，仍不免虛有其名；其主要的原因，實在於此。

這話乍聽似乎有理，細思其實不然，中國人雖然開口堯舜，閉口三代，把古代看得似乎是一個高不可攀的境界，然亦不過在口頭上成為習慣而已。古代的發明，一切不如後世，中國人也未嘗不知。不然，草昧、榛狉等字眼，何以常常會被人使用呢？若說從前的人，以為文明反不如野蠻，則翻遍舊書，並無其事。試看變茹毛飲血為火食，易巢居穴處為宮室，無不受人稱道可知，至於近代中西交通之初，何以盲目排斥，明知人家之長而不肯仿傚，則實別有其原因：㈠由閉塞的民族，往往有一種莫名其妙的排外感情，這實非中國人所獨有；㈡宗教是最富於排外性的，不幸西方傳來的基督教，又和我國的風俗，多不相容；㈢中國人自古以來，最怕的是海寇。因為中國人的事業，在陸不在海，雖亦有一部分人，冒險航行海外，然大多數人，鑑於海外的情形，是茫昧的。陸路上的寇盜，無論如何強悍，我們總還能知其根據之所在，因而明白其真相，海寇就不然了。而西人來叩關之時，又和明代倭寇的騷擾，緊相銜接。再者，中國歷代，在軍事上，雖或因他種弱點，以致敗北，然以軍械論，則總較外國為優良，至近世，則西人的船堅炮利，轉非我們所及，自然要更深畏忌了。這都是西力東侵的初期，中國人所以深閉固拒，對於外情，不願考究，以致無從仿傚的原因。然這亦只是處於無責任的地位，徒憑感情立論，不去考察實際情形者為然。至於身當交涉之衝，和外國有接觸的人，則除少數特別愚昧者外，亦並非無理由的頑固。不過他們以為：㈠船艦槍砲等，究不過械器之末，倘使人心振奮，政治修明，這些事都不難學得，並非根本問題。㈡而且他們也有他們的禦敵方法，如謂與其作戰於海，不如誘敵登陸；與其以大船作戰於外洋，不如以小船邀襲於近海；又或講究避彈之術，以及不恃槍砲，亦能制勝之法等都是。這些見解，固然不免誤謬，亦不能謂其絕無理由，當咸豐戊午庚申兩役[1]，繼鴉片戰爭相逼而來之時，中國正忙於內戰[2]，自無暇為禦侮之計，然到內亂一停，所謂中國將帥，如曾國藩、李鴻章等，亦即急急乎練新軍，設製造局，造船廠等，其反應亦不可謂不速。至其未能收效，則因是時之朝局，正走著下坡路；而中國社會，亦因地廣人眾；內地閉塞之區，又和海疆相隔太遠；又幾千年來，迄自視為世界第一大而文明之國，

1 咸豐戊午年為一八五七年，庚申年為一八六〇年，此兩役即指第一次英法聯軍及第二次英法聯軍之役。

2 此段時間內發生的大型內亂有以下：於一八五一—一八六四年間的太平天國之亂，於一八五一—一八六八年的捻亂，及於一八五六年爆發的雲南回變。

自負太深；一時不易感覺根本改革之必要，實亦無足深怪，謂其由於崇古，以至不能改革，實在是風馬牛不相及的。

然則中國人究竟有沒有崇古之弊呢？有的，不過其真相並非如一般人所說罷了。中國人並沒有說漢勝於唐，亦沒有說唐勝於宋。有時候稱贊漢人，則必說「漢治近古」。然則中國人之所謂古，是有個一定的界限的，並非比較之辭，說愈古即愈好，較古即較好。然則中國人之所謂古者，以何為界限呢？那無疑的是三代以上了。三代以上，中國人普通把他看成別一個世界，與後世判然不同。至於秦漢以降，則其時間雖亦綿歷一二千年，然自中國人看來，總不過是一丘之貉而已。這所謂別一世界，其物質文明，遠落後世之後，中國人是知道的，已如前述。然則中國人的崇拜他，究竟為的什麼呢？那無疑的是在社會關係上了。試看中國人慨慕三代以上的，總是說他政治之好可知，因為古代的所謂政治，乃是包含著一切社會問題的。

這樣的一觀念，正確不正確呢？無疑是不正確的。因為一般人所想像的古代，用史學的眼光看來，實在全不正確。然則這種觀念，為什麼會成立？既成立之後，又為什麼不易破壞呢？那是由於㈠古代的情形，太茫昧了，一切憑空想像之辭，都易於附會上去。㈡古書傳者太少，法令文誥之類，在後世，知道它是具文，是表面文章，在古代，就被認為實際情形了。譬如清朝的通禮，律例，會典，諭旨之類，誰相信其和實際情形相合？然讀《書經》中的典、謨、訓、誥，就都以為是述的實事，說的實話；讀《周禮》所述的制度，也就信為當時一一實行的了。㈢任何一個社會，總不免有些宗教上的迷信。中國人對於宗教，是很淡薄的，然於其所謂古帝王及聖賢，如伏義、神農、黃帝、堯、舜、禹、湯、文、武、周公、孔子等，亦不免有些神化，既然神化，自無復懷疑的餘地了。這都是將所謂古代者，視為別一世界的原因，然而還沒有觸著深處。

其深處又如何呢？說到這裡，就得追求這種觀念心理上的根源，須知尊重客觀，乃是近代科學發達之後，才有這觀念的。前此則極其模糊，再嚴格言之，則所謂客觀，即在現代，亦不過是比較的，而並非絕對的，這種情形，尤以社會科學為甚。試看任何主張，正反兩面，都可以有顛撲不破的理由可知。真理是不容有二的，既然兩方面都有顛撲不破的理由，即可見其都只代表了真理的片面。誰引導他使走上這片面的路線呢？那無疑的是感情了。所以中國人的崇古，並不是從客觀方面，搜集到種種有利於古的證據，然後從而崇之的；倒是心理上先有一種愛古薄今的感情，然後逼著他去搜集有利於古之證據，而成立種種曲說的。其成立的原因，既然如此，自然經不起客觀的批判了。

然而根據這感情而成立的曲說，雖不足信，而使這感情成立的原因，倒是極為確實的，絕非空中樓閣，所以此種感情，絕不會因其所建立的說法的不確實，而被沖淡。中國人崇古觀念的所以不易打破，並非虛偽的東西，亦可以成立，而是有真實根據的東西，不可能摧毀，雖然其真實的根據，根據之者初不自知，亦於其真實無損。

這真實的根據是什麼呢？人無不避苦而就樂，而所謂苦樂，實視環境為轉移，環境又有兩種：一為自然環境，一為社會環境。而二者之中，社會環境的關係尤為密切，任何一個人，我們允許送他到巴黎紐約去，給他以物質上種種享受，但是他要捐親戚，棄朋友，他總還是不願的，便是一個明顯的證據。不論那一國，在其邃古時代，其社會關係，終是非常良好的，這個，在社會學上，已有確實的證明，無庸再行申說了。所惜者，不論那一國，這一個時期，都很早的就成為過去。到有史時期，社會關係，大都已經惡化了，然這一個境界的甜蜜的回憶，卻永遠留在人們的心頭，不肯忘掉，孔子追慕大同；希臘哲人，亦說最古的時代就是黃金時代，後乃變為白銀，變為黑鐵；即由於此。這種時代，既然舉不出其確實的史實，而徒憑感情的領導，再為理想的構成，自然沒有客觀上的確實性，此其所以在史學上則經不起辯駁，而他們視此世界為理想世界，想用種種方法來達到他，亦終於徒存虛願而已，說食不能獲飽，過屠門而大嚼，亦復何益？這種觀念，豈不非徒無益，而又害之嗎？不。一切錯誤的觀念，其中往往仍含有正確的成分的，不過不能純粹，遂至走上錯誤的路罷了，然則所謂正確的成分者，又如何呢？

人，如何可以得到幸福？如何就要遭到災禍？簡而言之，能否控制環境而已，環境有自然環境社會環境之殊，二者之中，社會環境，尤難控制。人，直到現在，還只能控制小社會，而未能控制大社會。何謂小社會？一切事物的利弊，都能夠看得清楚；而要興利除弊，力量亦足以貫徹之者便是。反是便為大社會了。中國人所謂古代者，實係與後世截然不同的世界，已如前述，這截然不同之點，就在於一能控制，一不能控制，中國人以為其所謂三代以上的時代，社會是一切能以人力控制的，這是錯誤的，然追溯到未有歷史之前，社會曾有一個可以控制的時代；在這種社會之中，人們所得的幸福，較之處於不能控制的社會中者為多；因而我們的目的，在於努力以求恢復人力對於社會的控制；這種見解，絲毫不誤，所誤者，只是其所提出的方法不合而已。所提出的方法，為什麼會不合呢？那是由於社會既大，斷不能斫而小之；大社會又決不能用小社會的方法來控制，然中國人所提出的控制社會方法，乃全是控制小社會的方法之故。然這只是一部分的誤謬，其餘的部分，仍不能謂之不正確了，所以我說：一切錯誤的觀念，其中仍有正確的成分。

感情，似乎應當服從理性的，其實理性是應當受感情的指導的，因為理性之所求，不外乎去惡而就美，而所謂善惡，原是由感情決定的，然則中國人崇古的觀念，實有甚深的根柢，他們將領導我們，尋求適當的途徑，走向光明之路。

（原刊《學風》第一卷第三期，一九四七年五月一日出版）

中國古代哲學與道德的關係

近來人都說，中國的文明比較古代為退化，乍一聽得，頗不相信；因為我們現在所住的房屋，著的衣服，吃的食品，以及一切用的東西，都比古時候為精美；怎麼倒說退化呢？老實說，物質的文明果真比古時候進步，但是精神的文明，也有不如古人的地方，無論什麼事情，總有個哲學上的根據。怎樣叫哲學上的根據？就是這件事情，為什麼要如此？這句話，似乎是很靠不住的。為什麼呢？因為有許多人，他的做事，似乎是漫無思索，並不問其所以然的。然而不然。這等人，在咱們看著他，似乎是漫無思索。其實他的做事，仍舊有他的所以然之故。譬如從前有些人是很頑固的，見了外洋的東西，不問什麼，一概拒絕。郭嵩燾[1]第一個帶了小輪船回到家鄉湖南去，有些人便大動公憤，聚眾把它拆掉。吾鄉有個老先生，生平是不用洋貨的。他有個朋友，也是如此。有一天，不知怎樣，他這位朋友，忽而照了一張小照，送去給這位老先生看。老先生還不曾看，便正顏厲色的責備道：你也弄這個嗎？他的朋友大慚。這種人，在咱們看了他，似乎他的舉動，是絕無所以然之

1 郭嵩燾（一八一八—一八九一），字伯琛，清末政治家，中國首位駐外使節，曾任駐英國、法國公使。

故的了。其實不然。他正和他「不作無益害有益」、「毋或作為淫巧，以為上心」、「為機械變詐之巧者，無所用恥焉」、「有機事者必有機心」等等的宗旨相一貫。正惟他的舉動，必有一個「所以然」之故，所以他必不能忽然變為開通。倘使一個人的舉動，可以無「所以然」之故，那就仁愛之人，可以極端相暴，廉潔的人，可以極端詐欺，天下倒也不怕有什麼頑固黨了。由此看來，可以見得無論什麼人，總有他的一種見解，橫亙在胸中。遇有新發生的問題，他便把這種見解，做量是非的尺去量。量下來以為是的就贊成，以為非的就反對。（這種尺固然也是逐漸造成的，不是生來就有的；也是隨時改變的，不是一成不變的。然而在一定的時間內，總不得有急劇顯著的變化。）這便是他的哲學。

一個人如此，一個民族亦然。有甲所視為當然之理，乙絕不能認識的，就有甲民族甲社會人人共喻之理，乙民族乙社會絕不能瞭解的，這便是一民族一社會的哲學。一個人的哲學，必然要影響於其行為。一民族的哲學，也必然要影響於其民族全體及各分子的行為。

凡人的行為，不是自由的；不是絕無標準，而是可以預測的。現在有一個人，我若曉得他腦子裡所懷抱的見解（他的哲學），我便能決定他對於某事一定贊成，對於某事一定不贊成，譬如專抱著「毋或作為淫巧」思想的人，我便可以預料他，倘然看見了輪船，一定要想拆毀。然則倘能知道一民族所懷抱的見解（哲學），也就可以預測他的行為了。同樣，看了一個人或一個民族的行為，也可以測定他的哲學思想了。這便是哲學與道德的關係。所以我看了中國人行為的錯誤，（以道德為不道德，以不道德為道德，想要實踐道德，反而做出不道德的事情來。）我只怪他的哲學（所抱的見解）錯誤。然則中國古代的哲學，到底怎樣呢？倘使古代的哲學，比現在好，古人的道德，就一定比現在好了；若古代的哲學，比現在壞，則古人的道德，就一定比現在壞了。依我看來，我民族現在的哲學，確有不如古人的地方。我現在且談談古人的哲學。

現在的所謂學問，是從事於部分的。所謂哲學，也不過把各科學之所得，再行聯結起來。以求其共通的原理。至於最後的（最根本的）、最大的（可以包括一切的）原理，在認識論上，已經證明其不可知了。（倘使要知，除非是佛家的所謂「證」。在知識上，是決沒有這一天的。）然而這一層道理，是古人所不曉得的。既不承認那「最後的」、「最大的」為不可知；則自然想求得那「最後的」、「最大的」，俾其餘一切問題，均可不煩言而解。所以古人的求學問，反是從那最高深玄遠的地方講起。如今人開口就說「宇宙觀」、「人生觀」，其實這兩個問題，原是一個。因為咱們（人）是宇宙間的一物，要是曉得了宇宙的真相如何，咱們所以自處之道，自然不煩言而解。所以古代的人生觀，都是從他的宇宙觀來的。要講宇宙觀，劈頭便有一個大問題，便是「萬物從何而來」？古人對這一個問題的解答，是以為「凡物是生於陰陽兩性的結合的」。（這是從人類繁殖上想出來的。）所以說：「天地絪緼，萬物化醇。男女構精，萬物化生」，「有天地，然後有萬物，有萬物，然後有男女」，「物本乎天，人本乎祖」。

這種思想，總可以算是合理的。但是陰陽還是兩個，人的對於事物，所想推求的，總是「最後的」、「惟一的」。一定要是「惟一的」，才能算是「最後的」。然而「陰陽之所從出」，又是一個什麼東西呢？這個問題，我敢說是人的知識，決不能知道的。（佛家所謂「惟證相應」。）因為咱們的意識，所能知道的現象，一定是兩相對立的。（而亦僅限於兩，因為僅限於兩，所以無論如何相異的東西，總能求得其中一個共通的原理。因為必須有兩，所以最後的一個原理，是無從知道的。這種道理，佛家的唯識論，說得明白。）那「惟一的」（最後的）就永遠不能入於吾人意識區域之內。但是「一」雖非吾人所能知，而在理論上，卻可承認其有。因為「一」之名是與「非一」相對而立的。固然必有所謂「非一」，乃有所謂「一」。亦必有所謂「一」，乃有所謂「非一」。「一」與「非一」，是同時承認其一，即不能否認其二的。「非一」是人人所能認識的，那麼「一」在理論上，也不能不承認其成立了。這正和有與無的問題一樣，真的「無」，是吾人不能想像的。吾人所能想像的，不是佛家所謂「斷空」，就是所謂「對色明空」。「斷空」和「對色明空」，都不是真空。但是「無」雖非吾人之意識所能知，而在理論上，仍可承認其有。因為「無」之名，對「有」而立，否認「無」，就是否認「有」，「有」是人人認識，不能否認的，所以也就不否認「無」。所以古人在陰陽兩性之上，又假設了一個惟一的東西，這個便是所謂「太極」。所以說：易有太極，是生兩儀。「兩儀」、「陰陽」是人人所能認識的，「太極」卻是不能認識，僅從理論上承認其有的。然則兩儀是「有」，太極是「無」了。所以說：「有」生於「無」。「無」怎樣會生出「有」來呢？這便是哲學中最困難的一個問題。而古代的宇宙論，也就以此為中堅了。現在先要問一句話：便是「古代的哲學，到底是唯心論？還是唯物論？」我敢說是唯物論，而且和希臘的唯物論，很為相近的。希臘人說萬物的本源是「水」，

「水之稀薄的是火和風」，「濃厚的是金和土」。又說：「地水火風同是萬物的本源」，「因其互相愛憎的關係」，「可就把萬物造出來啦」。中國人說：萬物的本源是氣。《乾鑿度》說：「夫有形生於無形，則乾坤安從而生？故有太易，有太初，有太始，有太素。太易者，未見氣也。太初者，氣之始也。太始者，形之始也。太素者，質之始也。氣形質具而未相離，謂之渾沌。」（《易義疏》八論之一。）這種說法，和 Democritus[2] 的原子論，很為相像。Democritus 說：宇宙萬物，皆原子所構成。中國人亦說：宇宙萬有，皆氣之所構成。Democritus 說：原子變化而成萬物，由於他固有運動的性質。因運動而生衝突，因衝突而變形。中國人說：宇宙的最初，謂之太易，易就是變動不居的意思。一切萬有，都是由這動力而生的。這種動力自其本體而言之，謂之「元」。自其變動之狀態而言之，則謂之「易」。所以《易經》上說：「大哉乾元，萬物資始，乃統天。」《公羊》何《注》也說：「變一為元。元者，氣也；無形以起，有形以分；造起天地；天地之始也。」現在普通的意見，總以為中國人是很敬重天地的，把天地就算做萬物的本質，其實不然。在古代的哲學上，看了天地，不過是和萬物相同的一物。天地的成為天地，正和禽獸草木的成為禽獸草木一樣。這是因為古人說萬有的本源，只有一種氣。無論什麼東西，凡可指為有的，都是這一種氣之所構成。那麼，天地也不過宇宙間的一種氣，道循一種定律，而成為天地罷了。和禽獸草木的道循一種定律，而成為禽獸草木，有什麼兩樣呢？（這種說法，和「有天地然後有萬物」，「物本乎天」的說法，仍不相背。因為此物出於彼

2 德謨克利特（約西元前四六〇—前三七〇），希臘哲學家。

物，彼物不就是此物的真原因。譬如人，是父母所生，然父母和子女，仍同為宇宙間的一物。天地和萬物的關係，正如父母和子女的關係一樣。）有這種說法，所以才有「齊物論」。因有一種動力，而生所謂氣，因氣而生形，因形而生質，那就什麼東西都有，成為萬象森羅的世界了。先有形而後有質，這種思想，在吾人頗難瞭解。其實這也和希臘人的思想，是一樣的。亞里斯多德說：形是「原動」，質是「被動」。形是「能造」，質是「所造」。譬如吾人的造屋，是先有了一間屋的形狀在肚子裡，然後用磚瓦木石等去實現它，不是有了磚木瓦石，才實現出屋的形狀來的。造屋固然是人為的事，然而天然物形質的關係，也正和這個一樣。譬如從桃種變成桃樹，就是桃種的質，向著桃樹的形而起的變化。

這種說法，固然不是徹底的議論。（其於華嚴理事無礙觀門，可謂未達一間。）然而中國古人的思想，也正是如此。所以照咱們現在說，液體的東西，總比氣體為濃厚。而照古人說，則火比水為顯著，所以古人說五行生成的次序是一曰水，二曰火，三曰木，四曰金，五曰土。他的原理是「以微著為漸。……五行之體：水最微，為一。火漸著，為二。木形實，為三。金體固，為四。土質大，為五。」（《尚書・洪範疏》，案此說本於《白虎通》，乃今文家義也。）從輕微不可見的氣，變成極博大的土，只是由於一種動力，這種動力，也算得偉大而可驚的了。這種動力並不是從無氣而有氣，從有氣而有形，從有形而有質；在形質之中，再由微至著：㈠水、㈡火、㈢木、㈣金、㈤土，到造成了最博大的土，就止息的。它的運動，是終古不息的。一方面，固然由微而至著；一方面，也由著而仍至於微。氣固可以成形質，形質亦可以復返於氣。大概古人的意思，以為物質凝集的最緊密，就有質可觸；次之就有形可見；再次之，就併形而不可見，而但成為一種氣了。所以說：精氣為物，遊魂為變。古人的所謂「精」，就是物質凝集得極緊密的意思，（《老子》：「窈兮冥兮，其中有精，其精甚真。」案「真」與「闐」同訓，實也。〈禮器〉：「德產之致也精微」，鄭《注》：「致，致密也。」即訛緻字。《公羊・莊十年》：「粗者曰侵，精者曰伐」。粗與精為對詞。）只是宇宙間的一種氣，凝集而成形質，形質仍分散而為氣。這種凝而復散，散而復凝的作用，是無時而或息的。所以說：「易不可見，則乾坤或幾乎息矣」。用現在的話解釋起來，「易」就是「動」，「乾坤」就是「現象」，就是咱們所能認識的，只是動的現象。這種運動，到底會有一天忽然停止嗎？這是咱們不得而知的。果真到了這一天，實體的世界，也許還存在，然而早已出於吾人認識區域之外了，在吾人認識中的世界，就算是消滅了。古人的世界觀如此。總而言之，他徹始徹終，只是把一個「動」字，說明世界的現象。

我們且進而觀這種宇宙觀，影響於人生觀者如何？就可以見得哲學和道德的關係，也就可見得古代的哲學和中國民族道德的關係如何了。

古代哲學，影響於道德上很大，一時也說不盡許多，我現在，且隨意說幾樣：第一是自強不息的道理，因為宇宙的徹始徹終，只是一個「動」。所以人得了它，也要自強不息。所以《易經》開宗明義，就說「天行健，君子以自強不息。」第二是法自然。這種天然的動力，是很大而無可抵抗的。

所以中國古代的哲學，有一特色，便是只想利用自然，不去抵抗自然。這種思想，影響於行上，就成為一種妥協性。梁任公說：「最富於妥協性的是中國人」，「凡事皆以柔道行之」。這句話，真可以表明中國人的特色了。第三就是循環的道理。因為宇宙之間，是動而不息的，所以沒有一件東西能夠常住。既然沒有一件東西能夠常住，自然好的不能終於好，壞的不能終於壞。所以說：「禍兮福所倚，福兮禍所伏」；所以要「知白守黑，知雄守雌」。第四是慎獨的道理：古人所說的「獨」，不是「群」的對詞。獨，訓「童」，是「微細」的意思。因為宇宙萬物，都是由微而至著，所以要講慎獨，講謹小，講慎微。反之，就是要「尚積」。第五就是「反本」、「抱一」、「貴虛」、「貴無」、「中庸」等等道理。這幾種道理，是名異而實同的。「一」就是「無」，剛才已經說過了。「無」是「有之所從出」，自然是「可反之本」，也是不待言而可明的。至於儒家的所謂「中庸」，也就是道家之所謂「一」。為什麼呢？「不偏之為中，不易之謂庸」這兩句話，是人人懂得的。一條線上，自然只有一點是中點。人生在世，總要求得一個自處之道，而這自處之道，是貴乎「中」的。為什麼呢？「中」就是「一」，「一」就是「無」，惟其「無」，才能無所不有。倘使偏在一方面，得了這邊的利益，就失了那邊的利益了。但是這個「中」，仍是時時變動，沒有定形的。譬如一條線，他的長短，是終古不變的。那就這條線上的中點，也終古不變。倘使這條線，是時時變動的；忽而這端伸張，忽而那端縮短；那就這條線上的所謂中點，也要時時變動了。一個人在世界上，好比一點在一條線上。因為世界是動而不已，沒一息停止的，所以咱們自處之道，也是息息變換，沒一息可以固定的，所以執中正是無中可得，執一正是無一可執。所以「一」，就是「中」，「中」就是「無」，只此才是常道，才是「不易之庸」。所以執中又惡無權，因為無權的中，就是線的長短已經變動了，而所謂中點還不曾變動。

在先要有人問我們，什麼是「天經地義」，「萬古不變」的道理？恐怕大家都要答不上來？現在明白古代哲學，就可以答覆他啦。什麼道理萬古不變，獨有「宇宙物質無一時一刻不變動的」這個道理，是「天經地義」、「萬古不變」的，其餘都要變的了！（所以易兼「變易」「不易」二義。）大概宇宙間的現象，無一時一刻而不變，這個道理，是很容易見得的。比方我現在是三十七歲，再活上幾十年，當然是要死的。就是這講臺，火爐，等等，雖然壽命比我長些，也終久得變壞消滅的，但是人死，並不是死的那一天，突然死的。老實說，現在我身上的細胞，無一時一刻，甚至於一秒鐘，不在新陳代謝，其餘講臺、火爐等等，亦是如此。不過這種變動，不是肉眼所能見罷了。然則天下更有那一件事，是天經地義，萬古不變的呢？「宇宙的現象，是常動不息；咱們所以自處之道，也貴乎變動不居。」這個道理是不錯的。後世的哲學，也許講得比古人精密些。列國的哲學，也有講得比中國徹底的地方。（印度哲學，就講得比中國精，所以佛教一入中國，舉國上下十分歡迎，歐洲現代的哲學，依我看來，也還不及印度。但在有實驗的一點，卻比中國和印度都勝。）但是這一層道理，卻是古今中外講哲學的人所同認。所以天下事最忌是固執。中國現在一班守舊的人，固執著已不能行的事情，定要保守，一班淺躁的人，又固執了一兩件外國的事情，和自己腦子裡想出來的主意，硬要推行，不肯仔細思想，這是最大的壞處。其實古人是最善變的，中國這一個國家民族，所以能植立在世界上幾千年，步步的發榮滋長，很有許多地方，是得善變的好處。這都是古代的哲學思想，能普及於全民族，因而影響其行為上的良果。這一層道理太長，現在不及詳論了，但是我要說一句：「這種善變的精神，似乎後世不如古代。」所以中國到了近世，內部並無甚進步，對外則屢次吃人家的虧。這便是我覺得後世的精神文明，不及古人之處。所以今天德育部裡，叫我來講演道德，我卻要講起古代的哲學來。

雖然如此，古代的哲學，也不是只有好處，並無壞處的。即如中國的專制政治，也是由古代哲學造成的；古人信萬物一本說，所以認君主專制，為當然的治法。《公羊》何《注》說：「故《春秋》以元之氣，正天之端；以天之端，正王之政；以王之政，正諸侯之即位；以諸侯之即位，正竟內之治。諸侯不上奉王之政，則不得即位，故先言正月而後言即位。政不由王出，則不得為政，故先言天而後言正月也。王者不承天以制號令則無法，故先言春而後言王。天不深正其元，則不能成其化，故先言元而後言春。五者同日並見，相須成體；乃天人之大本，萬物之所繫；不可不喜也。」這正和董子所謂：「《春秋》深探其本，而反自貴者始。故為人君者，正心以正朝廷；正朝廷以正百官；正百官以正萬民；正萬民以正四方。」一鼻孔出氣，都替君主專制政體，立了一個極深的根據。但照古人說來，就是「王」也要法「天」，「上」也是統於「元」的。所以一方面，雖然看得天下之本，繫於人君一人。又一方面，還有「見群龍之首」之義。後人卻只取得一方面，也不能全怪古人。

還有其餘一切制度，如宗法等等，也都和古代的哲學有甚深的關係，一時也說不盡了。總而言之，人的行動，是不能沒有所以然之故的。他這所以然之故，便是他的哲學。一個人如此，一個民族，也是如此。考求中國人的道德觀念，和哲學思想的關係，便可以見得道德和哲學的關係。天下的事情，最貴的是應時變化，（就是變化到和環境適合。）諸君既然略知道中國人的道德觀念，其來源如此之遠；而又略知道古代的哲學思想，就應該深切研究，把它們揀別一番，那樣合於近代思想，有利益的，把它挑出來，設法發揮；那一樣不合於近代思想，有弊害的，設法剷除，則今人不及古人的地方，可以回復而且可以超過古人了。

（原刊《瀋陽高師周刊》第三十一、三十二期，一九二一年五月二十一、二十八日出版）

第三輯

讀史札記——書海縱橫

提 要

在這輯中帶有附錄性質地選入了呂思勉編寫的小學國文課本，一來呈現他在教育上曾經涉獵的廣泛領域，二來也讓大家有機會看到民國前期所認定的國文教育方向與內涵。

本輯其他部分則選自呂思勉長期努力不懈的《讀史札記》，這是他作為史學家的根底條件。儘管大多數讀者認識他主要是透過通論性質的作品，但其實他一直都有持續閱讀、比對第一手材料並形成獨特看法的習慣。這既是做小題目的考據練習，更是不斷重複檢驗對於各時代大角度的描述。小題目要能嵌入大角度描述中而不干隔，大角度描述也要建立在龐大細節個案的理解上。

呂思勉的史學認知有過一段較大的轉折，涉及他對兩晉南北朝的看法。早先寫《白話本國史》的意見在後來寫斷代性質的《兩晉南北朝史》時做了很大的調整，因而他對自己這段時期的考證並不滿意。然而大家可以從這些精選的片段看到，因為盡量全依原始材料，沒有空言也沒有抄襲二手評斷，呂思勉即使在這時期的考證，至今仍具有突破性及高度參考價值。

六朝歷史帶有強烈異質性，或許更能引發大家的閱讀興趣，是選文的一個重點。另一個重點則放在佛教相關的題目上，呂思勉不是從思想或哲學角度來考論佛教，而是注意僧人、寺廟在中國社會、政治上的互動模式及其變化，也可以讓對歷史有興趣的讀者從中獲得許多新知。

神嗜飲食

古人最嗜飲食，故遂以己之心度於神。《左氏》一書，所載當時士大夫務民之義之論，可謂多矣。然隨侯曰：「吾牲牷肥腯，粢盛豐備，何則不信？」（〈桓公六年〉。）虞公曰：「吾享祀豐潔，神必據我。」（〈僖公五年〉。）猶可見習俗之相沿焉。趙嬰[1]之放於齊也，「夢天使謂己：祭余，余福女。使問諸士貞伯，貞伯曰：不識也。既而告其人曰：神福仁而禍淫，淫而無罰，福也。祭其得亡乎？祭之之明日而亡。」（〈成公五年〉。）是雖持福仁禍淫之論者，亦未嘗謂祭不可以獲福也。《墨子》言〈天志〉，言〈明鬼〉，亦持福仁禍淫之論者也。然〈天志下〉云：「楚王食於楚四境之內，故愛楚之人；越王食於越，故愛越之人；今天兼天下而食焉，我以此知其兼愛天下之人也。」亦不覺露出祭可獲福之舊見解矣。〈明鬼下〉曰：「昔者宋文君鮑之時，有臣曰祏觀辜，固嘗從事於厲。祩子杖揖出，與言曰：觀辜，是何珪璧[2]之不滿度量，酒醴粢盛之不淨潔也，犧牲之不全肥，春秋冬

1 趙嬰（生卒年不詳），為春秋時期的士大夫，因封地在樓，故以邑為氏，又作樓嬰，因通奸罪被放逐。

2 古代王侯朝聘祭祀時所用之玉製禮器。

夏選失時，豈女為之與？意鮑為之與？觀辜曰：鮑幼弱，在荷繈之中，鮑何與識焉，官臣觀辜特為之。祩子[3]舉揖而稾之，殪之壇上。」則更明目張膽，以飲食罪過生人矣。墨子此說，自言出於宋之《春秋》，可見當時流俗，持此等見解者之多也。

觀於祏觀辜之事，則知《史記．魯世家》謂成王少時病，周公揃其爪，沉之河，以祝於神，曰「王少未有識，姦神命者乃旦也」，不足怪矣。〈金縢〉冊祝之辭，曰「爾之許我，我其以璧與珪，歸俟爾命；爾不許我，我乃屏璧與珪」，儼然有要挾之意。亦以人固蘄神佑，神亦恃人以飲食之也。不孝有三，無後為大，即由於此。而微子以殷民攘竊神祇之犧牷牲用為大罪，更不足怪矣。

〈楚茨〉一詩，皆言古人祭祀之事，而曰：「神嗜飲食，卜爾百福。」又曰：「神嗜飲食，使君壽考。」此真古人之見解歟？《左氏》諸書所載務民之義之論，乃當時先知先覺者之見解，而非其時人人之見解也。

論者將曰：惟飲食之求，且以己意度於神，何其鄙也。而不知好貨財，貪飲食，其鄙一也。抑人孰不好飲食？不過古者貨財少，人之所以縱其欲者不多，故多好飲食。後世則聲色貨利，所以眩惑之者益紛。汲汲皇皇，惟恐不及。而奪利必先奪權，又益之以夸者之死權，遂致併其嗜飲食之本性而失之耳。今以餅餌、黃金與人，小人必取餅餌，成人必取黃金。可謂小兒貪而成人廉，成人仁而小兒鄙歟？夫好貨財非徒以為飲食也，然未嘗不欲飲食也。固有朱門酒肉臭，坐視途有凍死骨，

3 祩同「祝」，指祝史，即祭祀者。

而莫之肯饉者矣。而孰與野人鄙夫。祭祀之餘，會聚親戚鄰里，欣然醉飽，而惠且及於過客也。而猶鄙古人，何也？然私貨財者，豈必其皆得飲食哉？固又有挾金玉錦繡而為道殣者矣。此又小兒爭餅餌者之所哀也。

神仙家

天下事無可全誣人者。《史記．封禪書》言：「秦文公獲若石，於陳倉北阪城祠之。其神或歲不至，或歲數來，來也常以夜，光輝若流星，從東南來集於祠城，則若雄雞，其聲殷云，野雞夜雊。」而劉向[1]言：「陳寶祠，自秦文公至今，七百餘歲矣。漢興，世世常來，光色赤黃，長四五丈，直祠而息，音聲砰隱，野雞皆雊。每見雍，太祝祠以太牢，遣候者乘一乘傳馳詣行在所，以為福祥。高祖時五來，文帝二十六來，武帝七十五來，宣帝二十五來，初元元年以來，亦二十來。」（《漢書・郊祀志》。）此自然之象，眾目共睹，非可虛誣。然則漢武帝以正月上辛用事甘泉圜丘，使童男女七十人俱歌，昏祠至明，夜常有神光如流星止集於祠壇，天子自竹宮而望拜，百官侍祠者數百人，皆肅然動心焉。（《漢書・禮樂志》。）此亦非可虛誣。故知迷信之事，睹其事而不知其理者多矣，謂其絕無依據，則必不然。知此則可與論神仙家之源起焉。

1 劉向（西元前七十七－前六），字子政，本名更生，西漢時學者。其熟悉儒家經典，精通天文星象學，更校閱經傳諸子詩賦等書籍後，撰成《別錄》一書，為中國最早的分類目錄。

《左氏・昭公二十年》載齊景公問晏子之辭曰：「古而無死，其樂何如？」古無為不死之說者，景公為神仙家所惑，蓋又在威、昭、燕昭之前矣。《漢書・天文志》，望氣之術，有察海旁蜃氣者；又云：「雲氣各象其山川人民所聚積。」蓋後亦知倒景之理，然其初則不之知，誠以為空虛之中有人焉。誠以為人可乘雲氣而遨遊。《楚辭》中所表見者，皆此思想也。夫如是故方士必起於燕齊之間，而三神山必在海中也。

周弘正

從古學人之無行者，周弘正[1]其最乎？臺城陷，弘正諂附王偉，又與周石珍合族，避侯景諱，改姓姬氏，拜為太常。景將篡，使掌禮儀。及王僧辯[2]東討，元帝謂之曰：「王師近次，朝士孰當先來？」僧辯曰：「其周弘正乎，弘正智不後機，體能濟勝，無妻子之顧，有獨決之明，其餘碌碌不逮也。」俄而前部傳云，弘正至。記曰：「其所厚者薄，而其所薄者厚，未之有也。」人情孰不念父母，顧妻子，至激於義理者不然，乃有所不得已也。弘正既已屈節於景矣，所謂不得已者安在？於此而稱其無妻子之顧，有獨決之明。然則知不後機，體能濟勝者，乃惟明於一身之利害，而果以行其趨避之計乎？弘正之來也。僧辯飛騎迎之，即日啟元帝，帝手書與弘正，仍遣使迎之，及至，禮數甚優，朝臣無比。帝嘗著《金樓子》曰：「余於士大夫，重汝南周弘正。」君若臣之所重者如此，安得不亡國敗家，併喪其身乎。王克仕侯景，景敗，迎侯僧辯，僧辯曰：勞事夷狄之君。何不

1 周弘正（四九六－五七四），字思行，為南朝梁陳時期政治家，精通《老子》、《周易》，知玄象，善占卜。

2 王僧辯（？－五五五），字君才，南朝梁時期名將，曾參與平定侯景之亂。

以此語詰弘正？他日一敗而臣於淵明，所遣往迎者，即弘正也，豈不哀哉？抑元帝性多猜忌，於名無所假人，微有勝己者，必加毀害，而於弘正，獨優禮之，何也？則以其似直而實諛也。史稱弘正俳諧似優，剛腸似直，簡文之立為太子，弘景奏記，請其抗目夷之義，執子臧之節，明知其時為不能以是加罪也。元帝不肯歸建鄴，弘正驟諫，似逆帝意，且忤近臣，然當時諫者甚多，朱買臣，帝之親昵也，而亦諫，則非帝之所甚惡，亦非近臣之所深忌也。此所謂剛腸似直者也。其歸元帝也，授之顯官，而以著犢鼻褌衣朱衣，為有司所彈，其平時之行類俳優可想。君子正其衣冠，尊其瞻視，寧必以此示異於人，內重者外自不得而輕也，觀人者必於其威儀，豈無故哉？或曰：婞婞謹威儀者，遂可以有為乎？曰：不必其有為也。而庶幾有所不為，有所不為者，必始於介也，介不足以限奇士，而恆人要不可不以此自勉，故以威儀觀人者，或失之於奇士，必不失之於恆人。

弘正在武帝時，有罪應流徙，勅以賜干陁利國，未去，寄繫尚方，於獄上武帝講武詩，降勅原罪，仍復本位。當時用法甚寬，至欲屏之四夷，其所犯之重可知，此等人宥之何為哉？

張雕不擇所事

張雕為齊後主所委信，遂以澄清為己任，意氣甚高，貴幸皆側目。尚書左丞封孝琰與侍中崔季舒，皆為祖珽所厚。孝琰嘗謂珽曰：公是衣冠宰相，異於餘人。近習聞之，大以為恨。會齊主將如晉陽，季舒與雕議，以為壽陽被圍，大軍出拒，信使往還，須稟節度；且道路小人，或相驚恐，以為大駕向并州，畏避南寇；若不啟諫，恐人情駭動，遂與從駕文官，連名進諫。時貴臣趙彥深、唐邕、段孝玄等，意有異同，季舒與爭未決。韓長鸞遽言於帝曰：諸漢官連名總署，聲云諫章并州，其實未必不反，宜加誅戮。齊主遂悉召已署名者集含章殿，斬季舒、雕、孝琰及散騎常侍劉逖、黃門侍郎裴澤、郭遵於殿庭。效忠異族之禍，至於如此。張雕頗有抱負，奈何不擇所事邪？（張雕《儒林傳》亦作張雕武。蓋本名雕虎，避唐諱去下一字，或改虎為武。）

殺人自殺

《北齊書．廢帝紀》云：「文宣登鳳臺，召太子使手刃囚，太子惻然有難色，再三不能斷其首，文宣怒，親以馬鞭撞太子三下，由是氣悸語吃，精神時復昏擾。」〈孝昭紀〉言孝昭入雲龍門，至昭陽殿「庭中及兩廊下衛士二千餘人，皆被甲，待詔，武衛娥永樂武力絕倫，又被文宣重遇，撫刃思效，廢帝性吃訥兼倉卒不知所言」，遂不能用。然則文宣之教子殺人，乃正所以殺其子也。夫欲殺人者，不過以求自存。然人所以自存之道，豈徒在殺人而已哉？人未有孑然獨存於世者，而欲有以鳩其群而不渙，則必有道矣。故曰：不嗜殺人者能一之，然則君子之所以存心者又可知矣。古之人未嘗不事田獵也，而又曰君子遠庖廚，有以也夫！

藉手報仇

陳武帝遣文帝[1]攻杜龕[2]，王清援之，歐陽頠[3]同清援龕，中更改異，殺清而歸武帝。清子猛，終文帝之世，不聽音樂，疏食布衣，以喪禮自處。宣帝立，乃始求位。（《南史・王准之傳》。）人或議之，然無可議也。文帝之後嗣，為宣帝所替，猛蓋謂其仇已雪，抑且視宣帝為代己報仇者矣。梁武助齊明以傾鬱林亦是道也。然則人不可以妄殺也。妄殺而骨肉之間，或為仇人所藉手矣。孟子曰：「殺人之父者，人亦殺其父；殺人之兄者，人亦殺其兄。」然則非自殺之也，一間耳，猶未若此之可畏也。

1 指南朝陳文帝陳蒨（五二二—五六六），又名曇蒨，字子華，為陳朝第二位皇帝。
2 杜龕（?—五五六），南朝梁時期將領，驍勇善戰，為王僧辯女婿。
3 歐陽頠（四九八—五六三），字靖世，南朝梁陳時官員。

紈袴狎客

《通鑑》：長城公禎明二年，隋師將至。帝從容謂侍臣曰：「王氣在此，齊兵三來，周師再來，無不摧敗，彼何為者邪。」孔範[1]曰：「長江天塹，古以為限隔南北，今日虜軍，豈能飛渡邪。邊將欲作功勞，妄言事急，臣每患官卑，虜若渡江，臣定作太尉公矣。」或妄言北軍馬死。範曰：「此是我馬，何為而死。」帝笑以為然。案時臨平湖草久塞，忽然自開，帝惡之，乃自賣於佛寺為奴以厭之，則亦未嘗不知事勢之亟。而臨危之際，又藉王氣在此以自寬，軟弱之人，往往如是。至孔範，則惟知獻媚，罔恤大局，強敵壓境，而以談笑道之，更可謂全無心肝矣。此等情態，吾於今世所謂紈袴子弟及狎客者屢見之。

1 孔範（約五九五前後），字法言，為南朝陳時期政治家。其於隋陳對戰時棄軍逃亡，導致白土岡之戰陳軍大敗。

用人以撫綏新附

《三國．魏志．鄧艾傳》[1]：艾既平蜀，言於司馬文王曰：「兵有先聲而後實者，今因平蜀之勢以乘吳，吳人震恐，席卷之時也。然大舉之後，將士疲勞，不可便用，且徐緩之；留隴右兵二萬人，蜀兵二萬人，煮鹽興冶，為軍農要用，併作舟船，豫順流之事，然後發使告以利害，吳必歸化，可不征而定也。今宜厚劉禪以致孫休，安士民以來遠人，若便送禪於京都，吳以為流徙，則於向化之心不勸。宜權停留，須來年秋冬，比爾吳亦足平。以為可封禪為扶風王，錫其資財，供其左右。郡有董卓塢，為之官舍。爵其子為公侯，食郡內縣，以顯歸命之寵。開廣陵、城陽以待吳人，則畏威懷德，望風而從矣。」謂吳可不征而定，自屬太過，然其言確係良圖，則不可誣也。然厚待劉禪，僅足傾動孫氏之主耳，若為長治久安計，則吳、蜀平後，所以撫綏其士大夫者，尤不可少矣。

《晉書．儒林傳》：文立，巴郡臨江人，蜀時游太學，師事譙周[2]，仕至尚書。泰始初，拜濟陰

1 鄧艾（一九五－二六四），字士載，為三國時期曹魏名將，有滅蜀漢之功。
2 譙周（二〇一－二七〇），字允南，為三國時期之儒學家、史學家，曾仕蜀漢，後降魏。

太守，入為太子中庶子，上表以諸葛亮、蔣琬[3]、費禕[4]等子孫流徙中畿，宜見敘用，一以慰巴蜀之心，其次傾吳人之望，事皆施行。詔稱光武平隴蜀，皆收其賢才以敘之。以立為散騎常侍。又曰：蜀故尚書犍為程瓊，雅有德業，與立深交。武帝聞其名，以問立，對曰：臣至知其人，但年垂八十，稟性謙退，無復當時之望，不以上聞耳。是武帝之於蜀士，確頗留意。然〈本紀〉：泰始五年二月己未，詔蜀相諸葛亮孫京，隨才署史。則即武侯後裔，亦有用之未盡者也。吳平之後，拔用其人，尤為不盡，劉頌[5]除淮南相，上疏言：「封幼稚皇子於吳、蜀，臣之愚慮，謂未盡善。夫吳、越剽輕，庸、蜀險絕，此故變釁之所出，易生風塵之地。且自吳平以來，東南六州將士，更守江表，此附之至患也。又內兵外守，吳人有不自信之心，宜得壯王以鎮撫之，使內外各安其舊。又孫氏為國，文武眾職，數擬天朝，一旦堙替，同於編戶，不識所蒙更生之恩，而災困逼身，自謂失地，用懷不靖。今得長王以臨其國，隨才授任，文武並敘，士卒百役，不出其鄉。求富貴者取之於國內，內兵得散，新邦乂安，兩獲其所，於事為宜。」此其事機，可謂極緊急矣。然〈賀循[6]傳〉言：循以無援於朝，

3 蔣琬（?—二四六），字公琰，三國時期蜀漢政治家，與諸葛亮、董允、費禕合稱「蜀漢四相」，諸葛亮曾讚其為社稷才。

4 費禕（?—二五三），字文偉，為三國時期蜀漢名臣，於諸葛亮、蔣琬相繼去世後成為主政者，主張發展內政、休養生息。

5 劉頌（?—三〇〇），字子雅，西晉時期律法學家、政治家，其主張恢復肉刑，加重刑罰，鞏固統治。

6 賀循（二六〇—三一九），字彥先，為兩晉時期名臣，與紀瞻、閔鴻、顧榮、薛兼齊名，並稱「五俊」，

久不進序，陸機上疏薦之。其言曰：「臺郎所以使州州有人，非徒以均分顯路，惠及外州而已。誠以庶士殊風，四方異俗，壅隔之害，遠國益甚。至於荊、揚二州，戶各數十萬，今揚州無郎，而荊州江南，乃無一人為京城職者，誠非聖朝待四方之本心。」觀此，知晉初士夫，競進成俗，而能為國遠慮者，則幾於無人矣。〈陶侃傳〉[7]：侃察孝廉，至洛陽，數詣張華，華初以遠人，不甚接遇，後與語，乃異之，除郎中。伏波將軍孫秀，以亡國支庶，府望不顯，中華人士，恥為掾屬，以侃寒宦，召為舍人。蓋其時之歧視遠人如此。王導輔元帝，說其招致顧榮、賀循，為史所豔稱。然明帝太寧三年，八月，詔曰：「吳時將相名賢之冑，有能纂脩家訓，又忠孝仁義，靜己守真，不聞於時者，州郡中正，亟以名聞，勿有所遺。」則至易世之後，而其撫用猶有未盡也。〈桓溫傳〉[8]：溫平李勢，「停蜀三旬，舉賢旌善，偽尚書僕射王誓、中書監王瑜、鎮東將軍鄧定、散騎常侍常璩，皆蜀之良也，並以為參軍，百姓咸悅。」溫時如此，而況晉初乎！

《梁書．武帝紀》：天監五年，正月丁卯朔，詔曰：「在昔周漢，取士方國，頃代凋謝，幽仄罕被，人地孤絕，用隔聽覽，士操淪胥，因茲靡勸。凡諸郡國舊族邦內無在朝位者，選官搜括，使

曾參與討伐石冰之亂（亦稱張昌之亂）。

7 陶侃（二五九—三三四），字士行，兩晉時期名臣，曾參與平定石冰之亂、蘇峻之亂，時人比之諸葛亮。

8 桓溫（三一二—三七八），字元子，東晉時期重要將領、權臣，領軍消滅成漢（五胡十六國之一），曾主導三次北伐。

郡有一人。」此即陸機所謂以除壅隔之害者，固不僅為士大夫謀出路也。七年二月庚午，詔於州郡縣置州望、郡宗、鄉豪各一人，專掌搜薦，蓋亦為此。

《魏書·邢巒傳》：夏侯道遷內附，詔加巒使持節、都督征梁漢諸軍事，詔曰：「巒至彼，須有板官，以懷初附，高下品第，可依征義陽都督之格也。」及巴西平，巒表曰：「巴西、南鄭，相離一千四百，去州迢遞，恆多生動。昔在南之日，以其統綰勢難，故增立巴州，鎮靜夷獠。梁州藉利，因而表罷。彼土民望，嚴、蒲、何、楊，非惟五三，族落雖在山居，而多有豪右，文學箋啟，往往可觀，冠帶風流，亦為不少。但以去州既遠，不能仕進，至於州綱，無由厠跡。巴境民豪，便是無梁州之分，是以鬱快，多生動靜。比建義之始，嚴玄思自號巴州刺史，克城已來，仍使行事。巴西廣袤一千，戶餘四萬，若彼立州，鎮攝華獠，則大帖民情，從墊江以還，不復勞征，自為國有。」當時蜀中，勢實岌岌，以世宗固不用巒之議，又王足反正，乃得幸免耳。然則不徒天朝，即州郡，亦不可不思引用賢能以撫綏所屬矣。抑以巴中之辟陋，冠帶風流，猶足稱舉，尚安得諉曰地實無才哉！

又〈韓麒麟傳〉：麒麟以高祖時為齊州刺史，以新附之人，未階臺宦，士人沉抑，乃表曰：齊土自屬偽方，歷載久遠，舊州府寮，動有數百。自皇威開被，並職從，省守宰，闕任不聽士人監督。

9 陸機（二六一—三〇三），字士衡，西晉時期文學家、政治家，善駢文、樂府詩及擬古詩等華美之作，為晉太康、元康間聲譽最著的文學家，與弟陸雲合稱「二陸」。

竊惟新人未階朝宦，州郡局任甚少，沉塞者多，願言冠冕，輕為去就。愚謂守宰有闕，宜推用豪望，增置吏員，廣延賢喆，則華族蒙榮，良才獲敘，懷德安土，庶或在茲。朝議從之。又〈李彪傳〉[10]：彪上封事七條，其三曰：「臣又聞前代明主，皆務懷遠人，禮賢引滯。臣謂宜於河表七州人中，擢其門才，引令赴闕，依中州官比，隨能序之。一可以廣聖朝均新舊之義，二可以懷江、漢移有道之情。」蓋當時反側於兩國之間者，率為地方豪右，故以是為招致之具也。《齊書．鬱林王紀》：永明十一年八月，辛丑，詔曰：往歲蠻虜協謀，志擾邊服，群帥授略，大殲凶醜，革城克捷，及舞陰固守，二處勞人，未有沾爵賞者，可分遣選部，往彼序用。此所序用者，必多當地之人，鼓舞之用，誠不可闕。然《宋書．長沙景王道憐傳》言元嘉時，淮西江北長吏，悉敘勞人武夫，多無政術，雖合酬庸之典，未免擾民之患，又不可以不慎也。

風未甚同、道未甚一之世，各地方之間，恆不免此疆彼界之見。《晉書．孔坦傳》：「遷尚書郎，時臺郎初到，普加策試。元帝手策問曰：吳興徐馥為賊殺郡將，郡今應舉孝廉不？」此在今日言之為不可解；而當時有此策者，各地方之相視，如今異國人之相視，為恩為怨，非以其人，而以其族，此等成見，猶未盡除也。遠方所以宜加意撫綏，其理亦由於此。

---

10 李彪（四四四－五〇一），字道固，為北魏時期名臣，受北魏孝文帝重用，後因事除名遭貶為平民，曾參與修撰國史。

近鄉情更怯

詩惟有至性至情者，乃能道出人心坎中事。唐人詩云：「近鄉情更怯，不敢問來人。」此非久經羈旅者不知，抑亦久經羈旅者人人心所欲言，而口不能言者也。毛脩之代王鎮惡為安西司馬，義真敗，為赫連勃勃所擒。及赫連昌滅，入魏。後朱脩之俘於魏，經年不忍問家鄉消息，久之，乃訪焉。脩之具答，並云：「賢子亢矯，甚能自處。」脩之悲不得言，直視良久，乃長嘆曰：「烏乎！」自此一不復及。夫經年始訪，即近鄉情更怯之意也。然詩人不過羈旅之思，脩之則更有家國之痛焉。一嘆之後，終身不及，亦可悲矣。長安之戍，實同棄師，功臣良將，駢肩而沒。至於虜馬飲江，乃登城而思道濟，亦何益哉？

亂時娶二妻

時直非常，則有非常之事。漢魏之際，喪亂薦臻。而要二妻者，遂屢有所聞焉。太康元年，東平王楙上言，相王昌父毖，本居長沙，有妻息，漢末使入中國，值吳叛，仕魏為黃門郎，與前妻息死生隔絕，更取昌母。今江表一統，昌聞前母久喪，當追成服，求平議。其時議者，謝衡以為雖有二妻，蓋有故而然，不為害於道，宜更相為服，蓋以為無妨二適者也。張惲謂〈堯典〉以釐降二女為文，不殊嫡媵，傳記以妃夫人稱之，明不立正后，則以為可不分適庶者也。其以為不容二適者，則虞溥謂未有遭變而二適，故昌父更娶之辰，是前妻義絕之日。許猛以為地絕。衛恆謂地絕死絕無異。蓋謂不容二適，乃出以求全。然昌妻何故當義絕乎？李胤謂毖為黃門侍郎，江南已叛，石厚與焉。大義滅親，毖可得以為妻乎？夫江南叛，非毖之妻叛也。如毖之說，境有叛首，境內之人，皆在當絕之列乎？於義窒矣。虞溥謂妻專一以事夫，夫懷貳以接已。開偽薄之風，傷貞信之教，於以純化篤俗，不亦艱乎？其說是也。地絕之說本已難通。劉卞云：地既通，何故追而絕之，於義尤允。虞溥謂據已更娶，有絕前之證，又欲方之惡疾。（謂雖無過，亦可見出。）然揆諸人情，終不如卞粹謂昌父當莫審之時而娶後妻，則前妻同之於死而義不絕之為允也。衛恆謂絕前為奪舊與新，為禮律所不許，人情所不安，信矣。絕與死同，無嫌二嫡，此所以濟事之窮，然以言終絕者則可矣。其如絕而復通，如朱某鄭子群陳詵者何？於是嫡庶之別，終不得不辨矣。劉卞云：偬於南為邦族，於北為羈旅，此以名分言之，前妻為元妃，後婦為繼室，然娶妻必於邦族，竊所未聞。干寶云：同產者無適側之別，而先生為兄，諸侯同爵無等級之差，而先封為長，今二妻之入，無貴賤之禮，則宜以先後為秩，今生而同室者寡，死而同廟者眾，及其神位，故有上下也。春秋賢趙姬遭禮之變而得禮情，朝廷於此，宜導之以趙姬，齊之以詔命，使先妻恢含容之德，後妻崇卑讓之道，室人達少長之序，百姓見變禮之中，若此可以居生，又況於死乎？如寶之論，以處死則得矣。以之居生，先妻不恢含容之德，後妻不崇卑讓之道，將若何？時吳國朱某，娶妻陳氏，生子東伯，入晉，晉賜妻某氏，生子綏伯。太康中，某已亡，綏伯將母以歸邦族，兄弟交愛敬之道，二母篤先後之序，及其終也，二子交相為服，即行寶之說者也。君子以為賢，然虞溥云伯夷讓孤竹，不可以為後王法，此可以為教不可以立法也。安豐太守程諒先已有妻，後又娶，遂立二嫡。前妻亡，後妻子勛疑所服，荀勖議[1]曰：昔鄉里鄭子群娶陳司空從妹，後隔呂布之亂，不復相知存亡，更娶鄉里蔡氏女，徐州平定，陳氏得還，遂二妃併存，蔡氏之子字元釁，為陳氏服嫡母之服，事陳公以從舅之禮，族兄宗伯曾責元釁，謂抑其親，干寶之議，於斯窮矣。沛國劉仲武先娶毌丘氏，生子正舒正則，毌丘儉反，敗，仲

---

1 荀勖（?—二八九），字公曾，三國曹魏至西晉時政治家、音律學家、文學家，為西晉開國功臣。

武出其妻，娶王氏生陶，仲武為毌丘氏別舍而不告絕，及毌丘氏卒，正舒求祔葬焉。而陶不許，舒不釋服，訟於上下，泣血露骨，縗裳綴絡，數十年不得從，以至死亡。陶之所為於人情，則有嗛矣，於法不能責也。咸康二年零陵李繁姊先適南平郡陳詵，產四子而遭賊，於賊請活姑命，賊略將姊去。詵更娶嚴氏，生三子，繁後得姊消息，往迎還詵，詵籍注領二妻，及李亡，詵疑制服，以事言征西大將軍庾亮[2]，府司馬王愆期議曰：詵有老母，不可以莫之養，妻無歸期，納妾可也。李雖沒賊，尚有生冀，詵尋求之理不盡，而便娶妻，誠詵之短，其妻非犯七出，臨危請活姑命，可謂孝婦矣。議者欲令在沒略之中，必全苦操，有隕無二，是望凡人皆為宋伯姬也。後子不及前母，故無制服之文。然礿祠烝嘗，未有不以前母為母者，亡猶母之，況其存乎？繼室本非適也。雖云非適，義在始終，嚴寧可以，詵不應二妻而已涉二庭乎？若能下之，則趙姬之義，若云不能，官當有制。先適後繼，有自來矣。此議惟責嚴氏不當涉二庭為過，餘皆平允也。（以上據《晉書．禮志》。）

《晉書．賈充傳》[3]：初充前妻李氏，淑美有才行，生二女，褒、裕。褒一名荃，裕一名濬。父豐誅，李氏坐流徙，後娶城陽太守郭配女，即廣城君也。武帝踐阼，李以大赦得還，帝特詔充置左右夫人，充母亦敕充迎李氏。郭槐怒，攘袂數充曰：刊之律令，為佐命之功，我有其分，李那得與

---

2 庾亮（二八九—三四〇），字元規，東晉時期名士、名臣、外戚，曾參與平蘇峻之亂，當時晉室偏安，其力圖恢復中原，然未成而卒。

3 賈充（二一七—二八二），三國曹魏至西晉時期大臣，為西晉建國功臣、皇室姻親，地位顯赫。

我並？充乃答詔，托以謙沖，不敢當兩夫人盛禮，實畏槐也。而荃為齊王妃，欲令充遣郭而還其母，時沛國劉含母及帝舅羽林監王虔前妻，皆毌丘儉孫女。此例既多，質之禮官，皆不能決。雖不遣後妻，多異居私通。充自以宰相，為海內準則，乃為李築室於永年里，而不往來。荃、濬每號泣謂充，充竟不往，會充當鎮關右，公卿供帳祖道。荃、濬懼充遂出，乃排幔出，於坐中叩頭流血，向充及群僚陳母應還之意，眾以荃王妃，皆驚起而散，充甚愧愕，遣黃門將官人扶去。既而郭槐女為皇太子妃，帝乃下詔，斷如李比皆不得還，後荃恚憤而薨。及充薨後，李氏二女乃欲令其母祔葬，賈后弗之許也。及后廢，李氏乃得合葬。

飲食侈靡之禍

西元三一二、三一六年，洛陽、長安相繼淪陷。自此政府偏安於南方者二百七十三年。其間北方非無可乘之機，然終不克奏恢復之烈者，士大夫階級之腐敗，其大原因也。士大夫階級之腐敗，事有多端，奢侈其大焉者也。奢侈之事，亦有多端，飲食其大焉者也。賀琛之告梁武帝也，曰：「今天下宰守，所以皆尚貪殘，罕有廉白者，風俗侈靡，使之然也。淫奢之弊，其事多端，粗舉二條，言其尤者。今之燕喜，相競誇豪。積果如山嶽，列肴同綺繡。露臺之產，不周一燕之資。而賓主之間，裁取滿腹，未及下堂，已同臭腐。又歌姬舞女，本有品制。今雖庶賤，皆盛姬妾。務在貪汙，爭飾羅綺。故為吏牧民者，競為剝削。雖致貲巨億，罷歸之日，不支數年。乃更追恨向所取之少，如復傳翼，增其搏噬，一何悖哉？」案前世士夫，多畜聲伎，燕客則使之奏技以娛賓，而欲延客賞其伎樂者，亦必盛為飲食以餉之。賀琛所言，二事實一事也。五侯之鯖，著稱雒下，何曾之譜，流衍江東，五胡之禍，蓋與飲食若流終始？豈不哀者？

清談一

清談之風，起於魏之正始。世遂以晉人之不事事，歸咎於王弼[1]、何晏[2]之徒，其實非也。晏等不徒非不事事之人，且係欲大有為之人，觀夏侯玄[3]對司馬宣王之問可知。〈蔣濟傳[4]〉曰：曹爽專政，丁謐[5]、鄧颺等，輕改法度。會有日食之變，詔群臣問其得失。濟上疏曰：「齊侯問災，晏嬰對以布惠；魯君問異，臧孫答以緩役。應天塞變，乃實人事。今二賊未滅，將士暴露，已數十年，男女怨曠，

1 王弼（二二六－二四九），字輔嗣，三國曹魏時期著名經學家，為魏晉玄學代表人物之一。

2 何晏（?－二四九），字平叔，三國曹魏時期玄學家。好老莊之言，與夏侯玄、王弼等競尚清談，與王弼並稱「王何」。其以外貌俊美著稱，有「何郎粉」、「傅粉何郎」之語，皆代指美男子。

3 夏侯玄（二〇九－二五四），三國時期曹魏政治家、著名思想家、文學家，是魏晉玄學早期領袖及代表人物之一。

4 蔣濟（?－二四九），字子通，三國曹魏時期名臣，其歷仕曹操、曹丕、曹睿、曹芳四朝，性直好諫。

5 丁謐（?－二四九），字彥靖，三國曹魏時期大臣，為曹爽親信之一，與何晏、鄧颺兩人一同被稱為臺中三狗（意指尚書臺有三隻狗）。

百姓貧苦。夫為國法度，惟命世大才，乃能張其綱維，以垂於後，豈中下之吏，所宜改易哉？終無益於治道，適足傷民望，宜使文武之臣，各守其職，率以清平，則和氣祥瑞，可感而致也。」《國志》文最簡略，爽等之所更張，蓋皆無傳於後矣。至於山濤[6]、阮籍[7]等，則皆有所為而為之，亦非酣嬉沉醉之徒也。《晉書．戴逵傳》：逵著論曰：「竹林之為放，有疾而為顰者也；元康之為放，無德而折巾者也。」可謂洞見情實。范甯乃以末流之弊，追議創始之人，謂王弼、何晏，罪深於桀紂，不亦誣乎？

訾議清談之論，至晉世而後盛，蓋其弊實至晉而始著也。三國時訾議清談者，《魏志．袁煥傳》載煥從弟霸之子亮，深疾何晏、鄧颺等，著論以譏切之。〈傳〉既不載其論，其說不可得聞。〈傳嘏傳注〉引《傅子》，有譏切何晏、鄧颺、夏侯玄之語，則嘏本與晏等不合，為其免官。〈管輅傳〉及〈注〉引《輅別傳》，亦有譏切何晏之語，並謂輅豫知晏、颺之當被禍，則事後附會之辭，彌不足信矣。正始八年何晏治身遠小人之奏，卓然儒家禮法之談。庾亮風格峻整，動由禮節，閨門之內，不肅而成，時人亦擬諸夏侯玄。（見《晉書．亮傳》。）疑正始諸公之縱恣，並不如傳者所言之甚也。

---

6 山濤（二〇五－二八三），字巨源，三國曹魏至西晉時期名士、政治家，好老莊之學，為竹林七賢之一。

7 阮籍（二一〇－二六三），字嗣宗，三國曹魏時期詩人，為竹林七賢之一，好老莊之學，曠達不拘禮俗，政治處事上採謹慎態度以避禍患。

清談二

《三國．魏志．荀彧傳注》引何劭〈荀粲傳〉，粲嘗謂傅嘏、夏侯玄曰：「子等在世塗間，功名必勝我，但識劣我耳。」嘏難曰：「能盛功名者，識也。天下孰有本不足而末有餘者耶？」粲曰：「功名者，志局之所獎也。然則志局自一物耳，固非識之所獨濟也。」此說最通。凡諸清談之徒，特其識解相近，才志自各不同；故其立身途轍，亦各有異。有真不能任事者，若焦和、（見《魏志．臧洪傳注》引《九州春秋》。《後漢書．臧洪傳》略同。）王澄、謝萬[1]之徒是也。有託以避禍者，如阮孚、謝鯤、庾敳之徒是也。有熱中權勢，無異恆人者，如郭象是也。有處非所宜，以致敗績者，如畢軌是也。（以上皆見《晉書》本傳。）〈曹爽傳注〉引《魏略》，謂李勝前後所宰守，未嘗不稱職；勝出未幾，而司馬氏之變起。伐蜀駱谷之謀，亦出於勝。（〈傳〉謂鄧颺等勸爽伐蜀，又謂颺與爽參軍楊偉爭於爽前，而偉之言曰：「颺、勝將敗國家事，可斬也。」則二人并為主謀，《魏略》之言不誣也。）勝之才，蓋足與司馬景王、鍾會匹敵矣。（《晉書．景帝紀》曰：「宣帝之將誅曹爽，深謀祕計，獨與帝

1 謝萬（三二〇—三六一），字萬石，東晉政治家、名士，為謝安之弟，曾領導北伐失敗而被廢為庶人。

潛畫，文帝弗之知也。將發夕，乃告之。既而使人覘之，帝寢如常，而文帝不能安席。晨會兵司馬門，鎮靜內外，置陳甚整。宣帝曰：此子竟可也。」景帝在諸名士中，可謂最為梟傑矣。）東晉諸主，才略莫優於明帝，而嘗論聖人真假之意，王導等不能屈，蓋亦清談之雋。而名臣如桓彝、溫嶠、庾亮、邵續等，亦咸以清談著聞。（見《晉書・謝鯤》、〈羊曼傳〉。）王忱鎮荊州，能裁抑桓玄；王廙能誅戮陶侃將佐；其才蓋亦相等，史褒忱而貶廙，則成敗之論耳。王敦雅尚清談；簡文帝為會稽王，與孫綽商略諸風流人，綽以桓溫與劉惔、王濛、謝尚併舉；則亂世之姦雄，亦未嘗非捉麈尾之人矣。殷仲堪之敗，蓋所遭直與忱異，非其才之不足以制桓玄也。殷浩能統率三軍，北定中原，雖喪敗，亦事勢為之，其才則雄於謝安矣，而況王導乎？

清談者不必皆無能之人，反清談者，亦不必皆有為之士。庾翼輕杜乂、殷浩，謂當束之高閣。其與浩書，深致譏議。然翼之才，豈能優於亮哉？毌丘儉文武兼資，忠義蓋世，而薦裴秀於曹爽曰：「生而岐嶷，長蹈自然。玄靜守真，性入道奧。博問強記，文無不該。」其所稱道，全與時人無殊。則知風尚既成，賢者不必能自外；亦不以此而喪其賢。風俗之衰，受其弊者特恆人耳。然庸眾者英傑之所資，眾人皆莫能自振，賢豪亦無所藉以成其功矣。故風俗之清濁，究為治亂之原，而有唱道率將之責者，不可以不慎也。

學識既無與於才不才，故觀其人之風度，亦不能定其賢否；古人戒以貌取人，蓋為是也。簡文帝少有風儀，善容止，凝塵滿席，湛如也。嘗與桓溫及武陵王晞同載遊板橋，溫遽令鳴鼓吹角，車馳卒奔；晞大恐，求下車，而帝安然無懼色；溫由此憚服。初即位，溫撰辭欲自陳述，帝對之悲泣，溫懼不能言。有司承溫旨，奏誅武陵王，帝不許。溫固執，至於再三，帝手詔報曰：「若晉祚靈長，公便宜奉行前詔；如其大運去矣，請避賢路。」溫覽之，流汗變色，不敢復言。可謂處變不驚矣。然謝安[2]稱為惠帝之流；謝靈運[3]跡其行事，亦以為赧、獻之輩。即孝武幼稱聰悟，謝安歎其精理不減先帝，亦未見其才略之有餘於簡文也。王戎[4]之奔郟也，親接鋒刃，談笑自若；時召親賓，歡娛永日；亦可謂歷險夷而不改其度者，曾何解於覆餗之譏哉？

成都王穎，樂廣之壻也，與長沙王乂搆難。乂以問廣，廣神色不變，徐答曰：「廣豈以五男易一女？」乂猶以為疑，廣竟以憂卒。（《晉書・樂廣傳》。）則知能矯飾於外者，未必能無動於中也。此較告子之不動心，又遜一籌矣。

孫登[5]贈嵇康曰：「子才多識寡，難乎免於今之世。」（《魏志・王粲傳注》引《魏氏春秋》。）何晏以為聖人無喜怒哀樂，鍾會等述之，王弼不與同，以為：「聖人茂於人者神明也，同於人者五情也。

2 謝安（三二〇—三八五），字安石，東晉時期政治家、軍事家，曾主導淝水之戰，擊敗前秦，並北伐奪回了大片領土，被後世視為良相的代表。

3 謝靈運（三八五—四三三），名公義，字靈運，南朝東晉至宋時期詩人、文學家，謝玄之孫，為首位致力創作山水寫實詩之詩人。

4 王戎（二三三—三〇五），字濬沖，西晉時期政治家，為竹林七賢之一。

5 孫登（二〇九—二四一），字子高，三國東吳孫權之長子。

神明茂，故能體沖和以通無；五情同，故不能無哀樂以應物，然則聖人之情，應物而無累於物者也。今以其無累，便謂不復應物，失之多矣。」其〈答荀融書〉又云：「常狹斯人，以為未能以情從理者也，而今乃知自然之不可革。」（何劭〈弼傳〉。亦見《魏志注》。）孫登所謂識，與荀粲不同。粲所謂識，但指知解，登則兼該夫以情從理，故謂嵇康無識，[6]則無以自免也。人能以情從理與否，亦因稟賦而不同，王弼所謂自然之不可革也。東漢之季，能以情從理者，郭泰、申屠蟠是也；其不能者，李固、張儉是也。荀粲謂父彧不如從兄攸。彧整軌儀以訓物，而攸不治外形，慎密自居而已。（《魏志．彧傳注》引《晉陽秋》。）邴原能先詣魏祖；在軍歷署，終不當事；（《魏志》本傳〈注〉引〈原別傳〉。）可謂善自韜晦。然其在遼東，猶以清議格物，為公孫度以下所不安，賴管寧密遣之還，（《寧傳注》引《傅子》。）則知如張閣之不知美好者，非易事矣。（《魏志．邴原傳注》。）晉文帝欲為武帝求昏於阮籍，籍醉六十日，不得言而止。鍾會數以時事問籍，欲因其可否而致之罪，皆以酣醉獲免。山濤與尚書和逌交，又與鍾會、裴秀併申款昵。二人居勢爭權，濤平心處中，各得其所，而俱無恨焉。（皆見《晉書》本傳。）而嵇康以箕踞而鍛忤鍾會，以非薄湯武忤大將軍。（亦見《魏志注》引《魏氏春秋》。）康之識，豈不如阮籍、山濤哉？情有所不自禁也。何晏等皆好交遊，而丁謐獨以忤諸王繫獄，（〈曹爽傳注〉引《魏略》。）視此矣。然則以情從理，誠非易事也，豈真王弼所謂自然不可革

6 嵇康（二二三—二六二），字叔夜，三國曹魏時期文學家、思想家、音樂家，好老莊之學，擅長四言詩。與山濤、阮籍等人為友，為竹林七賢之一。

者邪？要非所語於能以學問變化氣質者。知自然之不可革也，而不知學問之可以變化氣質也，此當時之名士，所以多無以自免也。

寬容與忌刻，亦秉諸自然者也。王敦之舉兵也，劉隗勸元帝盡除諸王，王導率群從詣闕請罪。直周顗將入，導呼謂顗曰：「伯仁，以百口累卿。」顗直入不顧，既見帝，言導忠誠，申救甚至。帝納其言，顗喜飲酒，致醉而出。導又呼顗，顗不與言，顧左右曰：「今年殺諸賊奴，取金印如斗大繫肘。」既出，又上表明導，言甚切至。導不知救己，而甚銜之。敦既得志，欲誅顗，以問導，導遂無言。致有「我雖不殺伯仁，伯仁由我而死」之歎，（《晉書‧周顗傳》。）啜其泣矣！嗟何及矣！是導外寬而內忌，顗外率而內寬也。此稟賦之殊也。然一時名士，忌刻者多。故王弼結憾於黎融，（亦見《魏志注》。）羊祜無德於戎、衍，王澄以舊意侮王敦而見殺，羲之以舊惡恨王述而誓墓。（皆見《晉書》本傳。）悻悻然小丈夫哉！何其自處之卑，相報之慘也？無他，識解雖超，而情不免於儌利。不忮不求，何用不臧？忮且求，亦何以善其後哉？識足以平揖古賢，而行不免為市井鄙夫之所恥，君子於是齒冷乎當時之所謂名士者矣。

同是清談之士，有能守禮法者，有不能守禮法者，亦由各率其情而行之，而未能變化之以學問也。王澄、胡毋輔之等任放為達，或至裸體。樂廣聞而笑之曰：「名教中自有樂地，何必乃爾？」和嶠居喪，以禮法自持，而王戎母憂，不拘禮制。非必樂廣、和嶠操持過於王戎、王澄、胡毋輔之等，亦其性本近謹飭耳。能守禮法與否，亦與其人之才不才無涉。庾亮風格峻整，固為名臣；王忱放誕，慕王澄之為人，然其守荊州，亦威風肅然，殊得物和，且能裁抑桓玄也。

王昶名其兄子曰默曰沉，子曰渾曰深，而書以戒之，欲其遵儒者之教，履道家之言；深以惑當時之譽、昧目前之利為戒；可謂知自克矣。然其言曰：「如不知足，則失所欲。」又曰：「能屈以為申，讓以為得，弱以為強，鮮不遂矣。」（《三國・魏志》本傳。）則其自克，乃正所以徼利而避禍也。志士不忘在溝壑，勇士不忘喪其元，儉德避難，非苟免之謂也；況又情存於徼利乎？此又嵇康之徒所不忍為也。

清談三

清談之士，以忮敗，尤多以求敗，以其冒利而不能自克也。《三國志》言：何晏等專政，共分割洛陽、野王典農部桑田數百頃，及壞湯沐地，以為產業，承勢竊取官物，因緣求欲州郡。有司望風，莫敢忤旨。爽飲食車服，擬於乘輿；尚方珍玩，充牣其家；妻妾盈後庭，又私取先帝才人等，以為伎樂。擅取太樂樂器，武庫禁兵。作窟室，綺疏四周，數與晏等會其中，飲酒作樂。爽等罪狀，出於司馬氏之口，自不免於失實，然不能盡誣也。《注》引《魏略》，言鄧颺好貨，丁謐父斐亦好貨，畢軌在并州名為驕豪，何晏養於太祖家，服飾擬於太子。然則正始秉政之人，實多驕奢之士，其人皆人望也；司馬氏為其所擯，屏息不敢出氣者幾十年，其才亦非不足取也；而卒以覆滅者，豈不以驕則人惡之，奢則民怨之，故變起於肘腋之間而不之知、莫之援哉？

《晉書．王衍傳》[1]：父卒於北平，送故甚厚，為親識之所借貸，因以舍之；數年之間。家資罄

1 王衍（二四六—三一一），字夷甫，西晉時期名士，好清談，尤重何晏、王弼等立論，後世之人認為王衍身居三公高位，卻不以拯救國家為己任，故有「清談誤國」之責。

盡，出居田園，似誠有高致矣。然石勒之責衍曰：「君名蓋四海，身居重任；少壯登朝，至於白首，何得言不豫世事耶？破壞天下，正是君罪。」雖愛衍者，不能為衍辯也。天下破壞，固非一人所能為，然懷祿而不去，何歟？如衍者，豈得云識不能及哉？然則其少日之輕財，正是矯情以干譽耳。矯情者，假之也，而不知其終不可假也。衍睹中國已亂，欲為自全之計，乃以弟澄為荊州，族弟敦為青州，謂曰：「荊州有江、漢之固，青州有負海之險，卿二人在外，而吾留此，足以為三窟矣。」而終不免於排牆之禍，哀哉？

當時知名之士，未嘗無儉德之人。如山濤爵同千乘，室無嬪媵；阮修四十不能娶；阮放為吏部郎，不免饑寒；嵇康、向秀，鍛以自食，秀又與呂安灌園於山陽是也。然此或為避禍計，或則性本簡傲，不與俗諧，乃甘食蔬衣敝耳，非有得於道也。干寶之言曰：「悠悠風塵，皆奔競之士；列官千百，無讓賢之舉。」（〈愍帝紀論〉引。）庾峻之言曰：「普天之下，先競而後讓；舉世之士，有進而無退。」熊遠之言曰：「今逆賊猾夏，暴虐滋甚。二帝幽殯，梓宮未返。昔齊侯既敗，七年不飲酒食肉。況此恥尤大，臣子之責，宜在枕戈，為王前驅。若此志未果者，當上下克儉，恤人養士，徹樂減膳，惟脩戎事。陛下憂勞於上，而群官未同戚容於下；每有會同，務在調戲酒食而已。」（均見《晉書》本傳。）晏安鴆毒，入其中者鮮能自振，此北方之所以終不可復歟！

《記》曰：「君子有諸己而後求諸人，無諸己而後非諸人；所藏乎身不恕，而能喻諸人者，未之有也。」何其言之親切而有味也？吾嘗默察併世中庸之士，亦未嘗無為善之心，特其自私之念過深，必先措其身於至安，肥其家使無乏，然後正身以圖晚蓋。其意若曰：「天下大矣，吾一人自私何害？」殊不知人心之感應，捷於影響，自私而望人之不私，自利而責人無欲利，不可得也。此古之欲為善者，所以貴以身先之。而如今人之所為，是後之也，其不得於人，無足怪矣。王述家貧，求試宛陵令，頗受贈遺，而脩家具，為州司所檢。王導使謂之曰：「名父之子，不患無祿。屈臨小縣，甚不宜爾。」述答曰：「足自當止。」時人未之達也。比後屢居州郡，清潔絕倫，祿賜皆散之親故，宅宇舊物，不革於昔，始為當時所歎。（《晉書》本傳。）此去貪求無已者一間耳；抑世之貪求無已者，豈不自以為未足，而曰足自當止歟？

清談之士，固多名利之徒，然亦有受誣不白者。殷浩之廢也，史稱桓溫將以為尚書令，遺書告之。浩欣然許焉。將答書，慮有繆誤，開閉者數十，竟達空函，大忤溫意，由是遂絕。（《晉書》本傳。）此厚誣君子之言也。浩縱不肖，何至並矯情鎮物而不能？而以溫之忌刻，亦豈待達空函而後絕浩邪？謝安、王坦之猶足厄溫，而況於浩？溫又豈肯用之以自樹難乎？

清談四

裴頠[1]《崇有》之論曰：「夫總混群本，宗極之道也。方以族異，庶類之品也。形象著分，有生之體也。化感錯綜，理跡之原也。夫品而為族，則所稟者偏；偏無自足，故憑乎外資。是以生而可尋，所謂理也。理之所體，所謂有也。有之所須，所謂資也。資有攸合，所謂宜也。擇乎厥宜，所謂情也。識智既授，雖出處異業，默語殊塗，所以寶生存宜，其情一也。賢人君子，知欲不可絕，而交物有會。觀乎往復，稽中定務。故大建厥極，綏理群生，訓物垂範，於是乎在。賤有則必外形，外形則必遺制，遺制則必忽防，忽防則必忘禮。禮制弗存，則無以為政矣。」（《晉書》本傳。）其說甚辯，然未足以服貴無者之心也。頠之意，乃謂人不能不自愛其生；欲全其生，不能無資乎物；眾皆有求，爭奪斯起，故不可無禮以為率由之準。而不知貴無者之欲去禮，正以其不足以為率由之準也。奚以知其然也？魏太祖令，謂州人說禰衡受傳孔融之論，以為：父母與人無親，譬若缻器，寄盛其中；又言若遭饑饉，而父不肖，寧贍活餘人。（《三國・魏志・崔琰傳注》引《魏氏春秋》。此等議

1 裴頠（二六七—三〇〇），字逸民，西晉時期政治家、哲學家，好老莊之學。

論，非恆人思慮所及，可知其必出於融，非誣辭也。）是融能破世俗所謂父子之義也。《典略》云：「融昔在北海，見王室不寧，招合徒眾，欲圖不軌，（此乃誣辭。融非功名之徒，安得有篡奪之念。）言我大聖之後也，而滅於宋。有天下者，何必卯金刀？」（《魏志・王粲傳注》引。）是融能破世俗所謂君臣之義也。君臣父子之倫，乃昔專制之世所最不敢訾議者，而融能毅然反之，足徵其識解之超矣。魏文帝既受禪，顧謂群臣曰：「舜、禹之事，吾知之矣。」（《魏志・文帝紀注》引《魏氏春秋》。）阮籍為晉文帝從事中郎。有司言有子殺母者，籍曰：「嘻，殺父乃可，至殺母乎？」（《晉書》本傳。）〈傳〉又曰：「坐者怪其失言。帝曰：殺父，天下之極惡，而以為可乎？籍曰：禽獸知母而不知父。殺父，禽獸之類也；殺母，禽獸之不若。」此權辭以釋眾議耳，非其本旨也。）則知衝決網羅，為凡談玄者之所共，而非孔融之所獨矣。籍、咸、嵇康、劉伶、謝鯤、胡毋輔之父子，畢卓、王尼、羊曼之倫，所以必蔑棄禮法者，毋亦其視之與方內之士大異，覺其蹴然不安，而不可以一日居邪？

王坦之[2]〈廢莊論〉云：「夫自足者寡，故理懸於羲、農；徇教者眾，故義申於三代。先王知人情之難肆，懼違行以致訟，故陶鑄群生，謀之未兆，每攝其契而為節焉。天下之善人少，不善人多，故莊生之利天下也少，害天下也多。」（《晉書》本傳。）其意略與裴頠同。然亦未思拘守世俗之禮者，未可云能攝其契也。

李充[3]〈學箴〉云：「老子云絕仁棄義，家復孝慈，豈仁義之道絕，然後孝慈乃生哉？蓋患乎情

2 王坦之（三三〇—三七五），字文度，東晉時期名臣、名士，與謝安等人於朝中抗衡權臣桓溫。

3 李充（生卒年不詳），字弘度，東晉時期學者、書法家、目錄學家，好刑名之學，厭惡虛浮之士。

仁義者寡，利仁義者眾也。道德喪而仁義彰，仁義彰而名利作，禮教之弊，直在茲也。先王以道德之不行，故以仁義化之；行仁義之不篤，故以禮律檢之。檢之彌繁，而偽亦愈廣。老、莊是乃明無為之益，塞爭欲之門；化之以絕聖棄知，鎮之以無名之樸。聖教救其末，老、莊明其本，本末之塗殊，而為教一也。人之迷也，其日久矣。見形者眾，及道者鮮。不覿千仞之門，而逐適物之跡，逐跡愈篤，離本愈遠，遂使華端與薄俗俱興，妙緒與淳風併絕。後進惑其如此，將越禮棄學，而希無為之風，見義教之殺，而不觀其隆矣。」又曰：「世有險夷，運有通圮。損益適時，升降惟理。道不可以一日廢，亦不可以一朝擬。禮不可為千載制，亦不可以當年止。非仁無以長物，非義無以齊恥。仁義固不可違，去其害仁義者而已。」（《晉書》本傳。）其論最為持平也。

然當時放誕之士，初非見不及此，乃皆藉以為利耳。戴逵之論曰：「儒家尚譽者，本以興賢也。既失其本，則有色取之行，懷情喪真，以容貌相欺，其弊必至於末偽。道家去名者，欲以篤實也。苟失其本，又有越檢之行；情理俱虧，則仰詠兼忘，其弊必至於本薄。夫偽薄者，非二本之失，而為弊者，必託二本以自通。夫道有常經，而弊無常情，是以六經有失，二政有弊。苟乖其本，固聖賢所無奈何也。」（《晉書》本傳。）可謂言之深切著明矣。江惇謂「放達不羈，以肆縱為貴者，非但動違禮法，而亦道之所棄」，（《晉書》本傳。）其意亦與逵同。夫情有所不安，不能自克，以就當世之繩墨，雖或以是賈禍，其志固可哀矜；至於以是徼名利焉，以是圖便安焉，而其心不可問矣。此又劉伶、阮籍之徒之所棄也。

清談五

清談所以求明理也，其後或至於尚氣而求勝。如謝朗[1]，病起體羸，於叔父安前，與沙門支遁[2]講論，遂至相苦。其母王氏再遣信令還。安欲留使竟論。王氏因出云：「新婦少遭艱難，一生所寄，惟在此兒。」遂流涕攜朗去。謝道韞為王凝之妻。凝之弟獻之，嘗與賓客談議，辭理將屈。道韞遣婢白獻之曰：「欲為小郎解圍。」乃施青綾步障自蔽，申獻之前議。皆是也。然此特末流之失，原其朔，則誠有志在明理，從善服義，不計勝負者。〈樂廣傳〉云：「尤善談論，每以約言析理，以厭人心。」〈阮瞻傳〉云：「遇理而辯，辭不足而旨有餘。見司徒王戎，戎問曰：聖人貴名教，老莊明自然，其旨同異？瞻曰：將毋同。戎咨歎良久，即命辟之，時人謂之三語掾。」〈王承傳〉云：「言理辯物，但明其指要，而不飾文辭。有識者服其約而能通。」是當時談者，皆以要言不煩為貴，不貴喋喋利口也。〈廣傳〉又云：「其所不知，默如也。」〈裴頠傳〉：「樂廣嘗與頠清言，欲以理服

1 謝朗（三二三—三六一），字長度，東晉時期政治家，謝安之兄謝據的長子，善玄理，有才子之名。

2 即支道林（三一四—三六六），遁為其名，字道林，為東晉時期高僧、佛學家、文學家。

之，而頠辯論豐博，廣笑而不言。」〈王述傳〉云：「性沉靜，每坐客馳辯，異端競起，而述處之恬如也。」則並不貴有言矣。〈王衍傳〉曰：「義理有所不安，隨即改更，世號口中雌黃。」（以上均各見《晉書》本傳。）《三國．魏志．荀彧傳注》引何劭〈荀粲傳〉，謂「太和初，到京邑與傅嘏談。嘏善名理而粲尚玄遠，宗致雖同，倉卒時或有格而不相得意。裴徽通彼我之懷，為二家騎驛，頃之，粲與嘏善。」《晉書．張憑傳》：詣劉惔，「惔處之下坐，神意不接。憑欲自發而無端，會王濛就惔清言，有所不通，憑於末坐判之，言旨深遠，足暢彼我之懷。一坐皆驚，惔延之上坐，清言彌日。」此尤絕無彼我之見，而能獲講習之益者矣。

晉人之矯誕

自後漢以名取士，而當世遂多矯偽之人，色取行違，居之不疑，至易代而猶未革。《晉書》所載，居喪過禮、廬墓積年、負土成墳、讓產讓財、撫養親族、收恤故舊之士甚多，豈皆篤行，蓋以要名也。而其尤矯誕者，要莫如鄧攸。〈攸傳〉云：「石勒過泗水。攸乃斫壞車，以牛馬負妻子而逃。又遇賊掠其牛馬，步走。擔其兒及其弟子綏，度不能兩全，乃謂其妻曰：吾弟早亡，惟有一息，理不可絕，止應自棄我兒耳。幸而得存，我後當有子。妻泣而從之，乃棄之。其子朝棄而暮及，明日，攸繫之於樹而去。攸棄子之後，妻不復孕，過江納妾，甚寵之。訊其家屬，說是北人遭亂，憶父母姓名，乃攸之甥。攸素有德行，聞之感恨，遂不復蓄妾，卒以無嗣。時人義而哀之，為之語曰：天道無知，使鄧伯道無兒。」史臣論之曰：「力所不能，自可割情忍痛，何至豫加徽纆，絕其奔走者乎？斯豈慈父仁人之所用心也？卒以絕嗣，宜哉！」其言善矣，然猶未盡也。夫云「朝棄暮及」，則兒已自能奔走，何待負擔？此而繫之，是自殺其子也。不徒不足稱義，抑當服上刑矣。禮：買妾不知其姓則卜之。攸縱不知此，而當買納之初，豈不訊其家屬？必待寵幸既久，然後及之邪？史之所云，無一語近於情理，而眾口相傳，譽為義士，固知庸眾之易欺；而當時憤世之士，必欲違眾而蔑禮，至於賈禍而不悔，固亦有激之使然者也。

《隱逸．郭翻傳》云：「嘗墜刀於水。路人有為取者，因與之。路人不取，固辭。翻曰：爾鄉不取，我豈能得？路人曰：我若取此，將為天地鬼神所責矣。翻知其終不受，復沉刀於水。路人悵焉，乃復沉沒取之。翻於是不逆其意，乃以十倍刀價與之。其廉不受惠，皆此類也。」孔子曰：「魯道衰，洙泗之間，齗齗如也。」若翻之所為，豈特齗齗而已。孟子曰：「可以取，可以無取，取傷廉；可以與，可以無與，與傷惠。」若翻者，己既傷惠，而又傷人之廉，雖市井薄俗有不忍為，而謂隱者為之乎？然當日知名之士，亦間有天性篤厚之人。〈劉驎之傳〉云：「去驎之家百餘里，有一孤姥，病將死，歎息謂人曰：誰當埋我？惟有劉長史耳。何由令知？驎之先聞其有患，故往候之。直其命終，乃身為營棺，殯送之。」若驎之者，不敢謂其無徼名之心，然就其事論之，則誠凡民有喪、匍匐救之之仁人矣。世豈遂無仁人？以徼名而勉為仁者，蓋亦不乏，則名亦未始不足以奬進人也。然終以矯偽之士為多。是以君子尚玄德，不貴偏畸之行也。

晉人不重天道

漢世災異，策免三公，上言者亦多援引天道。至魏晉以後，則異是矣。《晉書．摯虞傳》[1]：虞對策東堂。策曰：「頃日食正陽，水旱為災，將何所脩，以變大眚？」虞對曰：「古之聖明，原始以要終，體本以正末。故憂法度之不當，而不憂人物之失所；憂人物之失所，而不憂災害之流行。誠以法得於此，則物理於彼；人和於下，則災消於上。其有日月之眚，水旱之災，則反聽內視，求其所由，遠觀諸物，近驗諸身。推之於物則無忤，求之於身則無尤。萬物理順，內外咸宜，祝史正辭，言不負誠，而日月錯行，夭癘不戒，此則陰陽之事，非吉凶所在也。期運度數，自然之分，固非人事所能供御，其亦振廩散滯，貶食省用而已矣。是故誠遇期運，則雖陶唐殷湯，有所不變；苟非期運，則宋衛之君，諸侯之相，猶能有感。」〈郤詵傳〉載詵對策，實同時事。其言曰：「水旱之災，自然理也。故古者三十年耕必有十年之儲，堯湯遭之而人不困，有備故也。自頃風雨，雖頗不時，考之萬國，或境土相接，而豐約不同；或頃畝相連，而成敗異流。固非天之必害於人，人實不能均

---

1 摯虞（？－三一二），字仲洽，西晉時期著名文學家、政治家，於八王之亂後遇洛陽荒亂遭餓死。

其勞苦。失之於人，而求之於天，則有司惰職而不勸，百姓殆業而咎時，非所以定人志，致豐年也。宜勤人事而已。」其論雖亦古人所有，然古者勤脩人事，實畏天心，二者或未易軒輕，此專以勸人事為言，固與兩漢拂士異其趣矣。

輪迴

《晉書．摯虞傳》：「虞嘗以死生有命，富貴在天，天之所祐者義也，人之所助者信也，履信思順，所以延福，違此而行，所以速禍；然道長世短，禍福舛錯，怵迫之徒，不知所守，蕩而積憤，或迷或放。故作〈思遊賦〉。」「道長世短」四字最精，此佛家之所以說輪迴，而亦其所以能行於中國也。〈羊祜傳〉[1]云：「祜年五歲時，令乳母取所弄金環。乳母曰：汝先無此物。祜即詣鄰人李氏東垣桑樹中探得之。主人驚曰：此吾亡兒所失物也，云何持去？乳母具言之，李氏悲惋。時人異之，謂李氏子則祜之前身也。」祜之時，佛教之行未久耳，然輪迴之說，已深入人心如此矣。晉南北朝之世，史言輪迴之事尚不乏：如《晉書．藝術傳》言鮑靚為曲陽李家兒託生，《南史．梁元帝紀》言帝乃眇目僧託生，《北史．李崇傳》言李庶託生為劉氏女是也。慧琳〈均善論〉，設為黑學道士之說，病周孔為教，正及一世，積善不過子孫之慶，累惡不過餘殃之罰，報效止於榮祿，誅責極於窮賤。

1 羊祜（二二一—二七八），字叔子，三國曹魏至西晉時期軍事家、政治家、文學家，滅孫吳之計策即出自羊祜。

（《宋書・夷蠻傳》。）亦摯虞之意也。

違禍求福，古今所同，古無輪迴之說，亦足使人遷善而遠惡者何也？曰：人之性，固有不以禍福而為善惡者，然此亦古今之所同也。然古無輪迴之說，亦足使人遷善遠惡者，則其時之所謂報者，皆以其群而非以其身，且如《易》言以積善之家，必有余慶，積不善之家，必有余殃，其所謂家，非五口八口之家也，五口八口之家易絕耳，報未至而受報之體先亡，則覺道長世短矣。合數十百人而為一家，則不如是，合數百千人而為一家，則尤不如是矣。且也國小民寡，則事簡逕而是非易辨，毀譽可憑，則報效誅責，亦與善惡相符矣，此其所以不待輪迴之說，亦能使人遷善遠惡歟！然觀孔孟莊周之徒，日咨嗟太息而言命，曰：人能弘道，無如命何，特勸人安之順之而已。則知禍福不與善惡相符，而將使人或迷或放矣、此佛說之所以入而濟其窮歟。

欲說輪迴，則必有輪迴之體；無我輪迴，雖言者諄諄，終不使人共信也。然則必主神不滅矣。范縝[2]〈神滅論〉曰：「問曰：知此神滅，有何利用邪？答曰：浮屠害政，桑門蠹俗，風驚霧起，馳蕩不休，吾哀其弊，思拯其溺。夫竭財以赴僧，破產以趨佛，而不恤親戚，不憐窮匱者何？良由厚我之情深，濟物之意淺。是以圭撮涉於貧友，吝情動於顏色，千鍾委於富僧，歡意暢於容髮，豈不以僧有多稌之期，友無遺秉之報，務施闕於周急，歸德必於在己。又惑以茫昧之言，懼以阿鼻之苦，

---

2 范縝（四五〇—五一五），字子真，南朝齊梁時期思想家，其博通經術，尤精《三禮》。六朝齊梁之際佛學盛行，多信奉靈魂不滅之說，范縝著〈神滅論〉一文加以反駁。

誘以虛誕之辭，欣以兜率之樂，故捨逢掖，襲橫衣，廢俎豆，列缾鉢，家家棄其親愛，人人絕其嗣續。致使兵挫於行間，吏空於官府，粟罄於惰遊，貨殫於泥木。所以姦宄弗勝，頌聲尚擁，惟此之故，其流莫已，其病無限。若陶甄稟於自然，森羅均於獨化，忽焉自有，怳爾而無，來也不禦，去也不追，乘夫天理，各安其性。小人甘其壟畝，君子保其恬素，耕而食，食不可窮也，蠶而衣，衣不可盡也，下有餘以奉其上，上無為以待其下，可以全生，可以匡國，可以霸君，用此道也。」其辭辯矣。然濟物情深，厚我意淺，恐非夫人之所能。彼無為之世，所以上下安和者，非其時之人情，異於有為之世，其物我之利害固同也。老子曰：「民之饑，以其上食稅之多。民之輕死，以其奉生之厚。」有多食稅者以歆之，而奉生咸欲其厚，而民不得不輕死矣。而欲使小人甘其壟畝，君子保其恬素，得乎？此弊也，豈輪迴之說致之哉？抑俗之既敝，而輪迴之說，乃乘之而起也！

〈縝傳〉云：「縝在齊世，嘗侍竟陵王子良。子良精信釋教，而縝盛稱無佛。子良問曰：君不信因果，世間何得有富貴，何得有賤貧？縝答曰：人之生，譬如一樹花，同發一枝，俱開一蔕，隨風而墮，自有拂簾幌、墜於茵席之上，自有關籬牆、落於糞溷之側。墜茵席者，殿下是也；落糞溷者，下官是也。貴賤雖復殊途，因果竟在何處？子良不能屈，深怪之。」夫墜茵席，落糞溷，得不有其所由然歟？其所由然，非即因果歟？此理非縝所不達，而其言云爾，則子良所謂因果，實乃流俗果報之說，非真因果之理也。《宋書．文五王傳》：「太宗常指左右人謂王景文曰：休範人才不及此，以我弟故，生便富貴。釋氏願生王家，良有以也。」願生王家，此子良等之志也。隋越王侗之將死也，焚香禮佛，呪曰：「從今以去，願不生帝王尊貴之家。」（《隋書・煬三子傳》。）哀哉！如宋太宗、齊竟陵王之類，不知臨命之時亦自悔其所願不乎？楚靈王曰：「予殺人子多矣，能無及此乎？」（《左氏・昭公十三年》。）不生帝王尊貴之家，或早為帝王尊貴者所戕賊矣。貴者果不賊人也，人惡得而賊之？孟子曰：「殺人之父者，人亦殺其父；殺人之兄者，人亦殺其兄。然則非自殺之也一間耳。」（〈盡心〉下。）哀哉！然得謂無因果之理乎？

《梁書・劉歊傳》：歊著〈革終論〉曰：「季札云：骨肉歸於土，魂氣無不之。莊周云：生為徭役，死為休息。尋此二說，如或相反。何者？氣無不之，神有也；死為休息，神無也。原憲云：夏后氏用明器，示民無知也；殷人用祭器，示民有知也；周人兼用之，示民疑也。若稽諸內教，判乎釋部，則諸子之言可尋，三代之禮無越。何者？神為生本，形為生具，死者神離此具，而即非彼具也。（即非，疑當作非即。）雖死者不可復反，而精靈遞變，未嘗滅絕。」此主神不滅之說者也。然又曰「神已去此，館何用存？神已適彼，祭何所祭？」因「欲翦截煩厚，務存儉易」。則主神不滅之說者，亦不必遂為貪求之行矣。

《晉書・王湛傳》：湛曾孫坦之，「初與沙門竺法師甚厚，每共論幽明報應，便要先死者當報其事。後經年，師忽來，云貧道已死，罪福皆不虛，惟當勤脩道德，以昇濟神明耳。言訖不見。坦之尋亦卒。」此事之為虛構，自不待言。然就造作此說者之心而觀之，卻可見人無不斤斤於死後之苦樂，此輪迴之說所以乘其機而中之也。然死後報應，究為將信將疑之事，故人又無不戀戀於生。《隋書·儒林傳》言辛彥之崇信佛道，遷潞州刺史，於城內立浮圖二所，併十五層。開皇十一年，州人張元暴死，數日乃蘇，云遊天上，見新構一堂，制極崇麗。元問其故，人云，潞州刺史辛彥之有功德，造此堂以待之，彥之聞而不悅，其年卒官。聞生天上而猶不悅，可見百虛不敵一實，此迷信之力所以終有所窮也。

《晉書·劉聰載記》：「聰子約死，一指猶暖，遂不殯殮。及蘇，言見（劉）元海於不周山，經五日，遂復從至崑崙山，三日而復返於不周，見諸王公卿將相死者悉在，宮室甚壯麗，號曰蒙珠離國。元海謂約曰：東北有遮須夷國，無主久，待汝父為之。汝父後三年當來，來後國中大亂，相殺害，吾家死亡略盡，但可永明輩十數人在耳。汝且還，後年當來，見汝不久。約拜辭而歸，道過一國，曰猗尼渠餘國，引約入宮，與約皮囊一枚，曰：為吾遺漢皇帝。約辭而歸，謂約曰：劉郎後年來，必見過，當以小女相妻。約歸，置皮囊於機上。俄而蘇，使左右機上取皮囊，開之，有一方白玉，題文曰：猗尼渠餘國天王敬信遮須夷國天王，歲在攝提，當相見也。馳使呈聰，聰曰：若審如此，吾不懼死也。」又云：聰將死，時約已死，至是晝見，聰甚惡之，謂粲曰：「吾寢疾惙頓，怪異特甚，往以約之言為妖，比累日見之，此兒必來迎吾也。何圖人死定有神靈！如是，吾不悲死也。」約之誑聰，與是豆渾地萬之誑醜奴頗相似，事見《魏書·蠕蠕傳》。野蠻之人，率多欲而輕信，其受欺固無足怪。曰審如是，吾不懼死，然見約而又惡之，亦辛彥之之心也。此說主升天而不主輪迴，不周、崑崙等，亦全係中國舊名，可見其與佛教無涉。而其睠睠於死後之苦樂如此，可見人之所欲，古今中外皆同，佛教特乘其機而誘之耳。

成佛、生天，皆不易冀，求免墮落，暫時自以能得人身為佳，故信佛者於是尤惓惓焉。晉恭帝之將死也，兵人進藥，帝不肯飲，曰：「佛教自殺者不得復人身。」乃以被掩殺之。（《宋書·褚叔度傳》。）宋彭城王義康之死亦然。盧潛為北齊揚州道行臺尚書，壽陽陷，及左丞李騊駼等皆沒。騊駼將逃歸，並要潛，潛曰：「我此頭面，何可誑人？吾少時相者云沒在吳越地，死生已定，弟其行也。」既而歎曰：「壽陽陷，吾以頸血濺城而死，佛教不聽自殺，故荏苒偷生，今可死矣！」於是閉氣而絕。（《北史·盧潛傳》。）觀此，知佛教戒自殺之說，遍行於當時也。

奉佛以蘄再得人身，若能無死，豈不更善？俗有誦《高王經》則兵火不能侵之說，其所由來者舊矣。《晉書·苻丕載記》云：「徐義為慕容永所獲，械埋其足，將殺之。義誦《觀世音經》，至夜中，土開械脫，於重禁之中若有人導之者，遂奔楊佺期。」《宋書·王玄謨傳》言，玄謨圍滑臺，拓跋燾軍至，奔退。蕭斌將斬之，沈慶之固諫乃止。玄謨始將見殺，夢人告曰：「誦《觀音經》千遍則免。」既覺，誦之將千遍，明日將刑，誦之不輟，忽傳呼停刑。《魏書·盧景裕傳》：「河間邢摩納與景裕從兄仲禮據鄉作逆，逼其同反，以應元寶炬。齊獻武王命都督賀拔仁討平之。景裕之敗也，繫晉陽獄，至心誦經，枷鎖自脫。是時又有人負罪當死，夢沙門教誦經，覺時，如所夢默誦千遍，臨刑刀折，主者以聞，赦之。此經遂行於世，號曰《高王觀世音》。」《南史·劉霽傳》：「母明氏寢疾，霽年已五十，衣不解帶者七旬，誦《觀世音經》數萬遍；夜中感夢，見一僧謂曰：夫人算盡，君精誠篤志，當相為申延。後六十餘日乃亡。」皆今俗說所本也。《晉書．周浚傳》言子嵩為王敦所害，臨刑猶於市誦經；〈王恭傳〉亦云臨刑猶誦佛經。《齊書．王奐傳》：「奐司馬黃瑤起、寧蠻長史裴叔業於城內起兵攻奐，奐聞兵入，還內禮佛，未及起，軍人遂斬之。」造次必於是，顛沛必於是，豈其臨命猶冀以是獲免邪？《梁書．儒林傳》：皇侃「性至孝，常日限誦《孝經》二十遍，以擬《觀世音經》」。貪欲之深，真可發一噱。《周書．蕭詧傳》：「甄玄成以江陵甲兵殷盛，遂懷貳心，密書與梁元帝，申其誠款。有得其書者，進之於詧。詧深信佛法，常願不殺誦《法華經》人。玄成素誦《法華經》，遂以此獲免。」以人之貪，我得所欲，其事可謂甚奇。然蕭詧梟獍也，徼福緣於梟獍，庸可必乎？

沙門致敬人主

《宋書・孝武帝紀》：大明六年，「九月戊寅，制沙門致敬人主。」〈夷蠻傳〉云：「先是晉世庾冰始創議，欲使沙門敬王者，後桓玄復述其義，並不果行。大明六年，世祖使有司奏：臣等參議，以為沙門接見，比當盡虔，禮敬之容，依其本俗。詔可。前廢帝初，復舊。」則佛教入中國後，其徒直至宋世，乃致敬於人主，而其行之亦無幾時也。庾冰[1]、桓玄之議，何充、桓謙[2]、王謐、慧達等抗之，見《弘明集》。佛教不信之則已，既信之，則不強其致敬，亦頗得大學之禮。雖詔於天子無北面之義，強其致敬，實無當也。《魏書・釋老志》：「法果每言，太祖明叡好道，即是當今如來，沙門宜應盡禮，遂常致拜。謂人曰：能弘道者人主也，我非拜天子，乃是禮佛耳。」然則南朝屢議而不果行者，在北朝則不待言而其人自行之矣。《晉書・赫連勃勃載記》云：「勃勃歸於長安，徵隱士京兆韋祖思。既至，恭懼過禮，勃勃怒曰：吾以國士徵汝，奈何以非類處吾？汝昔不拜姚興，何獨

1 庾冰（二九六－三四四），字季堅，東晉時期政治家，為庾亮之弟，其生性節儉、清廉，受到時人讚許。

2 桓謙（？－四一〇），字敬祖，東晉時期政治家，後協助桓玄篡位稱帝，桓玄死後投奔後秦。

拜我？我今未死，汝猶不以我為帝王，吾死之後，汝輩弄筆，當置吾何地！遂殺之。」貌為恭敬者，乃以非類視之，此豈拓跋珪[3]所知？觀此，知其智又出鐵弗下，蓋由其附塞尚不如鐵弗之久也。歐人之東來也，未嘗不依其體偽，以敬東方之主，而建夷必欲強之以行跪拜之禮，足見犬羊無知，千古一轍也。

3 拓跋珪（三七一—四〇九），即北魏道武帝，北魏之開國皇帝。

沙門與政上

後世之為僧者，類多遺落世事，有託而逃，佛法初入中國時則不然。《宋書．武三王傳》言廬陵王義真[1]，與謝靈運、顏延之[2]、慧琳道人周旋異常，云得志之日，以靈運、延之為宰相，慧琳為西豫州都督。慧琳事見〈夷蠻傳〉，云其兼外內之學，元嘉中，遂參權要，朝廷大事，皆與議焉。而其時彭城王義康[3]謀叛，參與其事者，亦有法略道人及法靜尼。始安王休仁[4]之死也，明帝與諸大臣及方鎮詔，謂「前者積日失適，休仁使曇度道人及勞彥遠屢求啟，闞覘吾起居」。（《宋書・文九王傳》。）休仁之死，固不以罪，此語則未必盡誣。《齊書．倖臣傳》云：「宋世道人楊法持，與太祖有舊，元徽

---

1 即劉義真（四〇七—四二四），字車士，為南朝宋武帝劉裕次子。曾從劉裕北征，後因徐羨之誣陷被貶為庶人。

2 顏延之（三八四—四五六），南朝東晉至宋時期文學家，與謝靈運並稱顏謝。

3 即劉義康（四〇九—四五一），字車子，為南朝宋武帝劉裕第四子。

4 即劉休仁（四四三—四七一），南朝宋文帝劉義隆第十二子，受封建安王。

末，宣傳密謀，昇明中，以為僧正。建元初，罷道，為甯朔將軍，封州陵縣男，三百戶。」則革易之際，道人亦有參與其事者矣。

僧人多與政事，故其罷道極易，法略即罷道為臧質甯遠參軍者也。（本姓孫，及是改名景玄。）陳遂興侯詳，少出家為沙門，武帝討侯景，召令還俗，配以兵馬。（《陳書・陳詳傳》。）是能戎事者亦或出家也。《南史・陸厥傳》云：「時有王斌者，不知何許人，著《四聲論》，行於時。斌初為道人，博涉經籍，雅有才辯，善屬文。後還俗，以詩樂自樂，人莫能名之。」此文學之士之出家者也。《北齊書・神武帝紀》：神武疾病，謂世子曰：「潘相樂本作道人，心和厚，汝兄弟當得其力。」《魏書・酷吏傳》：「李洪之少為沙門，晚乃還俗。」此等人，皆非遺世者也。

慧琳，《宋書》謂其賓客輻湊，門車常有數十兩，四方贈賂相繫，勢傾一時，亦未嘗不可如楊法持入諸佞倖傳也。晉世君相併信佛法者，莫如孝武帝及會稽王道子，[5] 而許榮上書，病其僧尼乳母，競進親黨；聞人奭亦云尼姏屬類，傾動亂時，是其亂政殊甚。時范甯請黜王國寶，[6] 國寶使陳郡袁悅之因尼妙音，致書太子母陳淑媛，說國寶忠謹，宜見親信，（以上均見《晉書・簡文三子傳》。）則非徒干亂朝權，並有交通宮禁者矣。《魏書・釋老志》：道登之死，孝文以師喪之，似其人必有清操；然〈酷吏傳〉言登嘗過高遵，遵以登荷寵於高祖，多奉以貨，深託仗之；及遵見訴，詔廷尉少卿窮

5 此指東晉孝武帝司馬曜（三六二—三九六），及其親弟司馬道子（三六四—四〇三）二人。

6 王國寶（?—三九七），國寶為其字，其父為太原王氏王坦之第三子，後被司馬道子賜死。

鞫，登廈因言次申啟救遵，則亦非謝絕賕謁者。〈酷吏傳〉又言：張赦提克己厲約，本有清稱，後乃縱妻段氏，多有受納，令僧尼因事通請，遂至貪虐流聞，卒以此敗。則郡縣之朝，亦有為所干亂者。《齊書．江謐傳》[7]言謐出為長沙內史，行湘州事，政治苛刻；僧遵道人與謐情款，隨謐蒞郡，犯小事，餓繫郡獄，裂三衣食之，既盡而死。謐固酷，僧遵或亦有以取之也。

《北齊書．神武帝紀》言神武自發晉陽，至克潼關，凡四十啟，魏帝皆不答。還洛陽，遣僧道榮奉表關中，又不答。乃集百僚四門耆老議所推立。四門，《北史》作沙門，立君而謀及沙門，似乎不近情理。然《梁書．王僧孺傳》言：僧孺出為南海太守，「視事期月，有詔徵還，郡民道俗六百人詣闕請留，不許。」郡守之去留，道人既可參與，又何不可與於立君之議邪？《北齊書．文宣帝紀》：天保元年八月庚寅詔曰：「朕以虛寡，嗣弘王業，思所以贊揚盛績，播之萬古，雖史官執筆，有聞無墜，猶恐緒言遺美，時或未書；在位王公文武大小，降及民庶，爰至僧徒，或親奉音旨，或承傳旁說，凡可載之文籍，悉宜條錄封上。」可見神武謀及沙門時甚多。本紀之文，自當以《北史》為是也。

使沙門參與機要者，非獨高歡也，五胡之主時有之。《晉書．石季龍載記》：「沙門吳進，言於季龍曰：胡運將衰，晉當復興，宜苦役晉人，以厭其氣。季龍於是使尚書張群發近郡男女十六萬，車十萬乘，運土築華林苑及長牆於鄴北，廣長數十里。」〈姚襄載記〉言襄率眾西行，苻生遣苻堅、

7 江謐（四三一－四八二），字令和，為南朝宋齊時期官員，頗具才幹，而博得南朝齊開國皇帝蕭道成信任。

鄧羌等要之。襄將戰，沙門智通固諫，襄曰：吾計決矣。戰於三原，為堅所殺。〈慕容垂[8]載記〉：參合之役，「有大風黑氣，狀若隄防，或高或下，臨覆軍上。沙門支曇猛言於慕容寶[9]曰：風氣暴迅，魏軍將至之候，宜遣兵禦之。寶笑而不納。曇猛固以為言，乃遣慕容麟[10]率騎三萬為後殿，以禦非常。麟以曇猛言為虛，縱騎遊獵，俄而黃霧四塞，日月晦冥，是夜魏師大至，三軍奔潰。」〈慕容德載記〉言潘聰勸德據廣固，「德猶豫未決。沙門朗公素知占候，德因訪其所適。朗曰：敬覽三策，（時張華勸德據彭城，慕容鍾等勸攻滑臺。）潘尚書之議，可謂興邦之術矣。今歲初，長星起於奎、婁，遂掃虛、危，而虛、危，齊之分野，除舊布新之象。宜先定舊魯，巡撫琅邪，待秋風戒節，然後北轉臨齊，天之道也。德大悅。」《魏書．沮渠蒙遜傳》：「罽賓沙門曰曇無讖，東入鄯善，自云能使鬼治病，令婦人多子。與鄯善王妹曼頭陁林私通，發覺，亡奔涼州。蒙遜寵之，號曰聖人。曇無讖以男女交接之術教授婦人，蒙遜諸女、子婦，皆往受法。世祖聞諸行人言曇無讖之術，乃召曇無讖。蒙遜不遣，遂發露其事，拷訊殺之。」其說殊不足信。〈釋老志〉云曇摩讖「曉術數禁呪，歷言他國安危，多所中驗，蒙遜每以國事諮之；神麚中，帝命蒙遜送讖詣京師，惜而不遣，既而懼魏威責，遂使人殺讖」，當是實情。蓋讖既與聞國事，遣之則慮其漏洩，不遣又慮魏求之無已，故逕殺之，以

8 慕容垂（三二六—三九六），字道明，為五胡十六國後燕成武帝，後燕之開國君主。

9 慕容寶（三五五—三九八），字道祐，為五胡十六國後燕惠愍帝，後燕第二任皇帝。

10 慕容麟（?—三九八），為慕容垂之子，慕容寶庶出兄弟。

免交涉之棘手也。此皆五胡之主，多使沙門參與機要之徵也。

元魏諸主，自孝文而後，多好與沙門講論。神武之使道榮奉表，蓋亦以其素蒙接待也。李暠遣舍人黃始、梁興間行歸表於晉，未報，復遣沙門法泉，間行通表。（《北史·序傳》。）蓋以其易避譏察。梁豫章王綜謀叛，亦求得北來道人釋法鸞，使通問於蕭寶寅。

罷道者不必皆參與機要之徒也，尋常人出入於道俗之間者亦多。高允少孤，年十餘，奉祖父喪還本郡，推財與二弟而為沙門，未久而罷。其為沙門，蓋亦如劉孝標居貧不自立，母子併為尼僧，（事見《南史》本傳，亦見《魏書·劉休賓傳》。）乃一時之計，非其素志也。魏河南王曜之曾孫和為沙門，捨其子顯，以爵讓其次弟鑒，鑒固辭。詔許鑾身終之後，令顯襲爵，鑑乃受之。鑑出為齊州刺史。高祖崩後，和罷沙門還俗，棄其妻子，納一寡婦曹氏為妻。曹氏年齒已長，攜男女五人，隨鑑至歷城，干亂政事。和與曹及五子，七處受納，鑑皆順其意，言無不從，於是獄以賄成，取受狼籍，齊人苦之，鑑治名大損。鑑薨之後，和復與鑑子伯宗競求承襲，（時和子早終。事見《魏書·道武七王列傳》。）前後判若兩人，皆由其出家之時，本未斷名利之念也。此等可見當時之人，出家還俗，皆極輕易。

有所規避而出家者，自亦有之。《齊書·倖臣傳》言宋孝武末年，鞭罰過度，校獵江右，選白衣左右百八十人，皆面首富室，從至南州，得鞭者過半，茹法亮憂懼，因緣啟出家，得為道人。《梁書·文學傳》：伏挺除南臺治書，因事納賄，當被推劾，挺懼罪，變服為道人，久之藏匿，後遇赦，乃出大心寺。會邵陵王綸為江州，攜挺之鎮，王好文義，深被恩禮，挺自此還俗。（《南史》云：挺不堪蔬素，自此還俗。）〈張纘傳〉：纘為杜岸所執，送諸岳陽王詧，始被囚縶，尋又逼纘剃髮為道人。（《南史》云：纘懼不免，請為沙門。）《南史．劉虬傳》：子之遴，「侯景初以蕭正德為帝，之遴時落景所，將使授璽紱，之遴豫知，仍剃髮披法服，乃免。」此等出家，皆非素志，故其還俗更易，其徒屏居佛寺而不出家者，更無論矣。如《北齊書．魏蘭根傳》言高乾死，蘭根懼，去宅，居於寺。《高德政傳》言文宣時，德政甚懼，稱疾屏居佛寺，兼學坐禪是也。要之當時僧俗甚近，故僧人之與俗事者亦多也。

沙門與政下

沙門之多與政事也，以其時之王公大人，迷信甚深故也。沙門事蹟，見於《晉書．藝術傳》者，有佛圖澄[1]、鳩摩羅什[2]、僧涉、曇霍，所傳皆怪異之談。《北史．藝術傳》之靈遠、惠豐，《魏書．釋老志》之惠始，亦其類也。南朝所盛稱者，莫如釋寶志[3]。《梁書．何敬容傳》載其先知敬容[4]敗於河東王；《南史．梁武帝紀》載其先知國泰寺之災；〈賊臣傳〉載其先知侯景起自汝陰，敗於三湘；甚至《隋書．律曆志》云開皇官尺，或傳梁時有志公道人作此尺，寄入周朝，云與多鬚老翁，周太祖及隋高祖各自以為謂己，實當時流俗傳最廣者也。志之事蹟，見於《南史．隱逸傳》，云有人於宋泰始中見之，出入鍾山，往來都邑，年已五六十矣。此乃無徵不信之談。其可徵信者，齊武帝忿其惑

1 佛圖澄（二三二—三四九），又作竺佛圖澄、浮圖澄，西域人，西晉至十六國時期傳教僧人。

2 鳩摩羅什（三四四—四一三），西域龜茲僧人，曾翻譯多部佛教經典。

3 釋寶志（四一八—五一四），南朝齊梁時期名僧。

4 何敬容（？—五四九），字國禮，南朝齊梁時期官員，勤政務實，不尚清談玄學，與張纘不和，曾言「景（侯景）反覆叛臣，終當亂國」。

眾，收付建康獄，而其死在梁武帝之天監十三年。自齊武帝元年至天監十三年，凡三十二年；自其末年起計，則二十二年耳。志之入獄，即在齊武帝元年，其時年已六十，至其死時，亦不過九十有二，此固人壽所可有，無足異也。然則其為流俗所盛傳，特以其敢於惑眾耳，乃梁武帝亦敬事之，可見時人之易惑矣。

流俗所重，莫如先知，故沙門之見附會，多在於此。《晉書．五行志》云：「石季龍[5]在鄴，有一馬，尾有燒狀，入其中陽門，出顯陽門，東宮皆不得入，走向東北，俄爾不見，佛圖澄歎曰：災其及矣！逾年而季龍死，其國遂滅。」（亦見〈澄傳〉。）〈姚興[6]載記〉云：興死之歲，「正旦朝群臣於太極前殿，沙門賀僧，慟泣不能自勝，眾咸怪焉。賀僧者，莫知其所從來，言事皆有效驗，興甚神禮之，常與隱士數人，預於燕會。」《南史．賊臣傳》云：「有僧通道人者，意性若狂，飲酒噉肉，不異凡等，世間遊行，已數十載，姓名鄉里，人莫能知，初言隱伏，久乃方驗，人併呼為闍黎，侯景甚信敬之。景嘗於後堂與其徒共射，時僧通在坐，奪景弓射景陽山，大呼云，得奴已。景後又燕集其黨，又召僧通，僧通取肉搵鹽以進景，問曰：好不？景答所恨太鹹。僧通曰：不鹹則爛。及景死，王僧辯截其二手送齊文宣，傳首江陵，果以鹽五斗置腹中，送於建康，暴之於市，百姓爭取屠膾，羹食皆盡。」此等皆以能先知而見稱為神聖者也。職是故，遂有託於是以惑世者，周太祖、隋高祖

---

5 石虎（二九五—三四九），季龍為他的字，為五胡十六國時期後趙國君主，即後趙武帝。

6 姚興（三六六—四一六），字子略，姚萇長子，五胡十六國時期後秦第二位皇帝。

各自謂志公所稱多鬚老翁，即是也。《宋書．符瑞志》云：「武帝嘗行至下邳，遇一沙門，沙門曰：江表尋當喪亂，拯之必君也。」又云：「冀州有沙門法稱，將死，語其弟子普嚴曰：嵩皇神告我云：江東有劉將軍，是漢家苗裔，當受天命，吾以三十二璧、鎮金一餅與將軍為信。三十二璧者，劉氏卜世之數也。普嚴以告同學法義，法義以（義熙）十三年七月，於嵩高廟石壇下得玉璧三十二枚，黃金一餅，後二年而受晉禪。史臣謹按：法稱所云玉璧三十二枚，宋氏卜世之數者，蓋卜年之數也。三十二者，二三十，則六十矣。宋氏受命，至於禪齊，凡六十年云。」《齊書．祥瑞志》云：永明二年十一月，「虜國民齊祥歸，入靈丘關，聞殷然有聲，仰視之，見山側有紫氣如雲，眾鳥回翔其間。祥往氣所，獲璽，方寸四分，獸紐，文曰坤維聖帝永昌，送與虜太后師道人惠度，欲獻虜主。惠度睹其文，竊謂當今衣冠正朔，在於齊國，遂附道人惠藏送京師，因羽林監崔士亮獻之。三年七月，始興郡民龔玄宣云：去年二月，忽有一道人乞食，因探懷中出篆書真經一卷，六紙，又表北極一紙，又移付羅漢居士一紙，云從兜率天宮下，使送上天子。因失道人所在。」《南史．宋武帝紀》云：「嘗遊京口竹林寺，獨臥講堂前，上有五色龍章，眾僧見之，驚以白帝，帝獨喜，曰：上人無妄言。」〈梁武帝紀〉云：「有沙門自稱僧惲，謂帝曰：君項有伏龍，非人臣也。復求，莫知所之。」《宋書．顏竣傳》云：「沙門釋僧含，麤有學義，謂竣曰：貧道麤見讖記，當有真人應符，名稱次第，屬在殿下。」（案竣仕世祖。）《南史．王僧辯傳》云：「天監中沙門釋寶志為讖云：太歲龍，將無理，蕭經霜，草應死，餘人散，十八子。時言蕭氏當滅，李氏代興。及湘州賊陸納等攻破衡州刺史丁道貴，而李洪雅又自零陵稱助討納，尋而洪雅降納，納以為應符，於是共議尊事為主。」《北史．藝術傳》云：「有沙門靈遠者，不知何許人，有道術。嘗言爾朱榮[7]成敗，豫知其時。又言代魏者齊，葛榮聞之，故自號齊。及齊神武至信都，靈遠與渤海李嵩來謁。神武待靈遠以殊禮，問其天文人事，對曰：齊當興，東海出天子，今王據渤海，是齊地，又太白與月併，宜速用兵，遲則不吉。靈遠後罷道，姓荊，字次德。求之，不知所在。」此等事之為矯誣，至易見也，而沈約[8]猶據其辭而曲為之說，時人之迷罔，亦可見矣。

讖之最早見者，如《史記．趙世家》所謂秦讖，似係記事之作，而非歌謠之類，故〈扁鵲列傳〉亦載其事，而作秦策。後漢君臣競事造作，乃皆成韻語，如歌謠然，蓋取其易於流播也。謠辭至後來，亦可偽造，史家明言之者，如《宋書．王景文傳》謂明帝忌景文及張永，乃自為謠言曰「一士不可親，弓長射殺人」，是也。當時沙門，亦有為是者。《宋書．五行志》云：「司馬元顯[9]時，民謠詩云：當有十一口，當為兵所傷，木亘當北度，走入浩浩鄉。又云：金刀既以刻，娓娓金城中。此

7 爾朱榮（四九三—五三〇），字天寶，為北魏權臣、將領。其憑藉鎮壓六鎮之亂，擴張勢力，後發動河陰之變，誅殺眾多北魏皇室成員。
8 沈約（四四一—五一三），字休文，南朝宋齊梁時期史學家、文壇領袖、官員，曾協助南朝梁武帝登基。其詩歌注重聲律，對應四聲規律，創立永明體。
9 司馬元顯（三八二—四〇二），字朗君，東晉宗室、權臣，其父為會稽王司馬道子。

詩云襄陽道人竺曇林所作。」〈志〉又云：「孟顗[10]釋之曰：十一口者，玄字象也，木亘，桓也，桓氏當悉走入關、洛，故云浩浩鄉也。金刀，劉也，倡義諸公，皆多姓劉，娓娓，美盛貌也。」《北齊書．竇泰傳》云：「泰將發鄴，鄴有惠化尼，謠云：竇行臺，去不回。」此等亦因流俗之好求先知，而為是妄誕也。

然溺於迷信，特其時沙門見信敬之一端；其又一端，則亦以是時沙門多有學藝也。周朗痛陳佛教之弊，謂其假醫術，託卜數，（《宋書．周朗傳》。）足見其流衍民間，實以二者為憑藉。而其在廟堂亦然。《魏書．術藝傳》：李修「父亮，少學醫術。又就沙門僧坦研習眾方，略盡其術」；「崔彧[11]少嘗詣青州，逢隱逸沙門，教以《素問》九卷及《甲乙》，遂善醫術。」足徵沙門醫學，確有淵源。賀琛[12]為宣城王長史，侯景陷城，被創未死，賊輿送莊嚴寺療之，（《梁書．賀琛傳》。）寺中諸僧，必有嫻於醫術者矣。《魏書．孝文五王傳》：「有沙門惠憐者，自云呪水飲人，能差諸病，病人就之者，日有千數，靈太后[13]詔給衣食，事力優重，使於城西之南，治療百姓病，清河王懌[14]表諫。」《北

---

10 孟顗（生卒年不詳），字彥重，南朝宋時期政治人物，與其兄孟昶並稱雙珠。

11 崔彧（生卒年不詳），字文若，北魏時期醫家，善針灸。其父崔勛之為南朝宋之官員，其與其兄崔相如二人自南朝宋投奔北魏。

12 賀琛（四八一—五四九），字國寶，南朝南梁官員，以精通《三禮》聞名。

13 即北魏宣武靈皇后（？—五二八），北魏宣武帝元恪之妃，孝明帝生母，亦稱作胡太后、靈太后。

14 元懌（四八七—五二〇），字宣仁，北魏宗室、官員，孝文帝第四子。

史．李先傳》：曾孫義徽，「太和中補清河王懌府記室，性好老莊，甚嗤釋教。靈太后臨朝，屬有沙門惠憐，以呪水飲人，云能愈疾，百姓奔湊，日以千數。義徽白懌，稱其妖妄，因令義徽草奏以諫，太后納其言。」呪水治病，固屬誣罔，然安知其不有醫術佐之；議之者出於好老莊而嗤釋教之人，其言亦未必可信也。《魏書．景穆十二王傳》：有沙門為小新成孫誕采藥。〈孝文五王傳〉：汝南王悅[15]，好讀佛經，而「有崔延夏者，以左道與悅遊，合服仙藥松朮之屬，時輕與出采芝」。似神仙家服食之術，亦為沙門所知，蓋以其與醫術相出入也。《宋書．沈攸之[16]傳》：「攸之將發江陵，使沙門釋僧桀筮之。」《魏書．山偉傳》：「偉與儀曹郎袁昇、屯田郎李延考[17]、外兵郎李奐、三公郎王延業[18]方駕而行，偉少居後。路逢一尼，望之歎曰：此輩緣業，同日而死。謂偉曰：君方近天子，當作好官。而昇等四人，皆於河陰遇害，果如其言。」〈術藝．王顯[19]傳〉云：「世宗夜崩。顯既蒙任遇，兼為法官，恃勢使威，為時所疾。朝宰託以侍療無效，執之禁中，詔削爵位。臨執呼冤，直閤以刀鐶撞其腋下，傷中吐血，至右衛府，一宿死。始顯布衣為諸生，有沙門相顯後當富貴，戒其勿為吏官，吏

15 元悅（四九四—五三三），字宣禮，北魏宗室、官員，孝文帝第六子。
16 沈攸之（?—四七八），字仲達，南朝宋時期將領，何敬容祖父。
17 李延考（?—五二八），北魏時期官員，後於河陰之變中遇害。
18 王延業（?—五二八），北魏時期官員，以博學多聞、深具文采聞名，後於河陰之變中遇害。
19 王顯（?—五一五），北魏時期大臣，魏宣武帝元恪時御醫。

官必敗。由是世宗時或欲令其遂攝吏部，每殷勤避之。及世宗崩，肅宗夜即位，受璽冊，於儀須兼太尉及吏部，倉卒百官不具，以顯兼吏部行事矣。」《北史．藝術傳》云：「魏正始前，有沙門學相，遊懷朔，舉目見人，皆有富貴之表，以為必無此理，燔其書，而後皆如言，乃知相法不虛也。」此皆沙門嫻於醫卜，兼及相術之徵也。然其學初不止此。《南史．隱逸傳》言關康之嘗就沙門支僧納學算，（《宋書》無「算」字，蓋奪。）妙盡其能。魏《正光曆》，總合九家，雍州沙門統道融居其一。見《魏書．律曆志》。〈術藝傳〉：「殷紹上《四序堪輿》，表曰：臣以姚氏之世，行學伊川，時遇遊遁大儒成公興[20]，從求九章要術。興時將臣南到陽翟九崖巖沙門釋曇影間，興即北還，臣獨留住，依止影所，求請九章。影復將臣向長廣東山，見道人法穆，法穆時共影為臣開述九章數家雜要，披釋章次意況大旨。又演隱審五藏六府心髓血脈，商功大算，端部變化，玄象，土圭，《周髀》，練精銳思，蘊習四年，從穆所聞，矗皆髣髴，穆等仁矜，特垂憂閔，復以先師和公所注黃帝《四序經》文三十六卷，合有三百二十四章，專說天地陰陽之本。以此等文，傳授於臣。」此等皆絕業，而當時之沙門能傳之，可謂難矣。〈辛紹先傳〉：子穆，「初隨父在下邳，與彭城陳敬文友善。敬文弟敬武，少為沙門，從師遠學，經久不返。敬文病，臨卒，以雜綾二十匹託穆與敬武，久訪不得，經二十餘年，始於洛陽見敬武，以物還之，封題如故，世稱其廉信。」敬武之久學不返，或非徒習經論、參禪定也。

20 成公興（生卒年不詳），字廣明，北魏時期人，據載其曾為北魏著名道士寇謙之之傭僕。

《宋書．文九王傳》言拓拔燾[21]圍縣瓠，毀佛浮圖，取金像以為大鉤，施之衝車端，以牽樓堞，城內有一沙門，頗有機思，輒設奇以應之。此沙門或曾習兵家言。支曇猛說慕容寶備魏師，亦似知望氣之術。

晉南北朝，沙門多能通知玄學無論矣，此外所該涉者尚廣。今據《隋書．經籍志》觀之，則有《古今樂錄》十二卷，陳沙門智匠撰；（經部樂。）此樂學也。《韻英》三卷，釋靜洪撰；《雜體書》九卷，釋正度撰；（經部小學。）此小學及書法之學也。《四海百川水源記》一卷，釋道安撰；（史部地。）此地理之學也。《婆羅門天文經》二十一卷，《婆羅門竭伽仙人天文說》三十卷，《婆羅門天文》一卷，《摩登伽經說星圖》一卷，（子部天文。）《婆羅門算法》三卷，《婆羅門陰陽算曆》一卷，《婆羅門算經》三卷，（子部曆數。）此天文曆數之學也。《陽遁甲》九卷，釋智海撰，（子部五行。）此數術之學也。《寒食散對療》一卷，釋道洪撰；《解寒食散方》二卷，釋智斌撰；《釋慧義寒食解雜論》七卷，《解散方》一卷，《釋僧深藥方》三十卷，（以上三書皆亡。）《摩訶出胡國方》十卷，摩訶胡沙門撰；《諸藥異名》八卷，沙門行矩撰；（原注：本十卷，今闕。）《單複要驗方》二卷，釋莫滿撰；《釋道洪方》一卷，《釋僧匡鍼灸經》一卷，《龍樹菩薩藥方》四卷，《西域諸仙所說藥方》二十三卷，（原注：目一卷，本二十五卷。）《香山仙人藥方》十卷，《西錄波羅仙人方》三卷，《西域名醫所集要方》四卷，（原注：本十二卷。）《婆羅門諸仙藥方》二十卷，《婆羅門藥方》五卷，

21 即北魏太武帝（四〇八－四五二），北魏第三位皇帝。

《耆婆所述仙人命論方》二卷，（原注：目一卷，本三卷。）《乾陀利治鬼方》十卷，《新錄乾陀利治鬼方》四卷，（原注：本五卷，闕。）《龍樹菩薩和香法》二卷，（子部藥方。）此醫學也。《楚辭音》一卷，釋道騫撰，（集部《楚辭》。）序云：隋時有釋道騫，善讀之，能為楚聲，音韻清切，至今傳《楚辭》者皆祖騫公之音，此文學亦聲韻之學也。或中國有而沙門通之，或印土之學由沙門傳入；其盛，蓋不減近世基督教士之傳播西學矣，曷怪好用其人者之多也。

寶物

孟子曰：「諸侯之寶三：土地、人民、政事。寶珠玉者，殃必及身。」（〈盡心〉下。）乍觀之，其言似甚可怪。以一國之大，何至不知寶而寶珠玉？然觀古以覬重器而伐國、出重器而媾和者之多，而知孟子之言，非有過矣。楚靈王，雄主也，而其謂子革曰：「昔我先王熊繹，與呂伋、王孫牟、燮父、禽父併事康王，四國皆有分，我獨無有。」（《左氏・昭公十二年》。）蒯聵，亦久歷艱難之主也，而其謂渾良夫曰：「吾繼先君而不得其器，若之何？」（《左氏・哀公十六年》。）皆若不勝其怏怏之情焉。即樂毅報燕惠王，侈陳前王之功績，亦曰：「珠玉、財寶、車甲、珍器，盡收入於燕。齊器設於寧臺，大呂陳於元英，故鼎返於曆室。」其重之也如是。無怪子常以裘珮與馬，止唐、蔡之君，而釀滔天之禍矣。「虞叔有玉，虞公求旃。弗獻。既而悔之，曰：匹夫無罪，懷璧其罪。吾焉用此？其以賈害也？乃獻之。又求其寶劍。叔曰：是無厭也。無厭，將及我。遂伐虞公。故虞公出奔共池。」（《左氏・桓公十年》。）知懷璧之將以賈害而獻之，可謂難矣。而虞公猶以無厭之求致敗；叔亦以懼將及而出其君。處好寶物之世，而求自全，難矣哉！

《晉書．桓玄傳》，言其「尤愛寶物，珠玉不離於手。人士有法書、好畫及佳園宅者，悉欲歸己。猶難逼奪之，皆蒱博而取。遣臣佐四出，掘果移竹，不遠數千里。百姓佳果、美竹，無復遺餘」。此似癡絕，惟紈袴少年為之，然歷代皇室，誰不多藏珠玉、法書、好畫邪？宋徽宗之花石綱，非即玄之遺人四出掘果移竹乎？〈傳〉又言其請平姚興，「初欲飾裝，無他處分，先使作輕舸，載服玩及書畫等物。或諫之，玄曰：書畫服玩，既宜恆在左右；且兵凶戰危，脫有不意，當使輕而易運。眾咸笑之。」然古來有國有家者，至於亡滅之際，孰不猶有所藏乎？《宋史．劉重進傳》，言其以顯德三年克泰州。「初，楊行密子孫居海陵，號永寧宮。周師渡淮，盡為李景所殺。重進入其家，得玉硯、玉杯盤、水晶盞、碼碯盌、翡翠瓶以獻。」是楊氏亡時，其寶物初未盡亡也。又〈賈黃中傳〉，言其以太平興國二年知昇州，「一日，案行府署中，見一室，扃鑰甚固。命發視之，得金寶數十匱，計直數百萬，乃李氏宮中遺物也，即表上之。」是李氏亡時，其寶物亦未盡亡也。然寶之果何益哉？〈張洎傳〉言：李煜既歸朝，貧甚，洎猶丐索之。煜以白金頮面器與洎，洎尚未滿意。然則不徒敵國，雖舊臣，猶以懷璧而肆誅求矣。寶之則其罪矣，果何為哉？亦豈可終寶哉？

《宋史．賈似道傳》，言其「酷嗜寶玩，建多寶閣，日一登玩」，此即桓玄見人有寶，盡欲歸己之心。又云：「聞余玠有玉帶，已殉葬矣，發其冢取之。」居宰相之位，而為椎埋之行，此古人所以因求寶物而致動干戈也。〈徐鹿卿傳〉：「丞相史彌遠之弟，通判溫州，利韓世忠家寶玩，籍之。鹿卿奏削其官。」世忠家不以寶玩，是時亦豈見籍哉？高宗幸醫王繼先，怙寵干法，富浮公室，數十年無敢搖之者。聞邊警，輦重寶歸吳興，為避敵計。杜莘老疏其十罪。高宗乃籍其貲，鬻錢入御前激賞庫，以賞將士。事見〈莘老傳〉。亦以愛寶物促其敗也。

《明史．孟一脈傳》：一脈於萬歷時上疏有曰「浮梁之磁，南海之珠，玩好之奇，器用之巧，錙銖取之，泥沙用之，於是民間皆為麗侈。窮耳目之好，竭工藝之新，不知紀極，中人得十金，即足供一歲之用，今一物常兼中人數家之產」云云。夫工藝之新，今人所譽為文明者也。然人之因此而陷於饑寒者眾矣，而其物亦卒隨兵燹而盡，哀哉！

疏食上

茹毛飲血，此皆以為形容野蠻人之詞耳，其實不然，此四字見《禮記．禮運》。《正義》云：「雖食鳥獸之肉，若不能飽者，則茹食其毛以助飽，若漢時蘇武以雪雜羊毛而食之，是其類也。」古人恆苦饑荒，蘇武之窮乏，於古必數見不鮮，足見其非形容之詞。《詩．豳風》：「九月築場圃。」《箋》云：「耕治之以種菜茹。」《正義》云：「茹者咀嚼之名，以為菜之別稱，故書傳謂菜為茹。」案毛言茹，菜亦言茹，則古人之食菜，與茹毛同。肉不能飽而茹毛，草木之實不能飽而茹菜，其致一也。然茹植物之始，非必皆後世老圃之所植也，蓋草根樹皮，無弗食焉，其去後世饑荒時之所食，亦無幾耳。《禮記．月令》：仲冬之月，山林藪澤，有能取蔬食，田獵禽獸者，野虞教道之；其有相侵奪者，罪之不赦。《周官》大宰九職：「八曰臣妾，聚斂疏材。」委人：「掌斂野之賦，凡疏材、木材、凡畜聚之物。」《管子．七臣七主》曰：果蓏素食當十石。〈八觀〉曰：萬家以下，則就山澤；萬家以上，則去山澤。皆可見其養人之廣。若後世，則惟饑荒之時食之，見諸救荒本草中耳。

《淮南．主術》曰：夏取果蓏，秋畜疏食。則果蓏與疏食不同；果蓏者草木之實也，疏食其根莖也。《禮記》鄭《注》曰：草木之實為疏食。《周官》鄭《注》曰：疏材，根實可食者。混二者為一，恐非。

疏食較穀食為麤，穀之麤者，亦較其精者為麤，故後亦稱穀之麤者為疏食。《禮記．雜記》：「吾祭，作而辭曰：疏食不足祭也。吾餐，作而辭曰：疏食也，不足以傷吾子。」《正義》曰：「疏麤之食，不可強飽，以致傷害。」是也。今者穀之精者，不足養人，人人知之矣。予謂更推之，則專食麤穀，或者不如兼食各種植物。古《本草》有所謂久服輕身延年者，今人試之，或無其效，則以古說為不可信。然古人所謂久服者，恐非如今人以之為藥物，乃以之為饔飧也。國民軍圍武昌，某藥肆學徒，為其肆送何首烏，中途炮火大作，流彈紛至，不能至肆，姑歸家止焉，已而其肆閉。此學徒家惟老父一人，久癱瘓臥床弗能動矣。父子二人，閉門坐守。糧絕，遂以何首烏當飯。一月許，其父竟愈。此事見上海某報，予曾錄存之，今亦在游擊區中，弗能道其詳，然其大致固猶能記憶也。此人癱瘓之獲愈，不知果由以何首烏代飯否？然《本草》中所云常服之品，若以之代飯，必有效驗可見，則理有可信也。神農為古農業之稱，本非指人，如〈月令〉云：毋發令而待，以妨神農之事是也。所謂《神農本草經》者，非謂炎帝神農氏所作之本草經，乃謂農家原本草木性味之書耳。古農家所以能知百草之性者，亦以其所食不專於穀物也。

疏食下

疏食足濟民食，漢世猶知之。《後漢書·和帝紀》：永元五年九月壬午，令郡縣勸民蓄疏食，以助五穀。其官有陂池，令得採取，勿收假稅二歲。十一年二月，遣使循行郡國，稟貸被災害不能自存者，令得漁採山林池澤，不收假稅。十二年二月，詔貸被災諸郡民種糧，賜下貧鰥寡孤獨不能自存者及郡國流民，聽入陂池漁採，以助疏食。十五年六月，詔令百姓鰥寡漁採陂池，勿收假稅二歲。《安帝紀》：永初三年七月庚子，詔長吏案行在所，皆令種宿麥疏食，務盡地力。其貧者給種餉。案《劉玄傳》[1]言：王莽末，南方饑饉，人庶群入野澤，掘鳧茈而食之，此即所謂疏食也。《漢書·王莽傳》：天鳳五年，以大司馬司允費興為荊州牧。見，問到部方略。興對曰：荊揚之民，率依阻山澤，以漁採為業。閒者國張六管，稅山澤，妨奪民之利；連年久旱，百姓饑窮，故為盜賊。莽怒，免興官。然至地皇三年，卒開山澤之防，諸能採取山澤之物而順月令者恣聽之，勿令出稅，可見疏

1 劉玄（？—二十五），字聖公，西漢末年由綠林軍擁立為皇帝，年號更始，後在赤眉軍及劉秀兩方夾擊下，政權瓦解。

食關係之大。〈劉玄傳〉言：入野澤掘鳧茈者，更相侵奪，王匡王鳳為平理諍訟，遂推為渠帥。此所謂飲食必有訟，而能平理諍訟者，為眾所推，亦即所謂爭而不已，必就其能斷曲直者而聽命焉者也。元魏嘗罷河東鹽池之稅矣，富強者專擅其用，貧弱者不得資益。延興初，復立監司，量其貴賤，節其賦入，公私兼利。世宗即位，復罷其禁。豪貴之家，復乘勢占奪。近池之民，又輒障吝。強弱相陵，聞於遠近。神龜初，卒復置監官。然則設官管理，本非徒計利入，亦所以抑豪強而公美利也。而惜乎主管榷者，賢者徒知利國，不肖者且躬肆侵漁也。

《漢書．地理志》言：江南以漁獵山伐為業，果蓏蠃蛤，食物常足，故呰窳媮生而亡積聚。飲食還給，不憂凍餓，亦無千金之家。夫其無積聚而不憂凍餓，正以山澤之利，不與五穀俱荒故也。莽以峻切之政齊之，其致亂宜矣。然龔遂為渤海太守，秋冬課收斂，益畜果實菱芡，勞來循行，郡中皆有畜積，則北方亦未嘗無疏食之利也。《後漢書．江革傳[2]》云：負母逃難，常採拾以為養。〈獨行傳〉：范冉[3]遭黨人禁錮，遂推鹿車，載妻子，捃拾自資。《注》引《袁山松書》曰：冉去官，嘗使兒捃拾麥，得五斛，此即收斂所餘，龔遂所以欲課民收斂也。《詩》曰：彼有遺秉，此有不斂穧，龍

2 江革（生卒年不詳），字次翁，，其於當時有「江巨孝」之稱行於天下，為後人輯於《二十四孝》之一的「行傭供母」。

3 范冉（一一二—一八五），字史雲。精通五經，尤以《易經》、《書經》為最。因為家中貧窮，時人稱之為「甑中生塵范史雲，釜中生魚范萊蕪」，即為成語「甑塵釜魚」之由來。

子言樂歲粒米狼戾，小民無遠慮，固不得不有賢長官教督之。或曰：一舉而盡斂之，寡婦之利安在？曰：禮義生於富足，孟子曰：民非水火不生活，昏暮叩人之門戶，求水火，無勿與者，至足矣。聖人治天下，使有菽粟如水火，而民焉有不仁者乎？豈尚慮寡婦之無以為養耶？

昧於義者，率言人生而自私，故行私產之制，則地無遺利，其實行私產之制，則遺利多而狼戾亦愈甚。何者？力非為己，則不出於身，貨不藏於己，即任其棄於地也。《漢書．貨殖傳》言貧者含粟飲水，富者犬馬餘肉粟。犬馬而餘肉粟，豈非狼戾之甚者邪？

《後漢書．桓帝紀》：永興二年六月，詔司隸校尉部刺史曰：蝗災為害，水變仍至，五穀不登，人無宿儲。其令所傷郡國種蕪菁，以助人食。此亦疏食助穀食，惟仍有待於種耳。古之種穀者不得種一穀，以防災害也。（見《公羊．宣公十五年》《解詁》。）然災害有凡穀者皆不能種，而疏食猶可種者。又有地本不宜於穀，而猶可種疏食者。夫穀食較之疏食，穀食則美矣。然既知穀食，而遂盡廢疏食，則亦無是理。種穀者徒知種穀，穀不可種，遂束手待斃，亦未盡重民食之道也。

王莽末，天下旱蝗，黃金一斤，易粟一斛。建武之初，野穀旅生，麻菽尤盛，人收其利。（《後漢書．光武紀．建武二年》。）此遭大亂之後，田畝荒廢，悉變為平時之山澤也。馮異之入關，黃金一斤，易豆五升，道路斷隔，委輸不至，軍士悉以果實為糧。（《後漢書》本傳。）獻帝之幸安邑，亦以棗栗為糧。（《後漢書．伏皇后紀》。）《三國志．魏武帝紀注》引《魏書》，言自遭荒亂，率乏糧穀。袁紹[4]之在河北，軍人仰食桑椹，袁術[5]在江淮，取給蒲嬴[6]（建安元年。）果實而足食三軍之師，雖曰不得飽；其利之厚，則可見矣。講求農業者，安得不推廣之於穀食之外邪？

《史記．陳丞相世家》曰：平為人長，美色。人或謂曰：貧，何食而肥若是？其嫂嫉平之不視家生產，曰：亦食糠覈耳。其實糠覈之養人，未必遽遜於穀物也。《漢書．食貨志》言王莽分遣大夫謁者教民煮木為酪，酪不可食，重為煩擾。（〈莽傳〉云：分教民煮草木為酪，酪不可食，重為煩費。）夫至於遣使設教，則必固有其法審矣。大夫謁者教或不善；木可為酪，則必不誣也。

---

4 袁紹（？—二〇二），字本初，為東漢末年割據勢力之一。

5 袁術（一五五—一九九），字公路，袁紹之弟，後立足淮南僭號自立為帝，然因得不到支持，遭各方勢力圍攻，最終兵敗悲憤而死。

6 蒲蠃（ㄌㄨㄛˇ），指蚌蛤之屬。

肉食與素食

古惟貴者、老者乃得食肉，庶人之食，魚鱉而已。漢世猶有其風。《漢書．王吉傳》云：自吉至崇，世名清廉，祿位彌隆，皆好車馬衣服，其自奉養，極為鮮明，而無金銀錦繡之物，及遷徙去處，所載不過囊衣，不畜積餘財，去位家居，亦布衣疏食，天下服其廉而怪其奢。故俗傳王氏能作黃金。蓋漢世居官者，多好畜積餘財，藏金銀錦繡，王氏一不事此，而惟以之自奉養，則固可使人怪其奢，何待能作黃金，彼豈不能預為他日計，而必一去位即布衣疏食，蓋以為制度宜然也。《後漢書．崔駰傳》云：子瑗，愛士好賓客，盛脩肴膳，單極滋味，居常疏食菜羹而已，亦非力不能自奉，以為禮則然也。《三國．蜀志．費禕傳注》引〈禕別傳〉曰：禕雅性儉素，家不積財，兒子皆令布衣素食，出入不從車騎，無異凡人。可見凡人皆布衣素食。其居官而仍素食者，則為儉德。《後漢書．孔奮傳》：守姑臧長，時天下擾亂，惟河西獨安，而姑臧稱為富邑，通貨羌胡，市日四合，每居縣者，不盈數月，輒至豐積，奮在職四年，財產無所增，事母孝謹，雖為儉約，奉養極求珍膳，躬率妻子，同甘菜茹。〈楊震傳〉：舉茂才，四遷荊州刺史，東萊太守，後轉涿郡太守，性公廉，不受私謁，子孫常蔬食步行。〈黨錮傳〉：羊陟拜河南尹，計日受奉，常食乾飯茹菜。《三國．吳志．是儀傳》：孫權幸儀舍，求視蔬飯，親嘗之，對之歎息，即增奉賜，益田宅。及費禕皆其選也。

孔奮躬率妻子，同甘菜茹，而事母極求珍膳，所以養老也。閔仲叔客居安邑，老病，家貧不能得肉，日買豬肝一片，屠者或不肯與，安邑令聞，敕吏常給焉。仲叔怪而問之，知，乃歎曰：閔仲叔豈以口腹累安邑邪？遂去。（《後漢書．周燮等傳》。）其未去時，豈不能素食，亦以為養老之禮則然也。〈郭泰傳〉：茅容年四十餘，耕於野，時與等輩避雨樹下，眾皆夷踞相對，容獨危坐愈恭，林宗行見之，而奇其異，遂與共言，因請寓宿。旦日，容殺雞為饌，林宗謂為已設，既而以共其母，自以草蔬與客同飯。林宗起拜之曰：卿賢乎哉！因勸令學，卒以成德，亦養老之禮，猶存於野者也。

茅容以草蔬與客同飯，蓋田家待客，本不過爾。故丈人為子路殺雞為黍，《論語》亦特記之矣。然即貴人待客，於禮亦不甚奢。張禹成就弟子尤著者，彭宣、戴崇。宣為人恭儉有法度，而崇愷弟多知，禹心親愛崇，敬宣而疏之，崇每候禹，常責師宜置酒設樂，與弟子相娛，禹將崇入後堂飲食，婦女相對，優人管弦鏗鏘，極樂，昏夜乃罷。而宣之來也，禹見之於便坐，講論經義，日宴賜食，不過一肉，卮酒相對，宣未嘗得至後堂，及兩人皆聞知，各自得也。（《漢書》本傳。）禹之待戴崇，特奢淫之為，其待彭宣則禮也。《三國．吳志．步騭傳》：世亂，避難江東，單身窮困，與廣陵衛旌，同年相善，俱以種瓜自給。會稽焦征羌，郡之豪族，人客放縱，騭與旌求食其地，懼為所侵，乃共脩刺奉瓜以獻，征羌作食，身享大案，殽膳重沓，以小盤飯與騭、旌，惟菜茹而已。旌不能食，驚極飯致飽，乃辭出。旌怒驚曰：何能忍此？驚曰：吾等貧賤，是以主人以貧賤遇之，固其宜也，當何所恥。以貧賤遇人，食以菜茹，則知貧賤者食人，亦不過如是也。征羌之失，在其身享大案，殺膳重沓。若以一肉卮酒，與客相對，或如茅容，以草蔬與客同飯，亦不為失。何則？漢和熹鄧后，朝夕一肉飯，而張禹亦以一肉賜彭宣，知食不重肉，貴人常奉則然，所以待客者，亦不過身所常御，征羌以是待客，又孰得而非之哉？《三國．魏志．武宣卞皇后傳注》引《魏書》曰：帝為太后弟秉起第，第成，太后幸第，請諸家外親設，廚無異膳，太后左右，菜食、粟飯，無魚肉。此亦以常禮待客，又可見在平時，雖貴人左右，亦不肉食也。

《漢書．貨殖傳》：任公家約，非田畜所生不衣食，公事不畢，則不得飲酒食肉，此古田家禮本如是。任氏特家富而不改其故耳。《鹽鐵論．散不足篇》曰：古者燔黍食稗，而燁豚以相饗，其後鄉人飲酒，老者重豆，少者立食，一醬一肉，旅飲而已。及其後賓婚相召，則豆羹白飯，綦膾熟肉，今民間酒食，殺旅重疊，燔炙滿案。又曰：古者庶人糲食藜藿，非鄉飲酒、媵腊、祭祀無酒肉。故諸侯無故不殺牛羊，士大夫無故不殺犬豕。今閭巷縣佰，阡陌屠沽，無故烹殺，相聚野外，負粟而往，挈肉而歸。又曰：古者不粥飪，不市食。及其後則有屠沽沽酒，市脯魚鹽而已。今熟食編列，殺施成市。似乎漢人之食，奢侈異常矣。然《論衡》，謂海內屠肆，六畜死者，日數千頭，不過今日一大市耳。（二十八年五月十三日《申報》云：戰前上海豬肉，日銷五千至八九千頭，大伏重陽，為清淡之期，日僅四五百頭，通計日二千三四百頭。案此牛羊肉猶不在內也。）知《鹽鐵論》之言，有過其實也。閔仲叔日買豬肝一片，屠者或不肯與，夫以仲叔之廉，豈其貰貸不還，所以不肯與者，蓋以宰殺無多，欲留以待他人之求也。濁氏以胃脯而連騎，（《漢書・貨殖傳》。）則凡小業皆可致富。亦不能以是而言漢世粥飪之盛也。要而言之，漢世之飲食，猶遠較今世為儉。

無屠沽則食必特殺，因家常畜，惟有雞豚，《鹽鐵論》言：一豕之肉，得中年之收。（亦見〈散不足篇〉。）故多殺雞。《三國・魏志・典韋傳》：襄邑劉氏，與睢陽李永為仇，韋為報之，永故富春長，備衛甚謹，韋乘車載雞酒，偽為候者，門開，懷匕首入，殺永，并殺其妻。可見相問遺者亦如是，使是處皆有屠肆，適市求之，豈不較殺雞更便，此亦可見漢世屠肆之不甚多也。

寒素[1]

自魏晉行九品中正之制，而「上品無寒門，下品無世族」，（晉劉毅[2]語。）直至唐代科舉之制興，而寒素之士始有進身之階，然此固非一蹴而幾，其間演變之跡，有可得言者。《晉書．庾峻[3]傳》云：「是時風俗趣競，禮讓陵遲，峻上疏曰：『聖王之御世也，因人之性，或出或處，故有朝廷之士，又有山林之士。朝廷之士，佐主成化，猶人之有股肱心膂，共為一體也。山林之士，被褐懷玉，太上棲於丘園，高節出於眾庶；其次輕爵服，遠恥辱以全志；最下就列位，惟無功而能知止；彼其清劭足以抑貪污，退讓足以息鄙事，故在朝之士，聞其風而悅之；將受爵者，皆恥躬之不逮，斯山林之士、避寵之臣，所以為美也。先王嘉之，大者有玉帛之命，其次有几杖[4]之禮，此先王之弘也。秦

---

1 本篇曾改題為〈選舉寒素之士〉。
2 劉毅（二一六—二八五），字仲雄，曹魏及西晉時期官員。
3 庾峻（?—二七三），字山甫，曹魏及西晉時期官員、散文家。
4 即憑几與手杖，古代常用來孝敬贈送老者的禮物。

塞斯路，利出一官，雖有處士之名，而無爵列於朝者，時不知德，惟爵是聞，故閭閻[5]以公乘侮其鄉人，郎中以上爵傲其父兄。夫不革百王之弊，徒務救世之政，文士競智而務入，武夫恃力而爭先；官高矣而意未滿，功報矣其求不已；又國無隨才任官之制，俗無難進易退之恥；位一高．雖無功而不見下，已負敗而復見用，故因前而升，則處士之路塞矣。又仕者黜陟[6]無章，是以普天之下，先競而後讓，舉世之士，有進而無退，大人溺於動俗，執政撓於群言，衡石為之失平，清濁安可復分。』」處士固不免虛聲，然如干寶所云：「悠悠風塵，皆奔競之士，列官千百，無讓賢之舉」者，所乏者非濟世之才，所闕者實廉隅之士，峻之言，乃誠晨鐘暮鼓也[7]。峻又曰：「夫人之性陵上，猶水之趣下也，益而不已必決，升而不已必困，始於匹夫行義不敦，終於皇輿為之敗績。」嗚呼，何其言之痛，而於後來懷、愍之禍，若燭照而數計也。

雖然，欲進處士，則亦有難焉者矣。欲以矜式一世，挽回末俗，其人必無欲而不爭；聲華馳騖之徒，顯以為名而陰以為利，未有足稱為處士者也。〈李重傳〉：「遷尚書吏部郎，務抑華競，不通私謁，特留以隱逸，由是群才畢舉，拔用北海西郭湯、琅邪劉珩、燕國霍原[8]、馮朔吉謀等為祕書郎

---

5 音ㄌㄩˊ 一ㄢˊ，即鄉里。

6 音ㄔㄨˋ ㄓˋ，指稱官職的升遷或降黜。

7 原為佛寺中朝課及熄燈前會敲擊鐘鼓提醒，轉作警惕、自勵之意。

8 霍原（？—三一三），字休明，西晉隱士。

及諸王文學，故海內莫不歸心。時燕國中正劉沈[9]舉霍原為寒素，司徒府不從，沈又抗詣中書奏原，而中書復下司徒參論。司徒左長史荀組以為：『寒素者，當謂門寒身素，無世祚之資。原為列侯，顯佩金紫，先為人間流通之事，晚乃務學，少長異業，年逾始立，草野之譽未洽，德禮無聞，不應寒素之目。』」此則其言實是，而重之右沈者實非也。以留心隱逸之人，而其所拔用者如是。搜求寒素，夫豈易言哉？

雖然，捨寒素而用貴富之禍則有恫焉者矣。〈閻纘傳〉[10]：「愍懷太子[11]之廢也，纘輿棺詣闕，上書理太子之冤，曰：『每見選師傅，下至群吏，率取膏粱擊鐘鼎食[12]之家，希有寒門儒素。』又曰：『非但東宮，歷觀諸王師友文學，皆豪族力能得者，友無亮直三益之節[13]。官以文學為名，實不讀書，但

---

9 劉沈（?－三〇四），字道真，西晉官員、將領。受衛瓘徵用為官，後推薦霍原為二品官吏，更曾替張華申冤。

10 閻纘（生卒年不詳），字續伯，為西晉時期官吏，其祖為張魯（五斗米道之天師）之功曹，其性慷慨直言，因有功受封平樂鄉侯。

11 司馬遹（二七八－三〇〇），字熙祖，諡號愍懷太子，為晉惠帝司馬衷的庶子。二九〇年，晉惠帝即位後冊立其為皇太子，後遭皇后賈南風廢黜殺害。

12 指打鐘列鼎而食，用以形容貴族或富貴人家生活奢華。

13 三益之節乃取自《論語》之「益者三友，損者三友。友直，友諒，友多聞，益矣。」指具有正直、誠實、見多識廣三種操守。

共鮮衣好馬，縱酒高會，嬉遊博弈。請置遊談文學，皆選寒門孤宦，以學行自立者，使嚴御史監護其家，絕貴戚子弟，輕薄賓客。』皇太孫立，纘復上書，言：『旦夕訓誨，輔導出人，動靜劬勞，宜選寒苦之士。其侍臣以下，文武將吏，且勿復取盛戚豪門子弟。若吳太妃家室及賈、郭之黨，如此之輩，生而富溢，無念脩己，率多輕薄浮華，相驅放縱，皆非所補益於吾少主者也。』觀纘之言，得知晉之骨肉相殘，終至青衣行酒[14]，見辱他族，非天之降才爾殊，而其父兄自僇辱之也。嗚呼，豈非百世之殷鑑哉！

14 青衣在漢代之後為奴僕、差役者之穿著，用以指稱卑賤者。行酒指依次斟酒。此處以青衣行酒代指晉懷帝被俘虜受辱一事。

九品官人之始

《三國．魏志．陳群傳》[1]：「文帝在東宮，深敬器焉，待以交友之禮，常歎曰：『自吾有回，門人日以親。』及即王位，封群昌武亭侯，徙為尚書。制九品官人之法，群所建也。」似其法始於文帝為王時者。然《宋書．恩倖傳》言：「漢末喪亂，魏武始基，軍中倉卒，權立九品。」則其法實不始於魏文，亦不必為陳群所建。群之所建者，特以權立之事，制為定法，此則其事在文帝即王位後，群徙為尚書之時耳。《晉書．衛瓘傳》：瓘與太尉亮等上疏言：「魏氏承顛覆之運，起喪亂之後，人士流移，考詳無地，故立九品之制，麤具一時選用之本耳。其始造也，鄉邑清議，不拘爵位，褒貶所加，足為勸勵，猶有鄉論餘風。中間漸染，遂計資定品，使天下觀望，惟以居位為貴，人棄德而忽道業，爭多少於錐刀之末，傷損風俗，其弊不細。」則其法初立時，未嘗無益，後乃敗壞，特其敗壞甚速耳。

---

1 陳群（？－二三七），字長文，東漢末及三國曹魏時期官員，傳為九品官人法創建者。

高等小學校用　新式國文教科書第六冊

一、二巨人

天地間有兩巨人焉。其一四海為家，遍地球四之三，皆其所託足。所至役於眾，若公僕。不衣不食，日夜勤動，無少休。又不索值，人多利用之。力至大。有置磨河濱，以磨其穀者，磨綦重，莫能轉。巨人直前推之，磨輪皆動。其背甚廣，千鈞加其上，負之而趨。健行不息，浪跡江湖者，非巨人不能致也。有時怒，與其曹相激戰，則風雲變色，山岳為摧。顧不久，即恬靜如恆。性好遊，舉足千里，一往不復，然澗溪沼沚間，亦恆見其踪跡。或當黑雲如墨，電掣雷鳴之際，眾皆走避，巨人獨馳驟空中，如飛將軍之從天而下。嘻！異矣。

復有一巨人，性猛烈，喜掠食。所嗜獨異，每求野草枯枝，紙片煤屑，以饜其欲，遇之立盡。不常飲，飲必以油，或酒醇，餉以水漿，則望望然去之。或暴怒，奪門出，疾行廛市間，所過無不毀滅，人皆驚避，莫敢攖其鋒。草昧初開時，人但畏憚巨人，敬祀之。久之，漸稔其性質，乃亦藉為用。巨人善執炊，茹毛飲血之風以革，至於後世，雖有易牙，非藉其力，莫能烹飪也。又能鍛鑄金屬，化百鍊鋼為繞指柔，冶人深賴之。而陶人之製器，亦非巨人無以奏其功焉。

論曰：甚矣哉，人類之弱也。昔人所謂不能搏噬，又無毛羽，莫克自奉自衛，必將假物以為用者也。自生民之初，至於今日，所假以為用者亦眾矣。惟二巨人，自燧人、神禹以降，民常食其利，貧富貴賤，莫能一日離，巨人之功，亦偉矣哉！

二、拿破崙

拿破崙，地中海科西嘉島人也。少肄業陸軍學校，補軍官。法國大革命後，攻奧地利有功。又襲埃及，取之。威望日著，遂被舉為總統。

拿破崙夙抱統一歐洲之志。既得位，勤修政事，蒐討軍實，國勢大張，輿論咸服，遂即帝位。歐洲諸國，屢結同盟以抗之，然卒不勝。奧都維也納，普都柏林，皆為法所陷。俄人起兵援之，亦大敗。拿破崙又北據荷蘭，南舉意大利，西取西班牙、葡萄牙，而東脅德意志諸邦。方是時，拿破崙以一人宰制大陸，歐洲諸侯，五合六聚而不能救，亦可謂曠世之勳矣。

已而拿破崙發布條例[1]，禁大陸諸國與英通商。俄與瑞典首起抗之。拿破崙攻俄，不克。歐洲諸國，乘而攻之，流之厄爾巴島。別立法王，而開會議於維也納，使法返侵地，謀正疆界。議未定，拿破崙已潛返巴黎。列國聞之，大驚，再合兵攻之。拿破崙雖善戰，然國中凋敝已甚，從軍者皆不及年，眾寡又不敵，遂大敗。被流於聖海崙島以卒，年五十一。

拿破崙功名雖不終，然其用兵，料敵制勝，出奇無窮。歐洲史家，至今豔稱之。其初攻奧也，將踰阿爾卑斯山，入意大利。將士或難之。拿破崙毅然曰：阿爾卑斯，詎足妨吾馬足邪？又嘗有言曰：難之一字，惟愚人所用字典有之。亦可以想見其為人已。

拿破崙

三、祭田橫墓文　韓愈

貞元十一年九月，愈如東京，道出田橫[2]墓下。感橫義高能得士，因取酒以祭，為文而弔之。其

1 此指拿破崙於一八〇六年發布的「大陸封鎖政策」。

2 田橫（?—西元前二〇二），為齊王田氏後裔，秦末六國群雄之一，自立為齊王。後韓信破齊，田橫兵敗辭曰：

事有曠百世而相感者，余不自知其何心。非今世之所稀，孰為使余歔欷而不可禁。

余既博觀乎天下，曷有庶幾乎夫子之所為。死者不復生，嗟余去此其從誰。

當秦氏之敗亂，得一士而可王。何五百人之擾擾，而不能脫夫子於劍鋩。抑所寶者非賢，亦天命之有常。

昔闕里之多士，孔聖亦云其遑遑。苟余行之不迷，雖顛沛其何傷。自古死者非一，夫子至今有耿光。跽陳辭而薦酒，魂髣髴而來享。

四、登喜瑪拉亞山觀日出記

喜瑪拉亞山，有大峰四十八，其高皆踰萬尺，而以額非爾士為之魁，高至二萬九千尺。向推世界第一高山。

客有往遊者，夜將晨，策馬向最高峰觀日出。但見雲氣滃鬱，群山盡黑。忽有紫光一道，破空而來，直射峰巔，動心駭目，蓋湧出地平線之日光也。此時峰之上部紫色，中部純黑，下部則浮雲浩蕩，莽然一白。少頃，日光漸上，上部漸紅，中部漸紫。又少頃，紅者變而為金，紫者變而為紅。

不降不屈，選擇自刎而死，其門客五百人皆自戕殉主。

於是全山皆受日光矣。日光愈上，群峰悉現，爭曝於朝陽之下，而遠望之，尚有一峰，矗立天際，獨純黑如故，蓋即所謂額非爾士者，據群峰之頂，至此尚未受日也。又踰數分時，紫光閃爍，自額非爾士反映於群峰，群峰皆深紅，而額非爾士猶純紫。莊嚴雄麗，無與倫比，不可謂非世界第一偉觀矣。

五、天文臺

泰西各國，天文一學，研究甚力。其築臺以測日月星辰者，謂之天文臺，以英國格林威尼為最著名。儀器紛陳，專家職掌。風雨寒暑，布告國人。近世紀中，久已習為常事矣。

論其效用，則一在農業。水溢旱乾，風災雹害，誰實先知？患至後防，已嗟不及。惟彼司天文臺者，以其算數之準，測驗之精，眹兆初萌，即能先見。於是日熱盛衰，雨量多寡，風氣變遷，在在若有預定。農家乃能遵守天時，知趨避而籌補救。

一在航海。舟行萬里，生命財產，其數無量。風浪驟張，人力實難保障。惟彼司天文臺者，於颶起潮

天文臺

漲等事，皆準乎引力吸力之理，預測其發生。航海家乃能各有戒心，知儆備而無疏失。

此外則察彗星以遏訛言，驗交食以成歲月，探星座以廣發明，皆天文臺之所有事。誠以天象昭昭，無一不有關人事也。我國昔時，於天文一學，研求代有專家，職事掌諸官府。而近日行政，亦以曆象屬教育部，設有專員。其用意將毋同。

六、太平洋中汽船

客有乘汽船遊太平洋者。風日晴美，海平如鏡。至最上層遊覽場中，憑高望遠，水天一色，不知其幾萬里也，心目與之俱遠。場周五百餘尺，前為廣堂，寬與舟相等。地鋪石版，覆以紅氈。堂頂啟牖，彎彎作新月狀。下設電燈，至夕，千穗一焰，光耀奪目。堂後為音樂室。室前置風琴、管籥畢陳，俾客各奏其所習。為圖書室，搜集名家著述，臚列數十百廚，以待借讀者。其側又為數室，室各置坐具，四周如大環，俾客各以類聚，毋相羼也。場後復有室，遙與堂對，廣亦相埒。是為群客聚集之處。別室備吸煙，供沐浴。與寢室參錯其間。蓋最上層盡於此矣。

客所處者為第二層。寢室在右舷。行廚僕役在左舷，便於呼應，而不得穿越。寢室中坐臥盥洗之具，皆工緻絕倫。室凡四列，各有休息、盥沐之所。餐堂布長席，可容二百餘人。壁傅漆，碧素相雜，糝以金泥。其華美皆類此。

更下復有二層。所以處二三等之客，儲煤蓄水。雖華美弗逮，而堅緻則同。隔以複壁，不使滲漏。以備萬一遇險，水不遽入，慮至密也。

客既周歷首尾，乃諮於舟人。長幾何耶？曰：五百七十尺有奇也。廣幾何耶？曰：六十三尺也。容積幾何耶？曰：一萬八千噸也。且曰：大西洋中之汽船，其華麗閎大，更有遠過於此者。

今者拘墟之子，或以遠涉重洋為險。寧知淩波穩渡，其可樂固如是耶。

七、交通

語曰：水性使人通，山性使人塞。故近海之民，其開化常早。遠海之民，其開化較遲。歐洲之開化，早於澳、非。中國、印度之開化，早於中央及北方亞細亞。職是故也。

交通之發達，始於河湖，進及沿海，更進乃及於遠洋，而今後則又將進入於大陸。試觀澳洲縱貫鐵道之成，而英屬南非洲之鐵道，亦將過湖水地方，而接連於埃及，可知也。自今以往，山嶺重疊之地，沙漠綿亙之鄉，將無往而非文明國民勢力之所及矣。

往者瀛海未通之時，亞、歐、非、澳、南北美之人民，固渺乎其不相涉也。自汽船之用既宏，浩渺重洋，如航一葦。而澳洲白，非人奴，南北美闢，亞洲沿海諸國，亦駸駸不自保矣。交通之進步，既有加無已，則今後之立國於大陸者，可不思所以自保之策哉？

八、學術

利物前民之用，強兵富國之圖，至今日，莫不有賴於學術。故各國政府，咸汲汲焉，思所以提倡獎厲之。於發明品，則持許其專利。於著作物，則保護其版權。皆所以鼓舞其民，使能精心研究也。不特此也，其社會相與集合研究之風亦最盛。私人之捐貲設立學校，補助圖書館、博物院等事業者，既屢有所聞。又有所謂學會者，集一國中通人碩士，共講肄焉。其學識深邃，名望夙著者，雖籍隸異國，亦推為名譽會員。每一國中，新刊之書籍雜志，歲以千萬計。其有艱深之理，重要之事，為少數人所不能解決者，則又懸賞徵答，以冀眾人之相與研究焉。嗚呼！何其盛也。

我國社會，聚徒講習之事，罕有所聞。朋從相集，非博弈飲酒，則閒言送日耳。昔顧亭林嘗悼晚明之習，謂南方學者，皆言不及義，好行小慧；北方學者，皆飽食終日，無所用心。以今日之風氣校之，亦何以自解哉。不學則愚，愚則弱，弱則亡，我國人不可不深自省也。

九、饑民慘狀記

丁未冬，居上海，得友人函，言饑民狀。予心怦然動，然未一見也。昨以事返揚州。揚州襟江帶湖，饑民南下者，均麕集於此。既登陸，晤友人，詢揚近事，曰：饑民可悲也。予心又怦然動。翌日，以事往鄉間，出城西南行。是日，朔風怒號，撲面如割，遍野皆作白色。予方飽食醉酒，猶時時肌起栗。行不數武，見若老若小，若婦若男，瑟縮遍官道傍，彌望而是。詢之皆饑民，有司以圩居之，圩築以土，圩內聚而居者，不知其幾千萬也。既入圩，則蓆棚趾相錯。每一姓，以一棚畀之。有著單衣者，有併單衣無之，僅以破布被體者。匍匐僵處朔風中，瑟瑟戰不已。每經一棚，無不聞哭聲。有男女老幼相抱持哭者。有孩提子哭向其母索食，而母子均哭者。有偃臥草上，擁破蓆，色如陳死人，而其家屬對之哭者。

哭聲既遍野，人語舉不得聞。有一人，手持竹筐，不知從何許得殘瀋，雜紅白，方欲自奉，旁坐者見之，則互搶攘。偶一不慎，筐傾於地。鳩形者咸奔集，手爪膩漆，鷹攫狼搏，殘粒頃刻盡。時日光從棚蓆下，咸匍匐駢踵，就曝日中，猶戰栗不止。一婦哭甚哀。與之錢，受而哭不止。問之，曰：「吾家都七人，吾翁死最早，吾姑死，吾夫又死，今昨兩日，吾之長次兩子又死，所存者惟吾及一女，亦三數日內人耳。」予問曰：「若曹胡不歸乎？」曰：「無家可歸也。」曰：「地方官不嘗為冬賑局乎？」曰：「人數過眾，杯水車薪，無濟於事。且所給者皆荳餅。荳餅，榨油之餘粕也。食之者，往往得疾死，死者日百數十也。」予聞之，心益動，涕靡靡墮，不忍再進，遂廢然返。

十、慈善事業

世有至不平之事焉，富者甚富，貧者甚貧。富者遇貧者，未嘗有惻隱之心。且從而賤視之，呵斥之。嗚呼！是誠何心。

今非無慈善之人也。遇饑者與以飯，遇寒者贈以衣，其用心亦良苦矣。然其效卒鮮，何哉？有以養之，無以教之也。

夫慈善云者，當為積極之進行，不當為消極之補綴。當使人人咸能自立，而不當使之待養於人。故欲為慈善者，如醫院，如瘋人院，如孤兒院，如習藝所，如聾瞽殘廢學校，以及平時之大工廠，大建築，戰爭時之紅十字會，凶荒水火時之賑濟團等，皆宜量力為之。雖操術不同，然慈善之旨則一也。體天地好生之德，以為根本之拯救。不禁為全世界既饑既溺之民，禱祀求之矣。

抑余更有說焉。欲為慈善，不必專恃乎力也。力有不逮，救之以言。人無知識，我濬其靈明。人而庸懦，我鼓其志氣。遇親故如是，遇尋常相識者亦如是，即遇不相識者，亦仍如是。是其慈善，雖若無實跡可見，然由暫而常，由寡而眾，即一啟口間，人已蒙無窮之惠矣。先哲有言：「仁人之言其利溥。」其是之謂乎？彼心乎慈善，而力有不逮者，盍取法於斯。

十一、與安子介書　唐順之

謹具布被一端，奉為令愛送嫁之需。

布被誠至質且陋矣。然以之廁於錦繡綾綺，銷金綴翠，玄朱錯陳之間，則如葦籥土鼓，而與朱絃玉磬金鐘大鏞相答響，乃更足以成文。又如貴介公子，張筵邀客，珠履貂冠，狐裘豹袖，聯翩雜坐，既美且都，而有一山澤被褐老人，逍遙曳杖其間，乃更足以妝點風景，而不害其為質且陋也。

且夫桓少君之事，兄之所以養成閨行，而出乎習俗之外者，又豈多讓古人哉？素辱知愛，敢以家之所常用者為獻，而侑之以辭。

十二、書陳懷立傳神　蘇軾

傳神之難在於目。顧虎頭之傳神寫照，都在阿堵中，其次在顴頰。吾嘗於燈下，顧見頰影。使人就壁畫之，不作眉目。見者皆失笑，知其為吾也。目與顴頰似，餘無不似者。眉與鼻口，蓋可增減取似也。

傳神與相一道，欲得其人之天，法當於眾中陰察其舉止。今乃使具衣冠坐，注視一物，彼斂容自持，豈復見其天乎？

凡人意思，各有所在。或在眉目，或在鼻口。虎頭云：「頰上加三毛，覺精采殊勝。」則此人意思，蓋在顴頰間也。優孟學孫叔敖，抵掌談笑，至使人謂死者復生。此豈能舉體皆是耶？亦得其意思所在而已。使畫者悟此理，則人人可以為顧、陸。

吾嘗見僧惟真畫曾魯公，初不甚似。一日，往見公。歸而甚喜，曰：「吾得之矣。」乃於眉後加三紋，隱約可見，作仰首上視，眉揚而額蹙者。遂大似。

南都人陳懷立傳吾神，眾以為得其全者。懷立舉止如諸生，蕭然有意於筆墨之外者也。故以所聞者助發之。

十三、核工記　宋起鳳

季弟獲桃墜一枚。長五分許，橫廣四分。全核向背皆山，山坳插一城池，歷歷可數。城巔具層樓。樓門洞敞，中有人，類司更卒，執桴鼓，若寒凍不勝者。枕山麓一寺。老松隱蔽三章。松下鑿雙戶，可開闔。戶內一僧，側首傾聽。戶虛掩，如應門，洞開，如延納狀。左右度之無不宜。松外東來一衲，負卷帙踉蹌行，若為佛事夜歸者。對林一小陀，似聞足音僕僕前。

核側出浮屠七級，距灘半黍。近灘維一舟。篷窗短舷閒，有客憑几假寐，形若漸寤然。舟尾一小童，擁爐噓火，蓋供客茗飲也。艤舟處當寺陰。高阜，鐘閣踞焉。叩鐘者貌爽爽自得，睡足徐興乃爾。

山頂月晦半規，雜疏星數點。下則波紋漲起，作潮來候。

取詩「姑蘇城外寒山寺，夜半鐘聲到客船」之句。計人凡七。僧四、客一、童一、卒一。宮室器具凡九。城一、樓一、招提一、浮屠一、舟一、閣一、爐竈一、鐘鼓各一。景凡七。山、水、林木、灘石四，星、月、燈火三。而人事如傳更、報曉、候門、夜歸、隱几、煎茶，統為六。各殊致殊意，且併其愁苦、寒懼、凝思諸態，一一肖之。

十四、病梅館記　龔自珍

江寧之龍蟠，蘇州之鄧尉，杭州之西谿，皆產梅。或曰：「梅以曲為美，直則無姿。以攲為美，正則無景。以疏為美，密則無態。」固也。此文人畫士，心知其意，未可明詔大號，以繩天下之梅也。又不可以使天下之民，斫直、刪密、鋤正，以殀梅、病梅為業，以求錢也。梅之攲、之疏、之曲，又非蠢蠢求錢之民，能以其智力為也。有以文人畫士孤僻之隱，明告鬻梅者。斫其正，養其旁條；刪其密，夭其稚枝；鋤其直，遏其生氣；以求重價，而江浙之梅皆病。文人畫士之禍之烈至此哉！

予購三百瓮，皆病者，無一完者。既泣之三日，乃誓療之：縱之，順之，毀其瓮，悉埋於地。解其櫻縛，以五年為期，必復之全之。予本非文人畫士，甘受詬厲，闢病梅之館以貯之。烏乎！安得使予多暇日，又多閒田，以廣貯江寧、杭州、蘇州之病梅，窮予生之光陰以療梅也哉？

十五、美禁華工

美國加利福尼省，本荒野之區也。後以發見金礦，資本家欲開採之。而白種人不樂就，乃招華工以往。十數年後，地利大興。向之荒涼滿目者，一變而為富庶繁華。蓋華工之力為最多也。不意其地既闢，至者漸多，而彼國有禁華工之舉。

耐勞苦、勤工作，此華人特性。取價低廉，亦固其所。美工則緣是而妒之。美政府於是設種種苛例。凡華人至美，必須領有護照。初抵其境，由關員查驗之。其查驗也，非隨到隨驗，必守候關員之至。守候之處，為一木屋，內容湫隘，甚於牢獄。當查驗時，應對必慎。其或年貌、姓名，與護照稍有異同，立即驅逐出境，不許逗留。又華工初至，言語不通。有所詢問，每難洞曉。則關員任意去留之。以致重洋遠涉，進退兩難，飲泣吞聲，無從控訴者，所在多有。此皆為杜絕未來華工計也。

至於前已在美者，雖不能公然下逐客之令，然亦以註冊為由，派員搜查，備極騷擾。務令不得安居樂業，或他往，或返國，然後快。即已註冊及假道之華工，亦用量囚徒身體之器量之，其辱之者至矣。

嗟乎！美之鐵道、農場，其為華工所建築、開闢者何限。徒以國力不競，我耕人穫，利益不平。今澳洲等處，亦禁華工矣。世界茫茫，殆無往而非加利福尼省也。倘不亟謀自振，華人雖欲自食其力，亦豈可得耶？

十六、外交

凡獨立之國，無論大小強弱，其在國際上之權利義務，均立於平等地位，不以國力不齊而有異也。自交通漸盛，國際交涉亦日繁。於是各國於內設外交部，更於外遣使互駐，以為外交機關。駐外之外交官，為大使，或公使。其職務在代表本國，整理駐在國之交涉。故各國分遣使節，常駐北京。我國亦遣使分駐於各國首都。

其為本國商務等利益，而遣駐於各國地方者，為領事官。領事官非全國代表也，不過依一定之法令，或聽指揮於駐使，以執行其職務耳。若他國領事，在我國內，有審判其本國人民訟案之權。乃因我與各國訂約時，法律未備，司法制度未善所致。是當早求撤廢者也。

吾國與各國締約以來，外人以私人資格，來華經營事業，或遊歷考察者，後先接踵。我國人亦以經商、遊學等事，多遠適他國。社會之往來日密，則彼此之疑阻自除。吾人處此，在國內當交道接禮，以盡地主之誼；在國外尤當問禁問俗，詳察外情，保持己國榮譽，增進己國利益。誠能內外相處，咸得其宜，則吾國與世界之平和關係，將日臻深固。可見外交之責，初不限於少數之外交官吏也。

十七、唐且使秦　國策

唐且使於秦。秦王謂唐且曰：「寡人以五百里之地易安陵，安陵君不聽寡人，何也？且秦滅韓亡魏，而君以五十里之地存者，以君為長者，故不錯意也。今吾以十倍之地，請廣於君，而君逆寡人者，輕寡人與？」唐且對曰：「否，非若是也。安陵君受地於先王而守之，雖千里不敢易也，豈直五百里哉？」

秦王怫然怒，謂唐且曰：「公亦嘗聞天子之怒乎？」唐且曰：「臣未嘗聞也。」秦王曰：「天子之怒，伏屍百萬，流血千里。」唐且曰：「大王嘗聞布衣之怒乎？」秦王曰：「布衣之怒，亦免冠徒跣，以頭搶地耳。」唐且曰：「此庸夫之怒也，非士之怒也。夫專諸之刺王僚也，彗星襲月。聶政之刺韓傀也，白虹貫日。要離之刺慶忌也，蒼鷹擊於殿上。此三子者，皆布衣之士也。懷怒未發，休祲降於天，與臣而將四矣。若士必怒，伏屍二人，流血五步，天下縞素，今日是也。」挺劍而起。秦王色撓，長跪而謝之曰：「先生坐，何至於此，寡人喻矣。夫韓滅魏亡，而安陵以五十里之地存者，徒以有先生也。」

十八、木蘭詩

唧唧復唧唧，木蘭當戶織。不聞機杼聲，惟聞女歎息。問女何所思，問女何所憶。女亦無所思，女亦無所憶。昨夜見軍帖，可汗大點兵。軍書十二卷，卷卷有爺名。阿爺無大兒，木蘭無長兄。願為市鞍馬，從此替爺征。

東市買駿馬，西市買鞍韉，南市買轡頭，北市買長鞭。朝辭爺孃去，暮宿黃河邊。不聞爺孃喚女聲，但聞黃河流水鳴濺濺。旦辭黃河去，暮至黑水頭。不聞爺孃喚女聲，但聞燕山胡騎聲啾啾。

萬里赴戎機，關山度若飛。朔氣傳金柝，寒光照鐵衣。將軍百戰死，壯士十年歸。

歸來見天子，天子坐明堂。策勳十二轉，賞賜百千鏹。可汗問所欲，木蘭不願尚書郎。願借明駝千里足，送兒還故鄉。

爺孃聞女來，出郭相扶將。阿姊聞妹來，當戶理紅妝。小弟聞姊來，磨刀霍霍向豬羊。開我東閣門，坐我西閣床。脫我戰時袍，著我舊時裳。當窗理雲鬢，對鏡貼花黃。出門看火伴，火伴皆驚惶，同行十二年，不知木蘭是女郎。雄兔腳撲朔，雌兔眼迷離，兩兔傍地走，安能辨我是雄雌。

十九、闢浮屠　劉基

浮屠氏設為禍福之論，亦巧於致人者。人情無不愛其親。而謂冥冥之中，欲加以罪，孰不惻然動心。故中材之人，波馳蟻附。若目見其死者拘於囹圄，受箠楚而望救。雖有篤行守道之親，則亦文致其罪，以告哀於土偶木俑之前。彼固自以為孝，而不知為大不孝。豈不哀哉！

浮屠又謂婦人之育子者，必有大罪，入地獄。故兒女子尤篤信其說，持齋念佛，以致恩於母。吾不知司是獄者為誰。人必有母，將捨己母而獄人之母歟，將並己母而獄之歟？獄己母，不孝。捨己母而獄人之母，不公。不孝不公，俱不可以。令二者必一居焉，將見群起而攻之矣。雖有獄，誰與治之。吾知其必無是事也。

二十、信　教

求幸福，畏菑禍，保持現在，希冀未來，此人心所同也。於是具大智慧者，迎普通之心理，定信仰於一尊，標明宗旨，創建儀式，集合黨徒，虔心崇拜，以達其希望，而宗教以興。

世界宗教，派別甚多，以佛、回、耶三教為大。而耶教又分新舊兩派。當歐洲古代，政教混合。擴大教規，只憑權力。黨同伐異，視為當然。後更同教相爭，此矜改革，彼號保存，口舌無功，繼以武力，殺機一起，蔓延至數十百年。平心論之，甚無謂也。

人心不同，各如其面，豈易強而齊之。況教旨雖殊，類足化導社會。其以平等為懷，祈禱為事，又各教皆然。試閱內典、《可蘭經》、《新舊約》各書，一斑固可見也。

吾國歷史，向無宗教戰爭之禍。今者信教自由，更明著之法律矣。惟信教不限一宗，而愛國必歸一致，是又吾民所當知也。

二十一、俾斯麥上

歐洲英傑，繼拿破崙而起者，厥惟俾斯麥。初，羅馬之亡也，歐洲中原之地，德、奧、法實分據之。奧、法久以強大聞，惟德介兩大，諸邦分裂，積見侵侮，莫能自振也。

西曆千八百六十一年，普魯士王威廉一世立。相俾斯麥，謀統一諸邦。首務擴張軍備，議院不可。俾斯麥乃演說曰：「普之於德，自有其當處之地位，昔以實力不足，故屢失之。今欲決此，惟鐵與血耳。」議員猶不許。俾斯麥乃贊王解散議院，力行其政策。

俾斯麥

時奧方為德盟主。而法王拿破崙三世，亦以雄才大略聞於時。俾斯麥慮法、奧之合也，則潛約拿破崙，使於德、奧戰時守中立。又與意大利結攻守同盟。奧人聞之，大修戰備。威廉即位後六年，開戰。奧人大敗。棄其主盟之權，而許普合北德意志為聯邦。

然南部諸邦，猶未服也。拿破崙忌普之強也，復結歡於奧。且構南邦，使貳於普。普、奧戰後四年，普、法復開戰。法兵大敗，拿破崙被俘，巴黎亦陷，割地償款以和。南部諸邦，乃爭合於北，而今德意志帝國以立。

二十二、俾斯麥下

俾斯麥既勝法，知法人必圖報復，乃首與奧結同盟。旋又構意，使叛法而合於德、奧。所謂三國同盟也。後復與俄密約。法攻俄，德守中立；攻德，俄亦如之。於是法勢益孤。

威廉帝德意志後，十有八年而卒。太子立，三月而殂。今皇威廉二世繼之，不復能盡用俾斯麥之策，俾斯麥罷相去。於是俄、法協約，以千八百九十一年成立。越三年，英、法協約成。又三年，而英、俄協約，亦繼之而起矣。

今英、俄、法之交既合，而意與德、奧之交卒離。人皆咎威廉二世外交之失計，而非必然也。蓋俄之所欲者，聯巴爾幹半島諸國，以弱土耳其。昔見厄於英、法，而今見阻於德、奧。英之所懼者，德人擴張海軍，求殖民地，與英爭海上之權。意與法交本最親，而德勢之日張，又為歐洲諸國所同嫉。國際之離合，有不期其然而然者也。然而俾斯麥之外交，則倜乎遠矣。

論曰：自羅馬之亡，歐土分裂踰千年。拿破崙始有志於統一，功未竟而死。今俄人頗以再造東羅馬自許，而德人亦自負足繼西羅馬。其果克有成邪？否邪？不可知矣。拿破崙死，法一蹶不振。而德帝威廉一世、俾斯麥之遺烈，盛強至今。人之云亡，邦國殄瘁。信夫！

二十三、巴黎觀油畫記　薛福成

余遊巴黎蠟人館，見所製悉仿生人，形體態度，髮膚顏色，長短豐瘠，無不畢肖。自王公卿相，以至工藝雜流，凡有名者，往往留像於館。或立或臥，或坐或俯，或笑或哭。驟視之，無不驚為生人者。余亟歎其技之奇。

譯者稱西人絕技，尤莫踰油畫。乃偕行至油畫院，觀普、法交戰之圖。其院為一大圜室，周懸巨幅，由屋頂放光入室。人在室中，極目四望，則見城堡岡巒、溪澗樹林，森然布列。兩軍人馬雜遝，馳者、伏者、奔者、追者、開鎗者、燃礮者、搴大旗者、挽礮車者，絡繹相屬。每一巨彈墮地，則火光迸裂，煙焰迷漫。其被轟擊者，則斷壁危樓，或黔其廬，或赭其垣。而軍士之折臂斷足、血流殷地、偃仰僵仆者，令人目不忍睹。仰視天，則明月斜掛，雲霞掩映。俯視地，則綠草如茵，川原無際。幾自疑置身戰場，而忘其在一室中者。其實則壁也、畫也，皆幻也。

余問法人好勝，何以自繪敗狀，令人喪氣若此。譯者曰：「所以昭炯戒，激眾憤，圖報復也。」則其意深長矣。

二十四、國　性

國之為國，其能根本深固，歷久不敝者，必有其特具之要素，所謂國性是也。國之有性，猶人之有性然。人性與有生以俱來，國性亦開國而已具。其遺傳也，歷千百世。其廣被也，達億兆人。其強而有力也，甚於有形之政令。故國性亡，則國隨以亡。國性裂，則國隨以裂。徵之前代，如遼、金、元、清，一入中原，即失其故俗；印度、波蘭，一經摧挫，即不克圖存。皆國性未臻充足，或充足而不能保守致之也。

雖然，所謂國性，果何物耶？論其全體，則無往不在，不得而名。論其要端，則相得益彰，自有可指。試舉其著者言之。則一曰語文，一曰教化，一曰禮俗。三者相合，而國性之梗概可睹焉。

我國為世界古國之一。並我而建國者，今皆澌滅以盡，惟我國巋然獨存。是非國性養之久，積之厚，曷克臻此？今者西方文物，輸入吾國，勢厚力雄，目眙心駭。其將擴張固有之國性，消納之以助我進化耶？抑忍棄置本來之國性，盲從之以促我淪胥耶？吾人當知所擇矣。

國家圖書館出版品預行編目資料

解讀呂思勉／楊照策劃、主編.－－初版一刷.－－臺北市：三民，2023
面；　公分.－－（展讀民國人文）

ISBN 978-957-14-7633-9（平裝）
1. 呂思勉 2. 史學家 3. 學術思想 4. 文集

782.887　　112005753

展讀民國人文
解讀呂思勉

策劃、主編	楊　照
責任編輯	王敏安
美術編輯	黃孟婷
發行人	劉振強
出版者	三民書局股份有限公司
地址	臺北市復興北路 386 號 (復北門市) 臺北市重慶南路一段 61 號 (重南門市)
電話	(02)25006600
網址	三民網路書店 https://www.sanmin.com.tw
出版日期	初版一刷 2023 年 7 月
書籍編號	S782640
ISBN	978-957-14-7633-9